DIE.ANLEITUNG für Android
Smartphones

ANDROID-VERSION 4-KITKAT & 5-LOLLIPOP

Meine 3 besten Tipps für Sie:

Motivation

Gehen Sie mit Selbstvertrauen an die Sache ran – Sie schaffen das!
Und vergessen Sie all die Sprüche wie:
„In meinem Alter brauche ich das nicht mehr."
"Das ist doch viel zu kompliziert für mich."

Geduld

Gehen Sie in kleinen Schritten voran
und genießen Sie die Erfolgserlebnisse.

Zeit

Ja, die Einarbeitung in die moderne Technik dauert etwas,
aber dann ist der Spaß für Sie umso größer.
Nehmen Sie sich die Zeit und die Ruhe,
die SIE benötigen.

Freude an der Technik ist keine Frage des Alters oder der Vorkenntnisse.

INHALTSVERZEICHNIS

INBETRIEBNAHME

INTERNET & KOMMUNIKATION

MULTIMEDIA

APPS

APPS

APPS

Weitere Informationen zur Bedienung des **HTC ONE** mit den Themen E-Mail, Nachrichten, Kontakte, Uhr, Album und den Startbildschirm finden Sie auf unserer Homepage www.die-anleitung.de zum **kostenlosen** Download.

Die Darstellung der Bedienung eines Smartphones kann immer nur eine **Momentaufnahme** sein. Zu schnell gibt es Änderungen und Updates in Technik, Bedienung und Aussehen.
Das Einzige, das sich nicht verändert, ist die **grundlegende Bedienung** – das zentrale Thema von Die.Anleitung. Wenn Sie erst einmal den prinzipiellen Gedanken, der dahinter steckt, verstanden haben, kann Sie nichts mehr überraschen. Weder neue Symbole für bekannte Apps noch unterschiedliche Bezeichnungen für die gleiche Funktion.

Glaubt man der **Werbung**, sind die Smartphones der einzelnen Hersteller komplett unterschiedlich. Dabei ist es aber so, dass die **Grundlage** – das Android Betriebssystem – bei allen gleich ist. Lediglich im **Marketing** wird der Fokus auf einzelne Merkmale gelegt. Tatsächlich liegt der **Unterschied** eher in der verbauten **Hardware** und der **Oberfläche**, die über das eigentliche Betriebssystem gelegt wird.

Darstellung und Beschreibung in dieser Anleitung beziehen sich auf die **Version 4.4.4** von Android mit dem Namen **KitKat**. Installiert auf einem Google Nexus 5 bzw. Nexus 6.

Auf den Seiten 163-193 finden Sie die Neuigkeiten der **Version 5** mit dem Namen **Lollipop**.

Zudem standen mir noch folgende Smartphones zur Verfügung:
- Samsung Galaxy S4 & S5
- HTC One & Desire 500

Bei größeren Unterschieden in der Bedienung gibt es **Extra-Seiten** zu den einzelnen Geräten. Auf diese Weise erhalten Sie einen Einblick in die **unterschiedlichen** Philosophien der Hersteller und einen **Überblick** über die Möglichkeiten. Auch wenn Sie ein Smartphone besitzen, das hier nicht direkt beschrieben wird, können Sie dadurch die Bedienung für **Ihr** Gerät sehr **einfach nachvollziehen**.

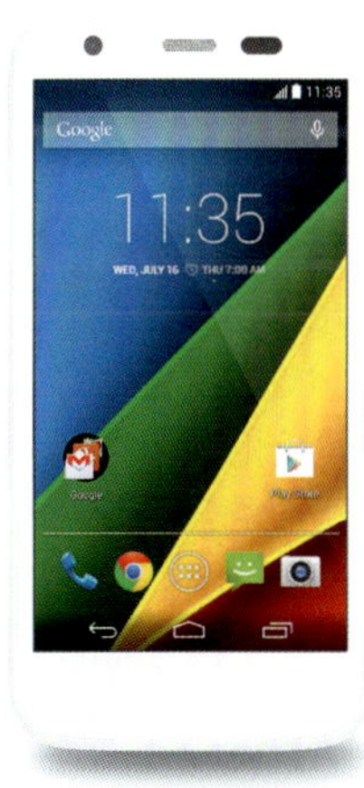

Wer oder was ist eigentlich ANDROID?

Die Geschichte von Android ist noch gar nicht so alt und beginnt ganz ungewöhnlich.

Andy Rubin,
seit 1989 Software-Entwickler bei **Apple** (!), gründete **2003** die Firma Android Inc., um ein offenes Betriebssystem für mobile Geräte zu entwickeln. **2005** übernahm Google das Unternehmen, gründete mit Partnern aus dem Mobilfunk-Business die **Open Handset Alliance**, entwickelte das System weiter und brachte im Herbst **2008** das erste Smartphone mit Android auf den Markt.

Der große Vorteil von Android und vermutlich der Hauptgrund für die rasante Verbreitung? Android ist ein freies, quelloffenes Betriebssystem, für dessen Verwendung keine Lizenzgebühren fällig werden. Zudem kann der Code von **jedermann verändert und den eigenen Wünschen angepasst** werden. Die Oberfläche selbst, Aussehen und Bedienung werden von den Herstellen gerne an Ihre Hardware adaptiert. Das führt leider dazu, dass es keine identische Oberfläche und kein vergleichbares Aussehen der Geräte gibt. **Updates** auf eine neuere Version des Betriebssystems sind aus diesem Grund aufwendig, teuer und dementsprechend **selten**.
Oftmals werden neue, **günstige** Android-Smartphones mit einem **2 Jahre alten Betriebssystem** verkauft, bei denen auch kein Update möglich ist – achten Sie darauf.
Zumindest die Version 4.4 (= KitKat) sollte auf dem Gerät möglich bzw. schon installiert sein.

Nur bei den Top-Geräten der Hersteller und der Nexus-Serie von Google erhält die Software die neuesten Updates.
Insbesondere die Geräte der Nexus-Serie, gefertigt von Google mit erfahrenen Partnern aus der Industrie, gelten allgemein als **Referenzgeräte** für das Betriebssystem. Hier stehen immer die neuesten Updates zur Verfügung. Zudem ist das hier verwendete Android die **Grundlage** für viele andere „Ableger".

Genau dieses Original-Android ist auch die Grundlage für Die.Anleitung.

Was ist Die.Anleitung?

Diese neue Art der Bedienungsanleitung ist speziell für Neu-Einsteiger entwickelt worden. Sie benötigen **keine Vorkenntnisse und auch kein Fachwissen**, um die Technik zu beherrschen.
Mit vielen Bildern begleitet Sie Die. Anleitung bei der Bedienung – **Schritt für Schritt**. So können Sie sofort sehen, wenn etwas nicht übereinstimmt und entsprechend korrigieren.

Die.Anleitung kann und will gar nicht alle Funktionen bis ins letzte Detail vermitteln, dafür würde der Platz bei weitem nicht ausreichen.
Vielmehr konzentriert sie sich auf die **grundlegende Bedienung**. Denn wenn Sie die Grundlagen erst einmal verstanden haben, kann Sie so leicht nichts mehr erschüttern. Und genau dabei hilft Ihnen Die.Anleitung.

In einer Art und Weise, die Ihnen die Sicherheit gibt, Ihr Ziel auch zu erreichen. Ganz ohne Fachchinesisch, sondern in einfacher, **verständlicher Sprache**. In einem Tempo, das Sie selbst bestimmen.
So, dass Sie jederzeit eine Pause machen und problemlos später wieder einsteigen können.
Die.Anleitung passt sich **Ihrem** Tempo an und nicht umgekehrt.

Fremdwörter? Fachausdrücke? So wenig wie möglich und so viel wie nötig. Ganz ohne geht es leider nicht.
Dazu gibt es auf den Seiten 194-198 ein **ausführliches Wortverzeichnis** (Glossar), das alle wichtigen Begriffe verständlich erklärt, übersetzt und Ihnen auch die **Aussprache** deutlich macht.

Für wen ist diese Anleitung?

Für alle, die ***wenig oder keine Erfahrung*** mit einem Smartphone haben und die faszinierende Welt des Internet und der modernen Kommunikation kennenlernen möchten. Sie müssen keine Vorkenntnisse mitbringen, mit dieser Schritt-für-Schritt-Anleitung schaffen Sie es bestimmt.
Das Einzige, was Sie dafür benötigen, ist eine **gesunde Neugierde, etwas Zeit und eine gute Portion Geduld** – wenn's auf Anhieb nicht so läuft wie gewünscht.
Passiert ja jedem mal …

Was lernen Sie in dieser Anleitung?

Sie lernen alle **wichtigen** Grundfunktionen des täglichen Bedarfs. Nicht mehr, aber auch nicht weniger.

- Einrichtung
- E-Mail
- Internet
- Kurznachrichten (SMS & Hangouts)
- Video-Telefonie (Hangouts & Skype)
- Kamera - Fotos - Videos
- Play Store
- und vieles mehr

Aussehen und Funktionen der Software unterliegen einem ständigen Veränderungsprozess. Deshalb kann es vereinzelt zu Unterschieden zwischen der Anleitung und Ihrem Smartphone kommen. Grundlage für diese Anleitung war 4.4.4 (KitKat) des Betriebssystems Android und die Neuerungen in Android 5.1 (Lollipop).

© contrastwerkstatt - fotolia.com

Entscheidungen vor dem Kauf

Um alle Möglichkeiten Ihres Smartphones zu nutzen, benötigen Sie unbedingt einen Zugang zum Internet. Den können Sie auf zwei Wegen erhalten:

1. WLAN / Wi-Fi

Der Begriff WLAN steht für ein **kleines, örtlich begrenztes Netzwerk**, bei dem die Daten per Funk übertragen werden.
Zum Beispiel bei Ihnen **zuhause**, an bestimmten öffentlichen Plätzen (Hot-Spots) oder in Hotels und Zügen. Die Technik dafür ist im Smartphone schon integriert.
In der Praxis wird WLAN auch gerne als Wi-Fi bezeichnet. Das ist zwar technisch nicht ganz richtig, hat sich aber im Sprachgebrauch so durchgesetzt.

Die Vorteile:

- hohe Übertragungsgeschwindigkeit
- kein Datenlimit
- geringere Kosten

Die Nachteile:

- funktioniert nur örtlich begrenzt
- WLAN-Netzwerk muss vorhanden sein bzw. aufgebaut werden

Von Ihrem Telefon-Anbieter erhalten Sie dafür einen Datentarif und die erforderliche Hardware (Router [:ruhter]) zum Aufbau eines WLAN-Netzwerkes.

HINWEIS:
Das Smartphone arbeitet automatisch mit beiden Techniken (WLAN/mobil) und wechselt selbstständig immer zur schnellsten Verbindung.

2. SIM (mobiles Internet)

Mit einer SIM-Karte telefonieren Sie und nutzen ortsunabhängig das normale Mobilfunknetz zur Datenübertragung.

Die Vorteile:

- ortsunabhängige Nutzung
- einfach und schnell ins Internet
- benötigt kein eigenes Netzwerk

Die Nachteile:

- langsamere Datenübertragung
- oftmals mit Datenlimit verbunden
- kann außerhalb der EU teuer werden (Roaming)

Der Vertrag

Achten Sie beim Abschluss eines Vertrags unbedingt auf eine **Flatrate** für das Datenvolumen und den Zeitpunkt der Geschwindigkeitsdrosselung.

Ein Beispiel:
Datenvolumen > Flatrate
Drosselung > ab 1GB

Das bedeutet:

Sie können so lange surfen, wie Sie möchten. Verbrauchen Sie im Monat allerdings mehr als 1GB, wird die Geschwindigkeit gedrosselt. Und zwar so weit, dass es keinen Spaß mehr macht, im Internet unterwegs zu sein.

HINWEIS:
XX GB [: gigabeit] ist eine Angabe für die Menge der übertragenen Daten. Wenn Sie regelmäßig im Internet unterwegs sind und ab und zu mal eine Videokonferenz machen, sollten Sie mindestens 500MB (= 0,5 GB) mit der vollen Geschwindigkeit zur Verfügung haben.

Laden Sie die Daten meistens zuhause und sind Sie dort über eine WLAN-Verbindung online, dann können Sie den mobilen Bedarf auch reduzieren.

So funktioniert Die.Anleitung

Die sinnvolle und praktische Reihenfolge der Bedienschritte wurde in vielen Praxistests immer weiter optimiert. Wenn möglich, halten Sie sich daran, so kommen Sie **sicher zum Ziel**.

Nach jedem Kapitel können Sie eine Pause machen und später wieder einsteigen.

Zu vielen Themen finden Sie Übungen, die das Gelernte festigen.

WICHTIG:
Am Ende der Anleitung finden Sie den **Datenspeicher**: Eine spezielle, ausklappbare Seite. Hier können Sie alle Vertragsdaten, Zugangsdaten und Kennwörter eintragen. Und genau das möchte ich Ihnen wirklich ans Herz legen.
Tragen Sie alle Daten **immer sofort** in den Datenspeicher ein. All zu schnell sind wichtige Daten verloren und vergessen.

Die Darstellung

Aus Platzgründen wird der Bildschirm oftmals nicht komplett dargestellt. Manchmal fehlt die Navigationsleiste am unteren Rand, ein anderes Mal wird der Leerraum komprimiert.
So können Sie sich besser auf die wichtigen Elemente konzentrieren und der vorhandene Platz wird optimal ausgenutzt.

Haben Sie Geduld,
wenn es mal nicht so läuft, wie Sie möchten.
Manchmal braucht es einfach ein bisschen mehr Zeit, bis das Ergebnis stimmt.

Das gilt für Mensch
und Maschine.

Manche Textabschnitte sind durch farbige Linien markiert, je nach Informationsgehalt:

HINWEIS
Texte mit einer blauen Markierung beschreiben einzelne Vorgänge und technische Parameter.

TIPP
Hier finden Sie spezielle Hinweise, die Ihnen auf einfache Art die Bedienung Ihres Smartphones erleichtern oder bestimmte Erklärungen einzelner Funktionen.

WICHTIG
In diesen Textblöcken stehen wichtige Informationen zur Bedienung, zur Technik und Hintergrundwissen. Bitte nehmen Sie diese Texte so, wie sie gemeint sind – **wichtig**.

Einzelne Bedienschritte werden mit (roten) Nummern gekennzeichnet. In der Darstellung der Bedienoberfläche zeigen rote Kreise das jeweilige Bedienelement an.

Bedienelemente und Befehle, die Sie so auch am Bildschirm finden, werden blau geschrieben. Zusammenhängende Befehle und Aktionen werden durch Doppelpfeile >> getrennt.

Aussprache
Hinter den englischen Fachausdrücken finden Sie die deutsche Aussprache in eckigen Klammern. [:gesprochen wie geschrieben]

Wichtige Symbole

⊗ -Symbol
Damit verbunden ist immer die Funktion löschen, entfernen oder schließen.

⋮ Menü
Damit öffnen Sie ein neues Fenster mit weiteren Einstellmöglichkeiten.

Teilen
Öffnet ein Fenster in dem Sie Daten an andere weiterleiten können.

Bearbeiten
Aktiviert die Bearbeitung von Daten.

Ihr Smartphone hat bis auf wenige Ausnahmen keine „echten" Bedienelemente mehr. Nahezu alle Funktionen werden direkt über den Bildschirm gesteuert. Die Oberfläche des Bildschirms ist **berührungsempfindlich** und reagiert auf Ihre Aktionen an der Oberfläche.
Diese Art des Bildschirms wird als **Touchscreen** [:tatschskrien] bezeichnet und ermöglicht eine sehr intuitive Bedienung.
Sie fassen die Objekte auf dem Bildschirm direkt mit dem Finger an, bewegen sie oder geben Text ein. Es gibt keine zusätzliche Tastatur, Maus oder sonstige Eingabegeräte.

Hört sich jetzt vielleicht kompliziert an, Sie werden aber sehen, das ist ganz einfach. Bald werden auch Sie mit viel Spaß auf dem Bildschirm **tippen, drücken, schieben, verkleinern und vergrößern**.

Bedienmöglichkeiten am Bildschirm:

- **Tippen**
Ganz einfach, Sie tippen mit dem Finger kurz auf die gewünschte Stelle.

- **Doppel-Tipp**
Die erweiterte Version davon ist der Doppel-Tipp, wenn Sie kurz hintereinander auf die gleiche Stelle tippen.
Wichtigste Funktion:
Vergrößern/Verkleinern bzw. markieren von Wörtern bei der Texteingabe

- **Tippen und Halten**
Das ist mehr als Tippen, Sie lassen den Finger auf dem Display „**liegen**". Sie bleiben also auf der Stelle, bis die entsprechende Funktion startet.

- **Wischen/Streichen/Schieben**
Damit verschieben Sie Inhalte und bewegen Symbole an eine neue Position. Sie **berühren** mit einem Finger das Display, bleiben auf dem Display und schieben/wischen nach links, rechts, oben und unten.

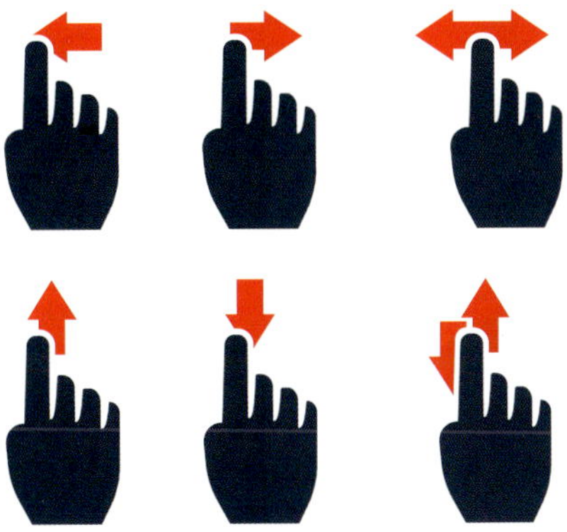

- **Auf- und Zuziehen**
Mit dieser Funktion können Sie die angezeigten Inhalte vergrößern und verkleinern.
Positionieren Sie dazu Daumen und Zeigefinger nebeneinander auf dem Bildschirm und ziehen sie dann auseinander bzw. wieder zusammen.

Vergrößern

Verkleinern

WICHTIG:
Ob eine Funktion ausgeführt wird, ist **nicht** vom Druck auf den Bildschirm abhängig. Ganz im Gegenteil, dadurch werden oft **Fehlfunktionen** ausgelöst. Denken Sie bitte immer daran, eine **leichte Berührung** ist absolut ausreichend.

Das benötigen Sie für den Start

- Ungefähr 1-2 Stunden Zeit für ein erstes Kennenlernen und die Basis-Installation
- Name und Kennwort Ihres WLAN-Netzwerkes
- Ihre SIM-Karte mit den Kennwörtern
- Zugangsdaten zu einem eventuell schon vorhandenen E-Mail Konto
- Ihr neues Smartphone (mit Verpackung) und das kleine Werkzeug für die SIM-Karte.

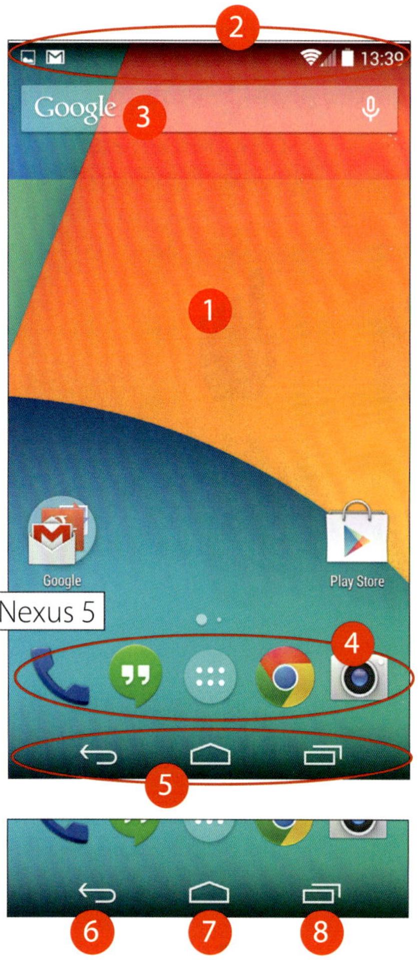

Nexus 5

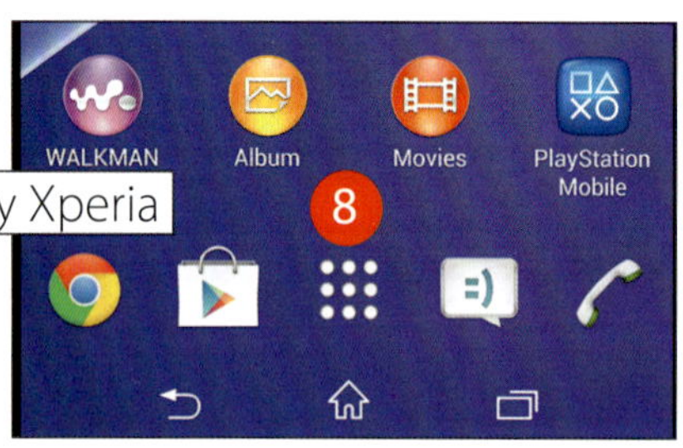

Sony Xperia

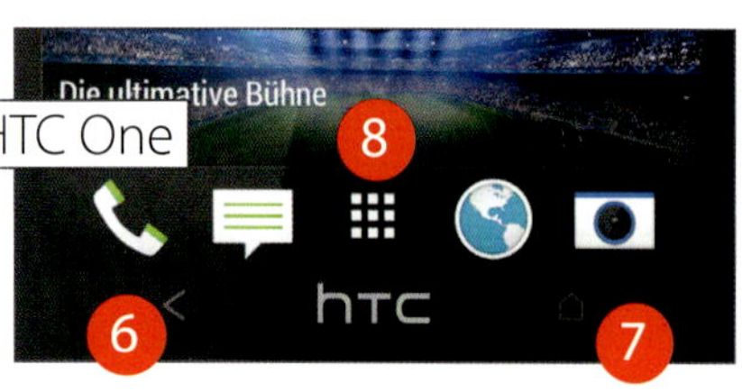

HTC One

Samsung S4

Ein erster Überblick über Hardware und Bildschirm

Home-Bildschirm (Haupt- und Startbildschirm)
Der Home-Bildschirm (1) ist Ihre Arbeitsfläche, hier starten, schließen und arbeiten Sie mit den Apps. Die Darstellung der einzelnen Apps, die ja eigentlich schon richtige Programme sind, erfolgt über Symbole, die so genannten Icons [:eikons].

WICHTIG:
Den Home-Bildschirm erreichen Sie **immer** mit einem kurzen Drücker auf den Home-Button – egal, in welcher App Sie gerade arbeiten. Auch wenn der Button ausgeblendet ist.
Als **Home-Button** (7) wird das Haus-Symbol in der Mitte der Navigationsleiste bezeichnet. Bei manchen Herstellern ist diese Funktion auch als echter Hardware-Taster ausgeführt (Samsung).

Ganz oben in der **Statusleiste** (2) sehen Sie den aktuellen Stand verschiedenster Aktivitäten Ihres Smartphones.

Gleich darunter wird die Eingabezeile (3) für die Google-Suche angezeigt.

(4) Favoritenleiste / Programmleiste
Hier können Sie Ihre wichtigsten Apps für den Schnellzugriff ablegen.

(5) Navigationsleiste
Ganz unten im Display finden Sie drei wichtige Elemente der grundlegenden Navigation:

(6) Zurück
Damit gelangen Sie zurück zur letzten Seite bzw. der zuletzt verwendeten Einstellung.

(7) Home-Button
Der wichtigste Taster überhaupt, damit kommen Sie immer wieder zurück zum Startbildschirm.

(8) Übersicht
Mit einem Tipp auf dieses Symbol werden alle aktiven Apps angezeigt (mehr dazu auf Seite 11).

Dem **Menü-Symbol** ⋮ werden Sie bei der Bedienung ganz häufig begegnen, damit öffnen Sie ein Menü mit zusätzlichen Einstellungen. Beim Samsung Galaxy links neben der Home-Taste (9).

HINWEIS:
Manche Apps (z. B. Kamera) blenden die Navigation aus, es sind keine Symbole zu sehen (1). Die Funktionen selbst sind aber im Hintergrund immer noch aktiv, auch wenn Sie praktisch blind tippen müssen.
Mit einem Wisch vom unteren Rand des Displays können Sie die Symbole auch wieder einblenden.

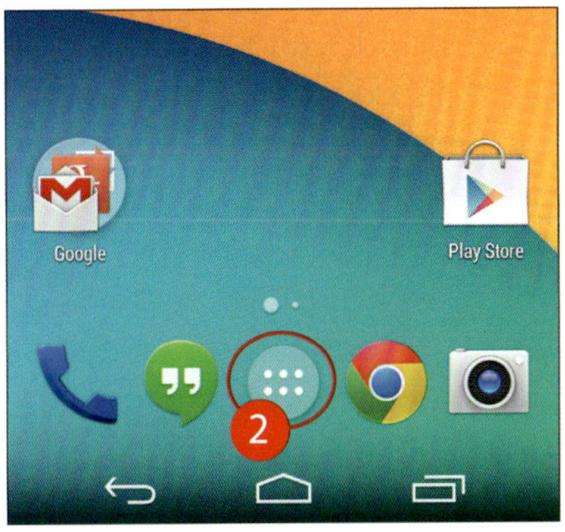

In der Mitte der **Favoritenleiste** finden Sie das Symbol für die Übersicht aller Apps (2). Mit einem Tipp darauf öffnet sich ein neues Fenster (3), das alle installierten Apps anzeigt.
Sind diese über mehrere Seiten verteilt, sehen Sie knapp über der Favoritenleiste mehrere Punkte (4). Diese zeigen die Anzahl der verfügbaren Seiten an. Der größere der Punkte steht für die gerade angezeigte Seite.
In unserem Beispiel gibt es demnach noch eine Seite rechts von der aktuellen. Um die zu erreichen, streichen Sie mit dem Finger auf der Oberfläche von rechts nach links. Sie schieben die eine Darstellung weg, um Platz für die nächste Seite zu machen.

Zurück zum Startbildschirm kommen Sie immer über den Home-Button unten in der Mitte.

HINWEIS:
Nach einer bestimmten Zeit der Inaktivität geht das Telefon zum Stromsparen in den so genannten Schlafmodus (= Standby). Das Display wird zuerst dunkel und geht bald darauf ganz aus. Mit einem kurzen Druck auf den Ein/Aus-Taster wecken Sie das Telefon wieder auf und gelangen zum Sperrbildschirm. Die Zeitspanne, wie schnell Ihr Smartphone schlafen geht, können Sie später auch an Ihre Bedürfnisse anpassen.

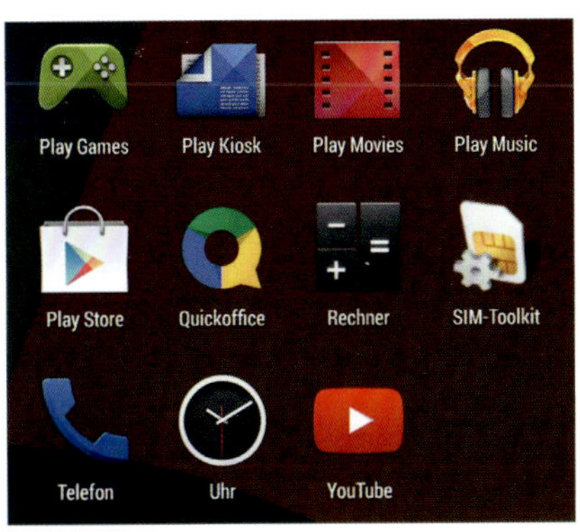

Standby-Taster & Ein/Aus-Taster (nicht im Bild)
Oben oder seitlich auf der Kante des Smartphones finden Sie einen kleinen Taster.
1 x kurz drücken schickt das Smartphone in den Schlafmodus bzw. weckt es aus dem Schlafmodus auf. Halten Sie diesen Taster 2-3 Sekunden lang gedrückt, wird das Smartphone vollständig ausgeschaltet (nur selten erforderlich). Ist das Smartphone ausgeschaltet, wird es auch so wieder eingeschaltet – also den Ein/Aus-Taster 2-3 Sekunden gedrückt halten.

Lautstärke-Taster (nicht im Bild)
Eine kleine Wippe am Rand des Gehäuses

Sperrbildschirm

Um das Smartphone vor ungewollter oder unerwünschter Bedienung zu schützen, können Sie das Display mit verschiedenen Techniken sperren (S. 157). Den Sperrbildschirm sehen Sie dann immer beim Aufwachen aus dem **Schlafmodus**.
Hier zum Beispiel mit der Display-Sperre „Finger bewegen“ (1). Diese Sperre ist auch am Anfang automatisch aktiv und stellt die einfachste Art der Sicherung dar. Zum Entsperren legen Sie den Finger auf das Schloss, schieben es außerhalb des angezeigten Ringes (2) und nehmen dann den Finger von der Oberfläche. Und schon sehen Sie den normalen Startbildschirm – Sie können mit der Bedienung starten.

Haben Sie statt dessen eine PIN-Nummer vergeben, sieht der Sperrbildschirm so (3) aus. Geben Sie dann über die Tastatur die Nummer ein und bestätigen Sie die Eingabe mit der Enter-Taste (4), um das Smartphone zu entsperren.

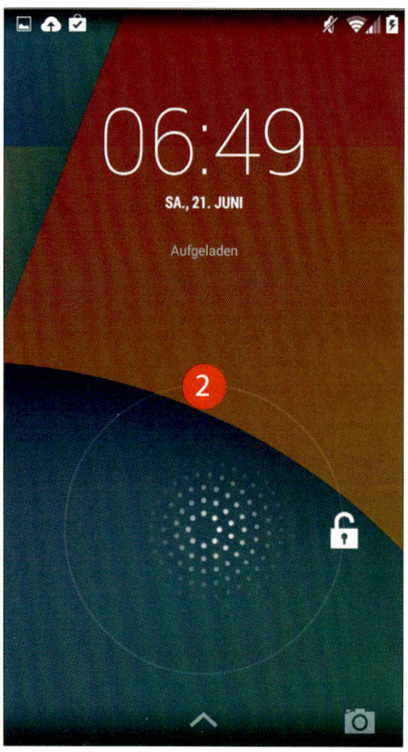

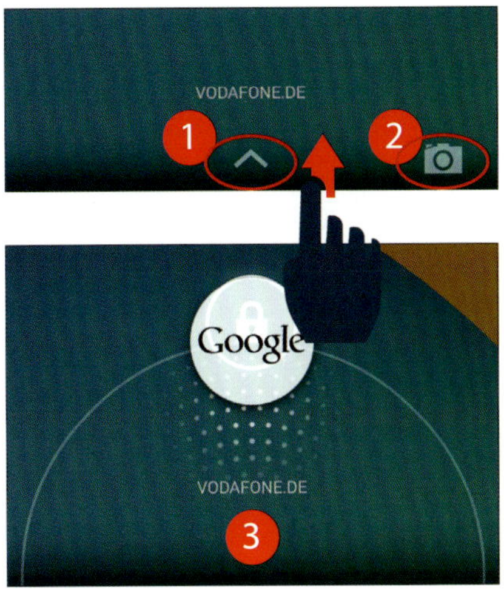

Am Sperrbild gibt es aber noch mehr zu sehen: Am unteren Rand des Bildschirms wird ein kleiner Pfeil (1) angezeigt. Zusätzlich dazu gibt es rechts unten in der Ecke ein Kamerasymbol (2). Über diese Symbole haben Sie aus dem Sperrbildschirm heraus direkten Zugriff auf verschiedene Aktionen.

Fahren Sie mit Ihrem Finger knapp unterhalb des Displays nach oben, sehen Sie eine kurze Animation (3) und dann die Eingabezeile (4) für die Google-Suche.

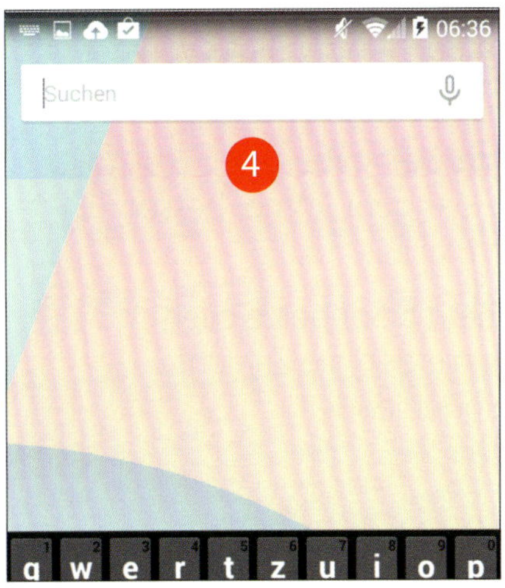

Kamera - Schnappschuss

Diesmal starten Sie mit Ihrem Finger am rechten Rand des Gehäuses (5) und fahren dann nach links in das Display. Die Kamera wird aktiviert und Sie können sofort ein Foto machen – sehr praktisch.
Das funktioniert auch bei aktivierter PIN-Sperre. Nachdem Sie das Foto (oder auch mehrere) gemacht haben, kommen Sie wieder zum Sperrbildschirm und müssen für weitere Bedienung die PIN-Nummer eingeben.

Ausrichtung

Ihr Smartphone können Sie auch im **Querformat** verwenden. Einfach drehen, die Anpassung des Bildschirms erfolgt **automatisch**.
Halten Sie das Smartphone waagerecht oder liegt es flach auf dem Tisch, ist es für die Automatik oftmals schwierig, die gewünschte Ausrichtung zu erkennen. Kippen Sie es dann **kurz in die Schräglage**, dann funktioniert alles wie gewünscht.

HINWEIS:
Nicht alle Apps unterstützen die Darstellung im Querformat. Auch der Startbildschirm wird nur im Hochformat dargestellt.

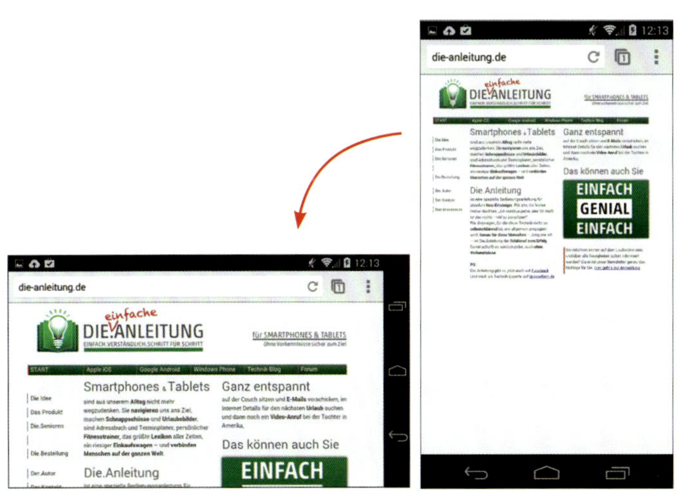

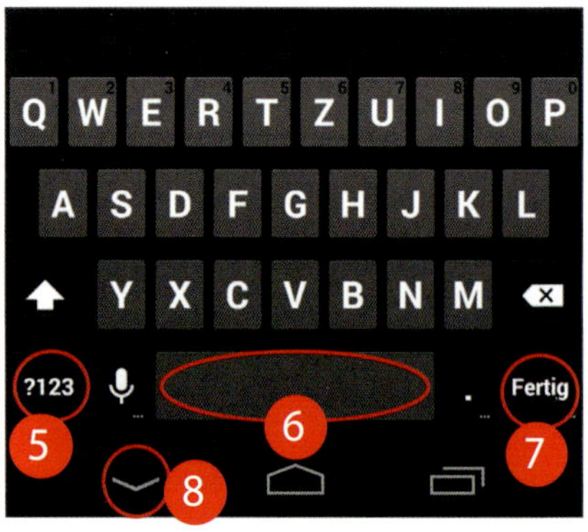

Die Tastatur

ist nach wie vor ein zentrales Element der Bedienung. Sie erscheint nur bei Bedarf am unteren Rand des Bildschirms und hat fünf Zeilen. Inhalt und Aussehen werden immer dem jeweiligen Zweck angepasst.

Standard Texteingabe

(1) dynamische Wortvorschläge
Hier sehen Sie passend zur aktuellen Texteingabe Wort- und Korrekturvorschläge.

(2) Hochstelltaste
Umschaltung zwischen Klein- und Großbuchstaben

(3) Löschtaste
Damit löschen Sie den Buchstaben **links** von der Einfügemarke >> nächste Seite.

(4) Aktivierung der Spracheingabe
Sprechen statt texten, das geht immer besser, probieren Sie es doch mal aus.

(5) Umschalter Nummern & Sonderzeichen -1
Mit einem Tipp darauf werden die Zahlen und Sonderzeichen eingeblendet.

(6) Leertaste

(7) Fertig / Enter / Zeilenschalter
Je nach Anforderung hat dieser Taster eine andere Funktion.

(8) Tastatur ausblenden
Manchmal, auch bei der Texteingabe, ist die Tastatur im Weg, Sie können nicht den kompletten Inhalt des Menüs sehen. Dann können Sie mit diesem Taster die Tastatur komplett ausblenden.
Mit einem Tipp auf die Eingabezeile erscheint sie wieder.

(9) Umschalter Sonderzeichen -2

(10) Buchstaben
Damit kommen Sie von den Sonderzeichen zurück zu den Buchstaben.

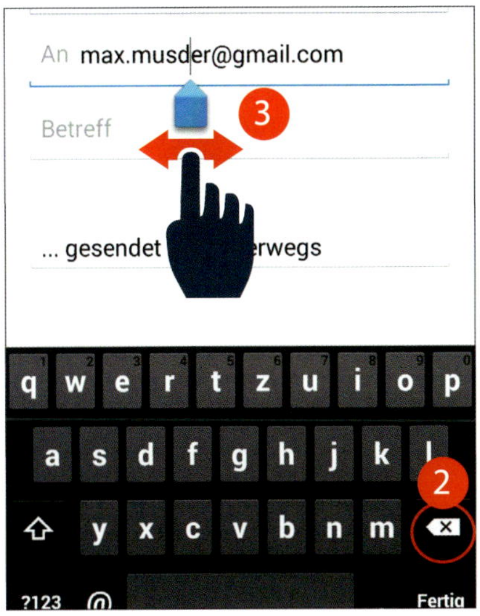

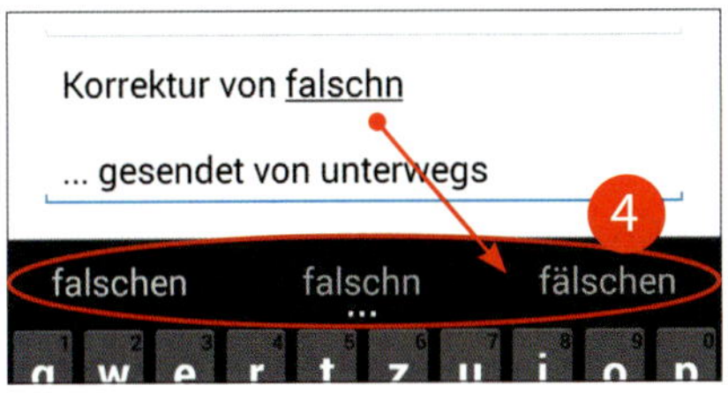

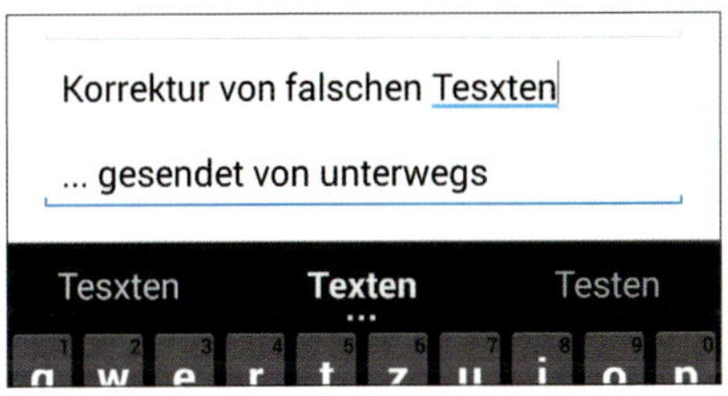

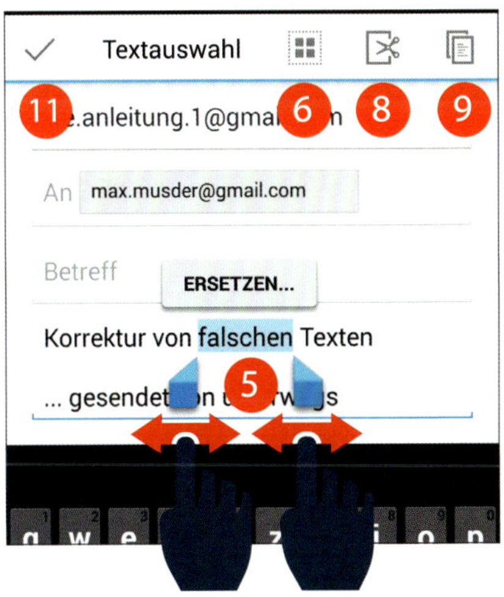

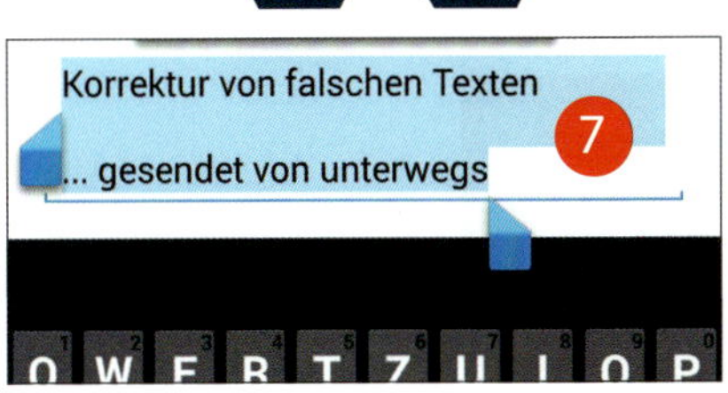

Mit der kleinen Tastatur kommt es ganz schnell zu Fehlern bei der Eingabe. Sie haben den falschen Buchstaben erwischt oder mit einem Tipp zwei gleiche eingegeben – das passiert schon mal.

Aber dafür gibt es ja die Korrekturfunktion. Dazu benötigen Sie 2 Elemente: Die Einfügemarke (1), auch als Cursor [:körsa] bezeichnet, und die Löschtaste (2).

Die Einfügemarke wird als senkrechter Strich dargestellt, der den Platz für Ihren nächsten Buchstaben anzeigt. Sie ist auch in leeren Eingabezeilen ganz links zu sehen.
Haben Sie einen Fehler entdeckt, müssen Sie die Einfügemarke **rechts** davon positionieren. Dazu tippen Sie in der Nähe des Fehlers einmal auf den Text. Damit wird die Einfügemarke dort positioniert und erhält einen blauen Pfeil (3). Diesen Pfeil schieben Sie dann mit dem Finger an die richtige Position. Passt alles, können Sie mit der Löschtaste (2) den Buchstaben **links** von der Einfügemarke löschen und den richtigen Buchstaben eingeben.
Zum Weiterschreiben tippen Sie danach auf das Ende der Eingabezeile.

Automatische Korrektur

Während der Eingabe von Text erhalten Sie in einer Zeile oberhalb der Tastatur schon mehrere Wortvorschläge (4) zu Ihrem Text. Das können Korrekturen sein, aber auch einfach das vollständige Wort. Tippen Sie auf eines dieser Wörter, wird es in Ihren Text übernommen.

Text auswählen

Mit einem Doppel-Tipp auf ein Wort wird es komplett blau markiert, links und rechts davon werden kleine Markierpfeile angezeigt (5). Diese können Sie mit dem Finger dann an die gewünschte Position verschieben. Mit einem Tipp auf das Symbol mit den Quadraten (6) wird der ganze Textblock markiert (7). Den markierten Bereich können Sie dann ausschneiden (8) oder kopieren (9) und an anderer Stelle – oder auch in anderen Apps – über die Einfügemarke wieder einfügen (10). Die Textauswahl beenden Sie mit einem Tipp auf den Haken (11).

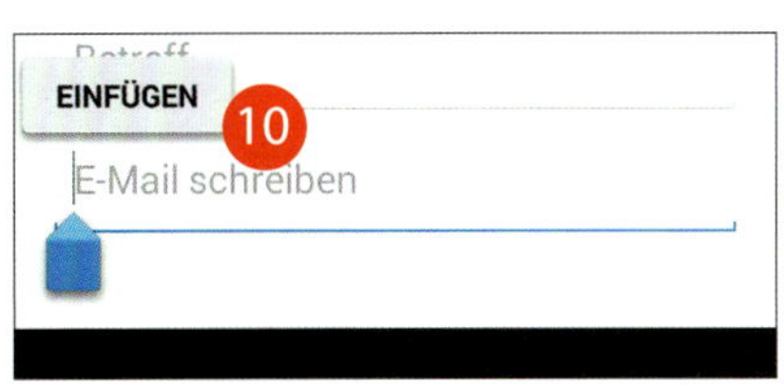

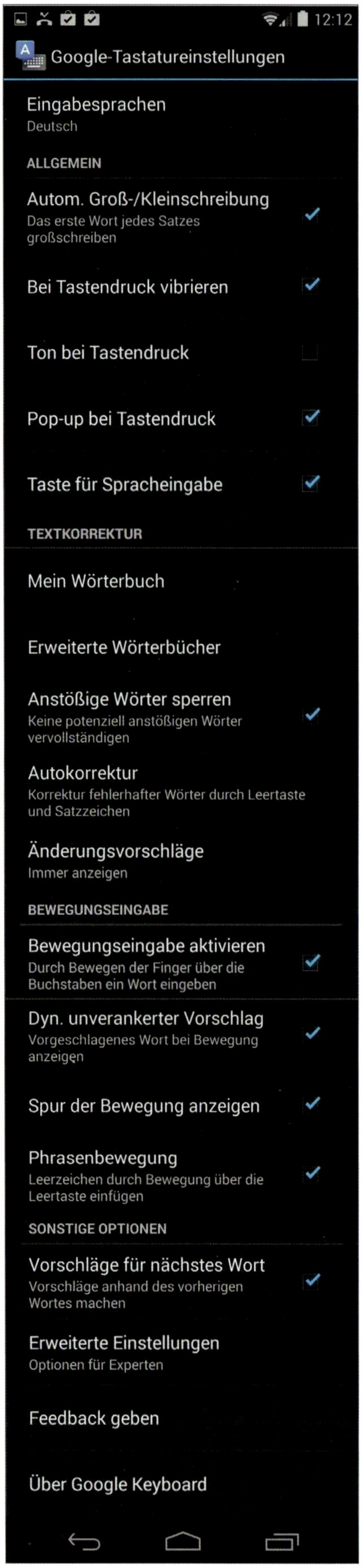

Um die Tastatur an Ihre persönlichen Bedürfnisse anzupassen, gibt es ein umfangreiches Menü. Sie erreichen es über die Einstellungen-App unter dem Punkt Sprache & Eingabe. Dort tippen Sie dann auf das Symbol (1) in der Zeile der Google-Tastatur.

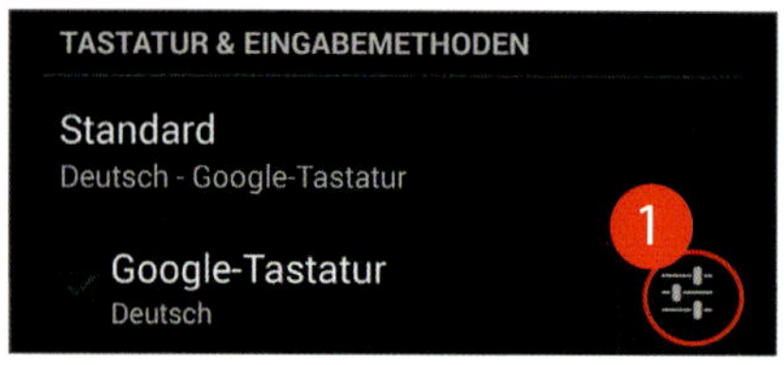

Darauf öffnet sich eine lange Tabelle. Im Normalfall müssen Sie hier nichts einstellen, die Auswahl passt. Hier eine Kurzbeschreibung:

• Eingabesprache > automatisch

- Automatische Groß/Kleinschreibung > EIN

- Bei Tastendruck vibrieren > Nach Wunsch
Damit erhalten Sie ein haptisches Feedback und gleichzeitig erhöhten Stromverbrauch.

- Ton bei Tastendruck > Nach Wunsch

- Pop-up bei Tastendruck > Nach Wunsch
Bleiben Sie einen kurzen Moment mit dem Finger auf einer Taste, wird der gewählte Buchstabe größer dargestellt und die zu dieser Taste hinterlegten Buchstaben werden angezeigt.

- Taste für Spracheingabe > EIN
Wenn verfügbar, wird zur normalen Texteingabe auch das Symbol (Mikrofon) für die Spracheingabe angezeigt.

Textkorrektur

Alle Einstellungen sollten so bleiben. In Mein Wörterbuch können Sie auch Wörter erfassen, die nicht im normalen Wörterbuch stehen.

Bewegungseingabe

Ein interessante Möglichkeit der Texteingabe, Sie tippen nicht jeden Buchstaben einzeln an, sondern fahren die Buchstaben mit dem Finger ab – ohne den Finger von der Oberfläche zu nehmen. Klingt komisch? Ist es am Anfang auch und für viele ändert sich das auch nicht. Dann können Sie alle Häkchen abwählen.

Sprechen statt tippen

Was vor wenigen Jahren noch Spezialprogrammen vorbehalten war, können Sie heute mit Ihrem Smartphone ganz selbstverständlich einsetzen: Die Eingabe von Text per Sprache.
Ob SMS oder E-Mail, die Spracheingabe steht in vielen Apps zur Verfügung und funktioniert schon relativ zuverlässig. Es sind nachträglich nur noch kleine Korrekturen notwendig.

Aktivieren Sie die Spracheingabe mit einem Tipp auf das Mikrofon-Symbol (1) > > Das Fenster zur Spracheingabe öffnet sich (2). Am Anfang ist das Symbol mit dem Mikrofon noch grau, Sie können jetzt zu Sprechen beginnen.
Erkennt das Smartphone gesprochenen Text, färbt sich das Symbol rot (3) und die Übersetzung von Sprache in Text beginnt.

Beenden Sie die Eingabe mit einem Tipp auf das rote Symbol (3).

Um die Spracheingabe fortzusetzen, tippen Sie einfach erneut auf das Mikrofon (4) oder Sie wählen links daneben die normale Tastatur (5).

HINWEIS:
Die Spracheingabe funktioniert am besten in ruhiger Umgebung und mit klar gesprochenen Worten.

Sonderzeichen

verstecken sich hinter der normalen Tastatur. Benötigen Sie ein scharfes ß oder Umlaute wie ä, ö oder ü? Dann bleiben Sie mit dem Finger etwas länger auf der Taste und warten, bis eine kleine Auswahl eingeblendet wird. Fahren Sie dann mit dem Finger über den gewünschten Buchstaben/Zahl und nehmen ihn erst dann vom Bildschirm.

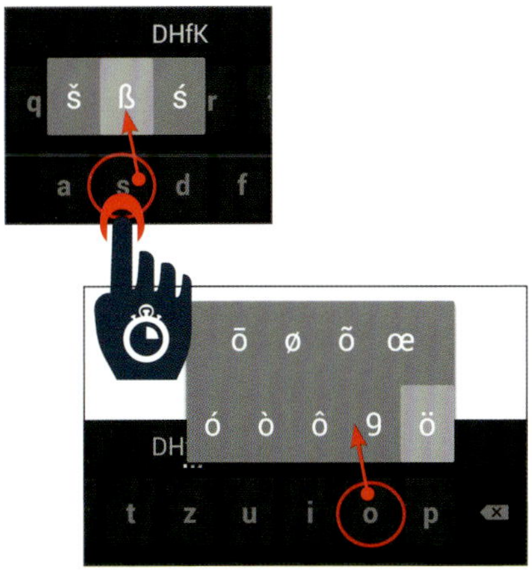

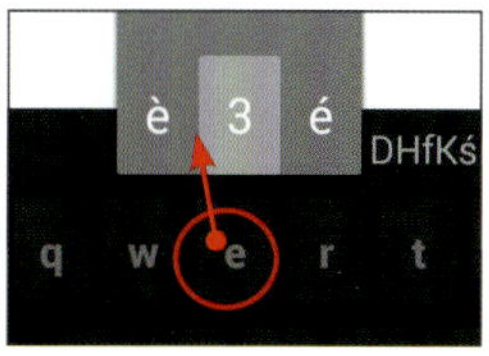

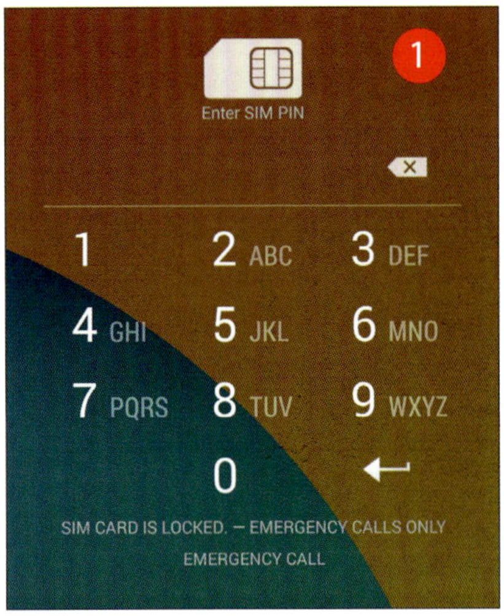

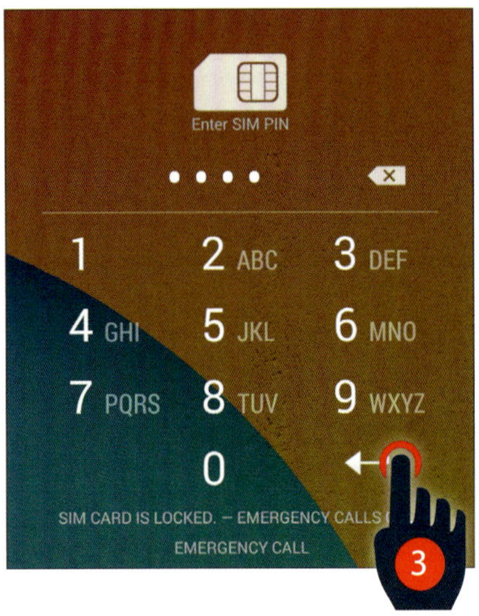

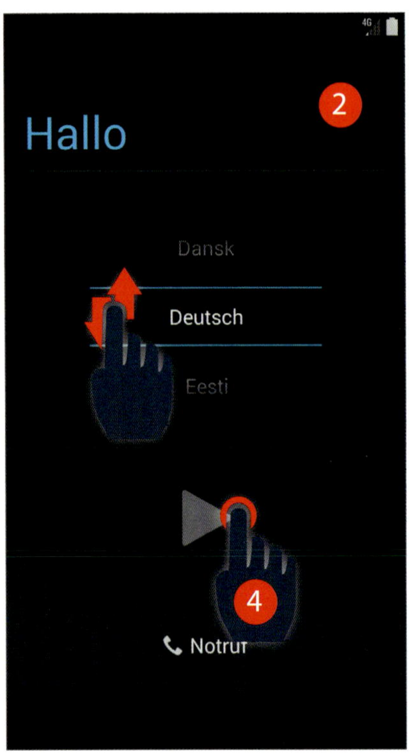

Bevor Sie Ihr neues Smartphone einschalten, legen Sie bitte die SIM-Karte ein. Die Anleitung dazu und das passende Werkzeug finden Sie im Lieferumfang Ihres Telefons. Hier nur so viel:
Dazu müssen Sie entweder eine kleine Schublade auf der Seite entriegeln oder den rückseitigen Deckel abnehmen. Die SIM-Karte selbst haben Sie von Ihrem Mobilfunkanbieter erhalten. Achten Sie beim Einlegen der SIM-Karte auf die **abgeschrägte Ecke**, sie kennzeichnet die richtige Position.

HINWEIS:
Haben Sie Geduld, das ist manchmal ein bisschen fummelig, muss aber auf alle Fälle ohne großen Kraftaufwand funktionieren. Sind Sie sich nicht sicher, lassen Sie sich bitte dabei helfen.

WICHTIG:
Klappen Sie den Datenspeicher am hinteren Umschlag der Anleitung aus und tragen Sie jetzt gleich die Vertragsdaten Ihres Mobilfunk-Anbieters ein.

Haben Sie das erledigt, können Sie das Telefon jetzt einschalten. Dazu drücken Sie auf der Seite kurz auf den Ein/Aus-Taster (= Standby-Taster) am oberen oder rechten Rand des Gehäuses. Ist das Telefon ganz ausgeschaltet, müssen sie 2-3 Sekunden auf dem Taster bleiben. Das Telefon startet und zeigt bald darauf einen Startbildschirm. Je nach Hersteller sehen Sie als erstes die Anzeige für die Eingabe der PIN-Nummer (1) oder die Sprachwahl (2).

Geben Sie dann die 4-stellige PIN-Nummer über das Tastenfeld ein und bestätigen Sie die Eingabe mit einem Tipp auf das Enter-Symbol (3).
Alternativ wählen Sie durch Schieben die richtige Sprache aus, tippen auf den Pfeil (4) und gelangen dann erst zur Eingabe der PIN-Nummer.

HINWEIS
Manchmal wird die Sprache anhand der SIM-Karte bereits richtig eingestellt, Sie können dann direkt mit einem Tipp auf den Pfeil (4) die Sprache bestätigen und den Installationsprozess starten.

WICHTIG:
Rechts oben, in der Ecke des Bildschirms, sehen Sie ein Symbol für eine Batterie. Diese sollte noch mindestens zu einem Drittel geladen sein. Wenn nicht, stecken Sie bitte das Ladegerät an, bevor sie weiter machen.

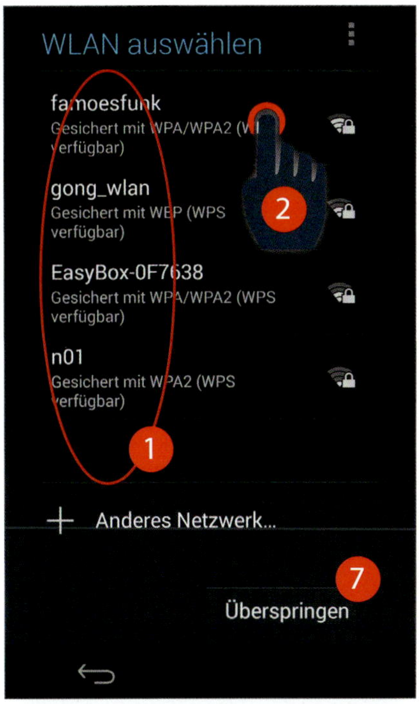

Das nächste Fenster zeigt Ihnen alle verfügbaren Funk-Netzwerke (WLAN) (1) an. Ist Ihres dabei? Haben Sie das Kennwort zur Hand? Dann tippen Sie auf den Namen (2) und geben das Kennwort ein (3).

TIPP:
Viele Hersteller bieten hier die Möglichkeit, das Passwort (= Kennwort) anstatt der Punkte (4) in richtigen Zeichen (5) anzeigen zu lassen. Tippen Sie dazu auf das leere Feld neben Passwort anzeigen. Sehr praktisch, so vermeiden Sie eine fehlerhafte Eingabe.

Nach der Bestätigung der Eingabe mit einem Tipp auf Verbinden (6) dauert es einen Moment, bis die Verbindung zum Netzwerk hergestellt wird – haben Sie Geduld.

Sie haben gar kein eigenes Netzwerk?
Kein Problem, Sie können die Erstinstallation auch über das Mobilfunk-Netzwerk erledigen. Tippen Sie dazu auf Überspringen (7). Und Sie erhalten prompt einen Hinweis auf eventuelle Kosten (8). Aber, es hilft ja nichts, wenn Sie kein WLAN haben, dann tippen Sie auf Trotzdem überspringen (9).

HINWEIS:
Bei der Installation über das Mobilfunk-Netzwerk dauert es ein bisschen länger, bis alle Daten geladen sind.

Welchen Weg Sie auch gewählt haben, es geht weiter auf der nächsten Seite. >>

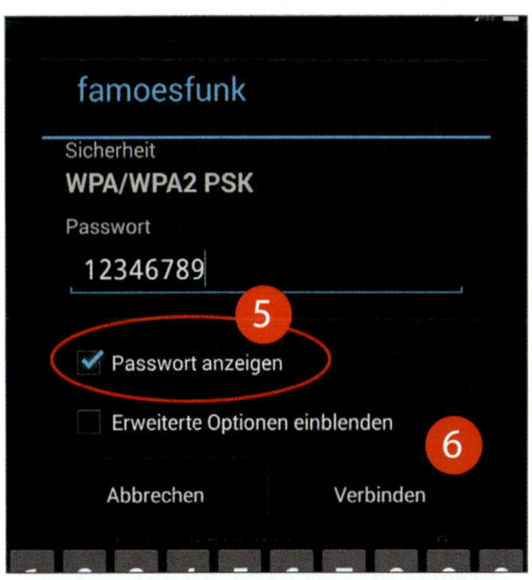

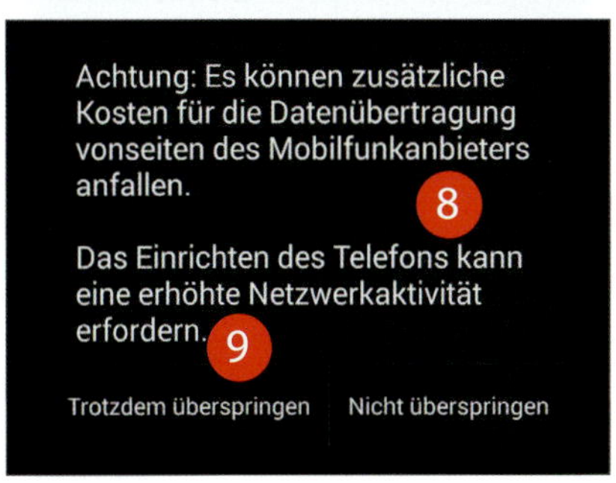

WICHTIG:
Bei Ihrem Telefon ist nach dem Einschalten sofort der Home-Bildschirm zu sehen?
Sie können nur die PIN-Nummer eingeben und kommen dann direkt zum Startbildschirm?

Dann sollten Sie das Telefon jetzt zurücksetzen und alle Daten des Vorbesitzers löschen. Nur so können Sie sicher sein, dass es später nicht zu unvorhersehbaren Problemen kommt. Wie das geht, erfahren Sie auf Seite 159.

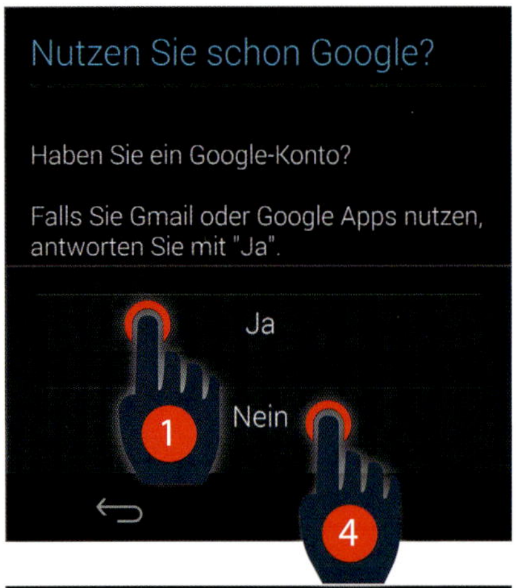

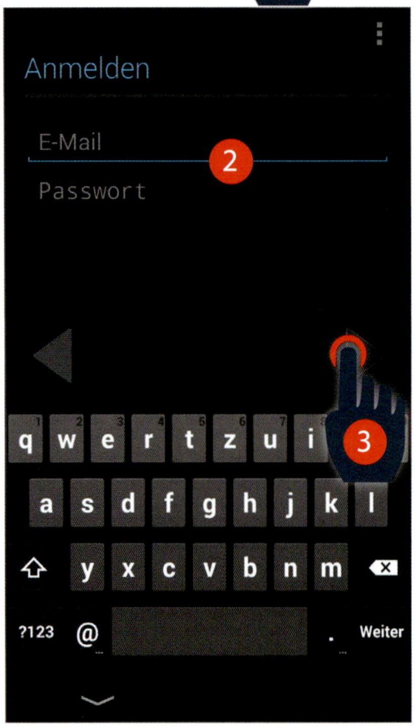

Das Android-Betriebssystem Ihres Telefons ist sehr stark mit dem Angebot von Google verknüpft und wird Ihnen immer wieder Angebote von Google unterbreiten.

Das erste davon ist ein Google-Konto. Das ist Ihre grundlegende Kennung für viele kostenlose Angebote (u.a. E-Mail, Cloud-Speicher) von Google und der Zugang zu den Apps im Play Store.

Haben Sie schon ein Google-Konto tippen Sie bitte auf Ja (1) und geben auf der nächsten Seite (2) Ihre Daten ein. Ein Tipp auf den Pfeil (3) nach rechts bringt Sie dann zur nächsten Eingabe.

Sie haben noch keine Google-Konto?
Dann tippen Sie hier bitte auf Nein (4) und erstellen auf der nächsten Seite ein neues Konto.

Nach einer Werbeseite (5), die Sie mit einem Tipp auf Konto erstellen (6) bestätigen, können Sie im nächsten Fenster (7) einen Namen für die Personalisierung Ihres Telefons und der Google-Dienste vergeben. Ich empfehle Ihnen, hier Ihren echten Namen anzugeben, da diese Daten für die Konversation mit Ihnen benutzt werden. Da nervt es schnell, wenn Sie immer mit einem Spaß-Namen angesprochen werden. Tippen Sie auf die Eingabezeile und geben Sie mit der Tastatur Ihren Namen ein. Bestätigen Sie die Eingabe mit einem Tipp auf den Pfeil nach rechts (8).

Vermerken Sie diesen Namen auch im Datenspeicher.

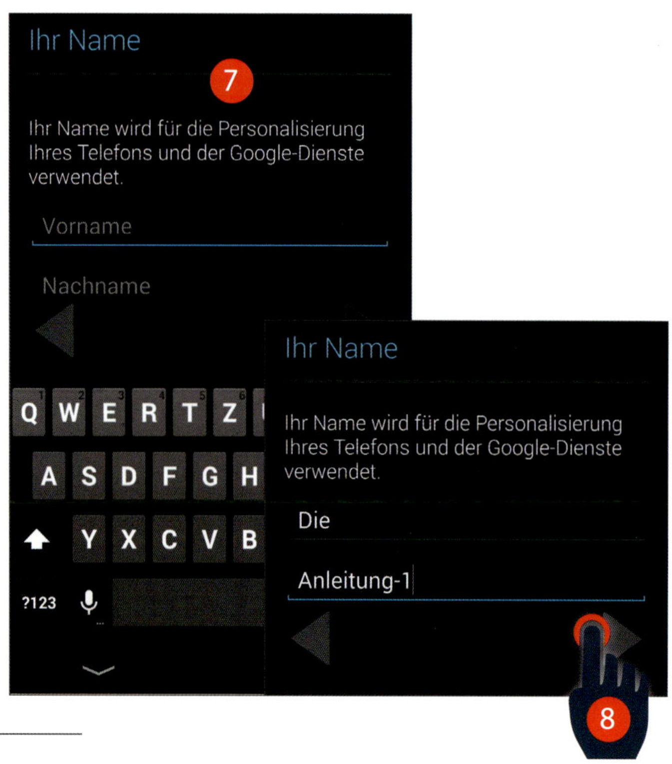

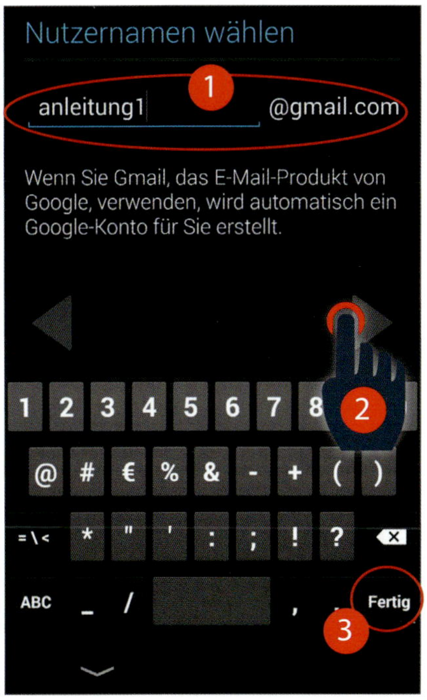

Anders sieht es bei Ihrem Nutzernamen für die kostenlose Google E-Mail-Adresse aus. Hier können Sie Ihrer Fantasie freien Lauf lassen (1) – theoretisch. In der Praxis sieht es so aus, dass schon sehr viele Namen belegt sind. Da müssen Sie einfach auspro-bieren.

Denken Sie bitte auch daran, dass der Name leicht zu merken und leicht über die Tastatur einzugeben sein sollte. Nach der Eingabe, die Sie mit einem Tipp auf den Pfeil (2) oder auf Fertig (3) bestätigen, prüft Google, ob der Name noch frei ist. Im Normalfall erhalten Sie eine Meldung, die Sie auffordert einen anderen Namen zu wählen (4). Das kann mehrere Male so gehen, bis Sie endlich einen freien Namen gefunden haben. Sie müssen die Prüfung immer von vorne wiederholen (5).

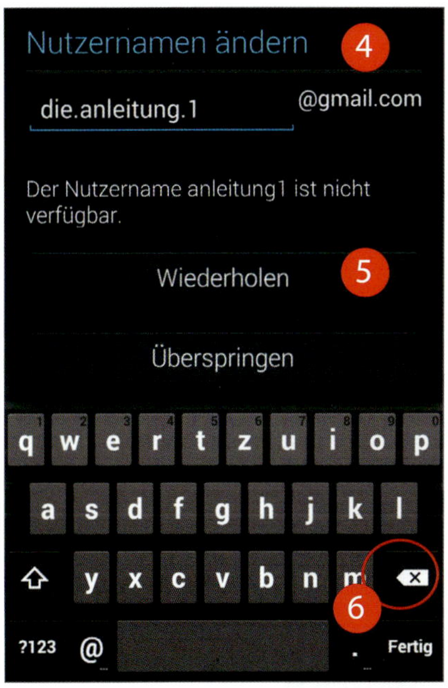

Textkorrekturen erledigen Sie mit der Löschtaste (6) der Tastatur, die immer den Buchstaben **links** neben der Eingabemarke (= senkrechter Strich = Cursor [:cörsa]) entfernt.

TIPP:
Wählen Sie eine Kombination aus Buchstaben und Zahlen. Dann sind die Chancen deutlich höher, dass der Name noch frei ist.

Denken Sie daran, Ihre Google-Daten **jetzt gleich** in den Datenspeicher einzutragen.

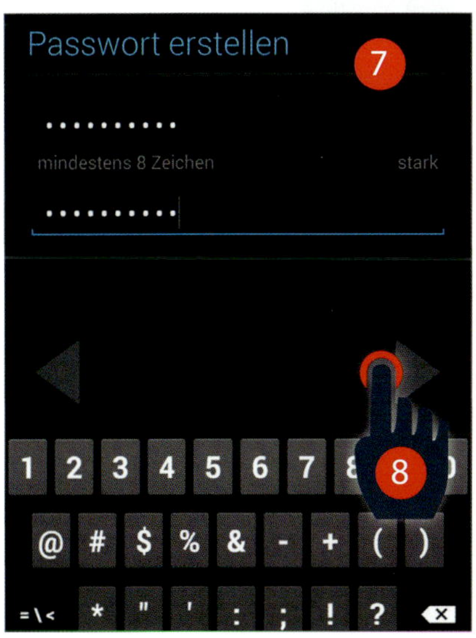

Haben Sie einen freien Namen gefunden, müssen Sie sich noch ein Kennwort (7) dazu ausdenken. Auch hier empfehle ich Ihnen eine Kombination aus Buch-staben und Zahlen, mindestens 6 Zeichen lang.

HINWEIS:
Im Gegensatz zur E-Mail-Adresse wird hier sehr wohl zwischen Groß- und Kleinschreibung unterschieden.

Bestätigen Sie Ihre doppelte Eingabe mit einem Tipp auf den Pfeil (8) und Sie gelangen zur nächsten Seite.

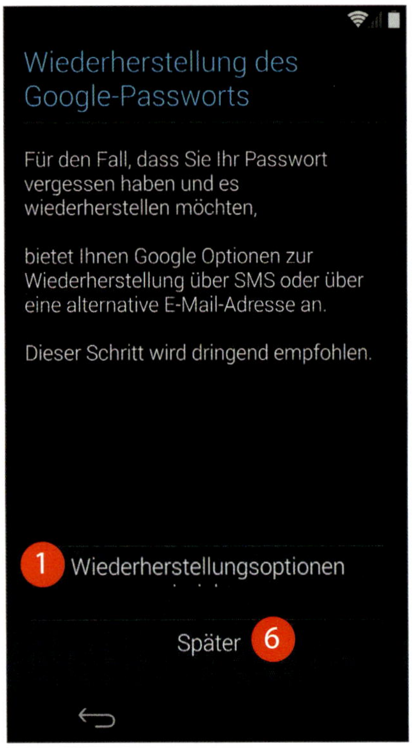

Hier haben Sie die Möglichkeit, über **Wiederherstellungsoptionen** (1) eine alternative Telefonnummer (2) und eine E-Mail-Adresse (3) zum Wiederherstellen Ihres Kennworts zu hinterlegen. Für den Fall, dass Sie Ihr Kennwort vergessen haben (Datenspeicher!), schickt Ihnen Google das Kennwort zu und bietet Ihnen eine Möglichkeit, das Kennwort zurückzusetzen (= neu eingeben).
Bestätigen Sie Ihre Eingabe mit **Weiter** (4) oder einem Tipp auf den Pfeil (5). Haben Sie hier keine Daten zur Verfügung, tippen Sie auf **Später**(6).

WICHTIG:
Geben Sie hier **nicht** die Telefonnummer dieses Telefons und Ihre neue Google E-Mail-Adresse ein. Das müssen schon andere Kontaktdaten sein. Sonst kann sich jeder, der im Besitz Ihres Telefons ist, Ihr Kennwort zuschicken lassen. Das ist sicherlich nicht Sinn und Zweck dieser Funktion – und auch nicht in Ihrem Interesse.

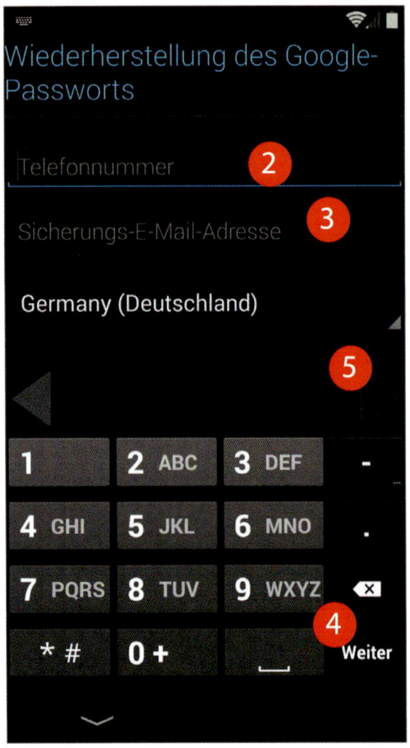

Im nächsten Fenster geht es um die Aktivierung weiterer Google-Dienste. Hier sollten Sie die **Netzwerksuche im Hintergrund** (7) mit einem Tipp auf den Haken abschalten. So verbessern Sie die Akkulaufzeit. Mit einem Tipp auf den Pfeil (8) kommen Sie zur nächsten Seite.

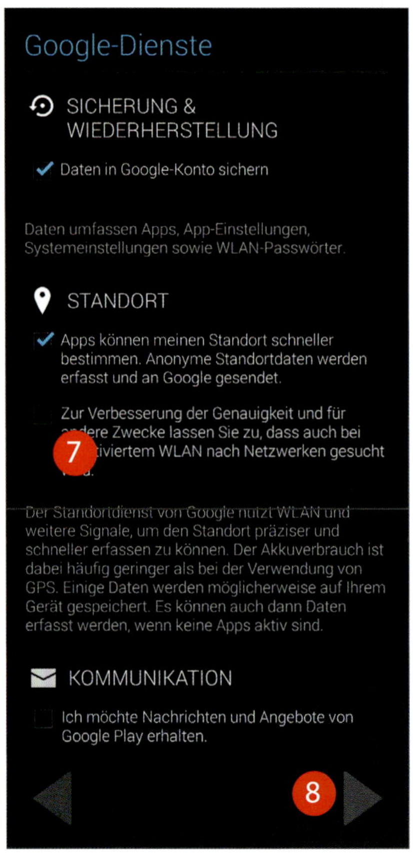

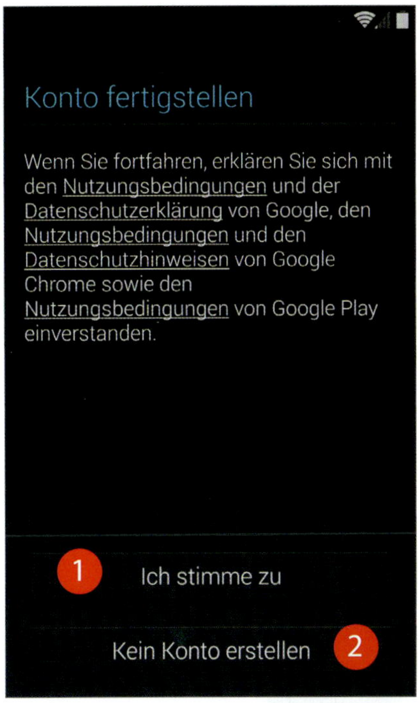

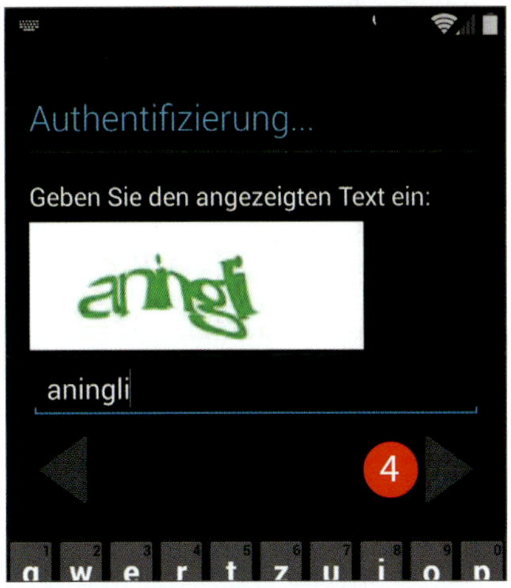

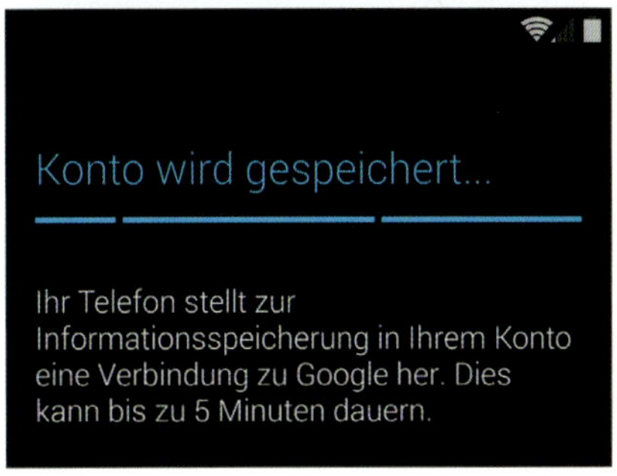

Jetzt gilt es noch die Nutzungsbedingungen und die Datenschutzbestimmungen mit einem Tipp auf **Ich stimme zu** (1) zu akzeptieren.

Alternativ können Sie hier alles abbrechen und ohne Google-Konto weiter machen. Wenn Sie das möchten, tippen Sie auf **Kein Konto erstellen** (2).

Im nächsten Fenster möchte Google sicherstellen, dass Sie ein echter Mensch sind und kein Roboter, der sinnlose Konten anlegt. Diese Authentifizierung wird über eine spezielle Eingabe von „verbogenen" Buchstaben und Zahlen durchgeführt (Der Fachbegriff dafür ist captcha [:käptscha] = Unterscheidung Mensch/Maschine). Sie müssen also die dargestellten Buchstaben in die Eingabezeile (3) übertragen. Manchmal, wenn die Buchstaben zu schlecht zu erkennen sind, ist das wirklich schwierig. Haben Sie falsche Eingaben gemacht, erhalten Sie einen neuen Versuch mit neuen Buchstaben.

Bestätigen Sie Ihre Eingabe mit einem Tipp auf den Pfeil (4). Haben Sie den Text richtig eingegeben, wird Ihr Konto bei Google angelegt. Das kann mehrere Minuten dauern – haben Sie Geduld.

HINWEIS:
In den meisten Fällen geht das Telefon während der Wartezeit in den Schlafmodus und der Bildschirm wird dunkel. Sie wissen ja, mit einem kurzen Druck auf den Standby-Taster können Sie es wieder aufwecken und über den Sperrbildschirm gelangen Sie wieder zum aktuellen Bildschirm.

Google+ ist wie Facebook eine Plattform für soziale Kontakte. Mit einer Anmeldung sind auch noch andere kostenlose Dienste verbunden.
>> Meine Empfehlung: **Später** (1) erledigen.

Gleiches gilt auch für Google Play. Hier sollen Sie gleich mal die Daten Ihrer Kreditkarte eingeben.
>> Meine Empfehlung: **Später** (2) erledigen.

Auch Google Now, das Angebot für lokale Datendienste, würde ich jetzt einfach mal überspringen, das können Sie später in Ruhe auch noch erledigen. Tippen Sie dazu auf **Nicht jetzt** (3) in der unteren linken Ecke.

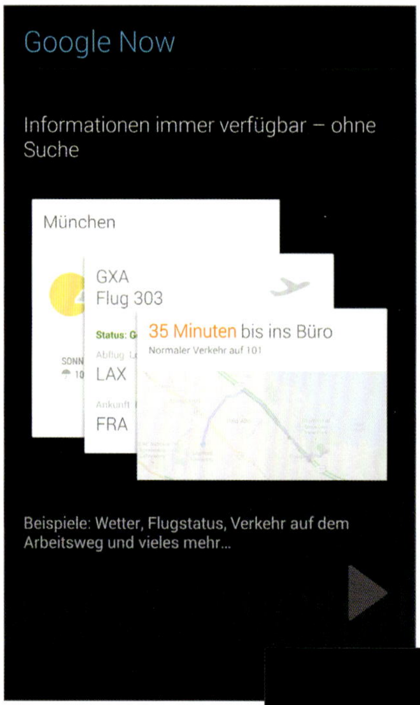

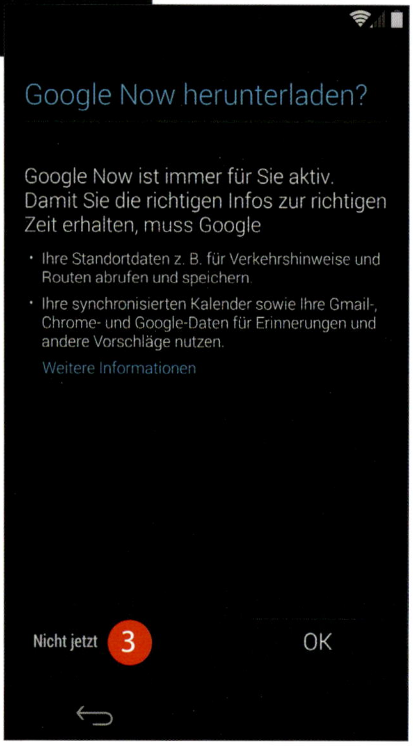

Als nächstes sehen Sie zwei Bildschirme mit einer kurzen Einführung zur Bedienung. Diese bestätigen Sie bitte beide mit einem Tipp auf OK (1).

Und dann ist es soweit >>

ERINNERUNG:
Haben Sie daran gedacht, alle Anmeldedaten in den Datenspeicher einzutragen?

Platz für Ihre **NOTIZEN**

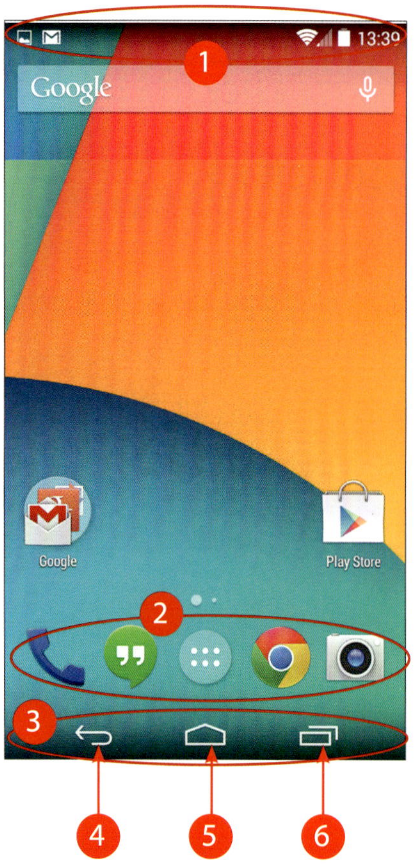

Herzlichen Glückwunsch,

Sie haben Ihr Telefon erfolgreich angemeldet und sehen den Startbildschirm mit folgenden Elementen:

(1) Statusleiste
Sie zeigt den aktuellen Stand der verschiedensten Aktivitäten Ihres Smartphones an.

(2) Favoritenleiste
Hier können Sie Ihre wichtigsten Apps für den Schnellzugriff ablegen.

(3) Navigation
Ganz unten im Display finden Sie drei wichtige Elemente zur grundlegenden Navigation:

(4) Zurück
Damit gelangen Sie zurück zur letzten Seite bzw. der zuletzt verwendeten Einstellung.

(5) Home-Button
Ganz wichtig – mit einem kurzen Druck auf diese Taste kehren Sie immer wieder zurück zum Hauptbildschirm.

(6) Übersicht
Tippen Sie darauf, wird Ihnen eine Übersicht der offenen Apps angezeigt.

Noch bevor Sie sich am Display umgesehen haben, geht das Telefon vermutlich in den Ruhezustand – das Display wird dunkel.
Sie wissen ja: Zum Aufwecken genügt ein kurzer Druck auf den seitlichen Standby-Taster. Und danach ein Wisch über den Sperrbildschirm (7).

Damit das beim weiteren Einrichten nicht dauernd passiert, werden wir als erstes die Aktivierungszeit für den Ruhezustand ändern. >>

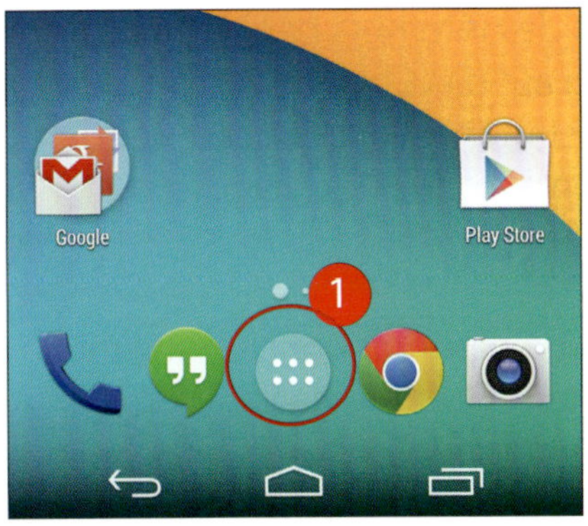

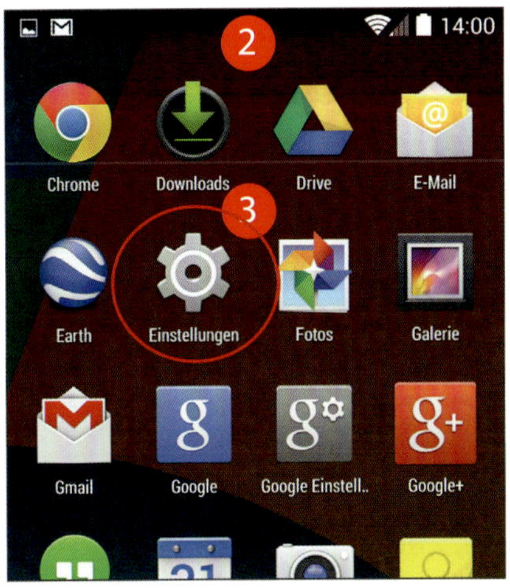

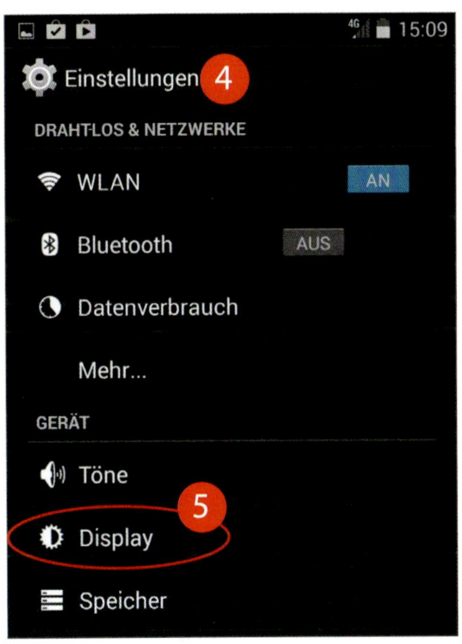

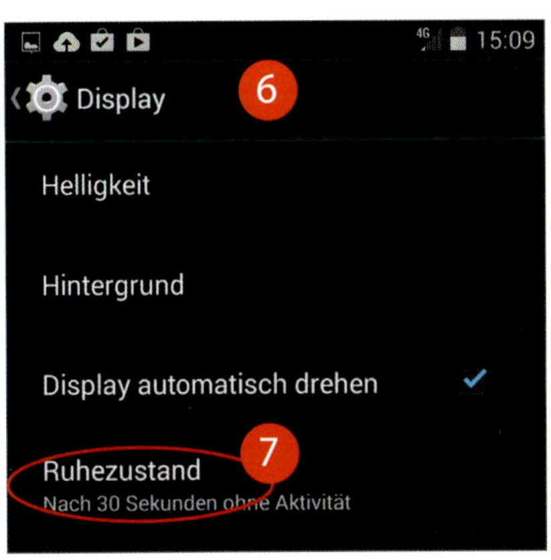

Tippen Sie dazu am Startbildschirm einmal auf das Symbol für die App-Übersicht (1). Es öffnet sich ein Fenster (2) mit vielen Apps. Dort suchen Sie nach einem Symbol eines Zahnrads (3) mit der Bezeichnung **Einstellungen** > tippen Sie darauf.

Jetzt sehen Sie eine Liste mit Einstellmöglichkeiten (4) zu vielen Themen. Uns interessiert jetzt aber nur ein Eintrag: **Display** (5) > tippen Sie darauf.

Die Überschrift des Menüfensters ändert sich von **Einstellungen** auf **Display** (6) und zeigt die Einstellmöglichkeiten für das Display (= Bildschirm). Tippen Sie auf den Eintrag **Ruhezustand** (7) und dann auf **10 Minuten** (8). Das Fenster schließt sich automatisch und zeigt wieder alle Einstellungen für das Display.

Beenden Sie die Änderungen mit einem Tipp auf den Home-Button (9) unten in der Mitte.

Die App für die Einstellungen wird uns noch öfter begegnen, merken Sie sich das Symbol.

Und das war's schon, die Grundeinstellungen sind gemacht, jetzt geht es daran mit den Apps zu arbeiten. Den Anfang macht die App für das Internet – Chrome.

Halt, bevor Sie weiter machen:

Haben Sie alle Zugangsdaten und Kennwörter in den Datenspeicher eingetragen?

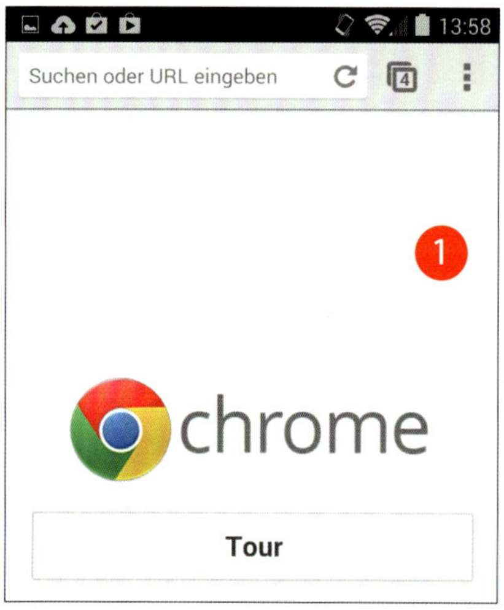

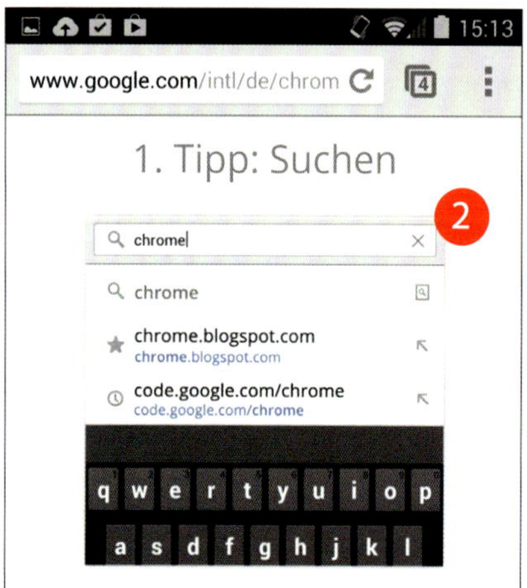

Suchen und navigieren Sie von einem Feld aus. Ergebnisse werden Ihnen schon während der Eingabe angezeigt.

Öffnen Sie beliebig viele Tabs.

Schließen Sie Tabs durch Wischen mit dem Finger.

Die große, weite Welt des Internets beginnt mit einem einfachen Tipp auf das Chrome Symbol. Aber halt, bevor Sie damit starten, etwas **grundlegende Theorie** zu Internet und World Wide Web.
Was ist das und wie funktioniert das?

Das Internet selbst ist eine unglaubliche Anzahl von Computern, verteilt über die ganze Welt.
Untereinander verbunden mit modernster Technik. Dieses Netzwerk von Computern bietet verschiedene Programme zur Übertragung von Daten an: E-Mail, www, Telefon, Video und vieles mehr.
Das Internet ist also der **Oberbegriff** für viele Anwendungen. Eine davon, neben E-Mail, ist sicher das World Wide Web [:wörld weid web]. Und das ist noch gar nicht so alt: Ursprünglich eine Entwicklung für Forschung und Militär, begann **Anfang der 90er** die öffentliche und damit auch kommerzielle Nutzung des Internets.

Stellen Sie sich das World Wide Web wie eine riesige Bibliothek vor. Dort lagern unglaublich viele **Bücher, Magazine, Zeitschriften, Musik, Programme, Daten und Informationen aller Art**. Die Daten des World Wide Web werden über Webseiten organisiert. Jede dieser Webseiten hat zur Unterscheidung eine **einmalige Adresse**, am Anfang dieser Adressen steht das bekannte www.

Aufbau einer Webadresse am Beispiel von
http://www.google.com

• http:// = hyper text transfer protocol
Genaue Bezeichnung für das Übertragungsprotokoll (wird heute aber nur noch selten angezeigt).

• www = world wide web
Abkürzung für das weltweite Netzwerk aus Computern.

• google = Firmenbezeichnung
oder das Thema der Webseite u.ä.
www.bmw.de
www.google.de

• .com = Kürzel für das Land u.ä.
Beispiele:
com = commercial = kommerziell
de = Seite aus Deutschland
uk = Seite aus England
it = Seite aus Italien

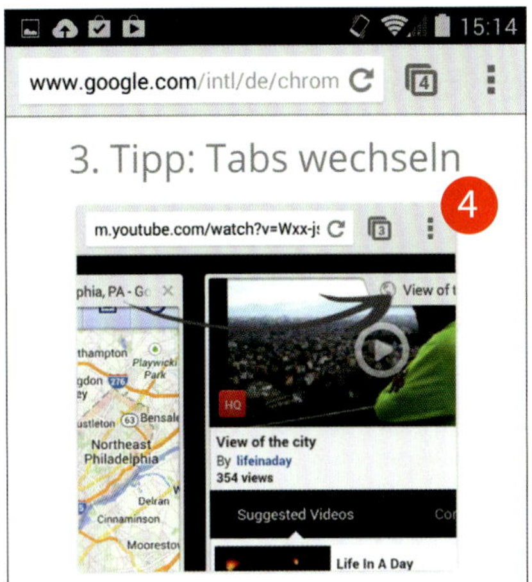

Wischen Sie in der Symbolleiste von einer Seite zur anderen, um den Tab zu wechseln.

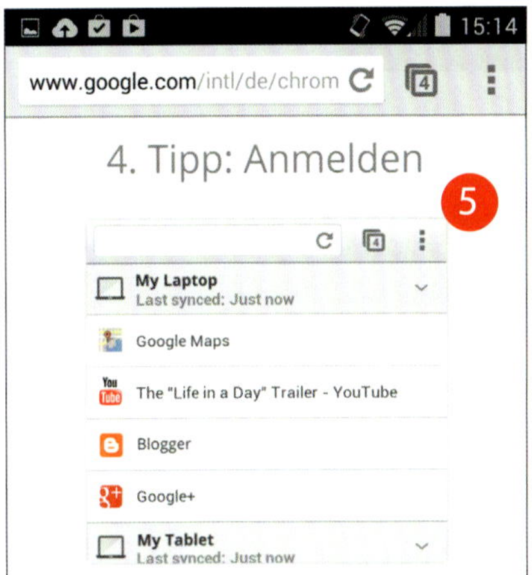

Melden Sie sich in Chrome an, um Ihre geöffneten Tabs, Lesezeichen und Omnibox-Daten von Ihrem Computer zu übertragen.

Mit Inkognito-Tabs anonym surfen. Aufgerufene Seiten erscheinen nicht in Ihrem Verlauf und hinterlassen auch keine anderen Spuren wie etwa Cookies.

Offiziell wird diese einmalige Adresse als URL bezeichnet. URL ist die Abkürzung für **U**niform **R**esource **L**ocator, das bedeutet soviel wie **Einheitliche Anzeige der Quelle**. Im normalen Sprachgebrauch sagt man dazu ganz einfach: Adresse der Seite.

HINWEIS - Sicherheit
Hat eine Web-Adresse am Ende ein zusätzliches „s", also https, dann handelt es sich um eine speziell abgesicherte Verbindung zu einem anderen Rechner. Zum Beispiel beim Einkaufen oder der sicheren Übertragung von Bankdaten.

Eine **Website** [:webseit] besteht immer aus mehreren Seiten, die **Homepage** [:hompeytsch] ist die Startseite der gesamten Website.
Elemente, wie Bilder oder Wörter, die auf andere Seiten verweisen, werden als **Link** bezeichnet.

Der Browser

Für die Darstellung der Inhalte wird auch eine App benötigt. Auf Ihrem Smartphone ist das der **Browser** [:brauser] Chrome. Damit haben Sie Zugriff auf alle Webseiten und die Suchmaschinen. Beim ersten Start (1) können Sie sich eine kleine Einführung in die Bedienung ansehen (2-6). Mehr dazu auf den nächsten Seiten.

Die Suchmaschine

Damit Sie im Internet auch schnell die richtigen Informationen finden, gibt es Suchmaschinen. Meistens sind diese direkt in den Browser integriert. Eine davon ist google [:guuhgl]. Sicher haben Sie schon einmal von der weltweit bekanntesten und größten Suchmaschine gehört.

Lesezeichen

Damit organisieren Sie Ihre gerne besuchten Internet-Seiten.

Zusammenfassung

Der Browser übernimmt die Darstellung der Daten, die Suchmaschine hilft Ihnen dabei, die gewünschten Informationen zu finden.

Jetzt aber genug der grauen Theorie, ab ins Internet.

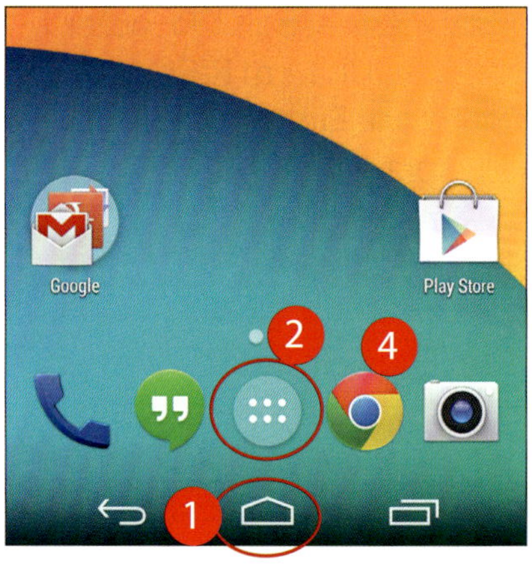

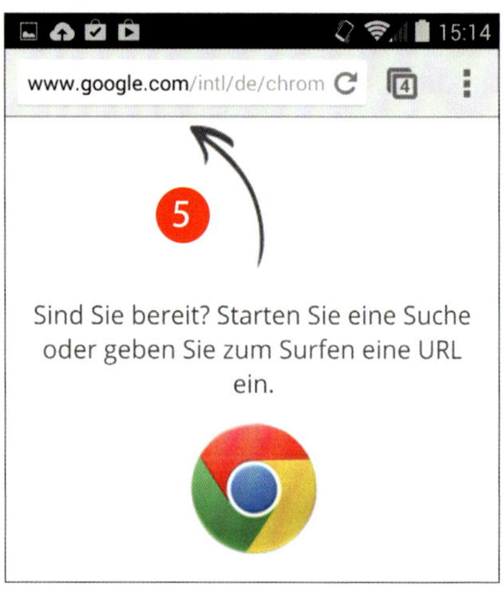

Ab ins Internet

Haben Sie den Browser Chrome schon gestartet? Haben sich die Einführung auf der vorherigen Seite (1- 6) schon angesehen? Dann können Sie gleich zur nächsten Seite springen.
Wenn nicht, dann tippen Sie auf den Home-Button (1) und dann auf die App-Übersicht (2). Dort finden Sie das Symbol für die Browser-App Chrome (3) – tippen Sie einmal darauf. Eventuell können Sie die App auch direkt vom Startbildschirm (4) öffnen.

Beim ersten Start erhalten Sie eine kleine Einführung (vorherige Seiten) und kommen dann zu diesem Fenster (5). So sieht es allerdings nur beim ersten Mal aus. Später sehen Sie gleich Ihre zuletzt besuchte Seite, die Übersicht Ihrer Lesezeichen (6) oder eine Darstellung der zuletzt besuchten Internet-Seiten (7).

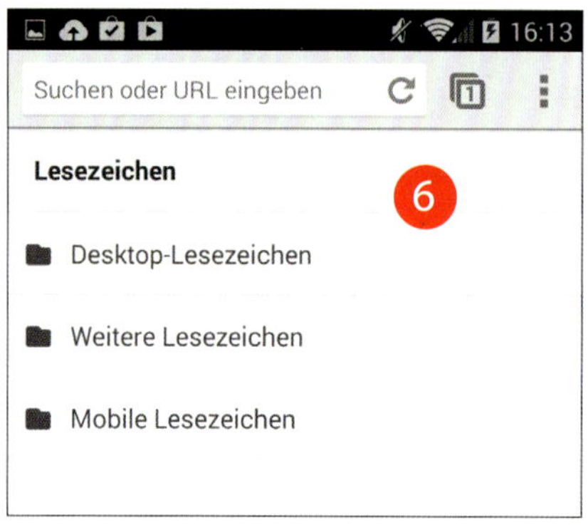

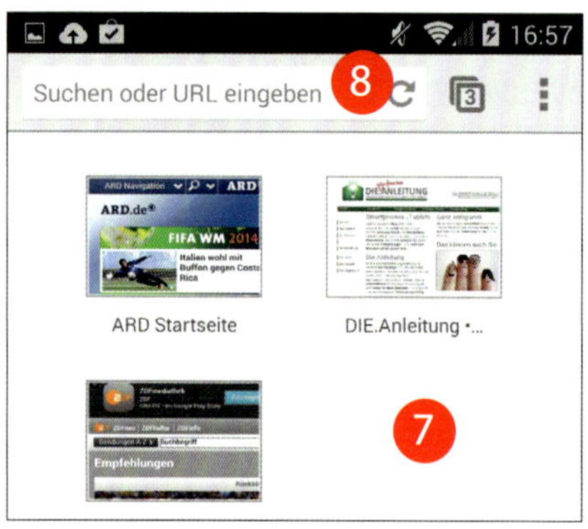

Allen gemein ist die Suchzeile (8) ganz oben. Dort geben Sie Suchbegriffe und ganze Internet-Adressen ein. Tippen Sie auf diese Zeile, wird die Tastatur eingeblendet und Sie können sofort loslegen >>

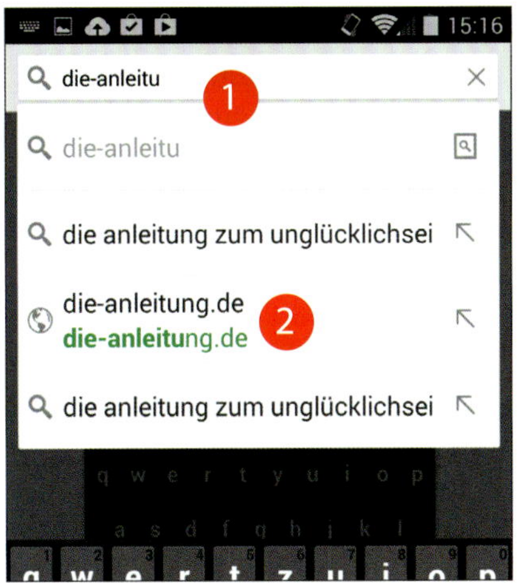

Geben Sie jetzt bitte die-anleitung ein. Schon während der Eingabe in die Suchzeile macht Ihnen die Suchmaschine Vorschläge (1) dazu. Ist Ihre gesuchte Seite bzw. der Begriff dabei, können Sie direkt auf die Zeile tippen. In unserem Beispiel wird schon in der dritten Zeile (2) das richtige Ergebnis angezeigt.

Tippen Sie darauf, wird die Seite geöffnet und im Browser dargestellt (3). Bleiben wir doch einmal bei dem Beispiel und sehen uns die einzelnen Bereiche und Bedienelemente der Seite an:

(4) Kopfgrafik / Header
Damit Sie wissen, wo Sie angekommen sind, wird am oberen Rand oft das Logo des Seiten-Inhabers dargestellt. Zusätzlich hat das Logo vielmals auch eine Funktion: Tippen Sie darauf, kommen Sie zur Startseite der Homepage.

(5) Navigation oben / links (6)
Als Navigation werden Bereiche bezeichnet mit denen Sie weitere Seiten der Homepage öffnen können. Manchmal wird nach dem Tippen ein kleines Extra-Fenster (= Menü) geöffnet, in dem Sie noch mehrere Punkte zur Auswahl haben.

(7) Hauptbereich
Hier wird der eigentliche Inhalt dargestellt.

(8) Links
Das sind Verbindungen zu anderen Internetseiten. Sie sind meistens in blauer Schrift und öffnen mit einem Tipp eine neue Seite.

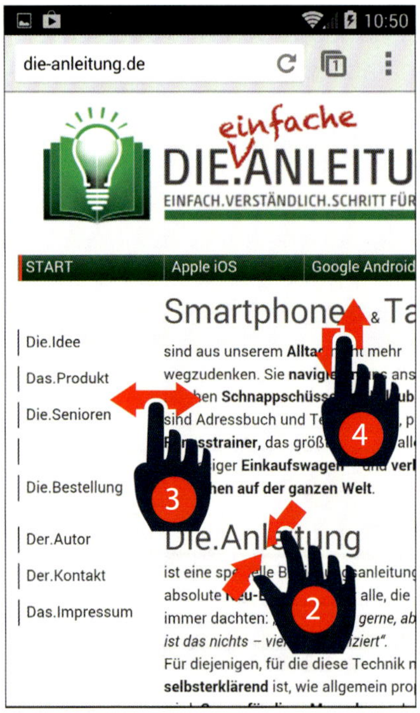

Viele Seiten im Internet sind noch nicht für mobile Geräte optimiert. Die Seite wird so wie am Computer angezeigt, der Text ist oftmals viel zu klein, um ihn lesen zu können.
Deshalb gibt es zwei Möglichkeiten, mit denen Sie die Darstellung vergrößern können.

Darstellung vergrößern - 2-Finger

Legen Sie dazu Daumen und Zeigefinger nebeneinander auf den Bildschirm und ziehen Sie sie dann auseinander (1). Und wie von Zauberhand wird der Inhalt unter Ihren Fingern vergrößert. Um welchen Faktor, das hängt davon ab, wie weit Sie die Finger spreizen. Das Vergrößern können Sie auch mehrfach hintereinander anwenden. So lange, bis die Inhalte für Sie lesbar sind.

Das Ganze funktioniert auch anders herum:
Legen Sie Daumen und Zeigefinger weit gespreizt auf den Bildschirm und ziehen Sie sie dann zusammen (2) >> die Darstellung verkleinert sich wieder.

HINWEIS:
Bei Seiten, die bereits für die mobile Darstellung optimiert sind, ist eine Vergrößerung meistens nicht mehr möglich.

Inhalte verschieben

Haben Sie einen bestimmten Bereich vergrößert, ist der gesamte Inhalt nicht mehr zusehen. Jetzt können Sie durch Schieben (3) und Ziehen (4) den Inhalt verschieben und so andere Bereiche der Homepage sichtbar machen.

Übung:

Legen Sie einen Finger auf die vergrößerte Darstellung und bewegen Sie ihn nach rechts, links, oben und unten. Sehen Sie, wie Ihnen die Darstellung folgt?

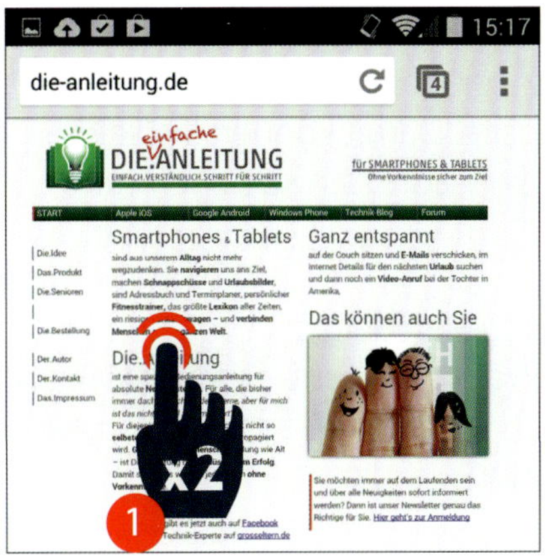

Darstellung vergrößern - 2er-Tipp

Eine einfache und schnelle Alternative zur 2-Finger-Geste ist der 2er-Tipp (= Doppel-Tipp). Damit können Sie ebenfalls einen bestimmten Bereich vergrößern und verkleinern.
Tippen Sie dazu 2x kurz hintereinander auf eine beliebige Stelle der Website (1). Der Browser erkennt den Bereich in der Programmierung und vergrößert genau diesen Abschnitt bis zur Volldarstellung (2).

Probieren Sie es doch gleich mal:
Machen Sie einen 2er-Tipp auf die erste Textspalte (1) und Sie sehen genau diesen Abschnitt (2).
Jetzt können Sie durch Schieben (3) und Ziehen (4) den Inhalt verschieben und so andere Bereiche der Homepage sichtbar machen.

Ein erneuter 2er-Tipp (5) auf den Bildschirm bringt Sie wieder zurück zur Gesamtansicht.

TIPP:
Sie können die beiden Möglichkeiten, 2-Finger-Geste und den Doppel-Tipp, auch nacheinander anwenden und beliebig kombinieren.

HINWEIS:
Bei Seiten, die bereits für die mobile Darstellung optimiert sind, ist eine Vergrößerung meistens nicht mehr möglich.

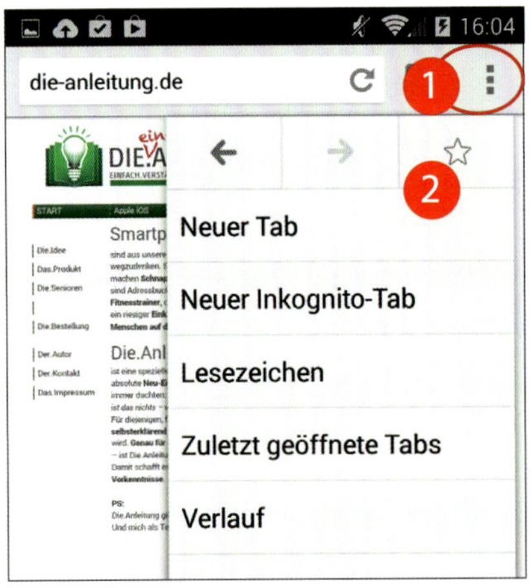

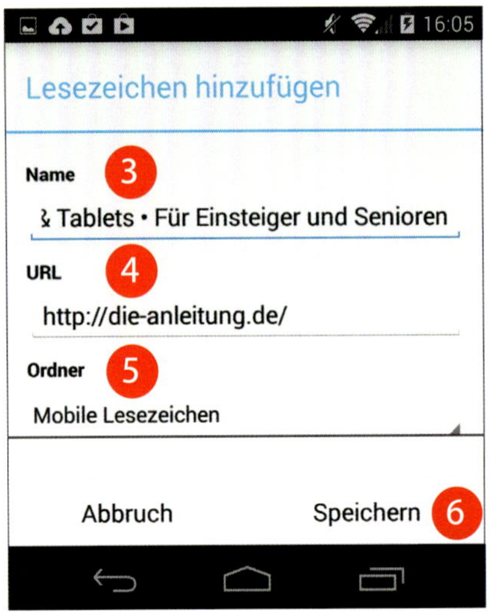

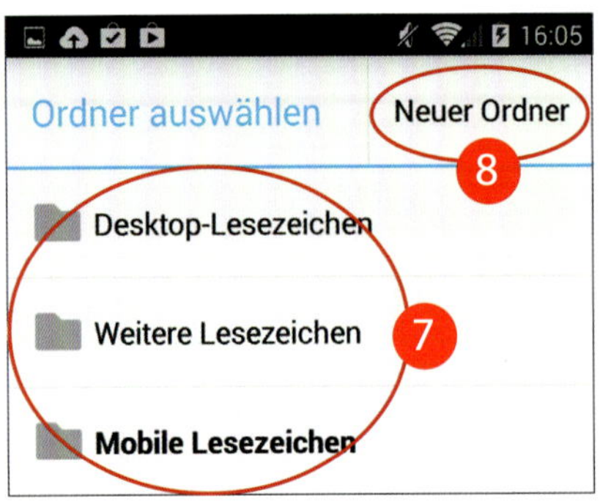

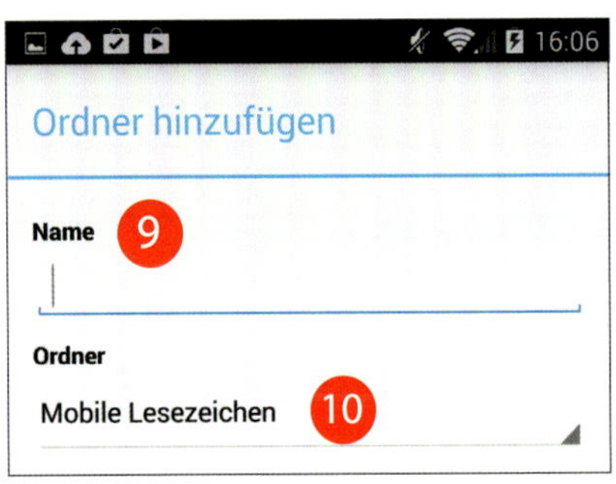

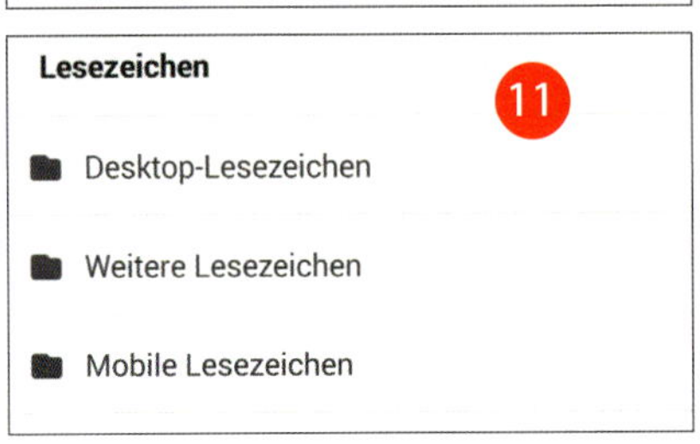

Lesezeichen

sind Verknüpfungen zu einer bestimmten Adresse im Internet, einer Website. Damit können Sie sehr komfortabel Ihre Lieblingsadressen speichern und sortieren.

Um die Adresse der aktuellen Seite zu speichern, tippen Sie rechts oben auf das Menü-Symbol (1) und dann auf den Stern (2) >> es öffnet sich das Fenster Lesezeichen hinzufügen mit dieser Anzeige:

(3) Name
Dieser Name wird von der Homepage generiert, kann aber von Ihnen geändert werden.

(4) URL
Das ist die Adresse der Seite. Bitte hier nichts ändern!

(5) Ordner
Hier können Sie bestimmen, wo das Lesezeichen einsortiert wird.

Wenn der Speicherort (Ordner) passt, können Sie direkt auf Speichern (6) tippen.

Neuen Ordner anlegen

Tippen Sie dazu auf die Zeile Ordner (5) >> jetzt sehen Sie eine Übersicht (7) der Hauptordner. Rechts oben ist die Schaltfläche Neuer Ordner (8), auf die Sie bitte tippen.

Geben Sie jetzt einen Namen (9) für den neuen Ordner an. In unserem Beispiel heißt er Kleinkram, Sie können ihn aber genau so gut mit Urlaub oder Kinder bezeichnen.
Dann müssen Sie noch entscheiden, bei welchem Hauptordner Sie den neuen Ordner einsortieren möchten. Tippen Sie dazu auf die Zeile Ordner (10), wählen Sie einen der Hauptordner (11) aus und bestätigen Sie Ihre Eingaben mit Speichern (12).

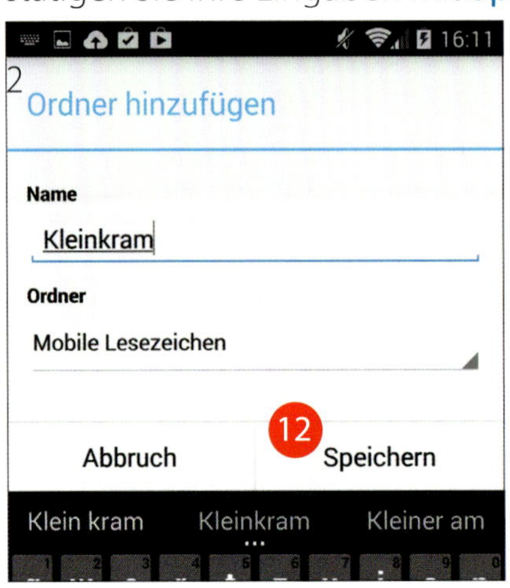

Das Lesezeichen mit dem neuen Speicherort (Kleinkram) wird angezeigt. Jetzt können Sie auf Speichern (1) tippen und damit den Vorgang abschließen. Danach kommen Sie automatisch wieder zurück zum Browser.

Lesezeichen aufrufen

Öffnen Sie das Menü ⋮ (2) und wählen Sie mit einem Tipp den Eintrag Lesezeichen (3) >> Das Display zeigt Ihnen die Hauptordner (4) Ihrer Lesezeichen. Tippen Sie dort auf Mobile Lesezeichen (5) und dann auf den neu angelegten Ordner Kleinkram (6). Jetzt sehen Sie die in diesem Ordner gespeicherten Lesezeichen. Tippen Sie auf eines davon, wird genau diese Seite geöffnet.

Lesezeichen bearbeiten

Navigieren Sie wie gerade beschrieben zu Ihrem Ordner mit den Lesezeichen. Legen Sie Ihren Finger auf ein Lesezeichen (7) und warten Sie einen Moment, es öffnet sich ein kleines Auswahl-Menü (8).

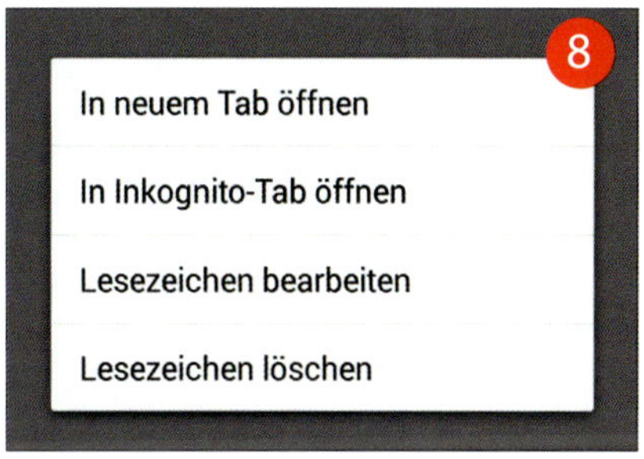

Hier können Sie:
- In neuem Tab öffnen > Seite 38
- In Inkognito-Tab öffnen > Seite 39
- Lesezeichen bearbeiten
  Ändern Sie hier den Namen und den Speicherort.
- Lesezeichen löschen

Ordner bearbeiten

Navigieren Sie zu dem Ordner, den Sie bearbeiten wollen, und legen Sie den Finger etwas länger auf die Zeile (9). Darauf öffnet sich ein kleines Menü (10), in dem Sie den Ordner bearbeiten (Name und Speicherort) und löschen können.

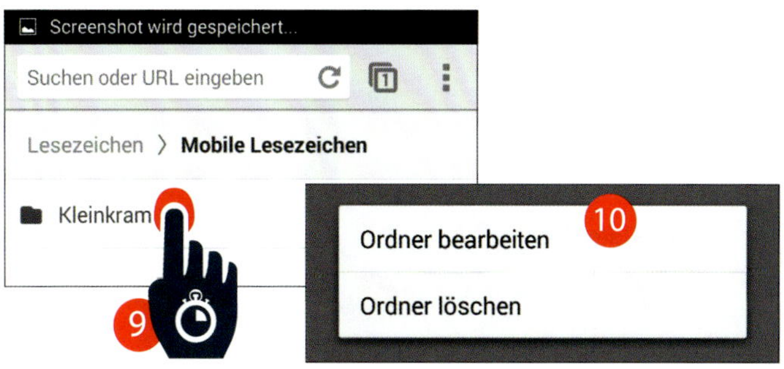

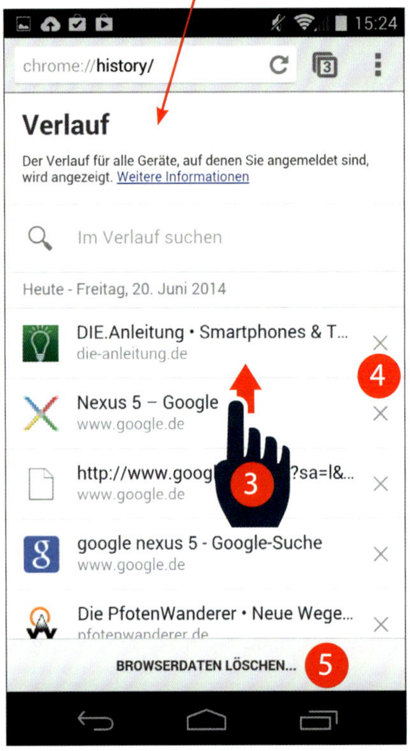

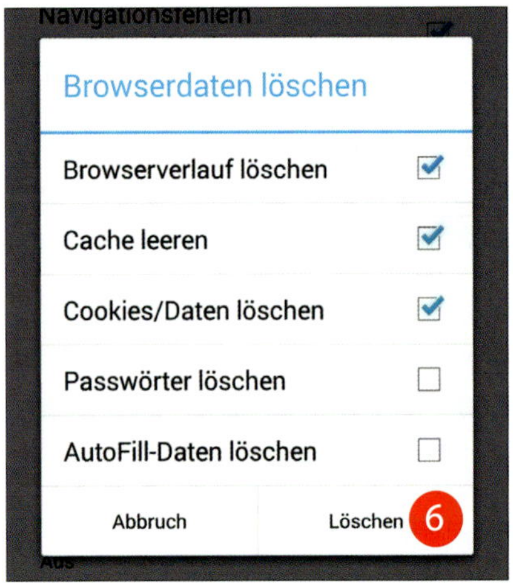

Wenn Sie im Internet surfen, werden alle Seiten, die Sie besucht haben, gespeichert. Das ist ganz praktisch, wenn Sie eine bestimmte Seite suchen, die Sie vor zwei Tagen besucht haben. Dann gehen Sie in den Verlauf und können dort sehen, auf welchen Seiten Sie an diesem Tag unterwegs waren.

Verlauf

Öffnen Sie das Menü ⋮ (1) und tippen Sie auf den Eintrag Verlauf (2) >> es öffnet sich eine lange Liste mit all den besuchten Adressen, sortiert nach Datum (die neuesten zuerst).
Schieben Sie den Inhalt nach oben weg (3), um spätere Einträge zu sehen. Haben Sie die richtige Adresse gefunden, tippen Sie darauf, um die Seite zu öffnen. Mit einem Tipp auf das Kreuz (4) wird der Eintrag gelöscht.

Browserdaten löschen

Im Laufe der Zeit sammeln sich im Hintergrund eine Menge Daten an. Um die Übersicht zu behalten und die Stabilität des Browsers zu optimieren, sollten Sie diese Daten von Zeit zu Zeit löschen. Sie erreichen das Menü mit einem Tipp auf BROWSERDATEN LÖSCHEN (5) >> Löschen (6).

- Browserverlauf löschen >> JA
Das ist die Liste mit all den besuchten Seiten.

- Cache löschen >> JA
Im Cache [:käsch] werden Inhalte der häufig besuchten Webseiten gespeichert, um diese Seiten wieder schnell aufrufen zu können.

- Cookies/Daten löschen >> JA
Viele Anbieter von Webseiten, insbesondere Shops, arbeiten mit sogenannten Cookies [:kuckies], um Ihre Aktionen auf dieser Seite zu speichern. Kehren Sie später zu einer Seite zurück, ist alles so, als wenn Sie nie weg gewesen wären. Das ist eigentlich eine praktische Funktion, es gibt aber immer wieder schwarze Schafe, die diese Daten für andere Zwecke nutzen.

- Passwörter löschen >> nach Bedarf
Ihr Smartphone speichert im Hintergrund auch die von Ihnen verwendeten Kennwörter. Eigentlich eine praktische Geschichte, vom Datenschutz her eher heikel.

- AutoFill-Daten löschen >> nach Bedarf
Neben den Kennwörtern werden auch die Daten gespeichert, die Sie in Formulare eingetragen haben. Praktisch – ja. Datenschutz?

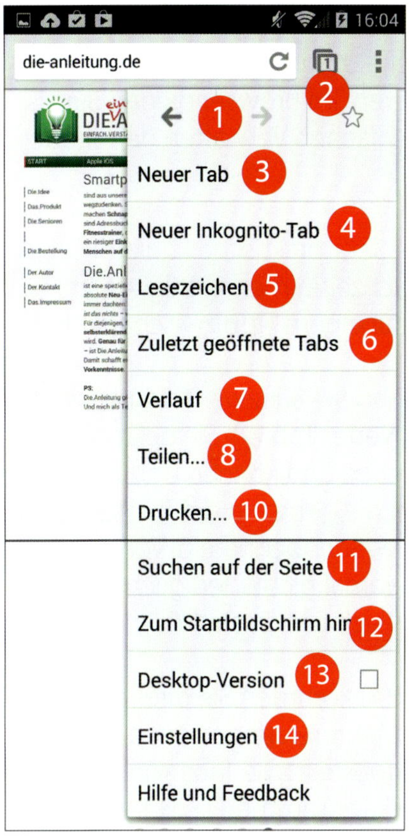

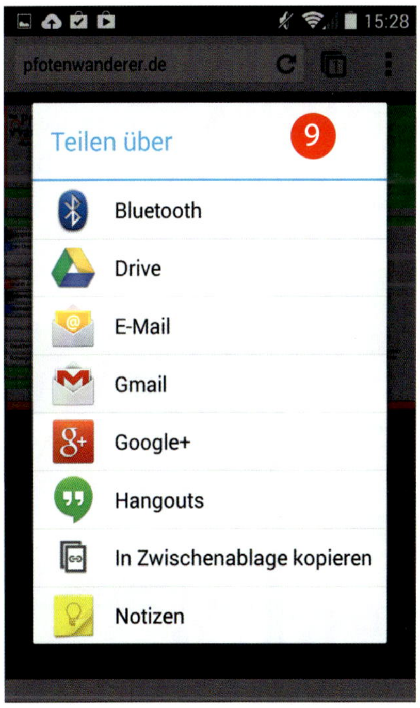

Das Menü ⋮ von Chrome hat noch mehr zu bieten:

(1) Pfeilsymbole
Damit können Sie eine Seite zurück und vor blättern.

(2) Stern = Lesezeichen setzen
Wird der Stern dunkel dargestellt, haben Sie für diese Seite schon ein Lesezeichen gespeichert.

(3) Neuer Tab >> nächste Seite

(4) Neuer Inkognito-Tab >> Seite 39

(5) Lesezeichen
Öffnet die Lesezeichen-Übersicht

(6) Zuletzt geöffnete Tabs
Zeigt eine Übersicht der zuletzt geöffneten Tabs, ähnlich den Lesezeichen

(7) Verlauf
Öffnet den Verlauf der zuletzt besuchten Seiten

(8) Teilen
Haben Sie eine tolle Seite gefunden, können Sie die Adresse auch anderen mitteilen. Tippen Sie dazu im Teilen-Menü (8) auf die entsprechende Zeile (9) und geben Sie dann den Empfänger ein. Alles andere wird automatisch erledigt.

(10) Drucken
Ist bereits ein Drucker installiert, können Sie hier die Webseite direkt zum Drucker schicken. Oder den Inhalt auch als PDF in Ihrer Cloud (Google Drive) speichern.

(11) Suchen auf der Seite
Startet eine Suche auf der gerade aktiven Webseite

(12) Zum Startbildschirm hinzufügen
Damit fügen Sie dem Startbildschirm ein Lesezeichen hinzu. Ein Symbol (Link) für die Webseite liegt dann zwischen all den Apps.

(13) Desktop Version
Immer mehr Webseiten haben einen speziellen Modus zur Darstellung auf mobilen Geräten. Das funktioniert mal besser, mal schlechter. Mit diesem Schalter wird zwangsweise die „normale" Darstellung aktiviert.

(14) Einstellungen
Mehr dazu auf Seite 40-41.

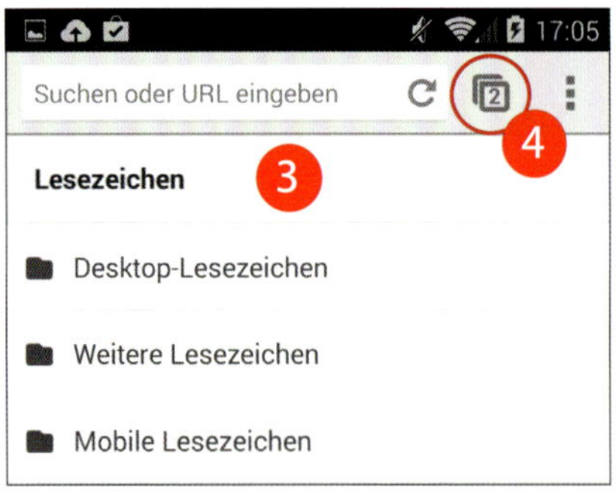

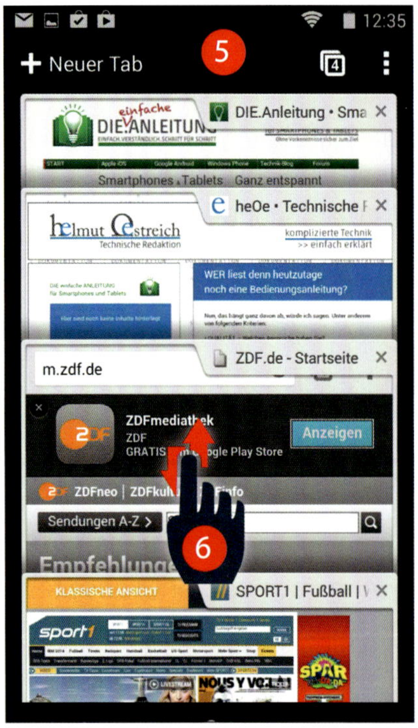

Tabulatoren (=Tabs)

sind eigentlich spezielle Unterteilungen, die Texte und Tabellen formatieren. Im Browser dienen Sie als Registerkarten zum einfachen Verwalten der offenen Webseiten.

Tabs [:täbbs] sind eine sehr praktische Funktion, damit können Sie gleichzeitig mehrere Seiten im Browser öffnen und mit einem Tipp zwischen ihnen wechseln.
Einen neuen Tab können Sie auf zwei Arten öffnen: Über das Menü (1) > Neuer Tab (2). Sie gelangen dann zu Ihren Lesezeichen und können dort eine Seite auswählen. Oder Sie geben in der Suchzeile (3) eine neue Adresse bzw. Suchbegriff ein. Von dem Tab selbst sehen Sie erst einmal nichts, lediglich die Zahl im Tab-Symbol (4) hat sich um eins erhöht.

Über das Tab-Symbol (4) kommen Sie direkt zur Darstellung der Tabs (5). Mehrere offene Seiten werden wie Registerkarten dargestellt. Die Tabs können Sie wie eine Ziehharmonika zusammen schieben und auch auffächern (6). Legen Sie einfach Ihren Finger auf die Oberfläche und schieben Sie nach oben oder unten.
Jeder Tab hat auf der rechten Seite eine Kennzeichnung mit dem Namen der Seite (7) und das X-Symbol (8) zum Schließen. Das Tab-Symbol (4) zeigt immer die Anzahl der Tabs. Mit einem Tipp auf das +-Symbol (9) öffnen Sie einen neuen, leeren Tabulator.

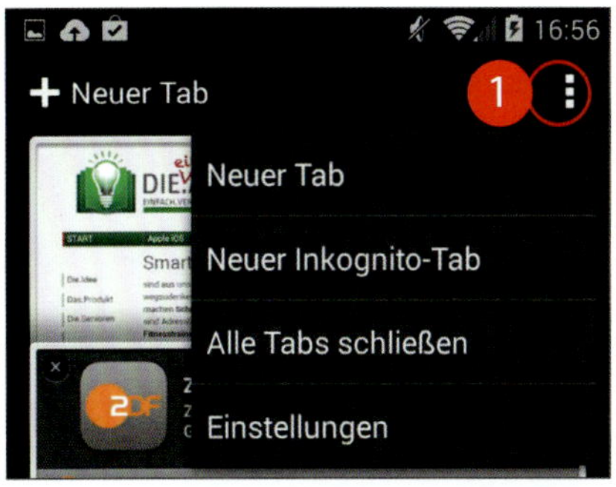

Das Tab-Menü (1) bietet Ihnen diese Möglichkeiten:

- Neuer Tab
Öffnet einen neuen, leeren Tabulator

- Neuer Inkognito Tab
Öffnet einen neuen, leeren Inkognito-Tabulator

- Alle Tabs schließen
Mit einem Tipp auf diese Zeile werden alle Tabs geschlossen.

- Einstellungen >> Seite 40-41

Mit einem Tipp auf einen Tabulator holen Sie diese Seite in den Vordergrund. Zurück zur Tabulator-Übersicht kommen Sie wieder über das Tab-Symbol.

Tabulator schließen:

- Tipp auf das kleine Kreuz (2) im Tab rechts oben.
- Tab nehmen und nach rechts oder links schieben > Tab kippt und fällt auf der Seite raus (3).

Inkognito Tab

In diesem speziellen Modus werden nach dem Schließen aller Inkognito-Tabulatoren die Daten der besuchten Seiten automatisch gelöscht – Browserverlauf, Cookies und Suchverlauf. Sehr praktisch, wenn Sie auf einem öffentlichen Rechner ins Internet gehen. Inkognito-Tabs erhalten einen andersfarbigen Rahmen (4) und werden in der Tab-Übersicht **neben** den normalen Tabulatoren dargestellt (5).

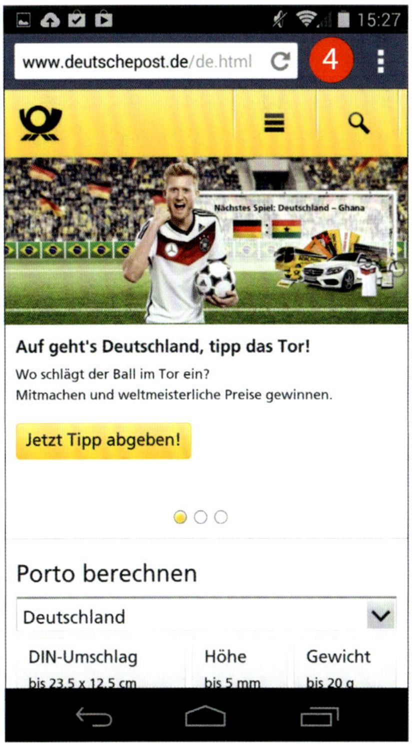

WICHTIG:
Auch im Inkognito-Modus sind Sie nicht unsichtbar im Internet unterwegs. Besuchte Seiten werden nach wie vor Ihre Daten abgreifen und speichern.

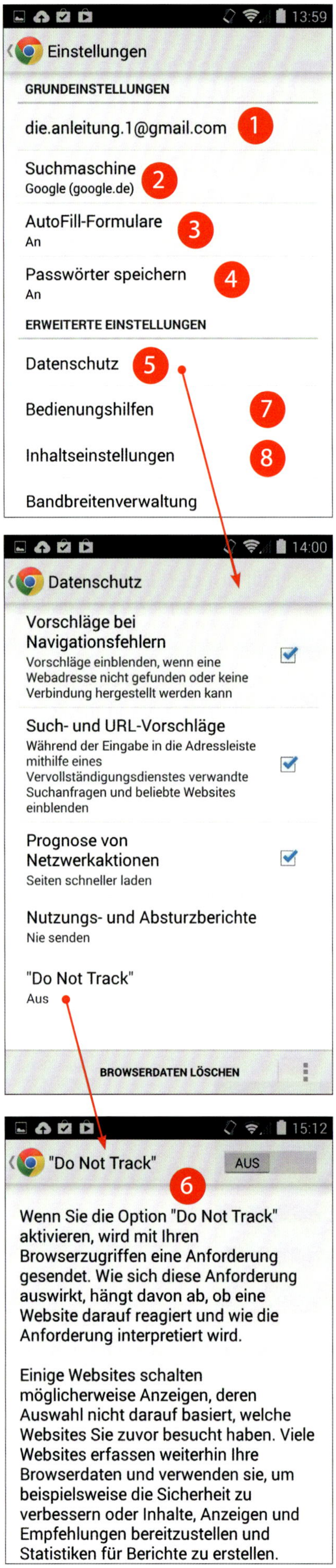

Über das Menü-Symbol gelangen Sie zu den Einstellungen für den Browser Chrome:

(1) Das aktuell aktive Gmail-Konto
Diese Einstellungen können Sie so lassen.

(2) Suchmaschine
Hier können Sie auch eine alternative Suchmaschine definieren.

(3) AutoFill-Formulare
Im Internet treffen Sie immer wieder auf Formulare, in denen Sie Ihre Kontaktdaten eingeben müssen. Geben Sie Ihre Daten hier einmalig ein, versucht Chrome, die Formulare damit automatisch zu füllen. Auch die Daten zu Kreditkarten könnten Sie hier hinterlegen.

(4) Passwörter speichern
Ist diese Funktion aktiv, merkt sich der Browser die Passwörter und setzt diese beim erneuten Besuch der Seite automatisch ein.
Im Prinzip sehr praktisch - Datenschutz?

(5) Datenschutz
Dieses Untermenü bietet einige wichtige Einstellmöglichkeiten:

- Vorschläge bei Navigationsfehlern
Im täglichen Betrieb sehr praktisch >> JA

- Such- und URL-Vorschläge
Im täglichen Betrieb sehr praktisch >> JA

- Prognose von Netzwerkaktionen
Damit werden beim Besuch einer Webseite automatisch die Daten der Links auf dieser Website geladen. Für den Fall, dass Sie diese anderen Seiten vielleicht auch aufrufen. Das produziert auch gerne mal eine Menge unnützen Datenverkehr >> nach Bedarf

- Nutzungs- und Absturzberichte
Bitte auf Nie senden einstellen.

- Do not Track (6)
Mit dieser Funktion sollen Websites überredet werden, die Daten der Besucher nicht auszuwerten. Allerdings wird das von den meisten Seiten einfach ignoriert ...
>> eher EIN als AUS

Am Ende des Menüs finden Sie auch die Möglichkeit, die aktuell gespeicherten Browserdaten zu löschen.

(7) & (8) >> nächste Seite

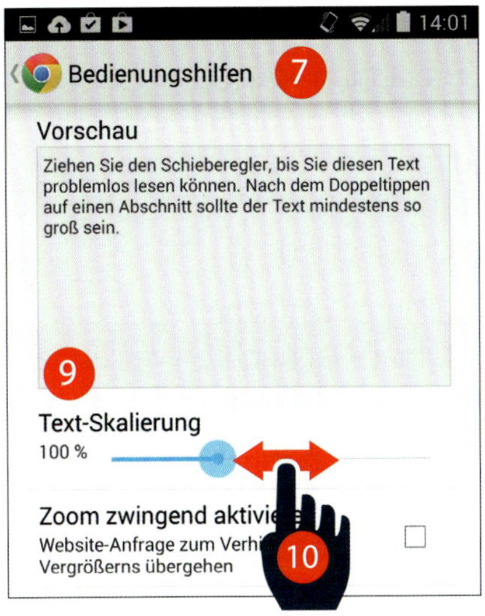

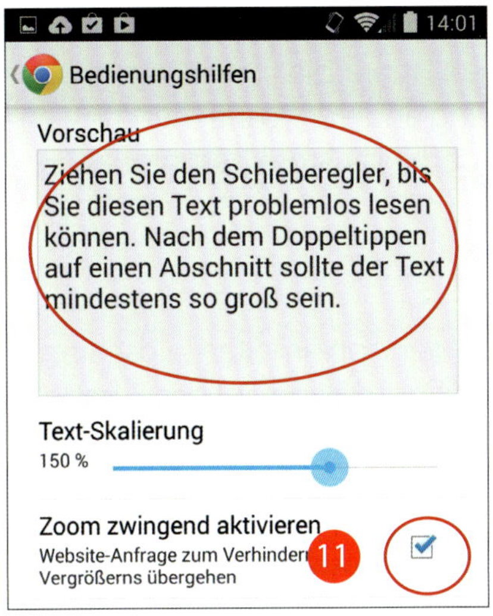

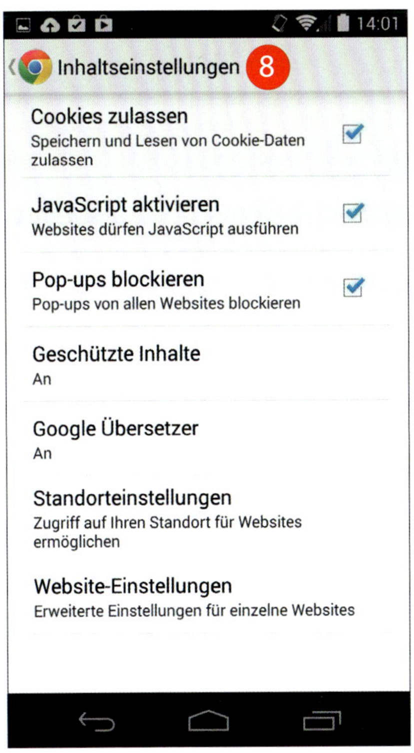

Bedienungshilfen (7)

Der Text auf Webseiten ist oftmals zu klein, um ihn lesen zu können. Vergrößern können Sie mit der 2-Finger-Geste und einem Doppeltipp.
Mit einer Änderung der Text-Skalierung (9) definieren Sie die Textgröße für den Doppeltipp. Schieben Sie dazu den Regler nach rechts (10), bis der Text darüber für Sie einwandfrei lesbar ist. Dann schalten Sie diese Funktion mit einem Tipp auf die Zeile Zoom zwingend aktivieren (11) für alle Seiten ein.

HINWEIS:
Trotz aller Voreinstellungen ignorieren manche Webseiten diese Parameter.

Inhaltseinstellungen (8)

Hier können Sie wichtige Einstellungen für den Besuch von Webseiten vornehmen:

- Cookies zulassen

Das sind diese kleinen Programme, die Ihre Daten für den nächsten Besuch zwischenspeichern. Von der Datensicherheit eher kritisch, aus dem täglichen Betrieb aber nicht mehr wegzudenken >> JA

- JavaScript aktivieren

Mit JavaScript werden kleine Programmabläufe auf einer Website umgesetzt, hauptsächlich Interaktivität. Von schwarzen Schafen wurde und wird JavaScript immer wieder mal zu grobem Unfug verwendet. Auf der anderen Seite kommen Sie ohne JavaScript auf vielen Seiten nicht weiter >> EIN

- Pop-ups blockieren

Diese Funktion verhindert eine Vielzahl von Werbeeinblendungen >> EIN

- Geschützte Inhalte

Mit dieser Funktion erlauben Sie Webseiten, Ihr Gerät für das Abspielen von Musik und Videos zu identifizieren. Am Anfang >> AUS

- Google Übersetzer

Eine gute Hilfe beim Besuch von Seiten in einer anderen Sprache >> EIN

- Standorteinstellungen

Tja, das lässt sich leider nur global abschalten. Deshalb >> EINgeschaltet lassen.

- Website-Einstellungen

Hier sehen Sie, wie viel Speicherplatz einzelne Webseiten im Hintergrund auf Ihrem Smartphone abgelegt haben und können diese dann löschen.

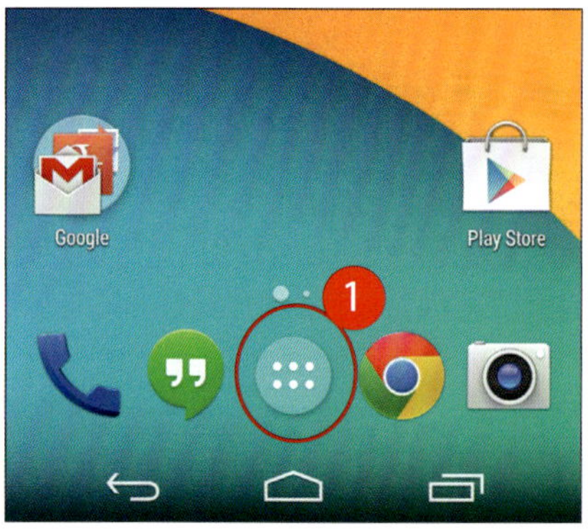

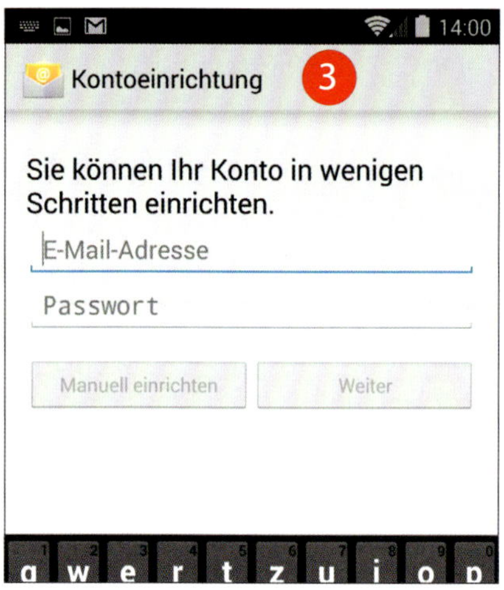

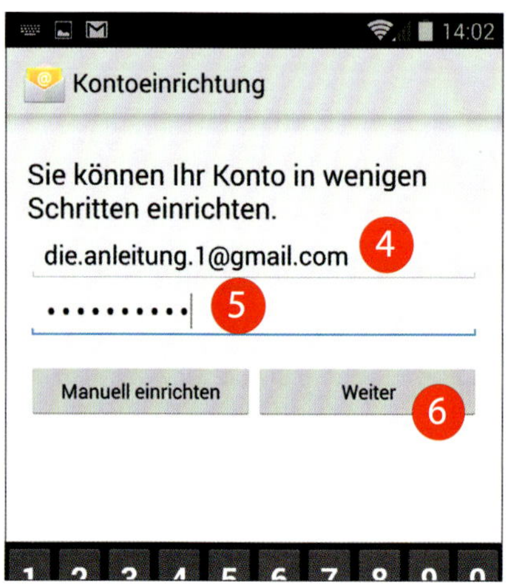

Elektronische Post / E-Mail

Für das Senden und Empfangen von E-Mails stehen Ihnen bei Android zwei unterschiedliche Apps zur Verfügung: E-Mail und für unser Beispiel Gmail. Beide machen im Prinzip das gleiche, haben aber einen grundlegenden Unterschied.

E-Mail ist eine App für all Ihre Postfächer, auch das von Gmail. Sie können Gmail-Nachrichten versenden und empfangen – aber nicht löschen.

Gmail dagegen ist nur für Ihre Nachrichten von Gmail, also dem kostenlosen Google-Dienst, gedacht, Sie können hier keine anderen, externen Postfächer anlegen (ab der Android-Version 5 geht das).

HINWEIS:
Auf manchen Telefonen ist nur die Gmail App installiert, für die Verwendung anderer Postfächer müssen Sie erst eine App aus dem Play Store herunterladen.

E-Mail App

Tippen Sie zum Öffnen der App am Startbildschirm auf die App-Übersicht (1) und dann auf das Symbol für die E-Mail-App (2).
Sofort erhalten Sie einen Dialog (3), um Ihr erstes Konto einzurichten. In unserem Fall verwenden wir das bereits aktivierte Gmail-Konto. Haben Sie Ihre Zugangsdaten zur Hand? Dann los, geben Sie die Daten ein.

Tragen Sie in die erste Zeile (4) Ihre E-Mail-Adresse ein, tippen Sie dann auf die zweite Zeile (5) und geben dort das passende Kennwort ein. Haben Sie sich vertippt? Dann sehen Sie auf Seite 15 nach, wie Sie Textkorrekturen vornehmen.
Bestätigen Sie Ihre Eingabe mit einem Tipp auf Weiter (6). Im nächsten Fenster stellen Sie alles so ein, wie hier gezeigt (7) >> Weiter (8).

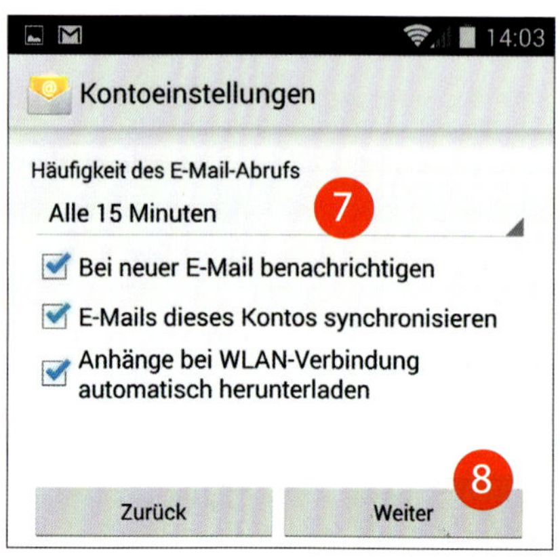

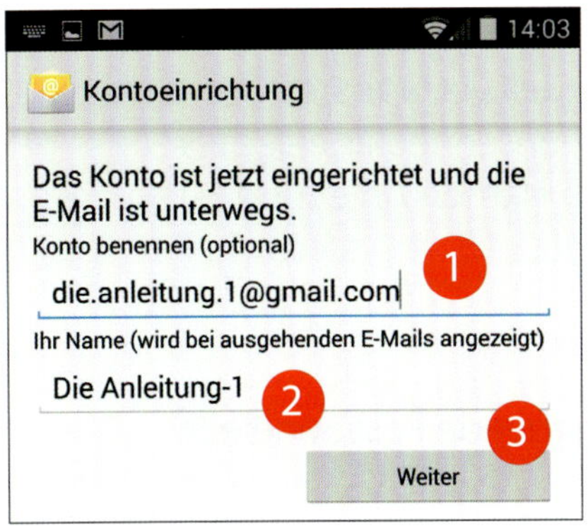

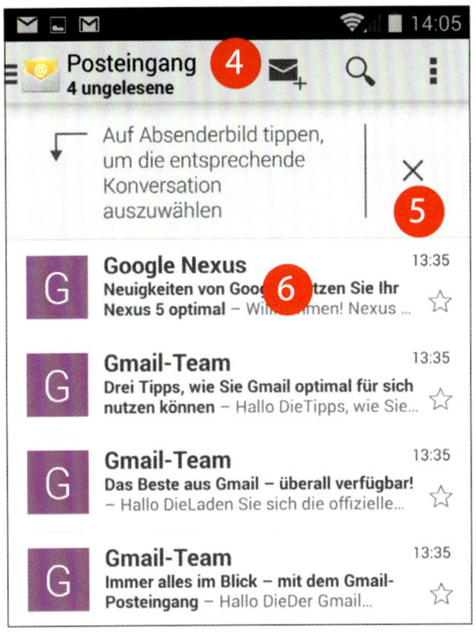

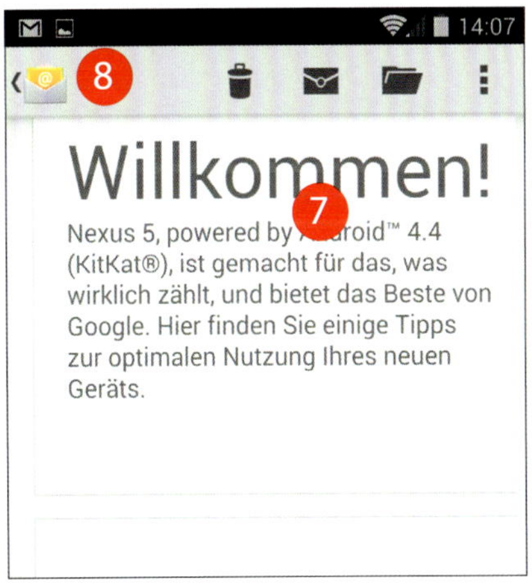

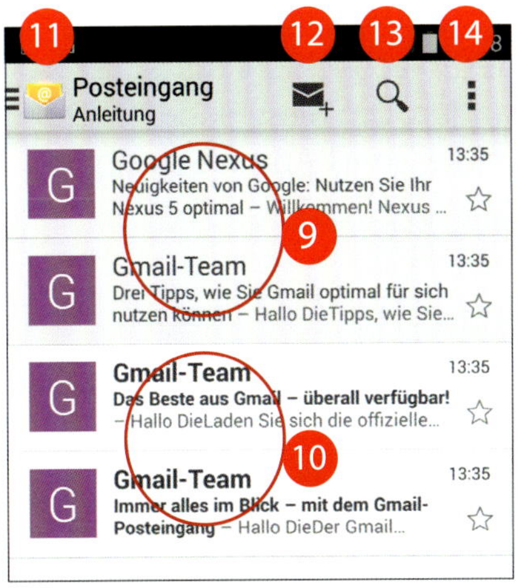

Jetzt können Sie für dieses E-Mail-Konto einen Namen vergeben (1). Für unser Beispiel ist das *die.anleitung.1*. Dieser Name ist nur für die Darstellung am Telefon gedacht und geht nicht nach „draußen".
Anders dagegen die zweite Zeile. Dieser Name (2) erscheint als Absender beim Empfänger. Hier tragen Sie am besten Ihren persönlichen Namen ein. Bestätigen Sie die Eingaben durch einen Tipp auf Weiter (3).

Die App öffnet sich und zeigt den Posteingang (4) mit einigen neuen Nachrichten von Google. Oberhalb der Nachrichten sehen Sie noch einen Hinweis zur Bedienung. Den schließen Sie bitte mit einem Tipp auf das X (5).
Tippen Sie auf die Zeile (6) einer Nachricht, wird sie komplett geöffnet (7). Um den ganzen Inhalt zu lesen, müssen Sie vermutlich noch nach unten scrollen. Dazu schieben Sie das Fenster einfach nach oben. Das Brief-Symbol links oben (8) bringt Sie wieder zurück zum Posteingang.

Haben Sie die ersten E-Mails gelesen, verändert sich auch die Darstellung in der Liste des Posteingangs:

Nachrichten mit grauem Hintergrund und normaler Schrift (9) haben Sie schon gelesen.
Andere, mit weißem Hintergrund und fetter Schrift (10), haben Sie noch nicht gelesen (= ungelesen).

Die Symbole in der Bedienungsleiste:

(11) Eine Ebene in der Hierarchie zurück gehen.

(12) Neue Nachricht schreiben.

(13) Eine Nachricht suchen.

(14) Menü mit weiteren Einstellmöglichkeiten öffnen.

Tippen Sie jetzt bitte auf das Brief-Symbol links oben (11) und Sie kommen vom Posteingang zur Übersicht aller Postfächer.

Postfächer – Übersicht

Hier sehen Sie alle aktuell verfügbaren Postfächer. Ganz oben, als erstes, unser neu angelegtes E-Mail-Konto mit dem Namen Anleitung (1).

Darunter folgen:

(2) Posteingang
Nun ja, hier wird eingehende Post abgelegt.

(3) Markiert
Das Postfach für speziell markierte Nachrichten.

(4) Ungelesen
Diese Nachrichten haben Sie noch nicht gelesen, so wie die anderen zwei in unserem Beispiel.

(5) Entwürfe
Dieses Postfach dient zum Ablegen von Entwürfen für den späteren Versand.

(6) Postausgang
Hier werden Nachrichten für die Zeitdauer des Versands angezeigt, das ist normalerweise leer.

(7) Gesendet
Zugestellte Nachrichten finden Sie hier.

(8) Papierkorb
Im Papierkorb, der auch nur eine Postfach ist, sammeln sich die Nachrichten, die gelöscht werden sollen.

(9) [Gmail]
Eine Querverbindung zu den Gmail-Postfächern. Die können Sie hier getrost ignorieren.

WICHTIG:
Wie bereits am Anfang geschildert, können Sie in der „normalen" E-Mail-App auch die Nachrichten Ihres Gmail-Kontos empfangen und neue verschicken. Sie können Sie auch in den Papierkorb legen und dort löschen.
Aber trotzdem sind diese Nachrichten immer noch im Gmail-Konto vorhanden. Um diese endgültig zu löschen, müssen Sie in die Gmail-App wechseln.

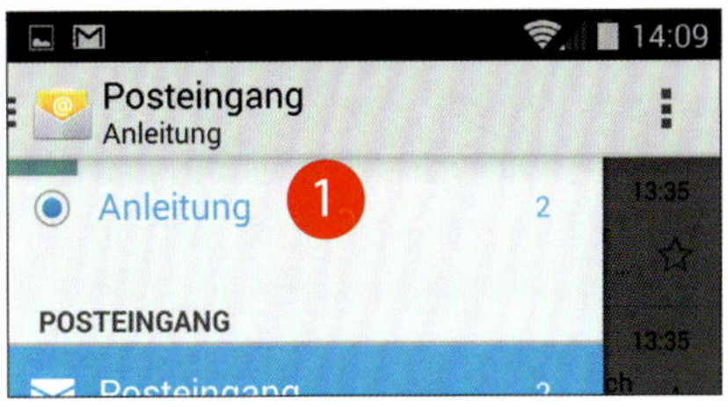

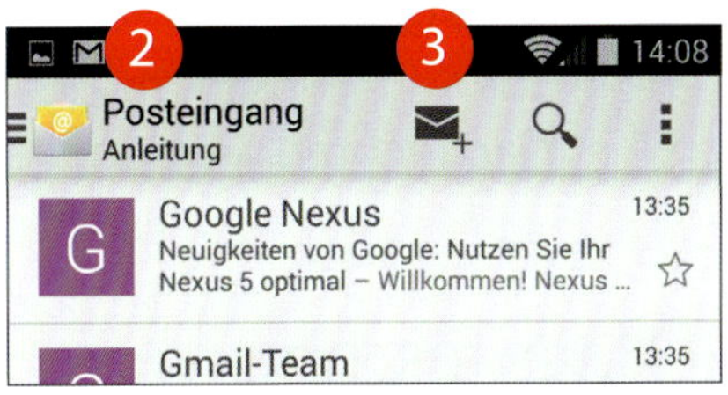

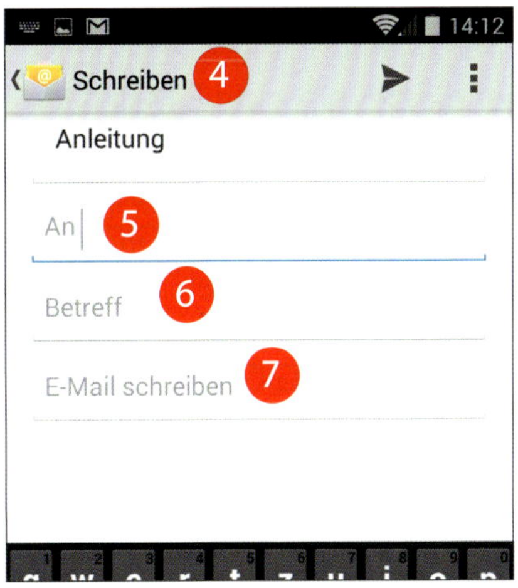

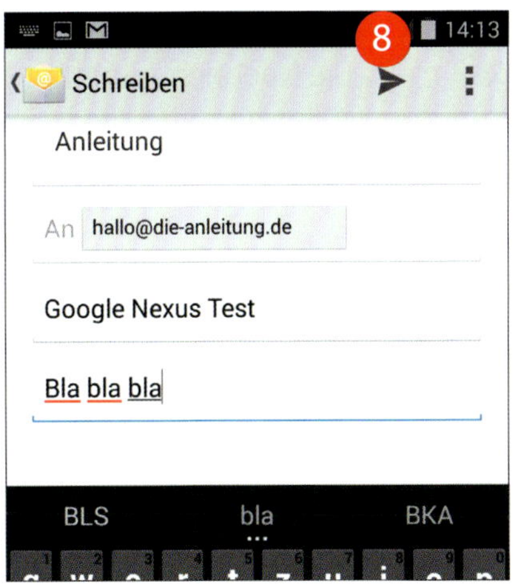

Neue E-Mail schreiben

Um eine neue E-Mail zu schreiben, tippen Sie auf das Konto, von dem aus Sie die Nachricht versenden möchten. In unserem Beispiel gibt es ja nur eins, tippen Sie also auf Anleitung (1) > der Posteingang (2) öffnet sich. Hier tippen Sie auf das Brief-Symbol mit dem +-Zeichen (3).
Jetzt sehen Sie das Fenster für eine neue Nachricht (4) mit den Zeilen:

(5) An (= Adresszeile)
Hier tragen Sie den bzw. die Empfänger ein.

(6) Betreff
Diese Zeile ist für das Thema der Nachricht gedacht.

(7) E-Mail schreiben
Das ist der eigentliche Inhalt der Nachricht.

Für einen ersten Test habe ich ein spezielles Postfach eingerichtet, das automatisch antwortet. Geben Sie in die Adresszeile ein: hallo@die-anleitung.de.
Bei Betreff reicht ein einfaches Google Nexus Test und den Inhalt der Nachricht (Bla bla bla) überlass ich Ihnen.

Alles richtig eingetragen? Insbesondere die Adresse des Empfängers? Dann tippen Sie zum Senden auf das Flieger-Symbol (8). Gleich darauf erscheint am Bildschirm der Hinweis Nachricht wird gesendet (9).

Kurze Zeit später ist es soweit, die Antwort ist da (10).

Bei Ihnen kommt keine Antwort? Dann aktualisieren Sie bitte den Posteingang. Legen Sie dazu den Finger auf den Bildschirm und ziehen den Inhalt einmal kurz nach unten (11).

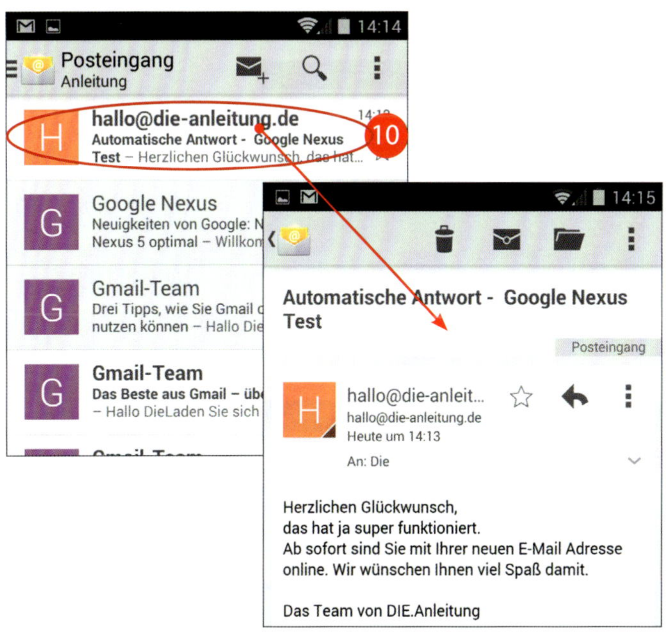

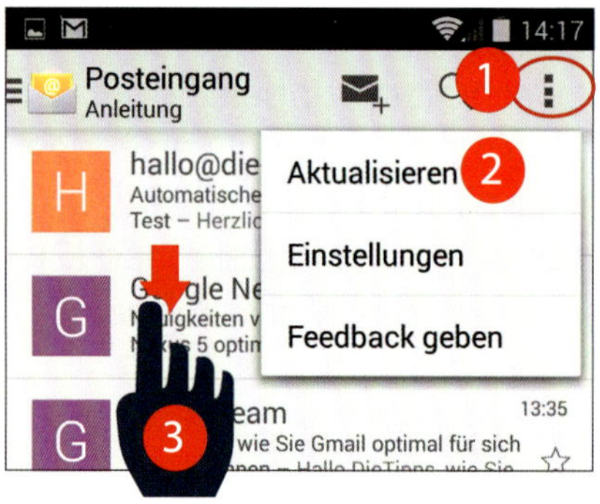

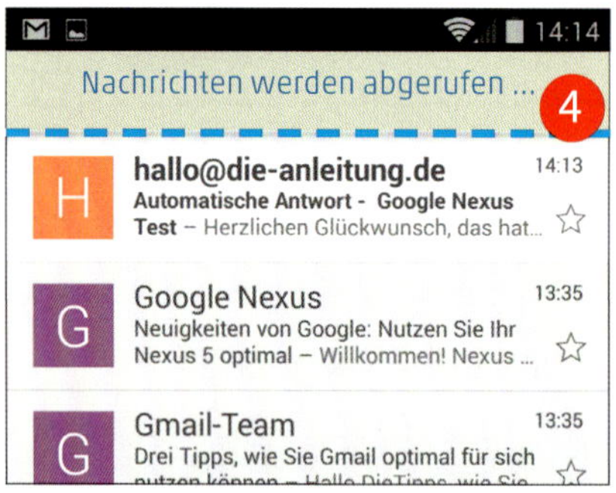

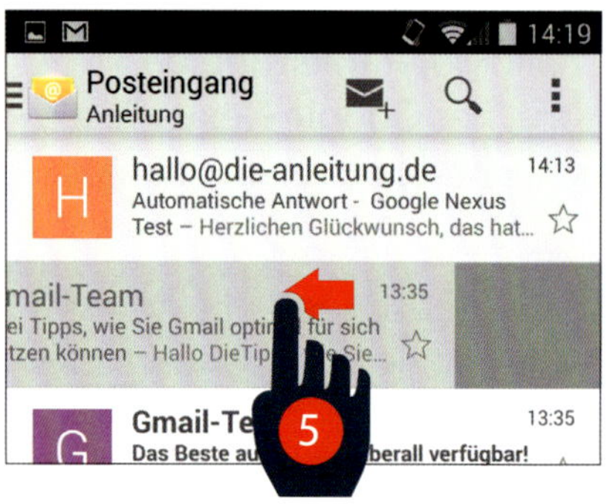

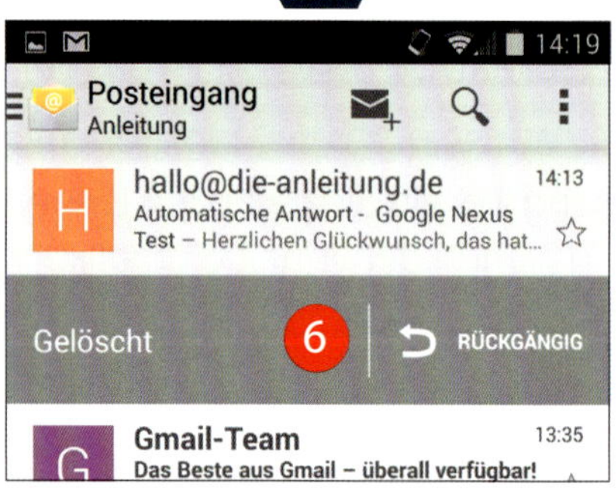

Möchten Sie ein Postfach nach neuen Nachrichten abfragen, gibt es dazu zwei Wege.
Der erste ist ein Tipp auf das Menü-Symbol ⋮ (1) und dann auf Aktualisieren (2). Der zweite geht schneller von der Hand: Legen Sie Ihren Finger auf den Bildschirm, fahren Sie ein Stück nach unten (3) und nehmen Sie ihn dann wieder von der Oberfläche.
Als Rückmeldung sehen Sie oben am Bildschirm eine blaue Linie (4) und den Text Nachrichten werden abgerufen.

Nachrichten / E-Mails löschen

Dafür gibt es gleich 3 Möglichkeiten. Zum einen können Sie in der Listendarstellung eines Postfachs einfach mit dem Finger die gewünschte E-Mail nach links aus dem Bildschirm schieben (5). Als Bestätigung erscheint jetzt anstatt der E-Mail ein graues Feld mit dem Text Gelöscht und RÜCKGÄNGIG (6). Wenn Sie jetzt ganz normal weitermachen, bleibt die Nachricht gelöscht. Haben Sie die falsche E-Mail erwischt, tippen Sie auf RÜCKGÄNGIG.

Bei der **zweiten Art** tippen Sie in der Liste auf das Symbol (7) links neben der Nachricht >> statt des Symbols wird ein graues Feld mit Haken angezeigt. Jetzt tippen Sie auf den Papierkorb (8).

Für die **dritte Möglichkeit** muss die Nachricht geöffnet sein. Tippen Sie dann auf den Mülleimer wird die Nachricht prompt in den Papierkorb befördert.

Dass eine Nachricht im Papierkorb liegt, bedeutet aber nicht, dass sie schon endgültig gelöscht ist. Das wird sie erst, wenn sie im Papierkorb gelöscht wird. Der Vorgang ähnelt der zweiten Art des Löschens, findet aber im Papierkorb statt.
Dazu öffnen Sie das Postfach Papierkorb (9), selektieren die Symbole (10) der zu löschenden E-Mails (11) und tippen dann auf den Papierkorb (12). Damit ist die E-Mail endgültig und unwiederbringlich gelöscht.

WICHTIG:
Nachrichten von Ihrem Gmail Konto können Sie in der E-Mail-App nicht löschen, sie werden nur aus der Ansicht entfernt!

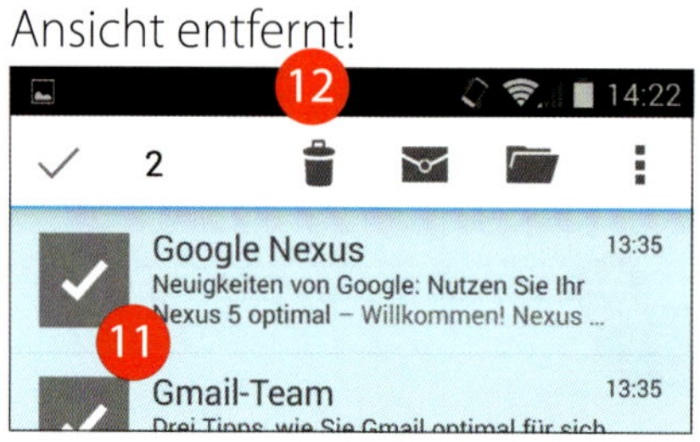

Eine E-Mail mit Bild/Video

zu versenden geht ganz einfach. Starten Sie ganz normal mit einer neuen E-Mail (1), geben Sie den/die Empfänger ein, den Betreff und den Text. Dann tippen Sie auf das Menü-Symbol (2) und wählen dort Bild anhängen (3). Jetzt werden Sie zu den Bildern weitergeleitet. Über das Symbol links oben (4) können Sie noch zwischen den einzelnen Ansichten und Ordnern navigieren.
Haben Sie das richtige Bild gefunden, fügen Sie es mit einem Tipp darauf (5) in die Nachricht ein.

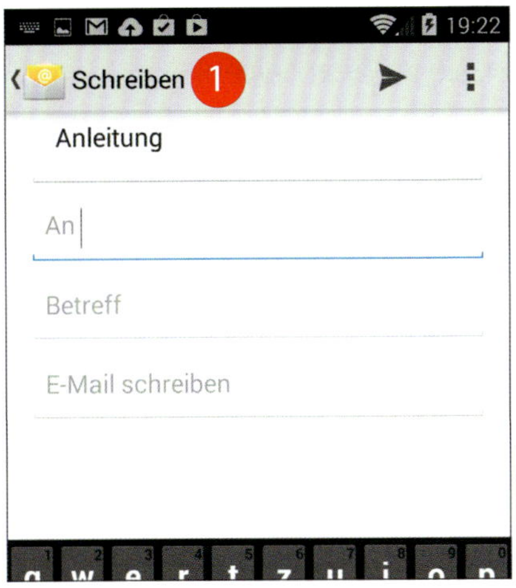

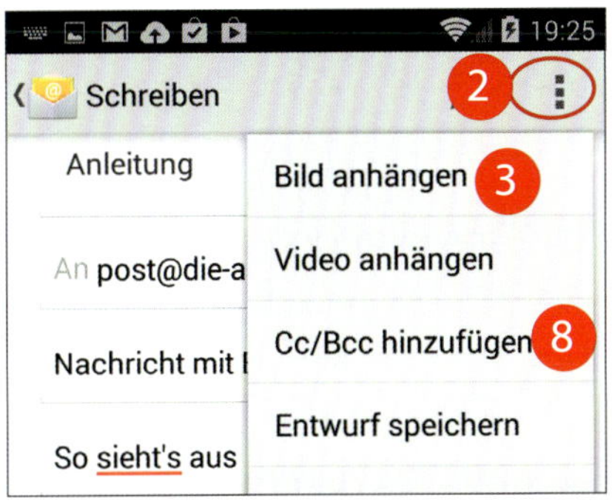

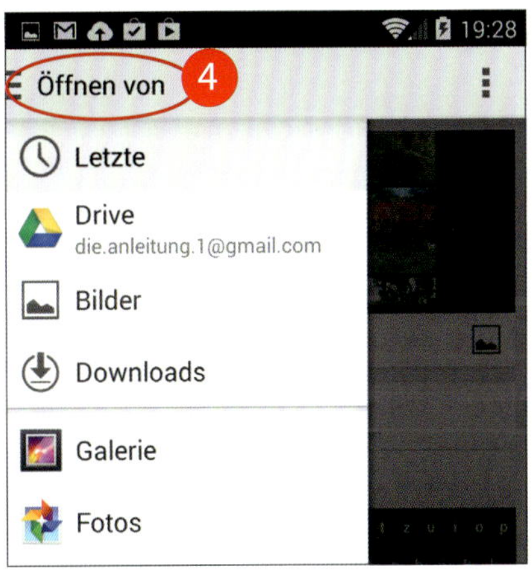

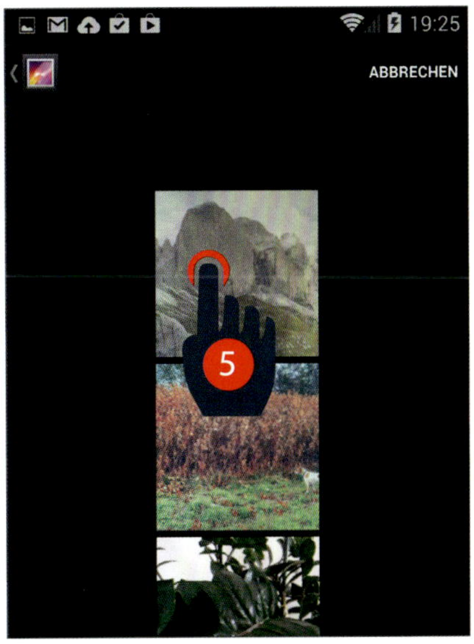

Im Bild angezeigt werden der Name und die Größe (6) des Bildes. Bereits eingefügte Bilder entfernen Sie mit einem Tipp auf das X (7) in der rechten, unteren Ecke des Bildes.

WICHTIG:
Die Summe der mitgeschickten Bilder bei MAIL darf die Größe von 5MB nicht überschreiten.

Diese E-Mail ist fertig für den Versand.

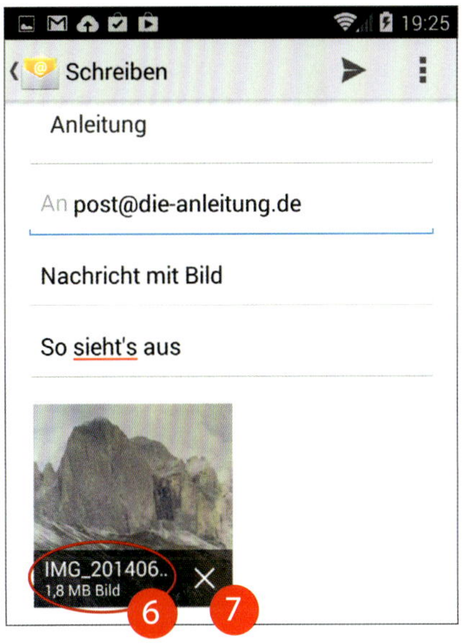

HINWEIS:
Im E-Mail Menü (2) finden Sie auch eine Auswahl für CC/BCC hinzufügen (8). Das sind extra Adressfelder für zusätzliche Empfänger. Der Unterschied? Empfänger in der CC-Zeile sind für alle sichtbar. Die in der BCC-Zeile sind für die anderen Empfänger unsichtbar.
Gerade die BCC-Zeile ist ganz praktisch, wenn Sie eine Nachricht an mehrere Empfänger senden, aber nicht möchten, dass alle wissen, an wen Sie Ihre Nachricht noch verschickt haben.

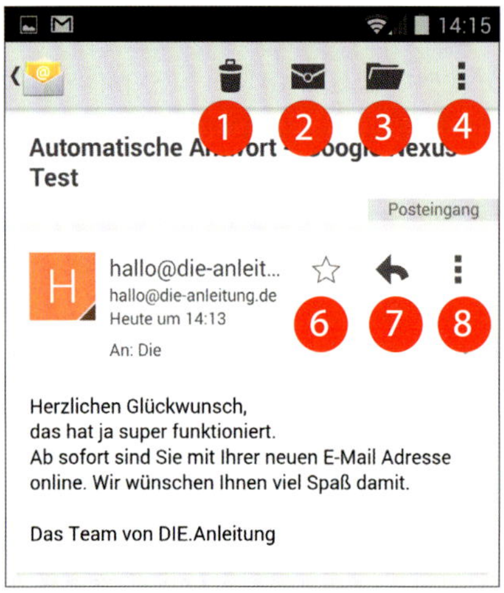

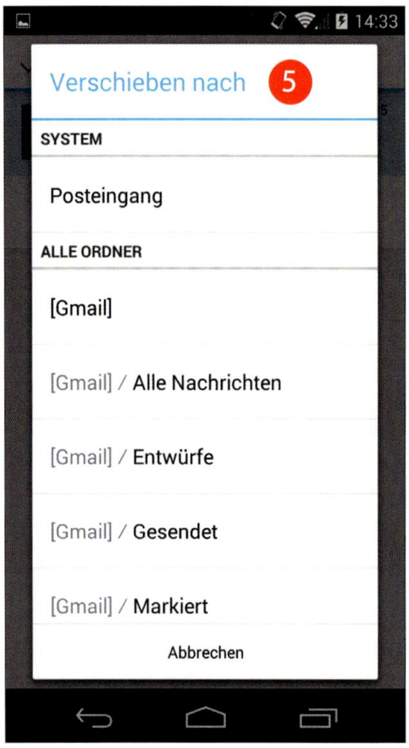

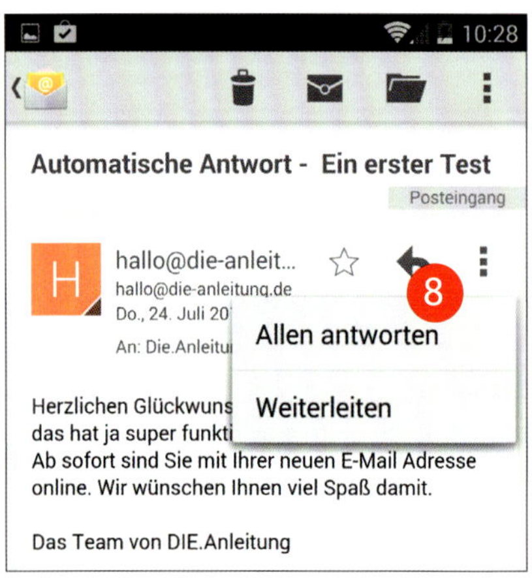

Haben Sie eine Nachricht geöffnet, gibt es noch weitere Möglichkeiten, sie zu bearbeiten.

Über die Bearbeitungsleiste

(1) Löschen
Mit einem Tipp auf den Papierkorb wird diese Nachricht in das Postfach „Papierkorb" gelegt.

(2) Als ungelesen markieren
Hier können Sie den Status der Nachricht ändern. Von gelesen (sie ist ja gerade offen) zurück auf ungelesen.

(3) In einen anderen Ordner verschieben
Tippen Sie auf den offenen Ordner, öffnet sich eine Übersicht (5) all Ihrer Ordner für E-Mails.

(4) Menü
Hier gelangen Sie zu den Einstellungen >> Seite 51

Direkt in der Mail

(6) Mit Stern markieren
Wichtige Nachrichten können Sie damit markieren, sie werden dann in das Postfach Markiert gelegt.

(7) Antworten
Möchten Sie direkt auf diese Nachricht antworten, genügt ein Tipp auf dieses Symbol.

(8) über das Menü-Symbol:
Wurde diese Nachricht an mehrere Empfänger verschickt, können Sie die Antwort auch an alle senden >> Allen antworten.
Diese Nachricht können Sie auch an eine andere Person Weiterleiten.

Ein Druckfunktion ist leider nicht vorgesehen.

Sie sehen, E-Mails zu senden und zu empfangen geht relativ einfach von der Hand. Schreiben Sie am Anfang all Ihre Bekannten, Verwandten und Freunde an. Teilen Sie ihnen Ihre neue E-Mail-Adresse mit und bitten Sie sie um eine Antwort. Und schon nach kurzer Zeit ist das Thema E-Mail Alltag für Sie.

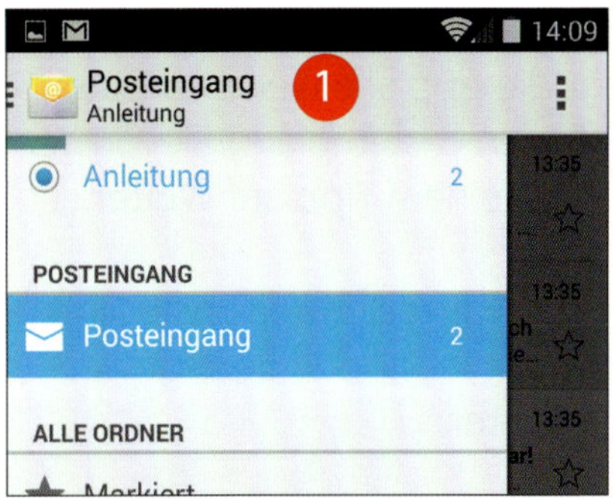

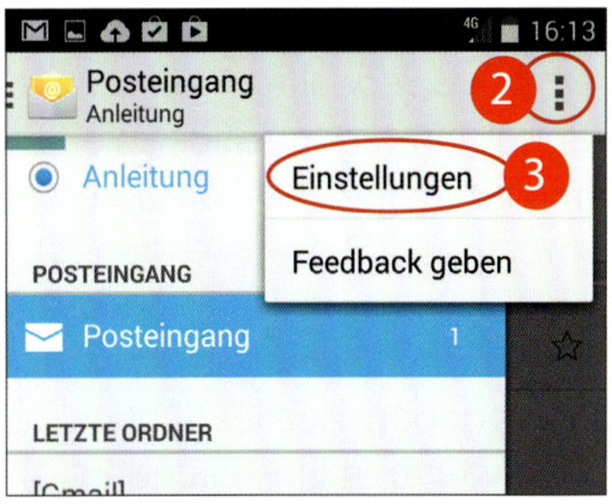

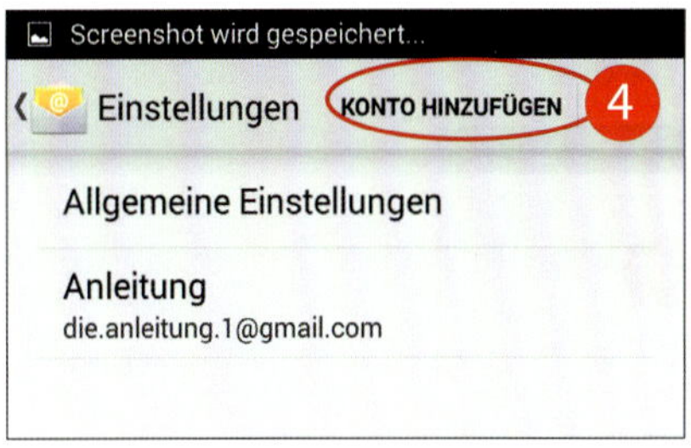

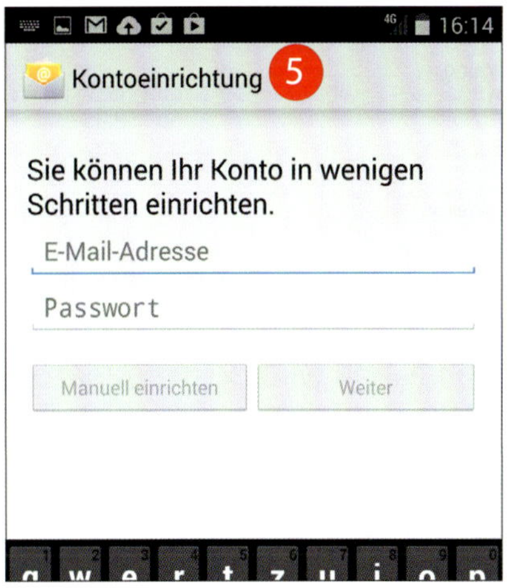

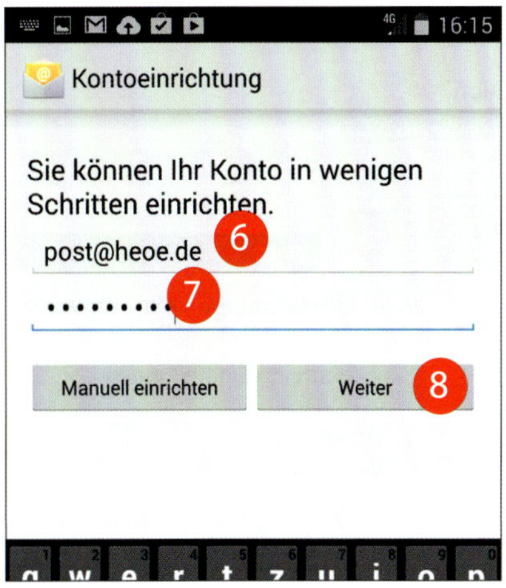

Ein neues E-Mail-Konto anlegen

In der „normalen" Mail-App haben Sie die Möglichkeit, auch externe E-Mail-Konten anzulegen und zu verwalten. Ein solches Konto erhalten Sie zum Beispiel kostenlos von Ihrem Mobilfunkanbieter.
Haben Sie Ihre Unterlagen mit den Zugangsdaten und Kennwörtern parat? Gut, dann kann's ja los gehen.

Ausgangspunkt ist die Übersicht Ihrer bisherigen Postfächer in der Mail-App (1). Dort tippen Sie oben rechts auf das Menü-Symbol (2) und wählen dort Einstellungen (3) aus. Dann tippen Sie oben in der Statuszeile auf Konto hinzufügen (4).

Und schon beginnt der Prozess zur Neuanlage eines E-Mail-Kontos (5). Geben Sie hier Ihre E-Mail-Adresse (6) (z.B. max.mustermann@t-online.de) ein und Ihr Kennwort (7). Beides finden Sie in den Unterlagen zu Ihrem Mobilfunkvertrag. Mit einem Tipp auf Weiter (8) kommen Sie zum nächsten Fenster. Hier wählen Sie den Typ Ihres Kontos.

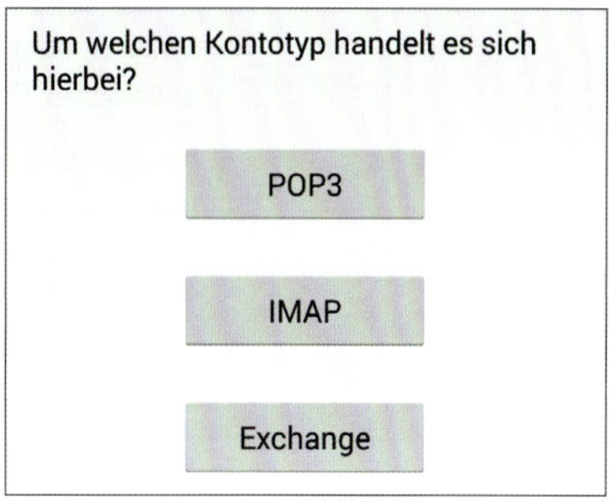

Was bedeutet das?

• POP3

E-Mails werden direkt auf Ihr Gerät geladen, dort gespeichert und verwaltet. Am Server werden die Nachrichten gelöscht.

• IMAP

E-Mails bleiben auf dem Server Ihres Anbieters gespeichert und werden auf Ihrem Gerät nur angezeigt. Der Vorteil: Sie können mit mehreren Geräten auf dieselben Daten zugreifen.

• Exchange

Eine spezielle Technik in Verbindung mit einem Microsoft Exchange Server. Gibt es eigentlich nur für Geschäftskunden.

EMPFEHLUNG:
Wählen Sie IMAP, damit liegen Sie zu 90% richtig.

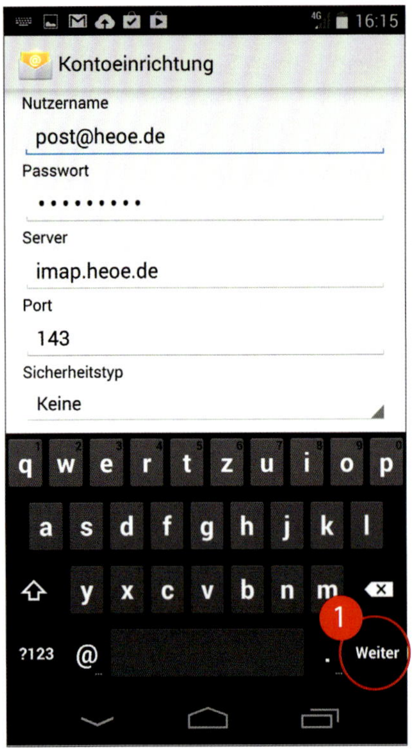

Haben Sie einen Mobilfunkvertrag bei einem bekannten Anbieter, trägt die App alle weiteren Daten für Sie ein – als erstes für den Postempfang. Sie müssen die Angaben lediglich mit einem Tipp auf Weiter (1) bestätigen.
Gleiches gilt dann auch für das nächste Fenster, in dem die Daten für den Postversand angezeigt werden >> Tippen Sie auf Weiter.

Haben Sie eine eigene Web-Adresse (www.xxxx.de), unter der Sie auch Ihre E-Mails verwalten, müssen Sie Ihre Zugangsdaten manuell eintragen. Im Beispiel sehen Sie die Anmeldung für meine Geschäftsadresse unter www.heoe.de. Empfangen (2) und Senden (3).

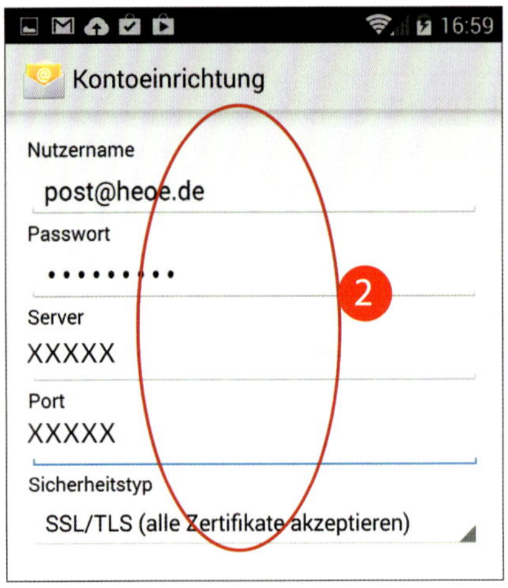

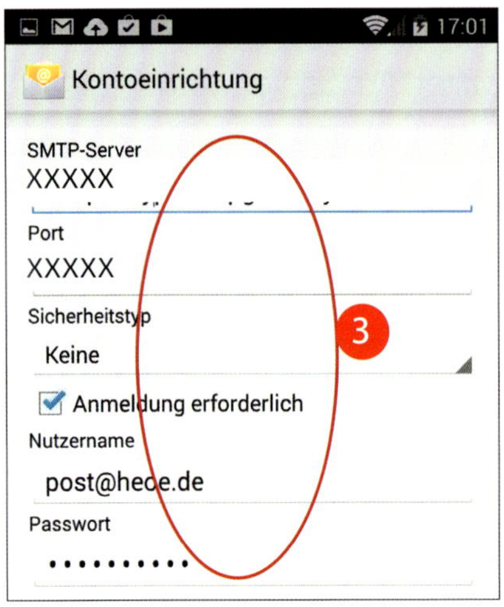

Die eingegebenen Daten werden sofort auf dem Server überprüft und freigegeben. Ist alles richtig, öffnet sich ein Fenster mit weiteren Einstellungen (4), bei dem Sie alle Vorgaben auswählen und mit einem Tipp auf Weiter (5) bestätigen.

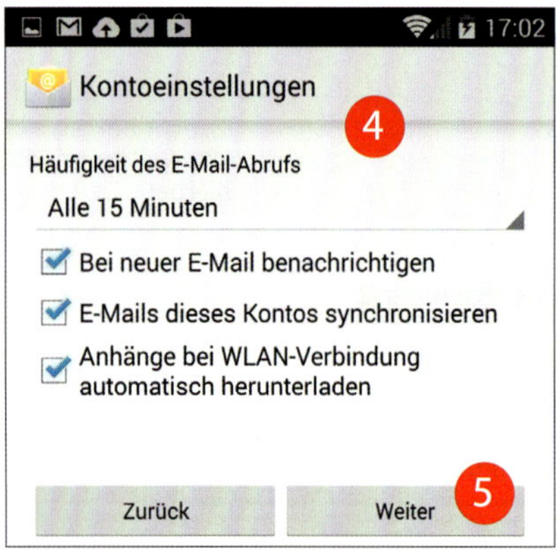

Im letzten Fenster können Sie noch einen internen Namen für das Konto vergeben (6) und den Namen des Absenders (7). Dieser Name wird beim Empfänger angezeigt >> mit Weiter (8) bestätigen.

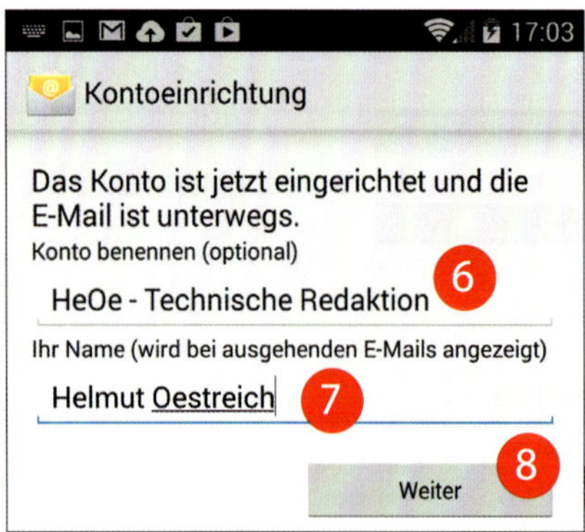

Das Ergebnis:
Ein neues E-Mail-Konto in der Übersicht >>

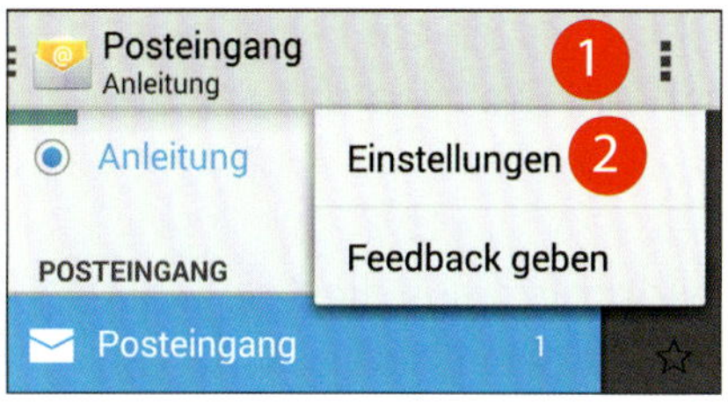

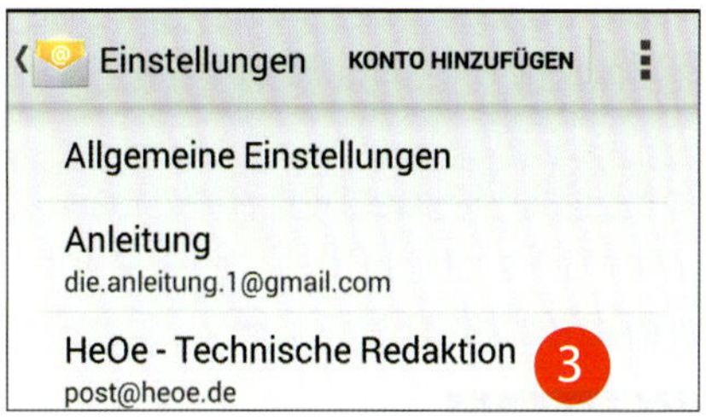

Zu einem E-Mail-Konto gibt es noch weitere, praktische Einstellmöglichkeiten. Tippen Sie dazu im Posteingang auf das Menü-Symbol (1) rechts oben und dort auf Einstellungen (2). Jetzt wählen Sie das Konto aus, das Sie bearbeiten möchten. In unserem Fall ist es das neue HeOe-Konto (3).

Als erstes sehen Sie den gerade eingetragenen Kontonamen (4) (müsste eigentlich Bezeichnung heißen) und den Namen für die Absender-Kennung (5). Als nächsten sehen Sie den Eintrag Signatur (6), ein frei definierbarer Text, der automatisch unter all Ihren Nachrichten eingefügt wird. Das kann eine kurze Zeile oder auch Ihre kompletten Kontaktdaten mit Grußformel sein.
Mit einem Tipp auf die Zeile Signatur (6) öffnet sich das Eingabefenster. In unserem Beispiel habe ich mich für den Text „Von unterwegs gesendet" (7) entschieden. So weiß jeder gleich, dass ich unterwegs bin und deswegen meine Antwort etwas kürzer ausfällt.

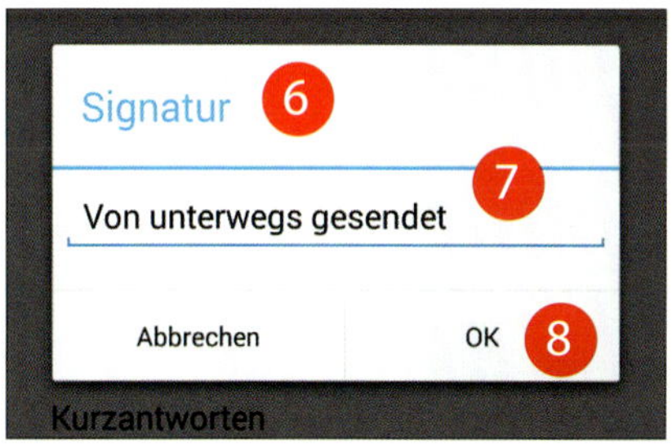

Bestätigen Sie Ihre Eingabe mit Weiter (8) dann sehen Sie Ihre neue Signatur auch in der Übersicht (9).

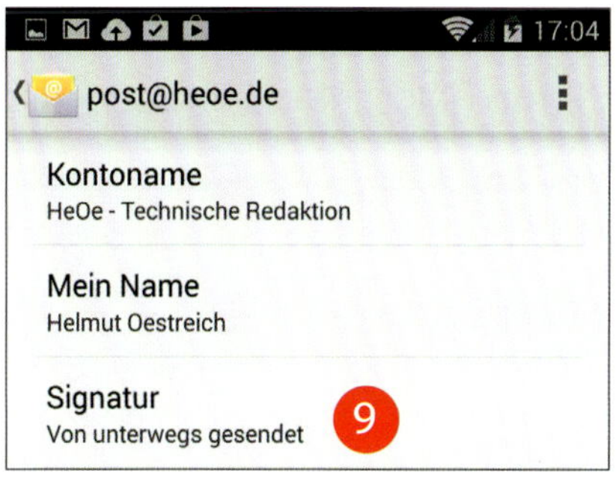

Zusätzlich können Sie noch Ihre persönlichen Kurzantworten (10) eintragen und dieses Postfach weiter personalisieren (u.a. Klingelton).
Ganz unten in diesem Menü haben Sie noch die Möglichkeit, alle Servereinstellungen von Posteingang (eingehende Nachrichten) und Postausgang (ausgehende Nachrichten) aufzurufen und ändern.

Haben Sie alles fertig eingetragen, sieht eine neue E-Mail von diesem Postfach so aus:

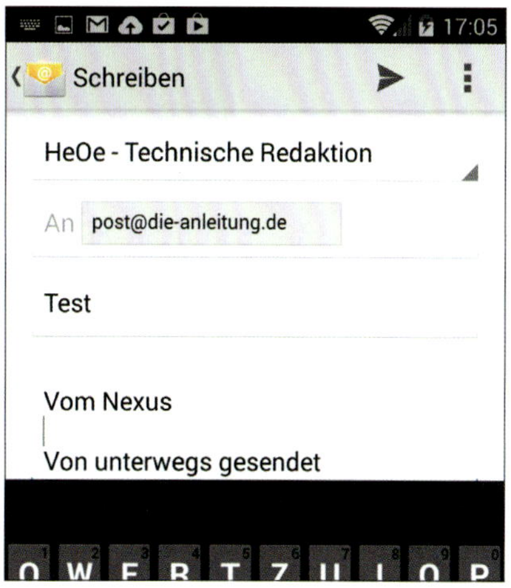

INTERNET & KOMMUNIKATION

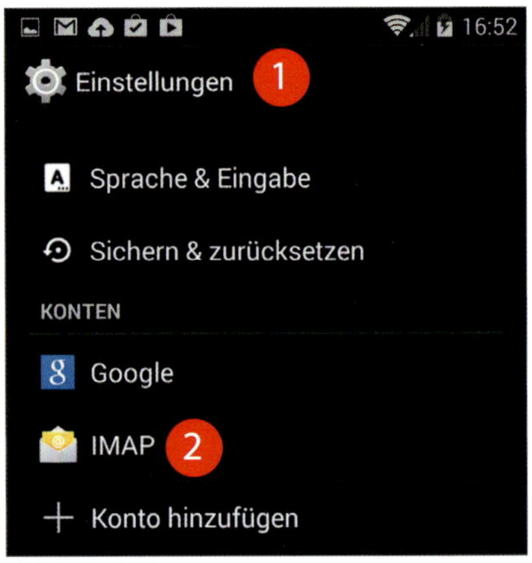

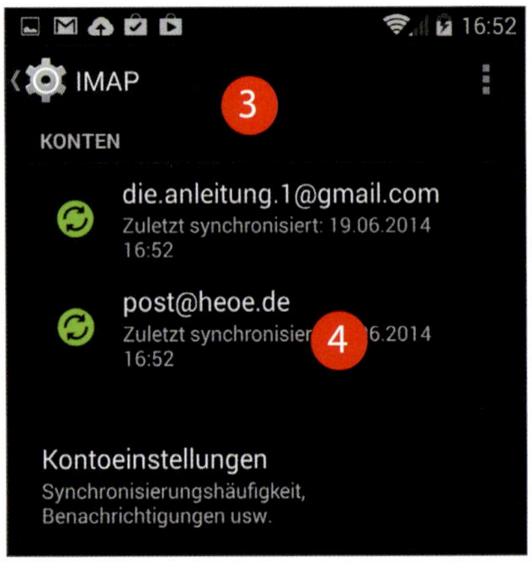

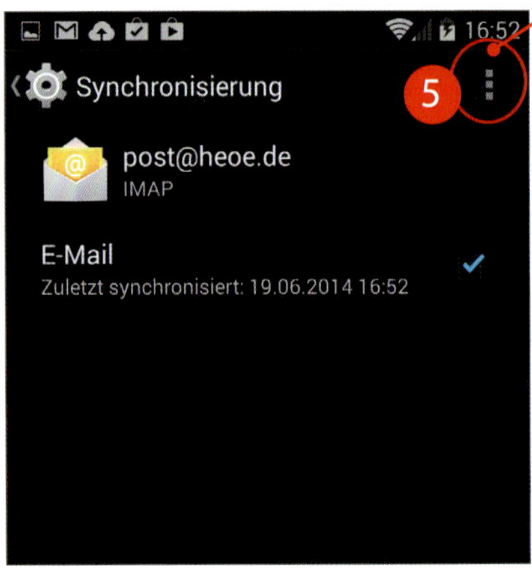

Ab und zu kommt es vor, dass Sie ein E-Mail-Konto komplett löschen möchten. Der Weg dazu ist etwas versteckt:

Öffnen Sie vom Startbildschirm aus die App Einstellungen (1). Suchen Sie dort den Eintrag IMAP (2) (oder POP) und tippen Sie darauf. Jetzt sehen Sie eine Übersicht von all Ihren aktuellen E-Mail-Konten (3).

Tippen Sie auf das Konto, das Sie löschen möchten (4) und dann auf das Menü-Symbol (5). Dort wählen Sie den Eintrag Konto entfernen (6).

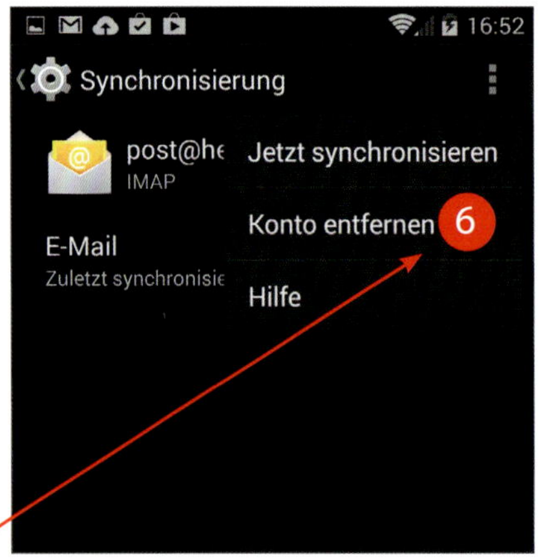

Darauf öffnet sich dieses Fenster mit einer Sicherheitsabfrage (7).

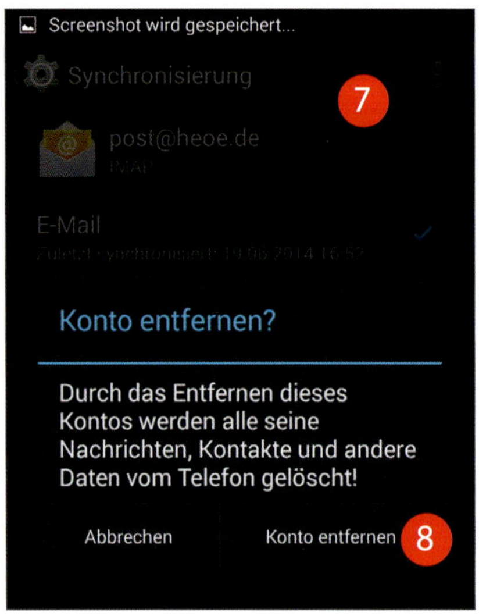

VORSICHT:
Tippen Sie jetzt erneut auf Konto entfernen (8) werden alle Daten zu diesem Konto gelöscht - für immer.

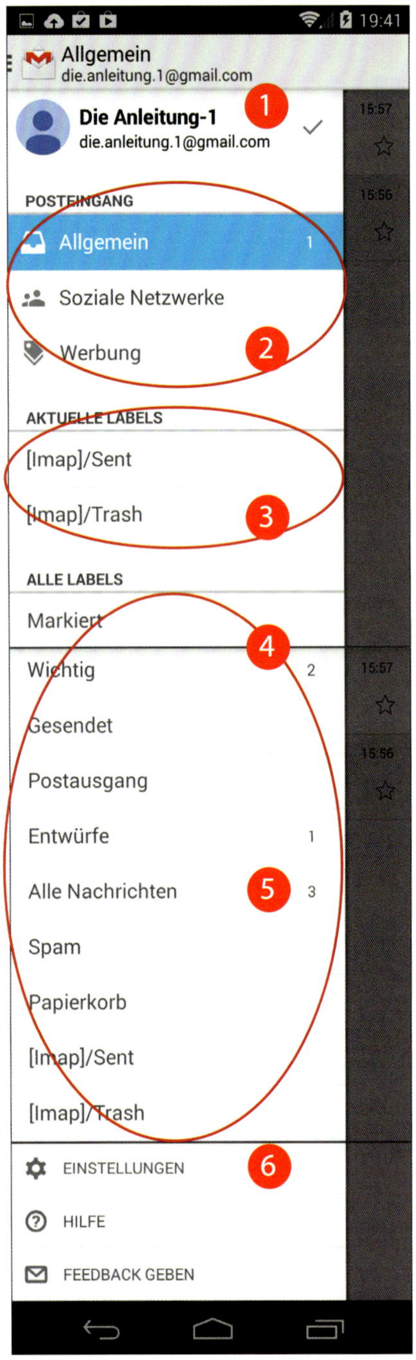

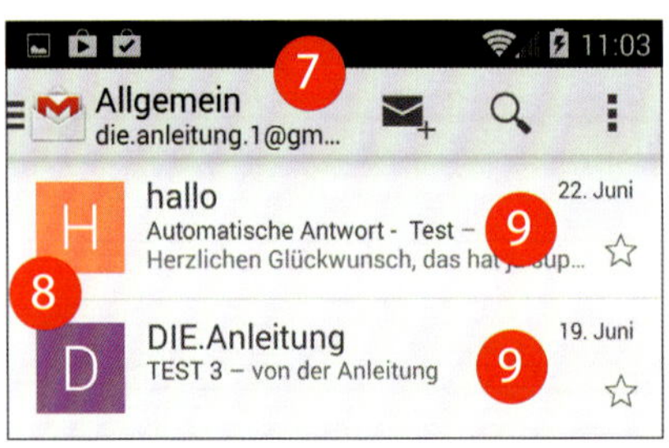

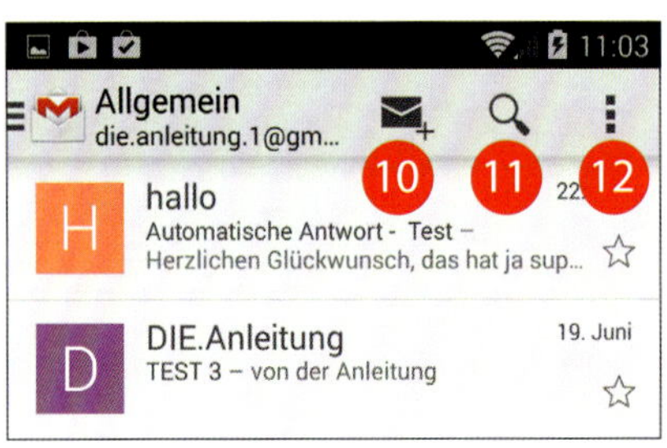

Google Mail (= Gmail)

ist der kostenlose E-Mail-Dienst von Google. Bereits beim ersten Start Ihres Smartphones haben Sie bereits ein Konto angelegt (Seite 21). Dieses Konto wird automatisch bei den E-Mail-Apps Gmail und E-Mail eingetragen und steht sofort zur Verfügung.

Beim ersten Start der App wird Ihnen das Übersichtsfenster mit folgenden Infos angezeigt:

(1) Kopfleiste
mit Profilbild, Kontonamen und E-Mail-Adresse.

(2) Posteingang
mit verschiedenen Kategorien (= Labels) zum Sortieren der Nachrichten.

(3) Aktuelle Labels
zeigt die Postfächer des Servers (IMAP) für gesendete Nachrichten (= Sent) und den Papierkorb (= Trash).

(4) Alle Labels
listet noch einmal alle Postfächer dieses Kontos auf.

(5) Alle Nachrichten
In diesem Postfach sehen Sie tatsächlich alle Nachrichten von all Ihren Postfächern, ganz egal, ob die Nachricht gesendet, empfangen oder archiviert wurde – außer dem Papierkorb.

(6) Einstellungen
Hier können Sie Ihr E-Mail-Konto organisieren und personalisieren.

Tippen Sie auf ein einzelnes Postfach, öffnet sich eine Listendarstellung (7) der Nachrichten. Zu jeder Nachricht werden folgende Informationen angezeigt:

(8) Bild bzw. erster Buchstabe des Absenders

(9) Vorschau der E-Mail

- E-Mail-Name des Absenders
- Betreffzeile
- Erste Wörter des Inhalts der Nachricht

In der Menüleiste finden Sie diese Möglichkeiten:

(10) Neue E-Mail schreiben

(11) Nach einer E-Mail suchen

(12) Menü öffnen

- Aktualisieren des Postfachs
- Label-Einstellungen

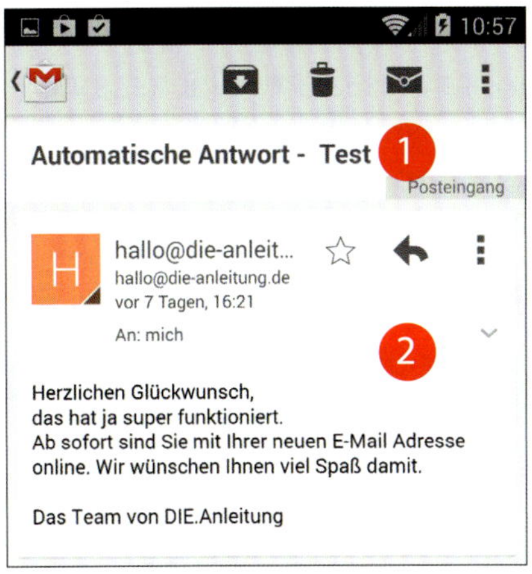

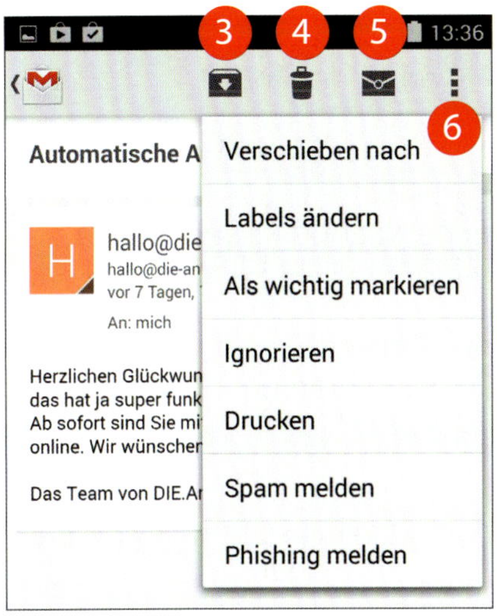

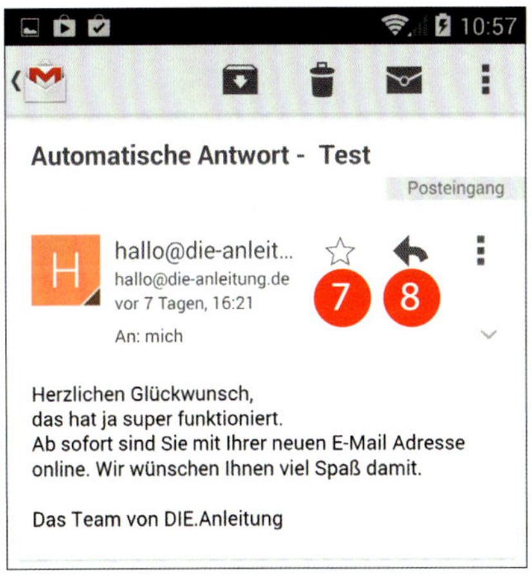

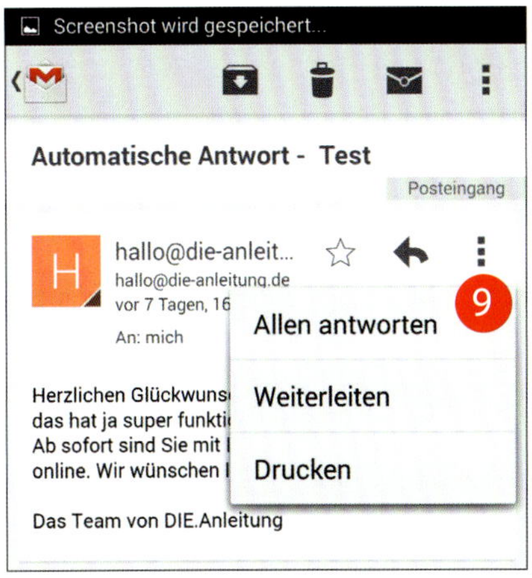

E-Mails öffnen & bearbeiten

Tippen Sie in der Listendarstellung eines Postfachs auf eine Nachricht, wird diese komplett geöffnet. Oben sehen Sie die Betreff-Zeile (1), darunter den Inhalt (2) selbst. Auch die Menüleiste bietet neue Möglichkeiten:

(3) Archivieren
Damit verschwindet die Nachricht aus dem Posteingang und wandert in das virtuelle Archiv.

(4) Löschen
Verschiebt die Nachricht in den Papierkorb

(5) Als ungelesen markieren
Ändert den Status der gerade gelesenen Nachricht auf ungelesen.

(6) Menü öffnen
- Verschieben nach
- Labels ändern
- Als wichtig markieren
- Ignorieren
- Drucken (ganze Konversation)
- Spam melden
- Phishing melden

Im Fenster der Nachricht sehen Sie diese Bedienelemente:

(7) Markieren
Tippen Sie darauf, erhält die Nachricht eine „Stern-Markierung“ und wird ins Postfach Markiert gelegt.

(8) Antworten
Damit können Sie direkt auf die Nachricht antworten.

(9) Menü
- Allen Antworten
- Weiterleiten an einen anderen Empfänger
- Drucken (diese Nachricht)

(10) Details (kleiner Pfeil)
Zeigt Ihnen die genauen Informationen zu Absender, Empfänger und Versanddatum.

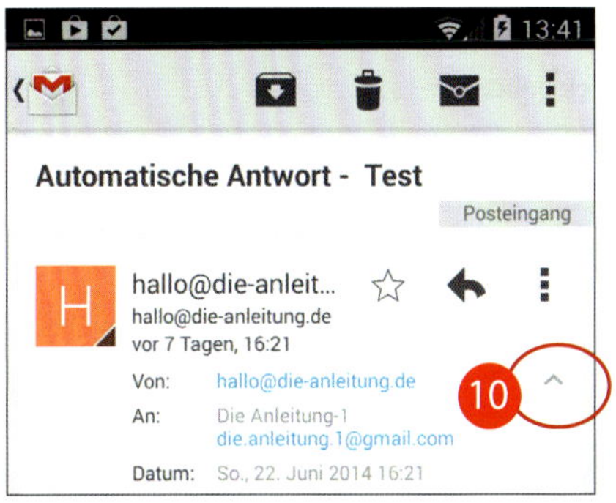

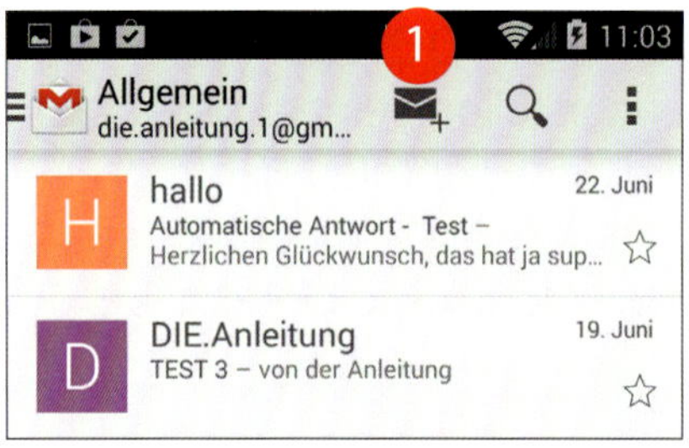

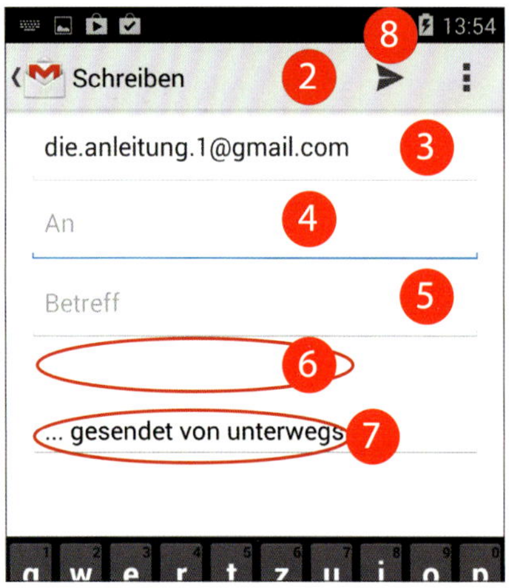

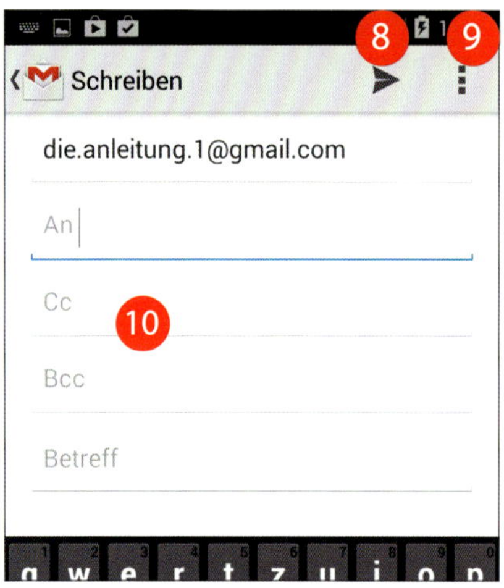

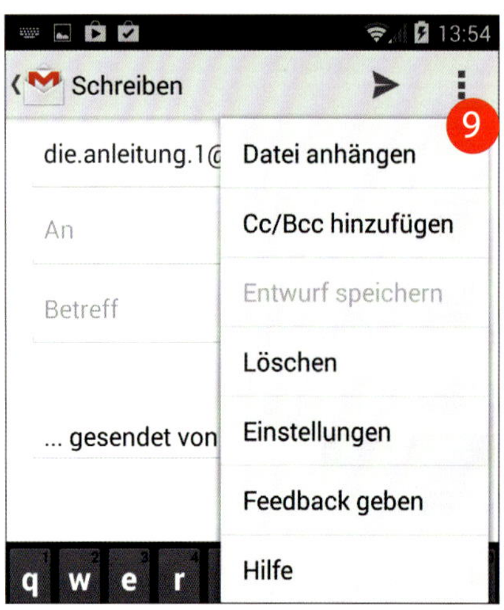

Eine neue E-Mail erstellen

Öffnen Sie dazu eines Ihrer Postfächer. Oben in der Menüleiste finden Sie das Symbol für eine neue Nachricht (1). Mit einem Tipp darauf öffnet sich das Eingabefenster (2). Dort sehen Sie:

(3) Ihre Absenderadresse

(4) Zeile für den/die Empfänger
Hier können Sie beliebig viele Adressen, getrennt mit einem Leerzeichen, nacheinander eingeben.
Als Test geben Sie ein: hallo@die-anleitung.de.
Sie erhalten dann eine automatische Antwort.

(5) Betreffzeile
Geben Sie hier in Stichworten den Inhalt der Nachricht ein.

(6) Bereich für Ihre Nachricht
Hier steht Ihre eigentliche Nachricht. Der Bereich passt sich automatisch der Länge Ihrer Nachricht an.

(7) Signatur
Diesen Text können Sie nach Ihren persönlichen Wünschen gestalten (Seite 59).

(8) Nachricht absenden
Haben Sie alles eingegeben, startet ein Tipp auf das Pfeil-Symbol den Versand.

(9) Menü öffnen

- **Datei (Bild) anhängen**

- **Cc/Bcc hinzufügen (10)**
Felder für weitere Empfänger hinzufügen.
Die Empfänger in der Zeile Cc sind für alle Empfänger sichtbar, die in Bcc nicht.

- **Entwurf speichern**

- **Löschen**

- **Einstellungen**

- **Feedback geben**

- **Hilfe**
Damit öffnen Sie eine Verbindung zur Android-Hilfe im Internet.

Auf eine Nachricht antworten

Möchten Sie direkt auf eine Nachricht antworten, brauchen Sie nur auf den Pfeil (1) zu tippen. Darauf öffnet sich das Eingabefenster (2). Empfänger (3) und Betreff (4) sind schon eingetragen. Unterhalb Ihrer Antwort (5) wird der bisherige Verlauf (6) der Konversation eingetragen.

Sie müssen nur noch Ihre Antwort eingeben (5) und dann abschicken (7) - fertig.

Hat die ursprüngliche Nachricht mehrere Empfänger, können Sie gleichzeitig allen antworten. Tippen Sie auf das Menü-Symbol (8) in der Nachricht und wählen Sie dort den Eintrag **Allen antworten** (9). Und schon werden alle bisherigen Teilnehmer der Konversation in Ihre Antwort als Empfänger eingetragen.

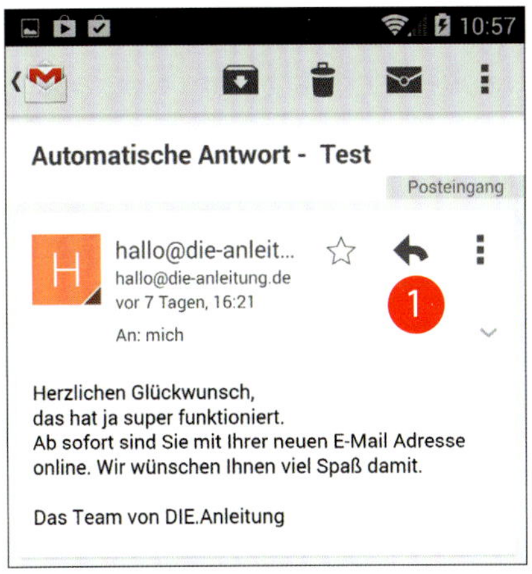

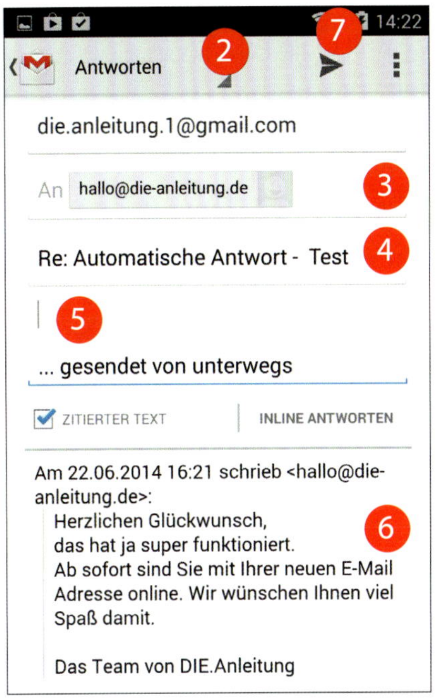

Ein Nachricht weiterleiten

Möchten Sie Ihre Nachricht an einen anderen/neuen Empfänger weiterleiten, geht das auch ganz einfach über das Menü (8) in der E-Mail. Mit einem Tipp auf **Weiterleiten** (10) öffnet sich ein ähnliches Fenster wie bei Antworten (2), mit dem Unterschied, dass die Zeile für den Empfänger noch leer ist.
Wie gehabt, alles ausfüllen >> abschicken (7)

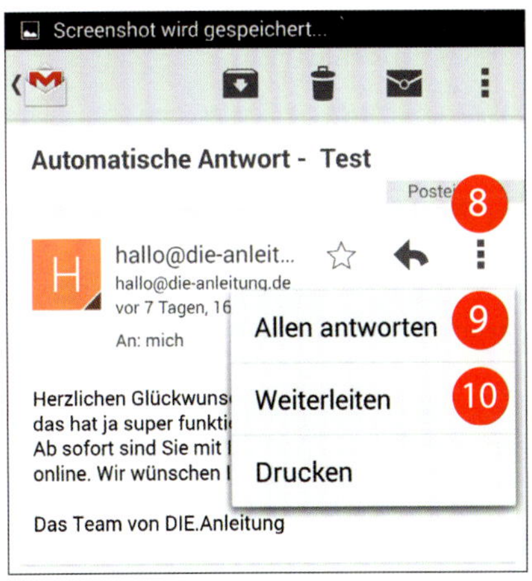

Nachrichten abrufen Postfach aktualisieren

Im Normalfall werden neue Nachrichten sofort angezeigt, Sie können aber auch manuell das Abfragen des Mail-Servers für ein Postfach starten.
Tippen Sie dazu in der Übersicht eines Postfachs auf das Menü-Symbol ⋮ (11) und wählen Sie den Eintrag **Aktualisieren** (12).
Je nach Geschwindigkeit der Internet-Verbindung wird Ihre Anfrage am Mail-Server bearbeitet. Eine mehrfarbige, sich bewegende Linie am oberen Rand zeigt die Aktivität an.

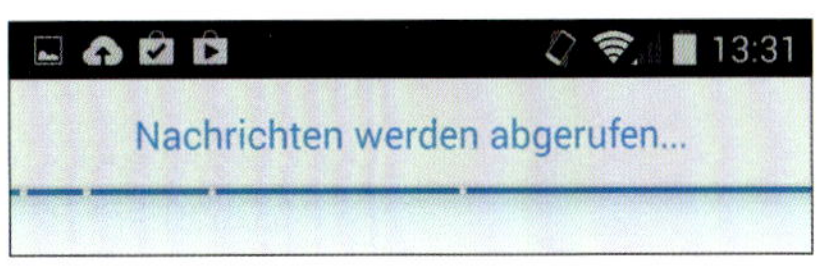

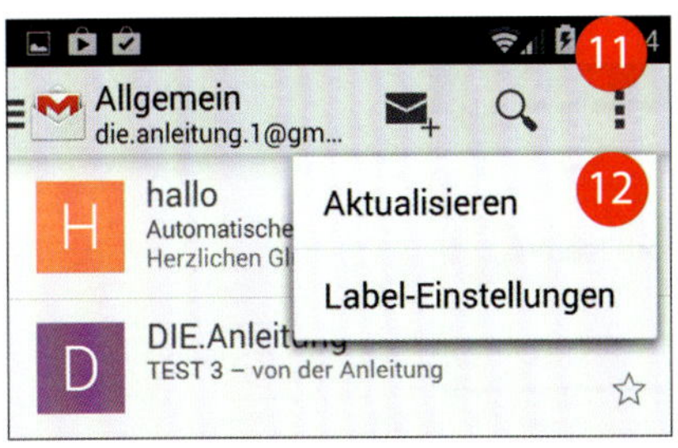

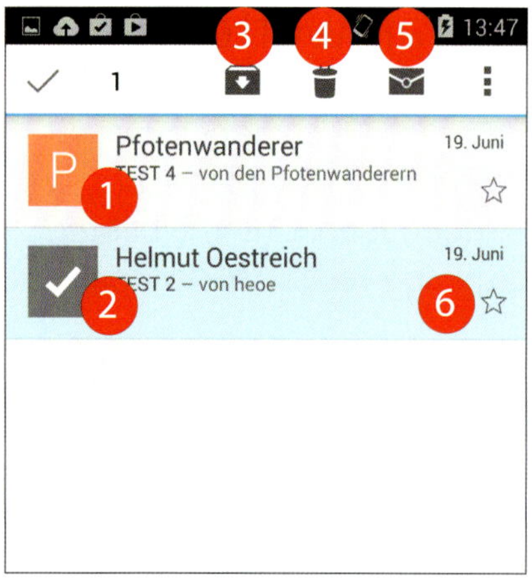

E-Mail löschen

In jedem Postfach aktivieren Sie mit einem Tipp auf das Symbol der Nachricht (1) einen speziellen Bearbeitungsmodus >> die Nachricht erhält dann statt dem bisherigen Symbol einen Haken (2) >> in der Menüleiste gibt es dann diese Möglichkeiten:

(3) Nachricht archivieren

(4) Nachricht löschen

(5) Nachricht als ungelesen markieren

(6) Nachricht markieren

So können Sie ganz schnell viele E-Mails in einem Rutsch bearbeiten – sehr praktisch.

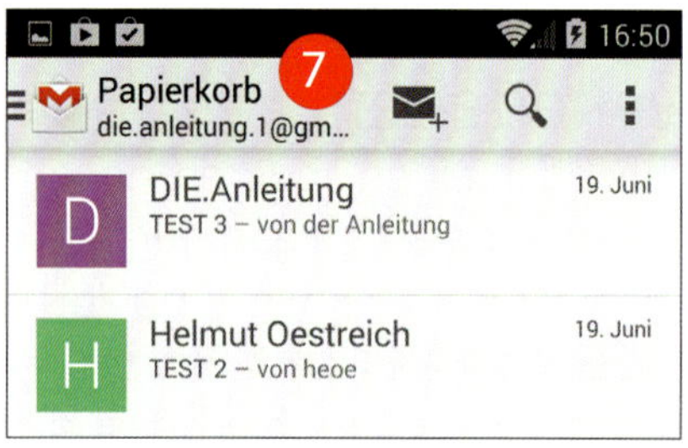

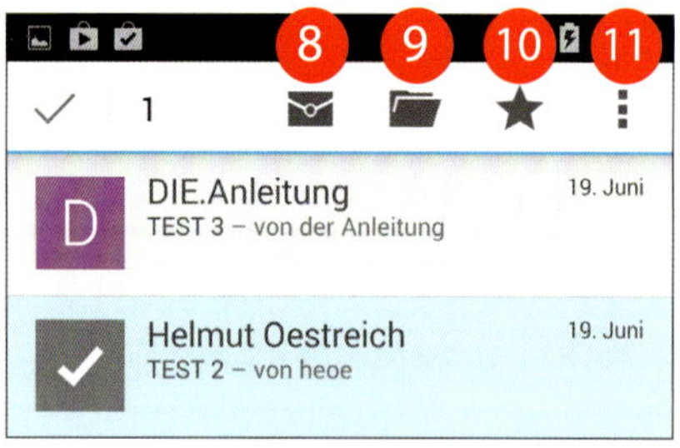

Der Papierkorb

ist nichts anderes als ein weiteres Postfach. Sie können dort Nachrichten ablegen und auch wieder herausnehmen. Erst, wenn Sie den Papierkorb entleeren, sind die darin befindlichen E-Mails tatsächlich und endgültig gelöscht.

Die Darstellung der Nachrichten im Papierkorb (7) entspricht den anderen Postfächern mit all ihren Möglichkeiten. Auch hier können Sie mit einem Tipp auf das Symbol bzw. Bild der Nachricht den Bearbeitungsmodus aktivieren. Die Menüleiste bietet dann diese Möglichkeiten:

(8) Nachricht als ungelesen markieren

(9) Nachricht verschieben nach (12)
Damit können Sie die ausgewählte(n) Nachricht(en) wieder heraus aus dem Papierkorb nehmen und in ein anderes Postfach verschieben.

(10) Markierung setzten oder entfernen

(11) Menü öffnen
Keine wichtigen Punkte für die aktuelle Bearbeitung.

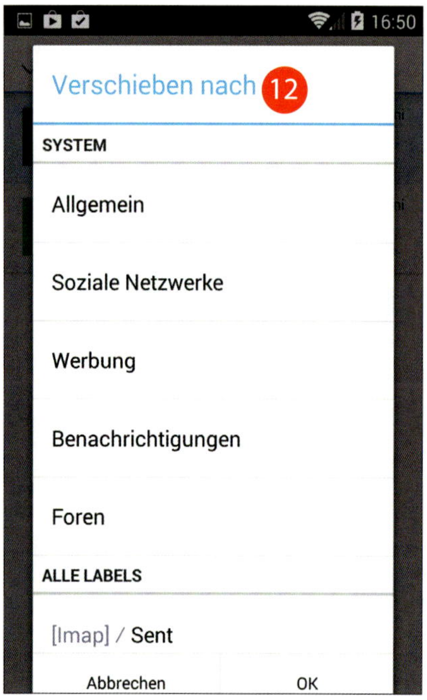

In der normalen Übersicht (7) können Sie über das Standard-Menü (13) den Papierkorb endgültig entleeren (14). Alle Nachrichten aus dem Papierkorb werden dann unwiederbringlich gelöscht!

Im Hauptmenü des Postfachs (1) finden Sie relativ weit unten den Eintrag **Einstellungen** (2). Mit einem Tipp darauf öffnen Sie ein weiteres Auswahlmenü (3):

(4) Allgemeine Einstellungen
für die Gmail-App

(5) Einstellungen für das einzelne Postfach

(6) Über Gmail
öffnet ein Informationsfenster zur installierten Version.

Allgemeine Einstellungen

Hier können Sie das allgemeine Erscheinungsbild und die Funktionen Ihren Bedürfnissen anpassen.

Einstellungen für das Postfach

Hier können Sie das einzelne Postfach personalisieren. Hier eine Übersicht der wichtigsten Punkte:

(7) Signatur
Mit diesem Menüpunkt definieren Sie die Signatur unter Ihrer Nachricht. Das kann eine kurze Zeile sein oder auch Ihre kompletten Kontaktdaten.

(8) Abwesenheitsnotiz
Sind Sie längere Zeit nicht erreichbar, können Sie hier eine automatische Abwesenheitsnotiz einrichten. Alle eingehenden Nachrichten erhalten dann einen vordefinierten Text als Antwort.
Denken Sie daran, die Abwesenheitsnotiz wieder zu **deaktivieren**, wenn Sie wieder erreichbar sind!

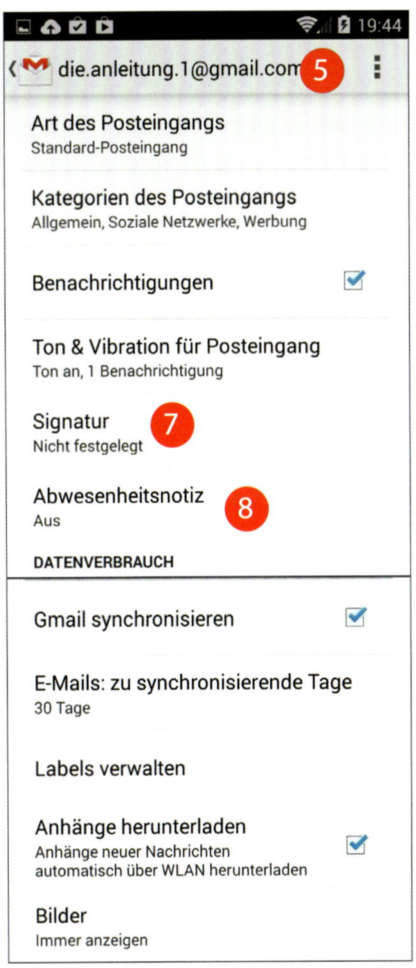

TIPP.
Lassen Sie für den Start alles so, wie es eingerichtet ist (Ausnahme: Signatur). Sammeln Sie erst Erfahrungen mit der App, bevor Sie hier etwas ändern.

INTERNET & KOMMUNIKATION

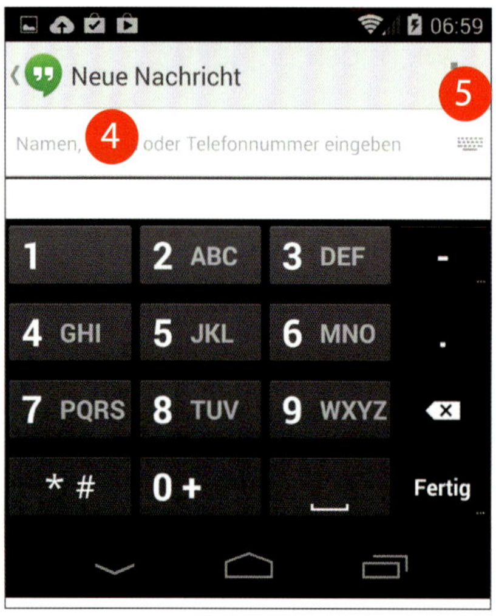

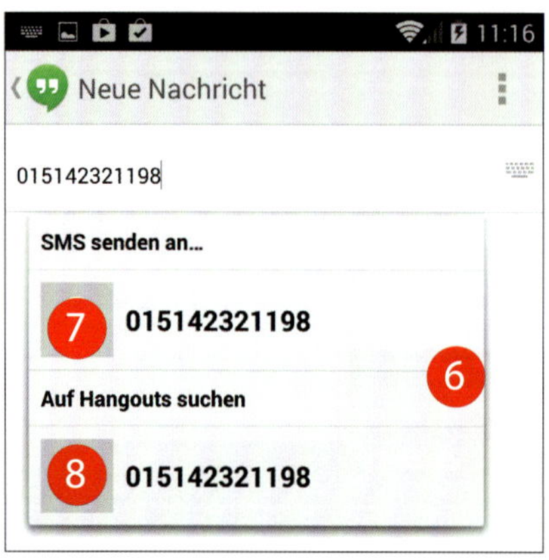

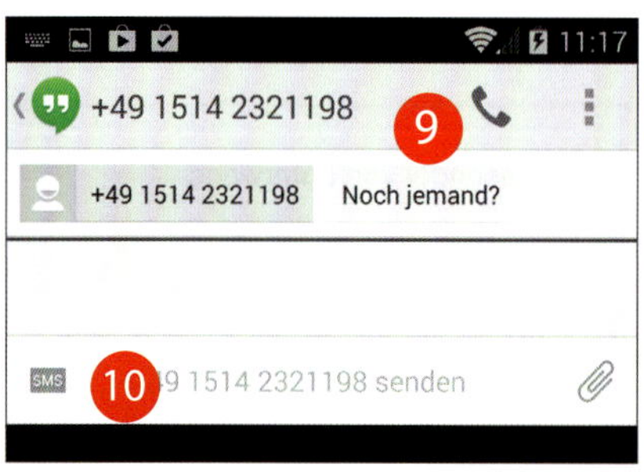

Kommunikation

per SMS, Anruf und Video. Die aktuelle Android-App dafür heißt Hangouts. Sie ist auch für andere Betriebssysteme, mobile Geräte und Desktop-Computer verfügbar. Der Dienst ist prinzipiell kostenlos, Voraussetzung für die erweiterte Nutzung ist ein Google+ Konto.

Beim ersten Start sehen Sie das leere Begrüßungsfenster (1). Mit einem Tipp auf das Plus (2) oder indem Sie die Startseite nach links schieben (3) können Sie gleich Ihre erste SMS verschicken.

Tippen Sie auf die Eingabezeile (4) und geben Sie die Telefonnummer des Empfängers ein. Am Ende der Eingabezeile (5) können Sie die Tastatur zwischen Nummernblock und Buchstaben umschalten.

Hangouts macht schon während der Eingabe Vorschläge aus Ihrem Adressbuch und von Google+ (6). Sind Sie mit der Eingabe fertig, tippen Sie zur Bestätigung auf die Zeile (7) mit der gerade eingegebenen Telefonnummer. Oder, wenn der gewünschte Empfänger in der Liste dabei ist, können Sie seine Daten mit einem Tipp auf diese Zeile (8) direkt auswählen.

In unserem Beispiel ist der Empfänger noch nicht bekannt, und die Eingabe wird mit einem Tipp auf die SMS-Zeile bestätigt. Hangouts bietet Ihnen jetzt mit Noch jemand? (9) an, noch weitere Empfänger hinzuzufügen.

HINWEIS:
Die Einfügemarke (Cursor) springt automatisch in das Eingabefeld (10). Fangen Sie jetzt an, die Nachricht zu schreiben, verschwindet das Feld für zusätzliche Empfänger.

Geben Sie jetzt bitte einen beliebigen Text ein (11) und verschicken Sie die SMS mit einem Tipp auf den Pfeil (12).

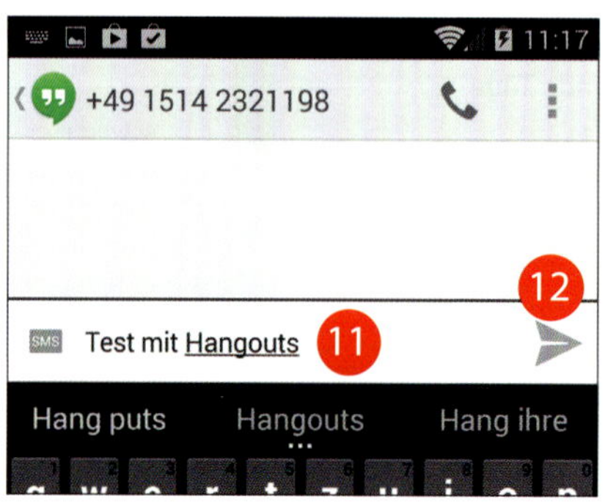

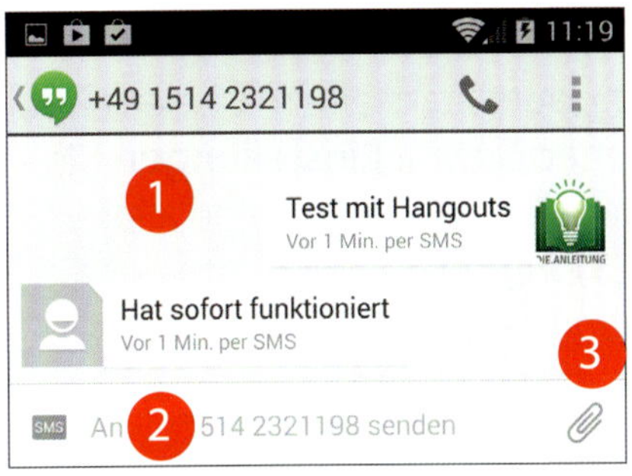

Hier sehen Sie einen typischen Gesprächsverlauf (1), rechts die gesendeten Nachrichten, links die eingegangenen. Haben Sie Bilder für die Kontakte hinterlegt, werden diese auch angezeigt. Mit einem Tipp in das Textfeld (2) können Sie sofort mit der Unterhaltung fortfahren.

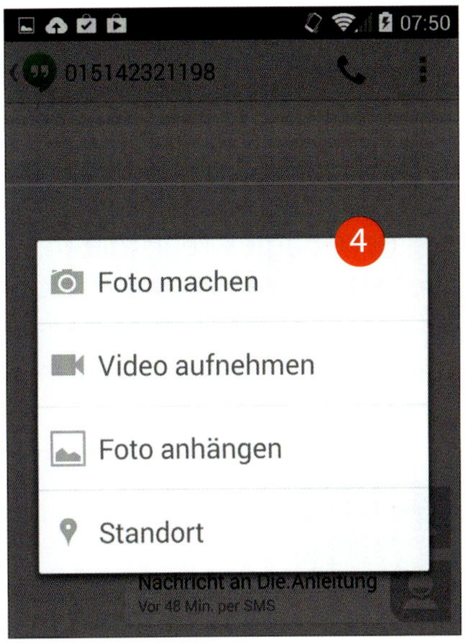

ACHTUNG: KOSTENFALLE
Über die Büroklammer (3) können Sie an eine SMS auch ein Bild oder eine andere Datei anhängen (4). Haben Sie ein Bild oder eine Datei ausgewählt, sehen Sie kurz den Hinweis (5), dass die Konvertierung in eine MMS ausgeführt wird. Gleichzeitig wechselt das kleine Symbol links neben der Eingabezeile von SMS auf MMS (6) – die Kosten dafür sind **deutlich höher** als bei einer SMS!

HINWEIS:
MMS ist die Abkürzung für **M**ultimedia **M**e**s**sage und war früher neben E-Mail die einzige Möglichkeit Bilder und Dateien zu verschicken. E-Mail geht immer noch, mittlerweile gibt es aber eine „schnellere" Möglichkeit, in einer Unterhaltung auch Bilder zu verwenden.

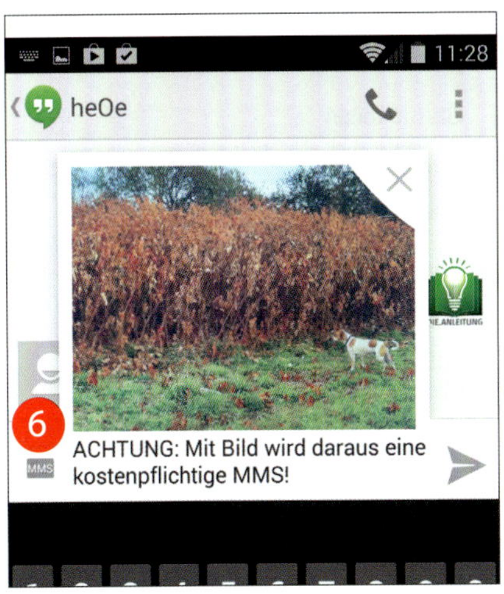

Die Apps dafür werden als Messenger [:mässengscher = Bote] bezeichnet. Sie bündeln die Technik von SMS, Telefon und Videotelefonie in einer Anwendung und sind wirklich praktisch. Auch Hangouts ist so ein Messenger, ebenso wie WhatsApp oder iMessage bei Apple.

Um einen Messenger zu nutzen, müssen Sie meistens Teil einer speziellen Gemeinschaft werden. In unserem Fall, um die Messenger-Funktionen von Hangouts zu aktivieren, ist ein – kostenloses – Konto bei Google+ erforderlich. Wie Sie das anlegen, erfahren Sie gleich auf der nächsten Seite >>

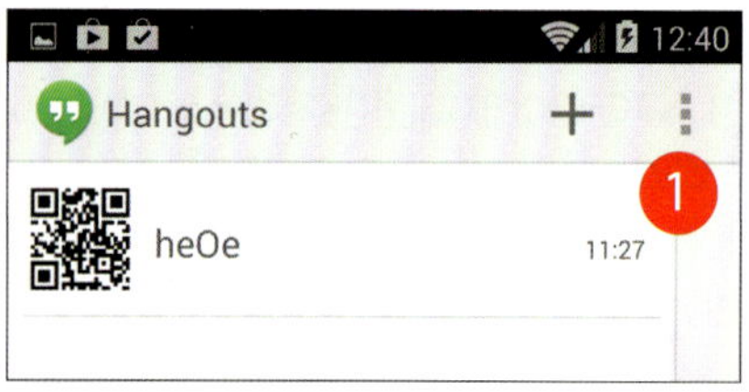

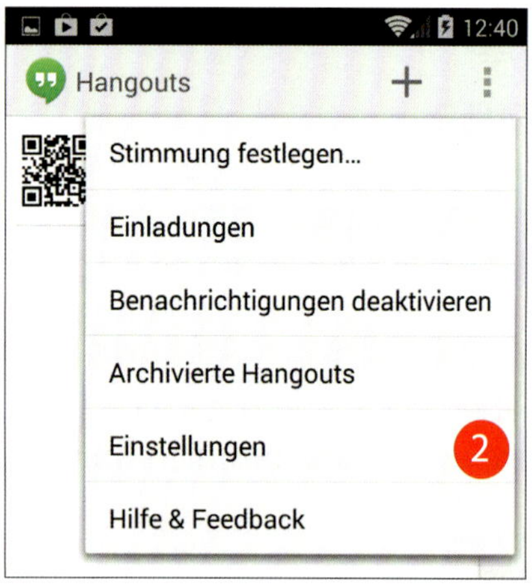

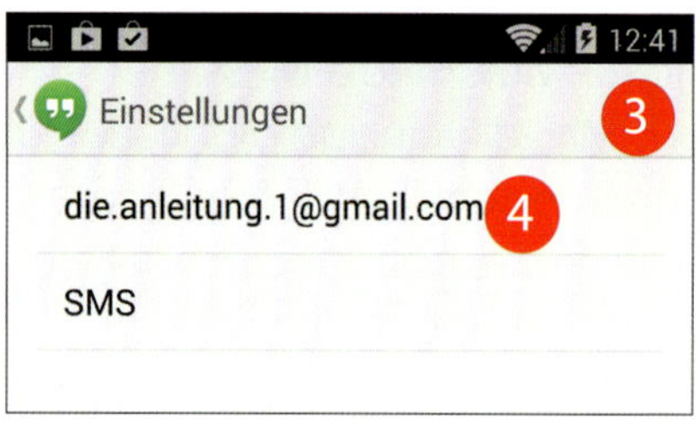

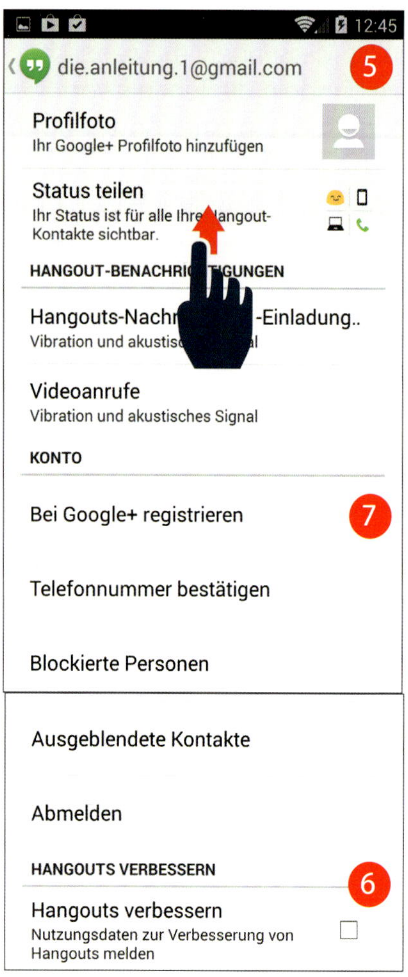

Bei Google+ anmelden

Öffnen Sie auf der Hangouts-Startseite mit einem Tipp das Menü (1). Dort gehen Sie auf Einstellungen (2). Jetzt öffnet sich ein Fenster mit der Anzeige aller verfügbaren Konten (3). Tippen Sie hier bitte auf die E-Mail-Adresse Ihres Google-Kontos (4).
Sie erinnern sich? Das ist die kostenlose Adresse, die Sie ganz am Anfang angelegt haben.

Jetzt sehen Sie die Einstellungen für dieses Konto (5). Schieben Sie das Fenster ganz nach oben und tippen Sie auf den letzten Eintrag Hangouts verbessern (6), um ihn abzuschalten (Ihre Nutzungsdaten wollen Sie doch bestimmt nicht zu Google senden).
Um den Anmeldevorgang zu starten, tippen Sie als nächstes auf den Eintrag Bei Google+ registrieren (7). Das Werbefenster bestätigen Sie mit einem Tipp auf Registrieren (8) >> eine kurze Meldung zur Anmeldung erscheint (9) >> FERTIG >> Eine zusätzliche Bestätigung gibt es nicht.

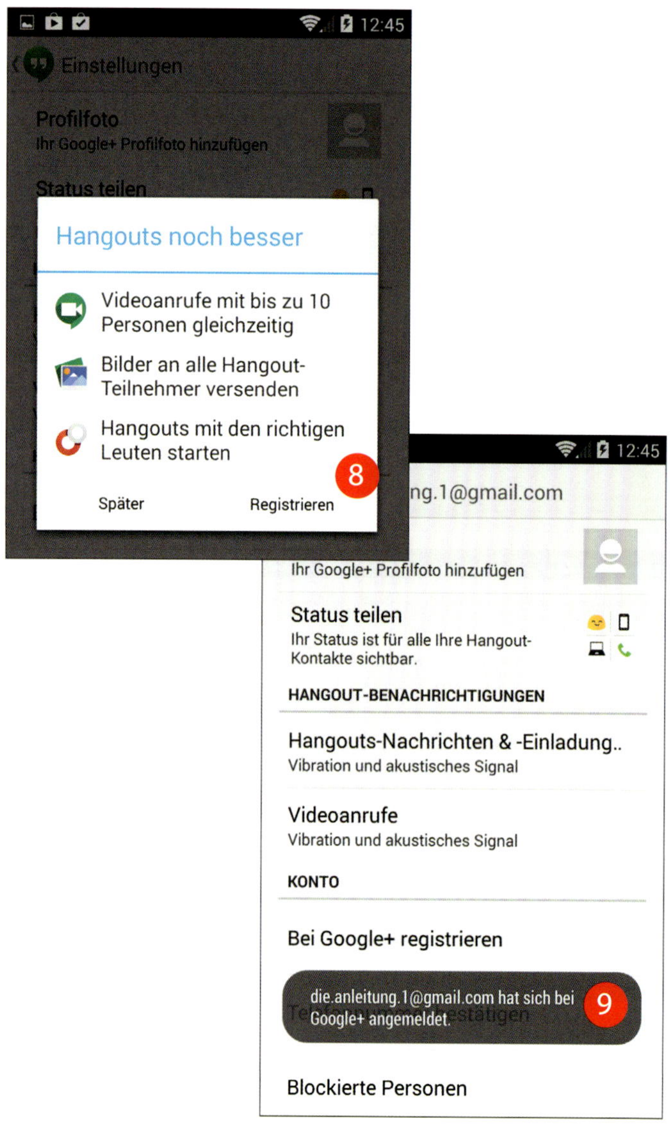

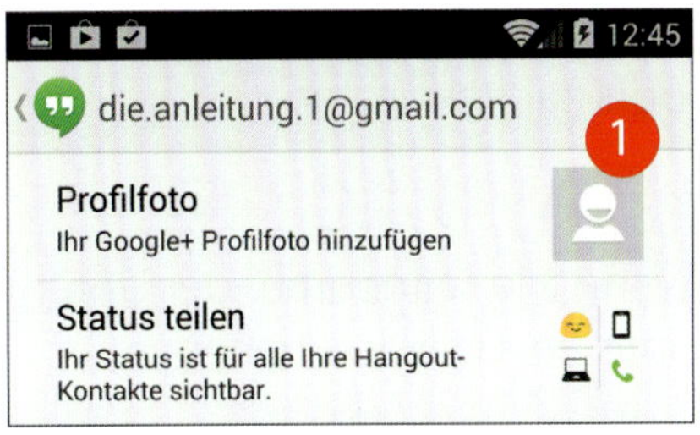

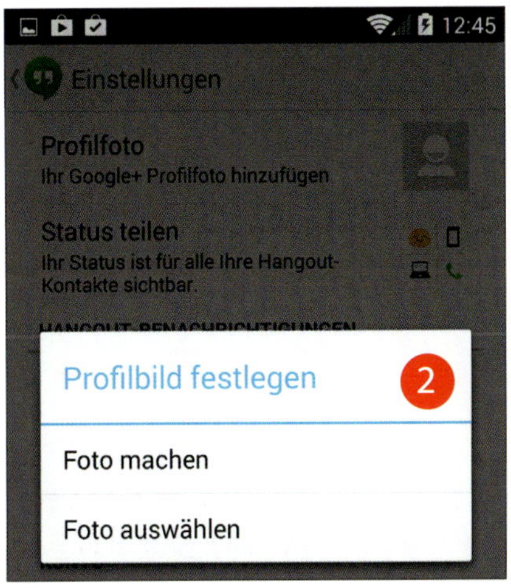

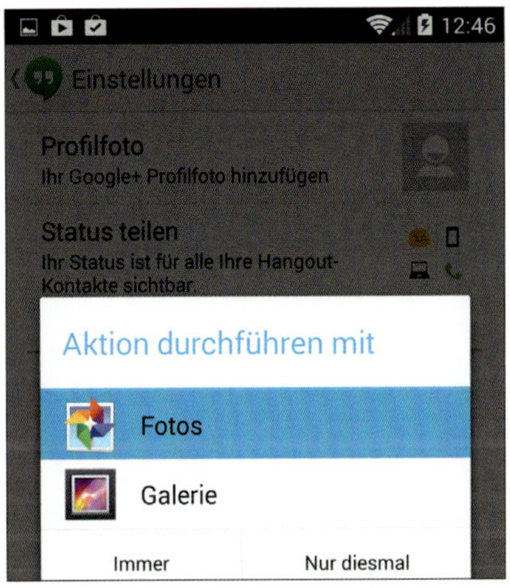

Jetzt haben Sie die Möglichkeit, für Ihr neues Konto bei Google+ ein Foto zu hinterlegen. Tippen Sie dazu auf das symbolische Foto-Männchen (1) >> Sie können ein neues Foto machen oder ein bereits vorhandenes auswählen (2).
Haben Sie das richtige Bild gefunden, können Sie noch den Bildausschnitt festlegen (3) und bestätigen die Änderungen mit **Anwenden** (4). Jetzt dauert es einen Moment, bis das Bild zu Google+ übertragen wird (5) und dann in den Einstellungen erscheint (6). Mehrmaliges Tippen auf den Pfeil (7) neben dem Hangouts-Symbol bringt Sie zurück zur Startseite der App.

Für den Versand einer SMS hat sich jetzt nicht viel geändert, lediglich Ihr Profilbild (6) wird bei Unterhaltungen angezeigt. Die zusätzlichen Möglichkeiten, die sich durch die Anmeldung bei Google+ ergeben, schauen wir uns auf der nächsten Seite an.

HINWEIS:
Dieses Profilfoto wird für Hangouts, Gmail und Google+ verwendet.

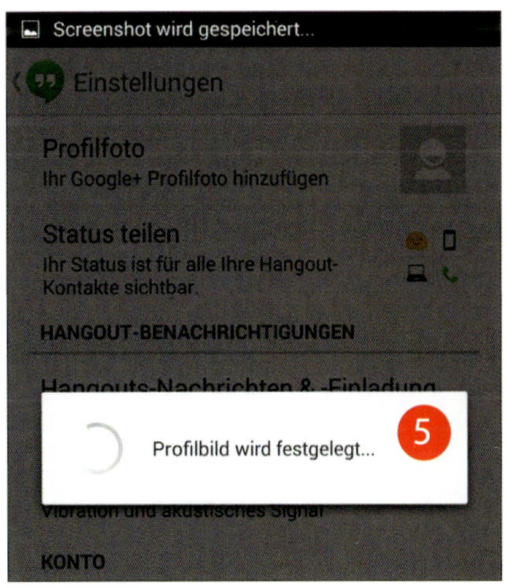

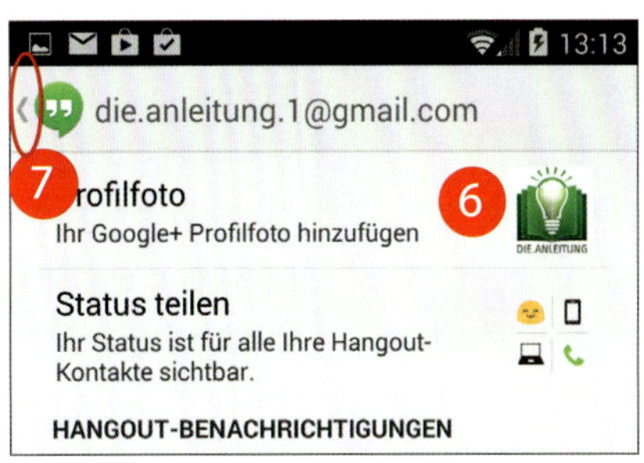

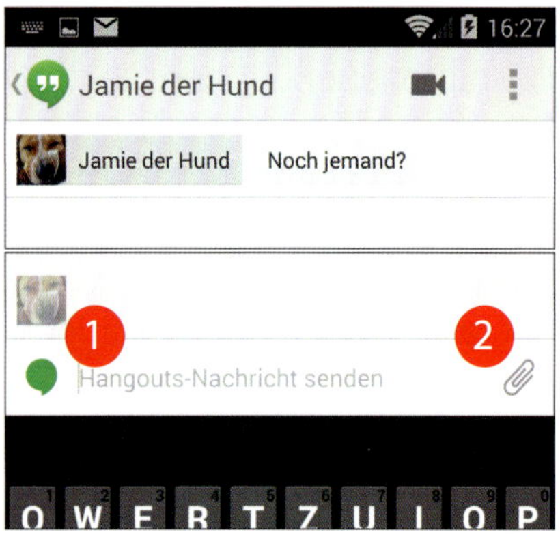

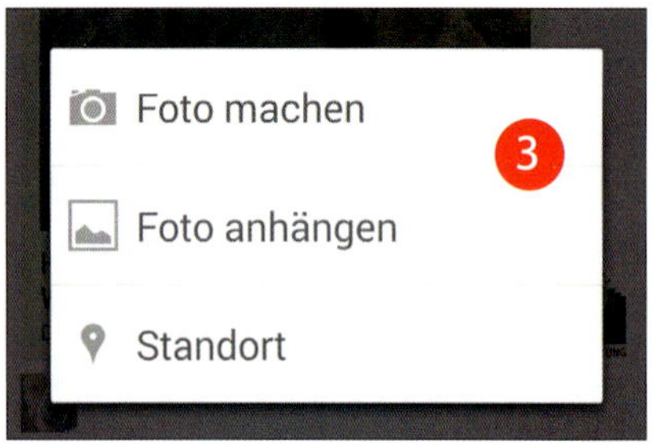

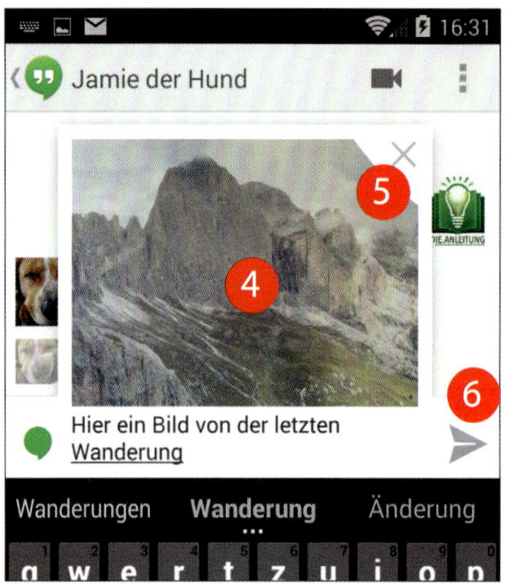

Mit der Anmeldung bei Google+ stehen noch weitere Funktionen bei Hangouts zur Verfügung.

Zur Erinnerung:
Das funktioniert nur, wenn alle Teilnehmer der Unterhaltung ein aktives Konto bei Google+ haben.

Bilder verschicken

Starten Sie dazu eine neue Unterhaltung mit einem anderen Google+-Teilnehmer. Hangouts symbolisiert die richtige Verbindung mit der grünen Sprechblase (1) neben dem Textfeld. Ist die Sprechblase grau, dann ist der Teilnehmer gerade nicht online. Der Versand ist aber trotzdem möglich.

WICHTIG:
Planen Sie mit der Nachricht ein Bild zu verschicken, sollten Sie das immer als erstes laden. Haben Sie erst mit dem Schreiben begonnen, verschwindet das Anhängen-Symbol!

Tippen Sie auf die Büroklammer (2), öffnet sich ein kleines Auswahlmenü (3):

- Foto machen
Ein neues Foto machen, das direkt verschickt wird.

- Foto anhängen
Wählen Sie ein Foto aus Ihrer Galerie.

- Standort
Erzeugt eine interaktive Karte mit Ihrem Standort.

Das ausgewählte Foto wird direkt in die Nachricht eingeblendet (4) und Sie können jetzt noch den Text dazu eingeben. Das X (5) in der rechten oberen Ecke des Bildes entfernt das Foto wieder. Mit einem Tipp auf das Flieger-Symbol (6) schicken Sie die Nachricht mit Foto auf die Reise.

Die Darstellung im Verlauf der Unterhaltung sieht dann in etwa so aus (7). Tippen Sie direkt auf das Foto, wird es im Vollbild-Modus angezeigt. Über das Menü-Symbol in der rechten oberen Ecke können Sie das Bild auch in Ihrer Galerie speichern.

TIPP:
Sie sehen außer dem Foto keine Bedienelemente? Dann tippen Sie einmal auf den Bildschirm und schon werden der Titel des Fotos und die Bedienelemente wieder sichtbar.

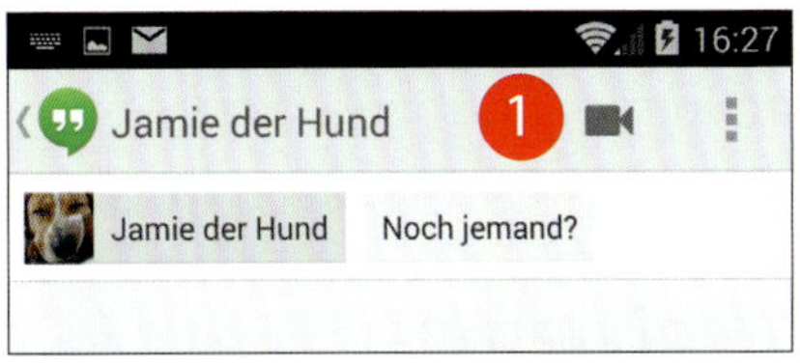

Kennen Sie ein Google+ - Mitglied, können Sie auch sofort ein Video-Telefonat führen. Tippen Sie dazu auf das Kamera-Symbol (1). Während die Verbindung aufgebaut wird, sehen Sie am Display das vergrößerte Profilfoto (2) des Kontakts, Ihr eigenes Kamerabild (3) und einige Bedienelemente:

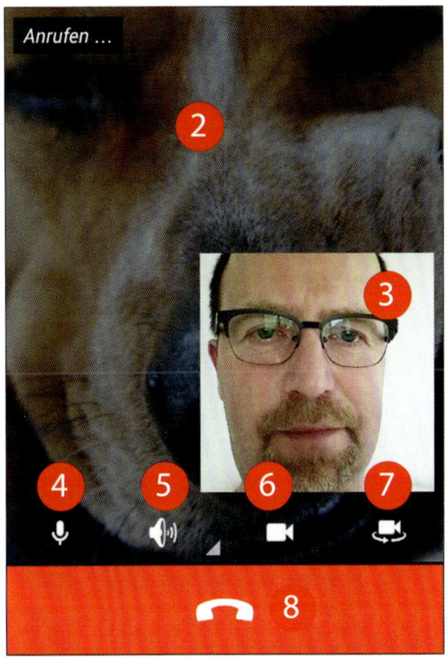

(4) Mikrofon Ein/Aus

(5) Lautsprecher Ein/Aus

(6) Kamera Ein/Aus

(7) Zwischen Front- und Rückkamera wechseln

(8) Verbindung beenden

Ist die Verbindung hergestellt, werden die Bedienelemente ausgeblendet, das Kamerabild des Kontakts (9) übertragen und Sie selber rutschen als kleine Vorschau nach rechts unten (10).

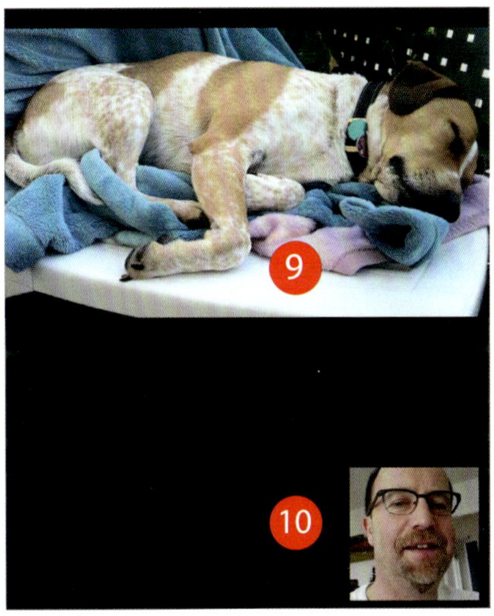

Zum Einblenden der Bedienelemente (11) tippen Sie einmal kurz auf den Bildschirm.

TIPP:
Starten Sie keine spontanen Video-Anrufe, es könnte ja gerade ein „unpassender" Moment sein.
Viel freundlicher ist es, wenn Sie vorab eine kurze Einladung schicken.
Zum Beispiel: Video in 10 Minuten?

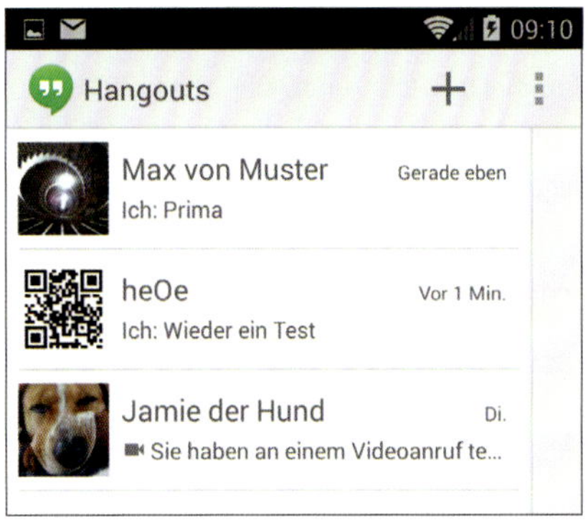

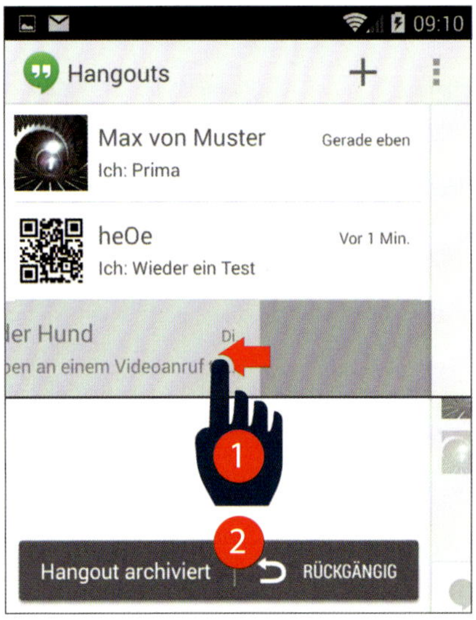

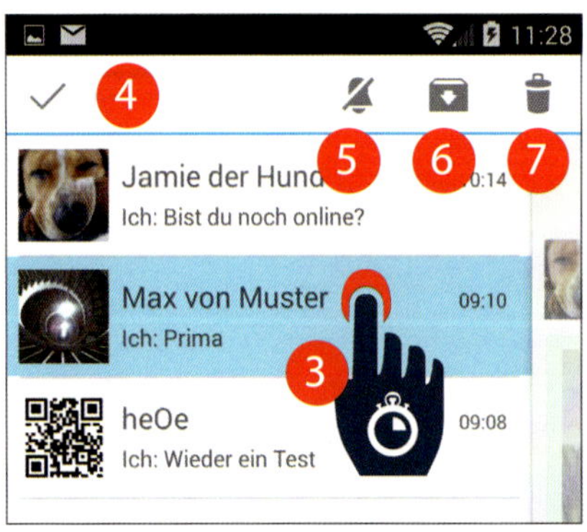

Im Laufe der Zeit sammeln sich viele Unterhaltungen in Hangouts an, es wird immer unübersichtlicher. Da hilft nur eins: Organisieren und ausmisten.

Unterhaltung archivieren

Möchten Sie die Hangouts-Liste aufräumen, einzelne Unterhaltungen aber nicht löschen, können Sie sie archivieren. Ähnlich eines 2. Postfachs bei der E-Mail-App wird die Unterhaltung aus der Darstellung in der Liste entfernt und in das Archiv verschoben.
Dazu gibt es zwei Möglichkeiten:

1. Sie schieben die entsprechende Zeile von rechts nach links „hinaus“ (1). Als Bestätigung des Vorgangs sehen Sie am unteren Rand eine Meldung (2). Hier haben Sie auch die Möglichkeit, die Archivierung rückgängig zu machen. Wenn Sie einfach weiter arbeiten, bleibt die Unterhaltung im Archiv. Das Archiv erreichen Sie über das Menü in der Übersicht.

2. Drücken Sie mit dem Finger etwas länger auf die Zeile der Unterhaltung (3), die Sie archivieren möchten. In der geänderten Menüleiste tippen Sie dann auf das Symbol für Archivieren (6).

Unterhaltung bearbeiten & löschen

Wenn Sie sicher sind, dass Sie die Unterhaltung mit einem Kontakt nicht mehr brauchen, sollten Sie sie komplett löschen. Dazu bleiben Sie in der Übersicht etwas länger auf der Zeile des Eintrags. Nach kurzer Zeit wird die Zeile blau dargestellt und in der Menüleiste gibt es neue Symbole:

(4) Haken zum Beenden der Bearbeitung

(5) Klingelton für diesen Kontakt
ein- und ausschalten

(6) Unterhaltung archivieren
Verschiebt die Unterhaltung in das Archiv.

(7) Unterhaltung löschen
Nach einer Sicherheitsabfrage wird die Unterhaltung endgültig gelöscht.

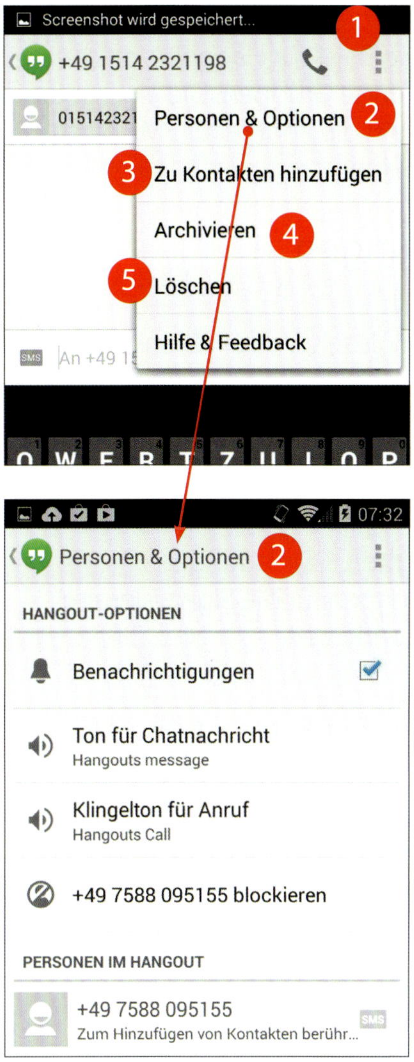

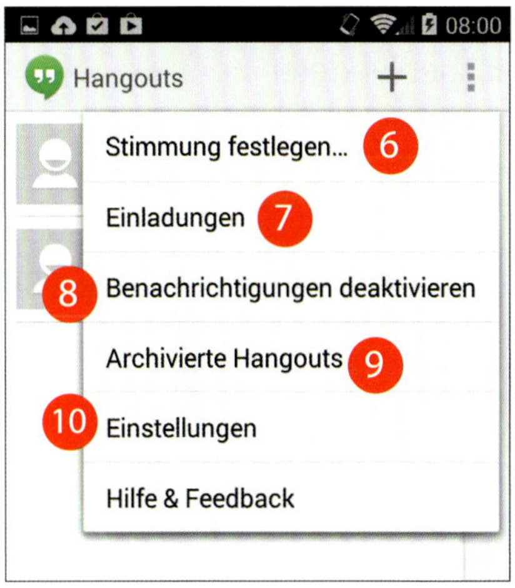

Das Menü (1) in der einzelnen Unterhaltung bietet Ihnen folgende Möglichkeiten:

(2) Personen und Optionen
Dieser Eintrag öffnet ein weiteres Untermenü in dem Sie die Einstellungen für diesen Kontakt vornehmen:

- Benachrichtigung
Wollen Sie benachrichtigt werden wenn sich dieser Kontakt bei Ihnen meldet? Dann lassen Sie den Haken dran.

- Ton für Chatnachricht
Hier können Sie einen Ton auswählen, der nur bei diesem Kontakt abgespielt wird.

- Klingelton für Anruf
Hier können Sie einen Ton auswählen, der nur bei diesem Kontakt abgespielt wird.

- Kontakt blockieren
Aktivieren Sie diese Funktion, werden alle Nachrichten von diesem Kontakt blockiert.

- Personen im Hangout
Hier sehen Sie alle Teilnehmer der Unterhaltung.

(3) Zu Kontakten hinzufügen
Damit wird der Absender zu den Kontakten hinzugefügt. Entweder zu einer existierenden Adresse oder als komplett neuer Eintrag.

(4) Archivieren
Verschiebt die Unterhaltung in das Archiv

(5) Löschen
Nach einer Sicherheitsabfrage wird die ganze Unterhaltung gelöscht.

In der Nachrichten-Übersicht bietet das Menü diese Einstellmöglichkeiten:

(6) Stimmung festlegen
Nette Spielerei mit Smilies

(7) Einladungen

(8) Benachrichtigungen deaktivieren
Gute Idee, damit können Sie für eine bestimmte Zeitdauer alle Benachrichtigungen abschalten.

(9) Archivierte Hangouts
Hier kommen Sie zum Archiv.

(10) Einstellungen >> nächste Seite

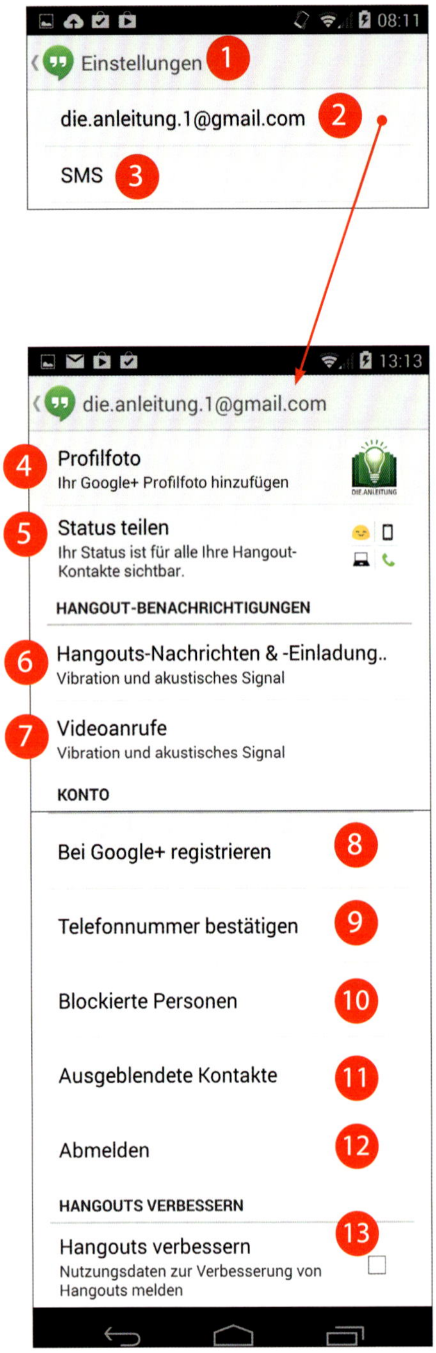

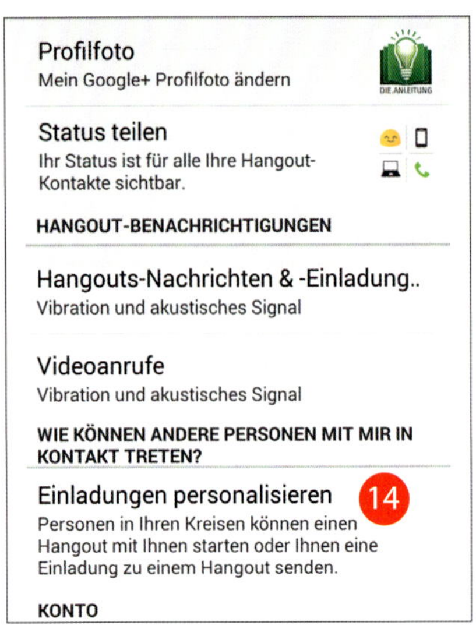

Unabhängig von den individuellen Einstellungen (1) für einzelne Kontakte gibt es für Hangouts noch zwei zusätzliche, grundlegende Gruppen. Die eine ist für das Konto selbst (2) und die andere für SMS-Nachrichten (3) im Allgemeinen.

Konto-Einstellungen (2)

(4) Profilfoto
Weisen Sie Ihrem Google+-Konto ein Profilbild zu.

(5) Status teilen
Damit sehen andere Kontakte Ihren aktuellen Status (frei / belegt / online) und das von Ihnen verwendete Gerät (Smartphone / Tablet / Stationärer Computer).

(6) Hangouts Nachrichten & Einladungen
Die Standard-Einstellungen für die Signalisierung von eingehenden Nachrichten.

(7) Videoanrufe
Die Standard-Einstellungen für die Signalisierung von eingehenden Videoanrufen.

(8) Bei Google+ registrieren
Der einfache und schnelle Weg, sein normales Google Konto bei Google+ registrieren zu lassen.

(9) Telefonnummer bestätigen

(10) Blockierte Personen
Hier können Sie eine Liste mit allen von Ihnen gesperrten Personen aufrufen.

(11) Ausgeblendete Kontakte
Mit einem Tipp auf diesen Eintrag sehen Sie eine Liste aller von Ihnen ausgeblendeten Kontakte und können Sie wieder aktivieren.

(12) Abmelden
Damit können Sie sich von Google+ abmelden. Aber denken Sie daran, damit gehen auch einige Möglichkeiten verloren.

(13) Hangouts verbessern
Meine Nutzerdaten an Google melden?
Nein, danke >> Bitte abwählen

(14) Wie können andere Personen mit mir …
Möchten Sie andere Personen zu einer Unterhaltung einladen, können Sie hier die Texte dafür vordefinieren (Diese Anzeige erscheint erst nach der Anmeldung bei Google+).

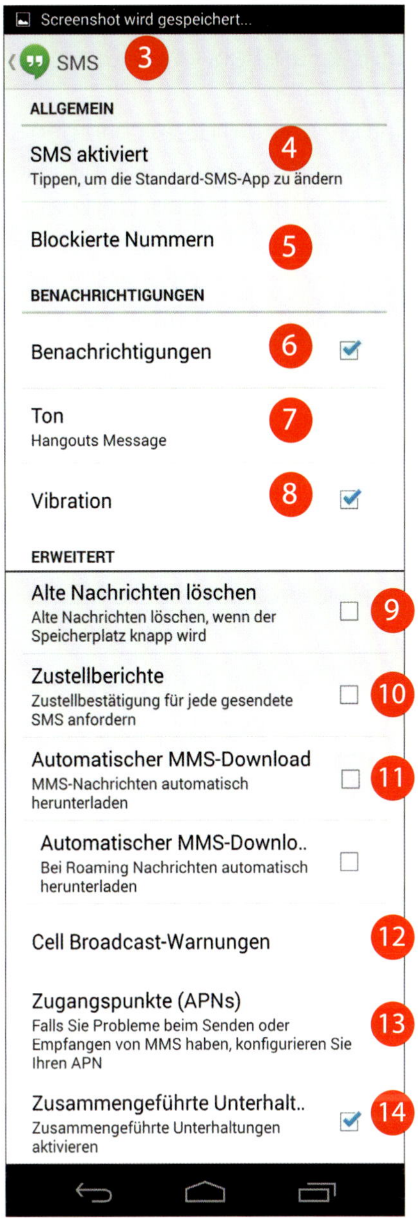

SMS-Einstellungen (3)

(4) SMS aktiviert
Hier stellen Sie die Standard-SMS-App ein.

(5) Blockierte Nummern
Hier können Sie eine Liste mit allen von Ihnen gesperrten Personen aufrufen.

(6) Benachrichtigungen
für SMS-Nachrichten ein- und ausschalten.

(7) Ton
für SMS-Nachrichten einstellen

(8) Vibration
für SMS-Nachrichten ein- und ausschalten

(9) Alte Nachrichten löschen,
bevor neue Nachrichten nicht zugestellt werden >> EIN

(10) Zustellberichte
für SMS-Nachrichten einstellen >> AUS
Das erzeugt unnötigen Datenverkehr.

(11) Automatischer MMS-Download
MMS automatisch laden >> AUS (Datensicherheit)
MMS im Roaming empfangen >> AUS

(12) Cell Broadcast-Warnungen
Sie haben gerade keinen Empfang mit Ihrer SIM-Karte? Dann können Sie eventuelle Störungen einer Zelle (Funkmasten) sehen.

(13) Zugangspunkte
Technische Einstellungen >> nichts ändern

(14) Zusammengeführte Unterhaltungen
Das ist eine praktische Funktion, damit werden alle Unterhaltungen mit einem Kontakt in einem Verlauf dargestellt >> AKTIVIEREN

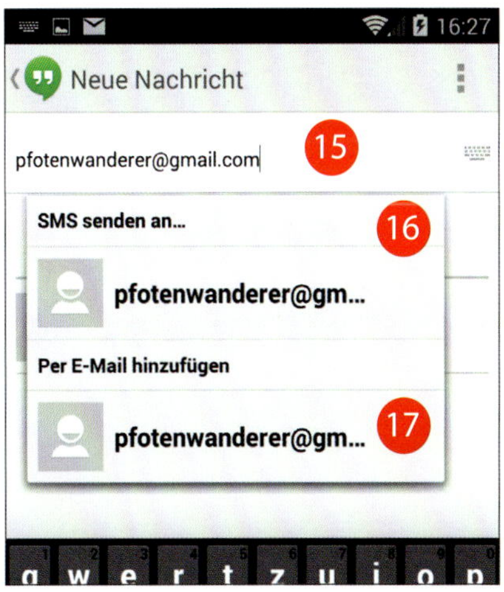

TIPP:
Neue Kontakte über die E-Mail-Adressen zu suchen (15) und zu finden, ist oftmals einfacher und sicherer als eine Suche nach Namen. Während der Eingabe macht Ihnen Hangouts schon Vorschläge (16), die zur Ihrer Eingabe passen könnten.

WICHTIG:
E-Mail-Adresse komplett eingeben und erst dann auf die untere Zeile (17) tippen.

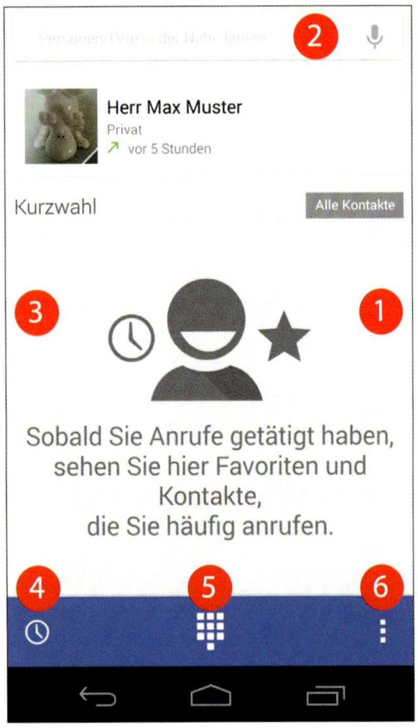

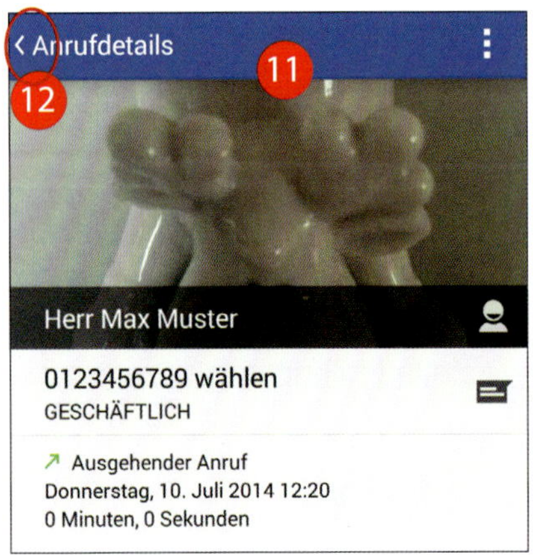

Früher, als Mobiltelefone noch als Handy bezeichnet wurden, war die wichtigste Funktion – was für eine Überraschung - das Telefonieren.
Mittlerweile ist die Telefon-Funktion deutlich in den Hintergrund gerutscht. Nichts desto trotz können Sie mit einem Smartphone auch telefonieren. Und das sehr komfortabel.

Die Telefon-App ist für den schnellen Zugriff automatisch am Startbildschirm positioniert. Beim ersten Start sehen Sie noch nicht viel (1).

Ganz oben befindet sich die Eingabezeile (2) für die Suche. Die sucht nicht nur in Ihren Kontakten, sondern auch in der Nähe und kann per Texteingabe und Sprache gestartet werden.
Darunter werden Kontakte angezeigt, die Sie häufig anrufen(3).

In der Navigationsleiste am unteren Rand des Bildschirms werden drei Symbole dargestellt:

(4) Verlauf

(5) Wähltastatur

(6) Hauptmenü

Der Verlauf
zeigt zwei Listen: Alle Anrufe (7) und Entgangene Anrufe(8). Wird Ihnen die Liste zu unübersichtlich, können Sie sie über das Menü löschen(9).

Tippen Sie in der Anrufliste auf die Uhr (10) neben einem Anruf, sehen Sie Details zum Kontakt und dem Anruf(11).

Der kleine Pfeil links oben (12) bringt Sie immer wieder zurück zum zuletzt geöffneten Bildschirm.

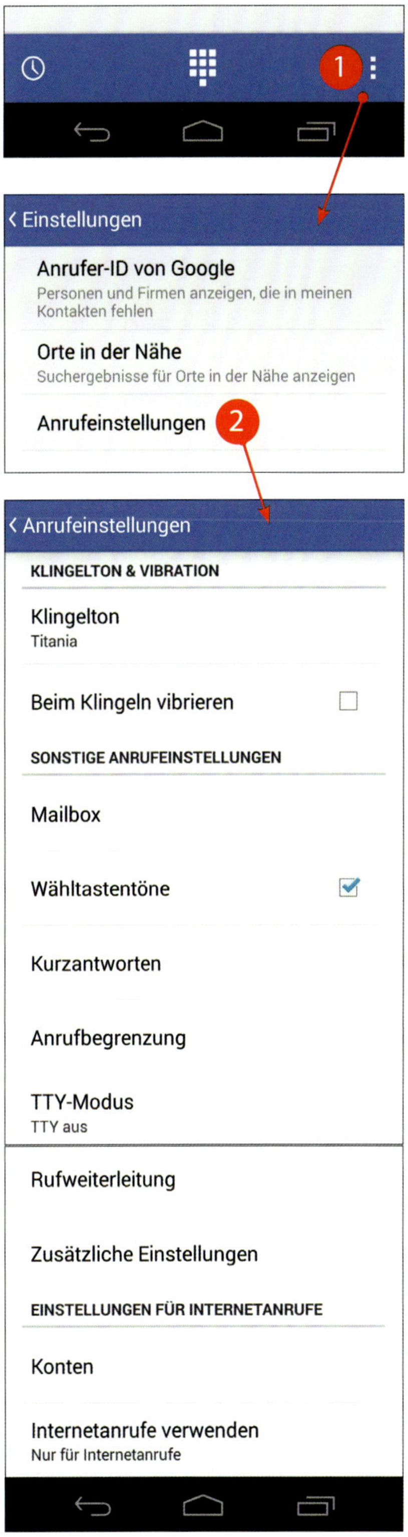

Das Hauptmenü (1) zeigt 3 Einträge:

- Anrufer-ID von Google
Mit dieser Funktion wird der Name von Anrufern (Personen und Firmen) angezeigt, auch wenn er nicht in Ihren Kontakten gespeichert ist. Google greift dazu auf das Google+-Konto des Anrufers zurück.

- Orte in der Nähe
Die Suchfunktion zeigt Ihnen Suchergebnisse aus der näheren Umgebung, auch wenn diese nicht in Ihren Kontakten gespeichert sind.
Hört sich für mich nach ortsgenauer Werbung an >> eventuell deaktivieren

(2) Anrufeinstellungen

- Klingelton auswählen

- Beim Klingeln vibrieren Ein/Aus

- Einstellungen zur Mailbox >> evtl. überprüfen

- Wahltastentöne Ein/Aus

- Kurzantworten bearbeiten

- Anrufbegrenzung
Damit können Sie Rufnummern definieren, außer denen keine anderen angerufen werden können.

- TTY-Modus
Eine spezielle Technik für gehörlose Personen oder Personen mit Sprachstörungen. Dabei wird, ähnlich einer SMS, Text per Telefon übertragen.

- Rufweiterleitung
Anrufe in Abwesenheit automatisch an eine andere Telefonnummer weiterleiten.

- Zusätzliche Einstellungen
Ähnlich der Anrufer-ID können Sie hier Ihre eigene Google-ID ein- und ausschalten.
Mit Anklopfen werden Sie während eines Gesprächs informiert, wenn ein zweiter Anruf ankommt.

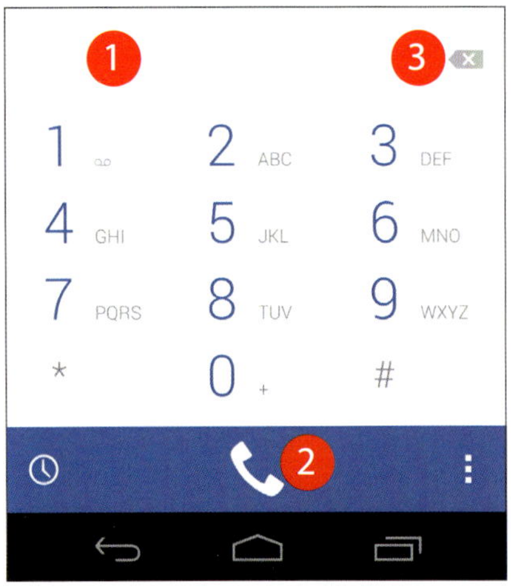

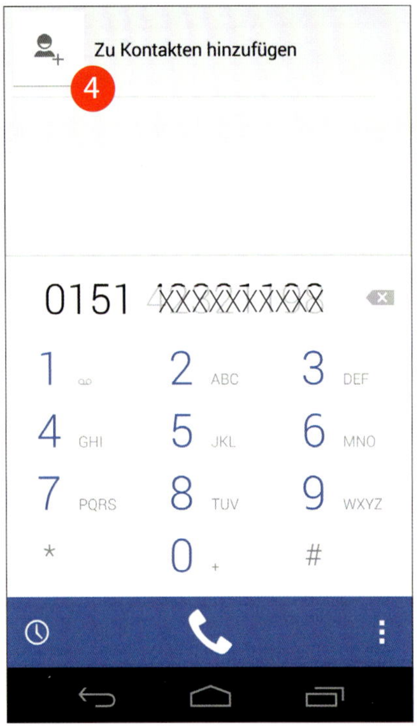

Der erste Anruf

ist ganz einfach: Öffnen Sie die Telefon-App, wechseln Sie zur Tastatur, geben Sie eine Nummer ein (1) und heben Sie den Hörer ab (2) – fertig.

HINWEIS: Die letzte Zahl löschen Sie mit einem Tipp auf den Pfeil (3).

Aber es wäre ja kein Smartphone, gäbe es da nicht noch mehr Möglichkeiten:

- Geben Sie eine neue Nummer ein, können Sie entscheiden, ob Sie diese Nummer einem bestehenden Kontakt zuordnen (4) oder einen neuen Kontakt anlegen möchten.
- Sie können einen Anruf auch direkt aus den Kontakten oder der Verlaufsliste starten.

Ist die Verbindung hergestellt, sehen Sie oben links die gewählte Telefonnummer bzw. den Namen und das Bild des Kontaktes (5). Darunter ist in einem roten Balken der Taster zum Auflegen (6).

Darunter gibt es noch weitere Schaltflächen:

(7) Eingabetastatur einblenden

(8) Lautsprecher Ein = Blaue Linie

(9) Mikrofon Aus = Blaue Linie

(10) Anruf halten = Blaue Linie

(11) Einen zusätzlichen 2. Anruf starten

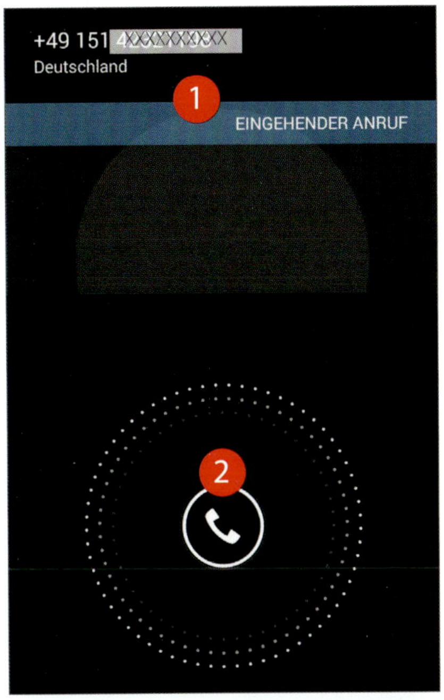

Ruft Sie jemand an,

macht sich das Smartphone erst einmal mit Klingeln und Vibrieren bermerkbar. Am Display sehen Sie die Rufnummer des Anrufers (1) (ist er einer Ihrer Kontakte, sehen Sie auch den Namen und das Bild) und einen pulsierenden Telefonhörer (2).

Legen Sie jetzt einen Finger auf den Hörer (2), erscheinen kreisförmig angeordnet 3 Symbole:

(3) Roter Telefonhörer = Gespräch ablehnen, der Anrufer wird zur Mailbox weitergeleitet.

(4) Symbol für eine Nachricht = Gespräch ablehnen und eine SMS-Nachricht an den Anrufer senden.

(5) Grüner Telefonhörer = Gespräch annehmen.

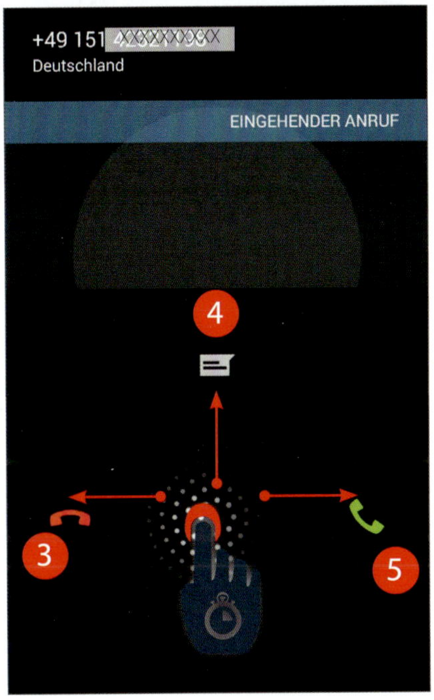

Lassen Sie Ihren Finger auf dem pulsierenden Hörer liegen und schieben Sie ihn auf das gewünschte Symbol. Zur Bestätigung wird das Symbol deutlich vergrößert (6). Nehmen Sie dann den Finger von der Oberfläche des Bildschirms, wird diese Funktion ausgelöst.

In unserem Beispiel ist das der SMS-Versand an den Anrufer>> Es öffnet sich ein neues Fenster (7), in dem Sie eine vordefinierte Antwort auswählen kön- nen. Alles Weitere passiert automatisch.
Diese Texte können Sie bei den Einstellungen unter Kurzantworten Ihren persönlichen Wünschen anpassen.

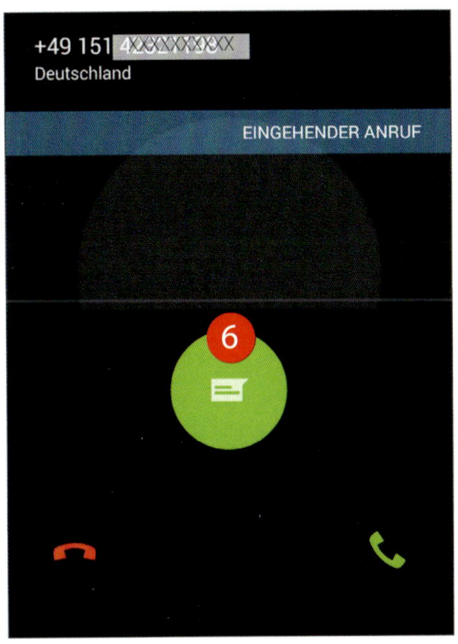

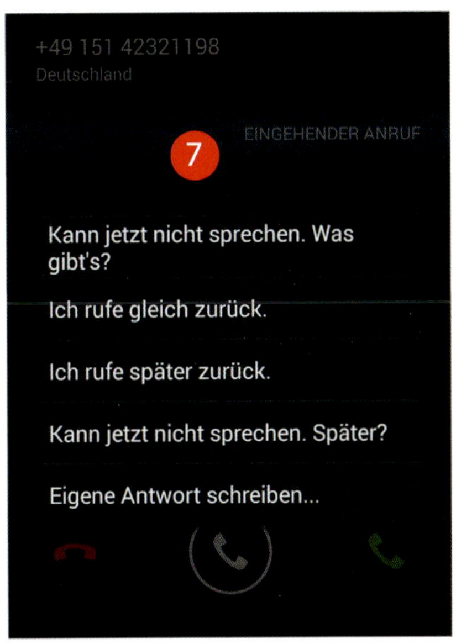

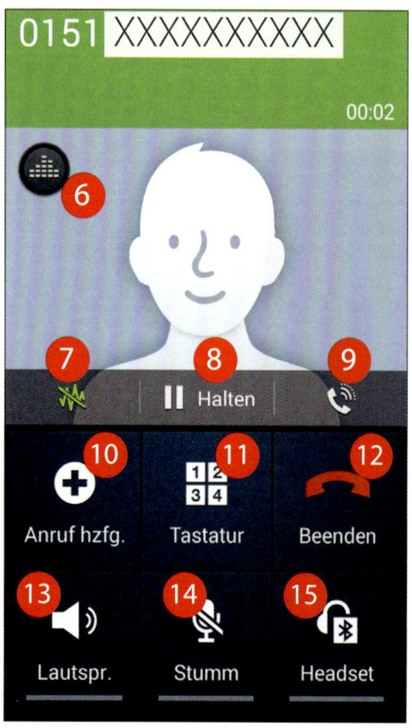

Der Bildschirm der Telefon-App ist bei Samsung sehr aufgeräumt und übersichtlich. Mit der oberen Navigationsleiste wechseln Sie zwischen

- Tastenfeld
- Protokoll (= Anrufliste)
- Favoriten
- Kontakte

Um einen Anruf zu starten, können Sie entweder direkt die Nummer eingeben oder einen bestehenden Eintrag aus einer der Listen wählen:
Protokoll • Favoriten • Kontakte

TIPP:
Während der Nummerneingabe vergleicht das Smartphone auch die dazu gehörigen Buchstaben mit Ihren Kontakten und zeigt eventuelle Treffer gleich an. Beispiel: Bei der Eingabe von 62 (= MA) wird der Kontakt Max Muster vorgeschlagen (1).

Geben Sie eine unbekannte Nummer ein, können Sie diese auch einem Kontakt hinzufügen (2) oder gleich einen neuen Kontakt anlegen.

(3) Videoanruf starten

(4) Anruf starten

HINWEIS: Letzte Zahl löschen mit dem Pfeil (5).

Ist die Verbindung hergestellt, sehen Sie oben in der Mitte die gewählte Telefonnummer bzw. den Namen und das Bild des Kontaktes. Darunter sind noch weitere Schaltflächen:

(6) Equalizer zur Optimierung der Sprachqualität

(7) Rauschverminderung Ein/Aus

(8) Anruf halten

(9) Lautstärke erhöhen

(10) Zusätzlichen 2. Anruf starten

(11) Tastatur einblenden

(12) Anruf beenden

(13) Lautsprecher/Freisprechen Ein/Aus

(14) Mikrofon Ein/Aus

(15) Mit einem Bluetooth-Headset verbinden

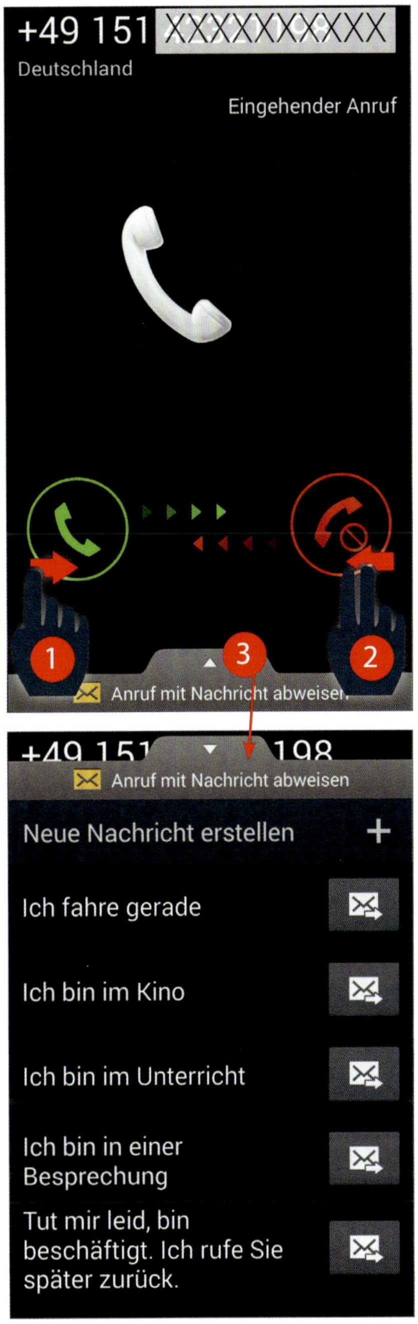

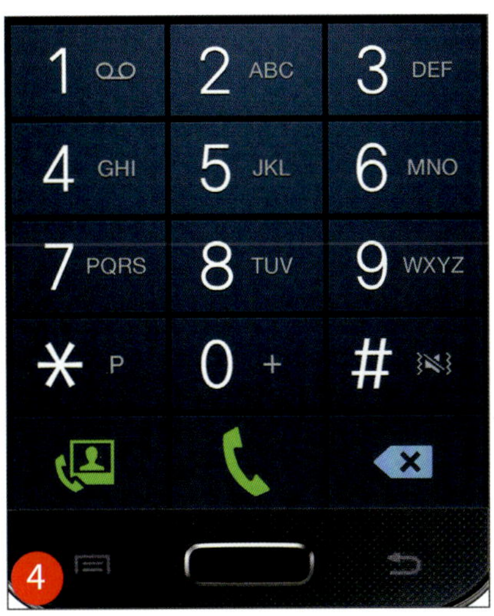

Werden Sie angerufen, sehen Sie diesen Bildschirm. Schieben Sie den grünen Hörer nach rechts (1), nehmen Sie das Gespräch an. Schieben Sie den roten Hörer nach links (2), lehnen Sie den Anruf ab und der Anrufer wird mit Ihrer Mailbox verbunden.
Die 3. Möglichkeit:
Sie lehnen den Anruf ab und senden stattdessen eine vordefinierte Nachricht per SMS an den Anrufer. Schieben Sie dazu die graue Leiste (3) nach oben und tippen Sie auf eine der Nachrichten. Sie können dort auch eigene Nachrichten eintragen.

Hauptmenü / Anrufeinstellungen

Über das Hauptmenü unten links (4) gelangen Sie zu den umfangreichen Anrufeinstellungen. Hier die wichtigsten:

- **Anruf ablehnen**
ist eine Automatik für gesperrte Telefonnummern.

- **Nachrichten zum Ablehnen**
Damit definieren Sie die SMS-Nachrichten.

- **Anrufe beantworten/beenden**
ist auch per Home-Taste und Sprache möglich.

- **Bildschirm bei Anruf deaktivieren** > EIN

- **Anrufsignale**
im Detail einstellen

- **Anrufzubehör**
Einstellungen für ein Headset

- **Zusätzliche Einstellungen**
für Anrufkennung, Rufumleitung, Ländercode u.ä.

HINWEIS: Über den Eintrag **Feste Rufnummern** können Sie mögliche Rufnummern einschränken.

- **Klingelton- und Soundeinstellungen**
können Sie hier ganz nach Ihren persönlichen Wünschen vornehmen.

- **Videoanruf** > keine Veränderung nötig

- **Mailbox** > keine Veränderung nötig

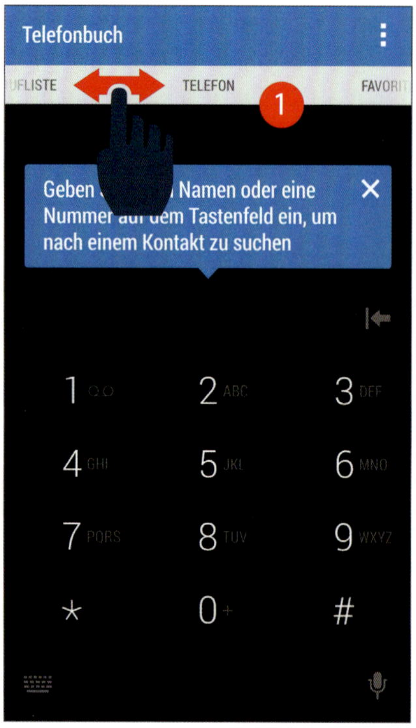

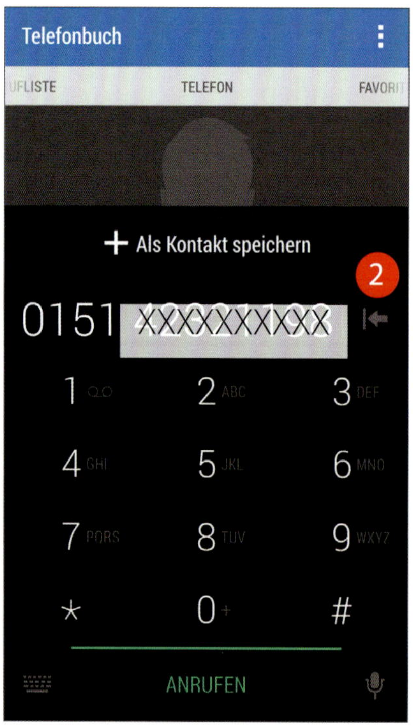

Wie bei HTC üblich, gibt es auch beim Telefon eine 2. Navigationsleiste (1) mit Registerkarten. Durch einfaches Verschieben des Bildschirms wechseln Sie zwischen:

- Anrufliste
Hier sehen Sie in tabellarischer Form, wen Sie wann angerufen haben.

- Telefon
Die Telefontastatur mit dem letzten Anruf.

- Favoriten
Legen Sie Ihre wichtigsten Kontakte hier ab, haben Sie sie immer im Schnellzugriff.

- Kontakte
Das ist die Verbindung zu Ihren Kontakten.

- Gruppen
Sortierung der Kontakte nach Gruppen.

Um einen Anruf zu starten, können Sie entweder direkt die Nummer eingeben oder einen bestehenden Eintrag aus einer der Listen wählen:
Anrufliste • Telefon • Favoriten • Kontakte • Gruppen

HINWEIS: Letzte Zahl löschen mit dem Pfeil (2).

Ist die Verbindung hergestellt, sehen Sie oben in der Mitte die gewählte Telefonnummer bzw. den Namen und das Bild des Kontaktes.
Darunter sind noch 3 Schaltflächen:

- Ton aus
Ihr Mikrofon ein- und ausschalten

- Lautsprecher
Damit aktivieren Sie die Freisprecheinrichtung über den Lautsprecher.

- Beenden = Anruf beenden

Ein eingehender Anruf wird Ihnen per Klingelton und Vibration angezeigt. Am Display sehen Sie die Rufnummer des Anrufers bzw. seinen Namen und sein Bild. Etwas verwirrend ist die Beschriftung der Taste zum Annehmen des Anrufs mit Antworten.

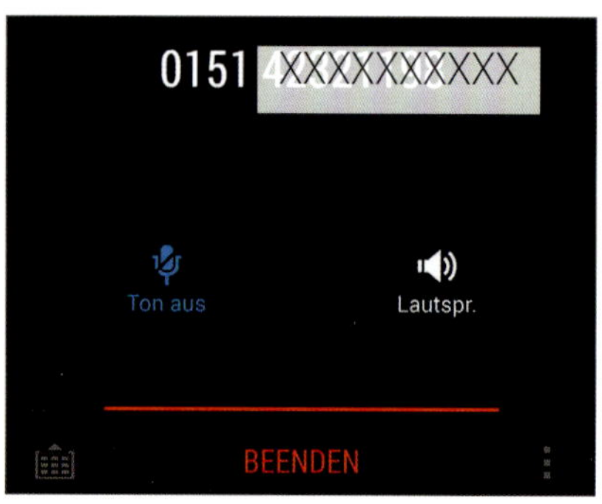

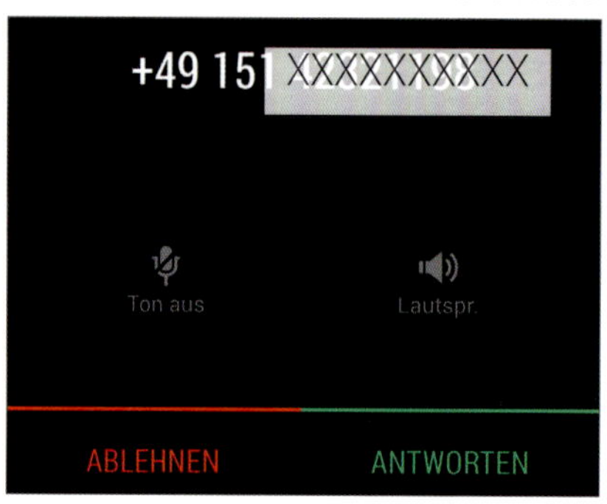

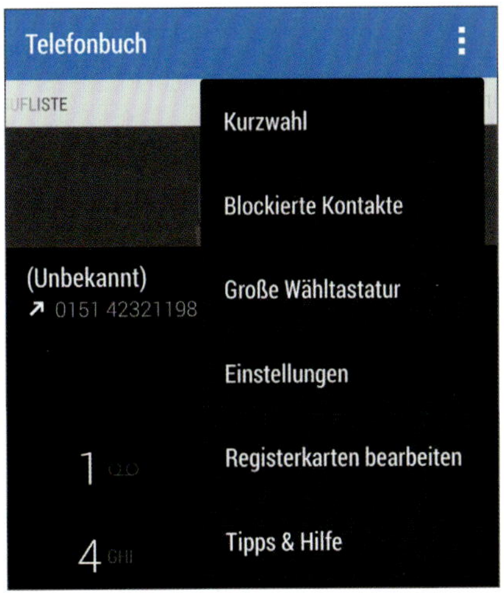

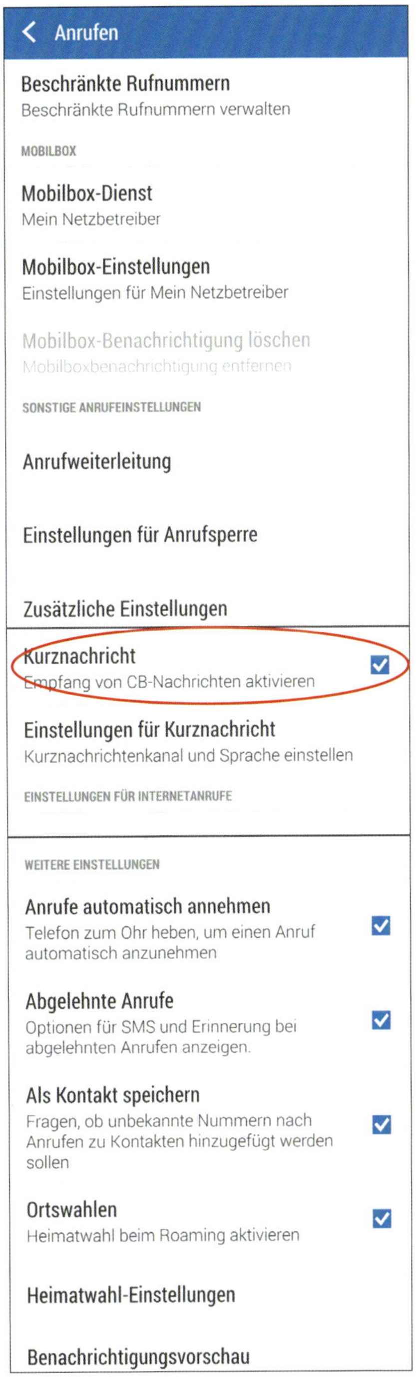

Das Hauptmenü bietet folgende Möglichkeiten:

- Kurzwahl
Hier können Sie einer Telefontaste eine einzelne Rufnummer zuweisen. Bessere Alternative: Favoriten.

- Blockierte Kontakte anzeigen.

- Große Wähltastatur
Aktivieren Sie diesen Eintrag, werden die Wähltasten und die Beschriftung vergrößert.

- Einstellungen >> Siehe weiter unten

- Registerkarten bearbeiten
Mit diesem Eintrag können Sie einzelne Registerkarten ausblenden und die Reihenfolge ändern.

Einstellungen

Dieses Menü ist sehr umfangreich, hier ein Auszug:

- Beschränkte Rufnummern
Damit können Sie Rufnummern definieren, außer denen keine anderen angerufen werden können.

- Mobilbox > alles vordefiniert

- Anrufweiterleitung
Anrufe in Abwesenheit automatisch an eine andere Telefonnummer weiterleiten

- Einstellungen für Anrufsperre
Wenn Sie einfach mal Ihre Ruhe haben wollen

- Zusätzliche Einstellungen
Ihre eigene Rufnummer übermitteln
Benachrichtigung während eines Gesprächs über einen eingehenden Anruf.

- Kurznachricht / CB-Nachrichten >> AUS

- Internetanrufe > keine Einstellungen nötig

- Weitere Einstellungen > keine Änderungen nötig

Heimatwahl:

Damit wird im Ausland automatisch die Ländervorwahl vor die Telefonnummer gesetzt. Das gilt aber nicht für manuell gewählte Nummern.

TIPP:
Hinter der Zahl „1" im Ziffernblock verbirgt sich der Anrufbeantworter. Das Symbol leuchtet, wenn eine Nachricht da ist. Zum Abrufen bleiben Sie einfach länger mit dem Finger auf der Eins.

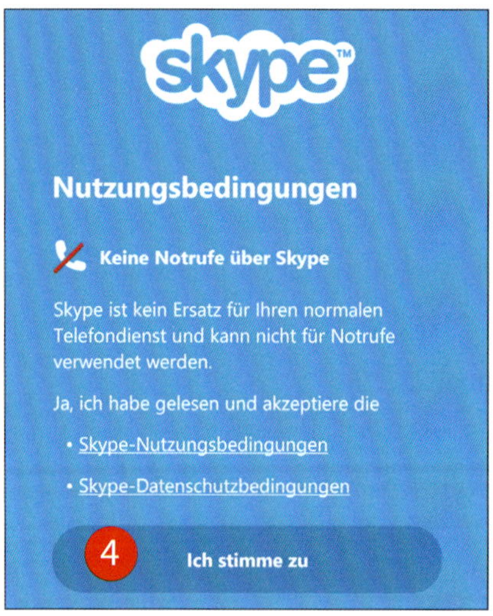

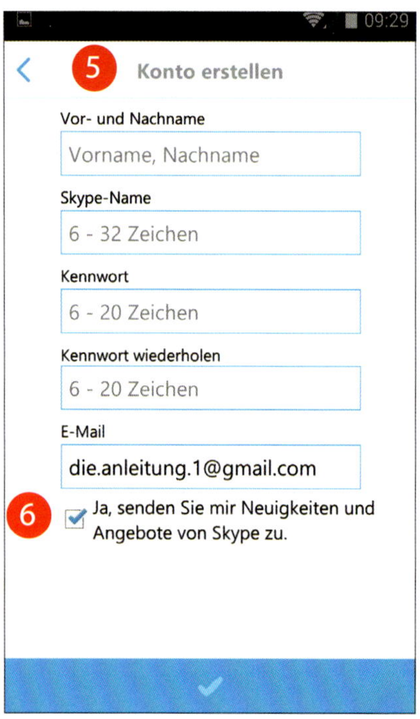

In Verbindung bleiben

Mit Freunden, Verwandten, Bekannten auf der ganzen Welt – Skype [:skeip] macht's möglich.
Sie können per Video, Telefon und Textnachrichten miteinander kommunizieren – sogar mit mehreren Teilnehmern gleichzeitig.
Bereits gegründet im Jahr 2003 ist Skype seit Herbst 2011 eine 100-prozentige Tochter von Microsoft. Der Dienst finanziert sich durch Werbung und Gebühren für Telefonate vom/zum normalen Telefonnetz.
Die Software Skype ist praktisch auf allen Computern und mobilen Geräten verfügbar. Ende 2012 waren rund 45 Millionen Nutzer über Skype erreichbar.

Der erste Start

Haben Sie die Skype-App schon herunter geladen? Nein? Dann blättern Sie bitte auf Seite 150 und holen das gleich nach.

Nach der Installation finden Sie in der App-Übersicht das Symbol für Skype, das Sie bitte jetzt mit einem Tipp aktivieren. Beim ersten Start sehen Sie kurz das Skype-Logo und dann den Anmeldebildschirm (1). Haben Sie bereits eine Konto, tippen Sie auf Skype-Name (2) und geben dann Ihren Daten ein.

Als neuer Teilnehmer tippen Sie bitte auf Konto erstellen (3), bestätigen im nächsten Fenster die Nutzungsbedingungen (4) und kommen so zur Eingabe Ihrer Daten (5):

Vor- und Nachname
Hier bitte Ihren richtigen Namen eintragen

Skype-Name
Diesen Namen können Sie sich frei ausdenken

Kennwort (2x)
Bitte verwenden Sie ein starkes Kennwort aus Buchstaben und Zahlen >> im Datenspeicher eintragen

E-Mail
Hier ist im Normalfall schon Ihre E-Mail-Adresse von Gmail eingetragen. Wenn nicht, bitte nachholen.

WICHTIG:
Bevor Sie Ihre Daten eingeben, entfernen Sie mit einem Tipp den Haken (6) für die Neuigkeiten und Angebote (diese Darstellung wird nämlich später durch die Tastatur verdeckt).

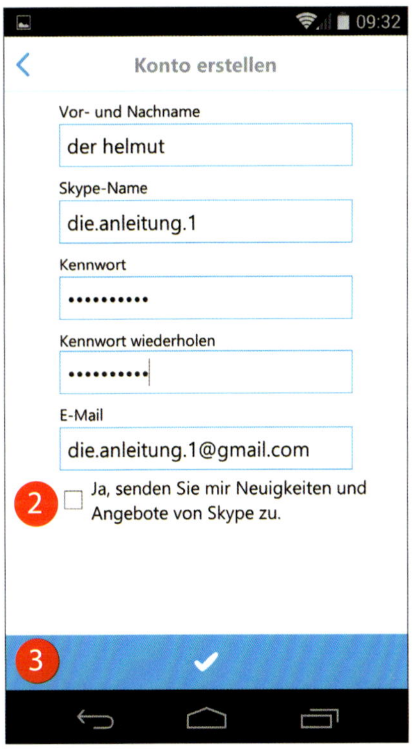

Tippen Sie jetzt auf die erste Zeile und geben Sie nacheinander die Daten für Ihr neues Skype-Konto ein.

Haben Sie den „Werbe-Haken" entfernt? Zur Kontrolle blenden Sie die Tastatur aus (1), kontrollieren das leere Feld (2) und bestätigen erst dann Ihre Eingaben mit einem Tipp auf das blaue Feld (3). Die Daten werden jetzt von Skype auf Verfügbarkeit geprüft und wenn alles passt, sehen Sie das normale Bedienfenster von Skype (4) – Herzlich willkommen.

Aktuell ist noch nicht viel zu sehen, Sie haben ja weder Kontakte, noch eine Konversation geführt. Am oberen Rand sehen Sie die Navigationsleiste (5) mit den Anzeigen für Konversationen, Favoriten und Kontakte. Mit dem Symbol ganz oben rechts (6) öffnen Sie Ihr Skype-Konto, um weitere Einstellungen vorzunehmen.

Am unteren Rand (7) werden die Bedienelemente für Anruf, Nachricht und das Menü angezeigt. Insgesamt ist die Bedienung sehr überschaubar und einfach gehalten.

Tippen Sie jetzt bitte auf das Symbol für Ihr persönliches Konto (6), wir möchten das Profil noch vervollständigen. Weiter geht's dann auf der nächsten Seite.

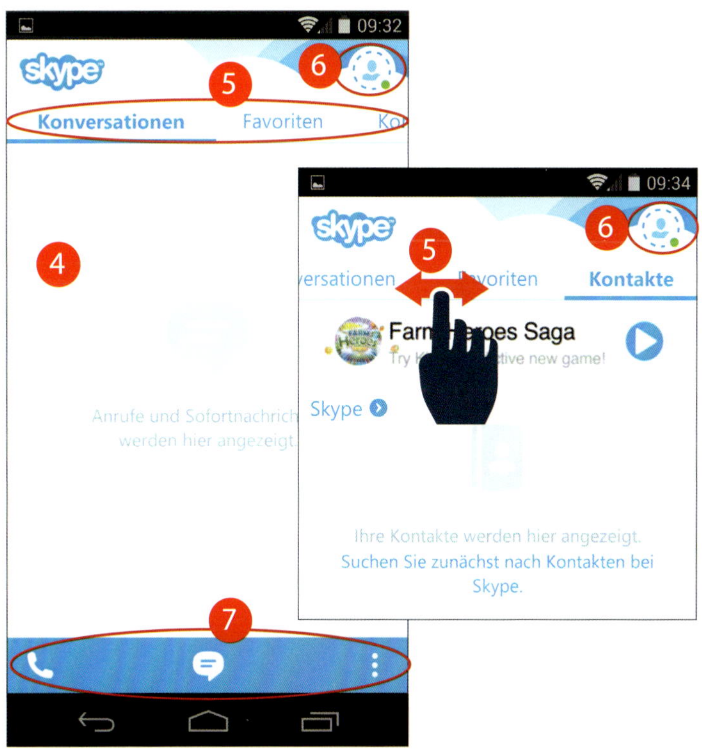

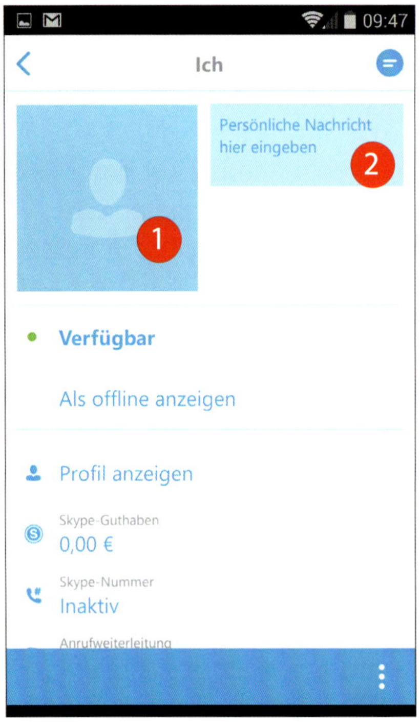

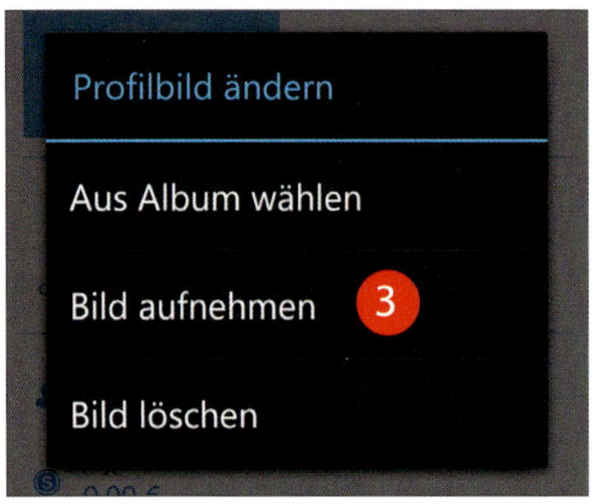

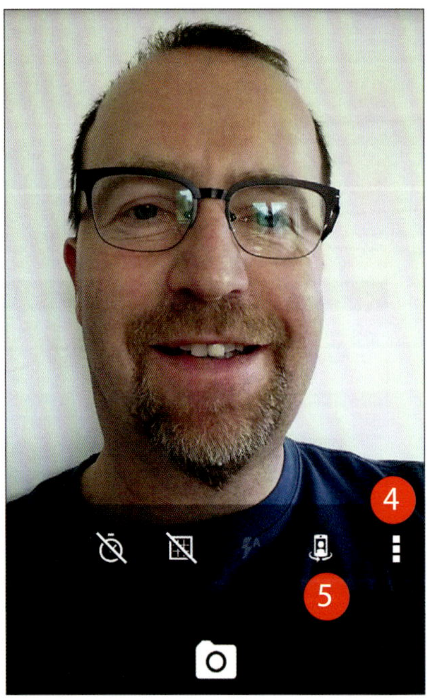

In diesem Fenster sehen Sie eine erste Übersicht von Ihrem Konto. Hier können Sie ein persönliches Bild (1) und eine Nachricht (2) hinterlegen. Beides ist für andere Skype-Teilnehmer sichtbar. Gerade bei der Suche nach neuen Kontakten ist ein echtes Bild sehr hilfreich. Sie können schon vor der Kontaktaufnahme feststellen, ob Sie den/die Richtige/n gefunden haben.
Deshalb möchte ich Ihnen empfehlen, hier gleich ein Bild zu hinterlegen, das erleichtert die Suche nach Ihnen ungemein. Tippen Sie dazu auf das blaue Feld mit dem „Männchen"(1) und wählen Sie aus dem Menü die Funktion **Bild aufnehmen** (3).
Die Kamera-App öffnet sich und Sie können ein Bild aufnehmen. Mit einem Tipp auf das Menü-Symbol mit den 3 Punkten (4) werden noch weitere Bedienelemente eingeblendet. Am einfachsten wechseln Sie auf die Frontkamera (5) und nehmen sich selbst vor neutralem Hintergrund auf. Gefällt Ihnen das Foto, bestätigen Sie das mit einem Tipp auf den Haken (6). Einen neuen Versuch bekommen Sie mit dem Zurück-Symbol (7). Ganz abbrechen können Sie mit einem Tipp auf das X (8).

In dem aktuellen Fenster haben Sie auch die Möglichkeit, sich abzumelden. Damit werden Sie bei anderen als nicht verfügbar (= offline) angezeigt. Tippen Sie dazu einfach auf die Zeile (9).

Und vergessen Sie nicht, sich später wieder als **Verfügbar** (10) zurückzumelden.

Das Ergebnis: Ihr neues Skype-Profil

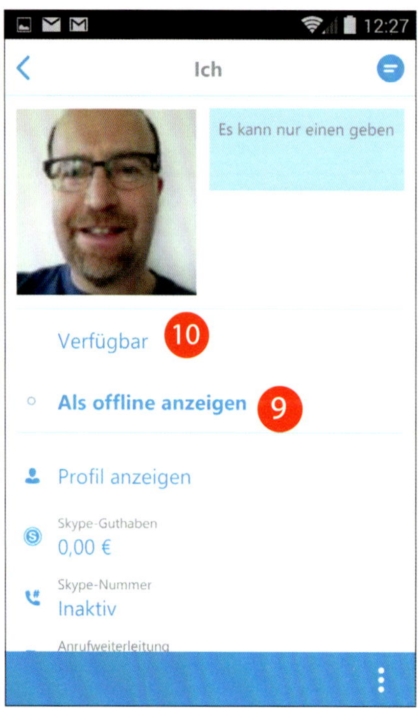

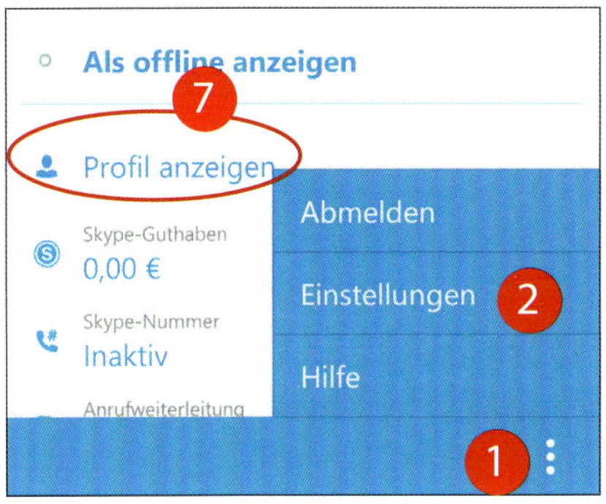

Öffnen Sie jetzt mit einem Tipp auf das Menü-Symbol (1) weitere **Einstellungen** (2). Darauf öffnet sich eine lange Liste (3). Vieles davon müssen Sie nicht ändern. Außer die Personalisierte Werbung (4), die schalten Sie mit einem Tipp auf den Haken bitte ab. Scrollen Sie ganz nach unten, sehen Sie als letzten Eintrag die aktuell installierte Version (5) von Skype. Mit einem Tipp auf den Pfeil (6) gelangen Sie zurück zu Ihrem Konto.

Aber es gibt noch mehr zu sehen. Hinter dem Menüpunkt Profil Anzeigen (7) verbirgt sich eine lange Liste (8) an persönlichen Angaben. Welche Angaben Sie da machen möchten, überlasse ich Ihnen. Ich persönlich bin da eher eine Freund von „so viel wie nötig und so wenig wie möglich“.

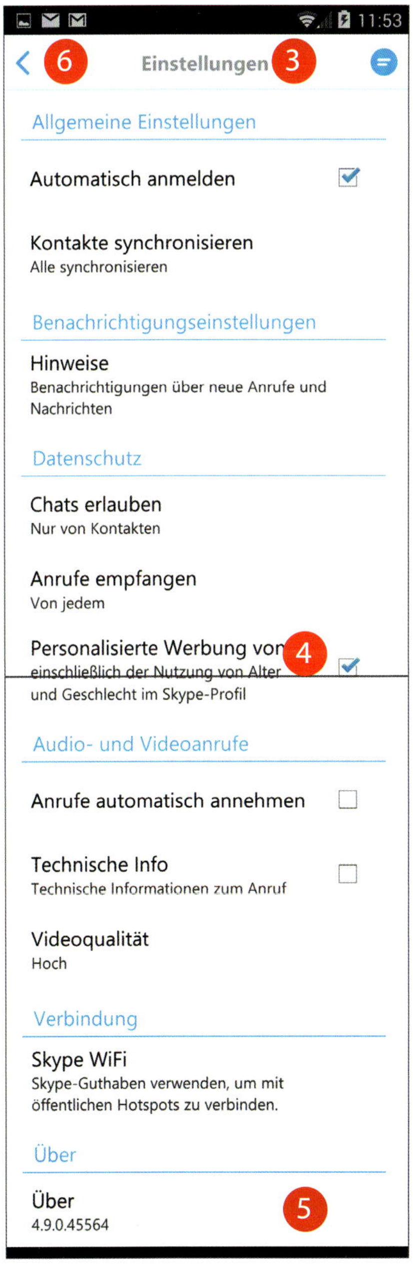

WICHTIG:
Sie müssen hier nicht zwangsläufig etwas eintragen, viele dieser Angaben sind für die Funktion von Skype **nicht** nötig!

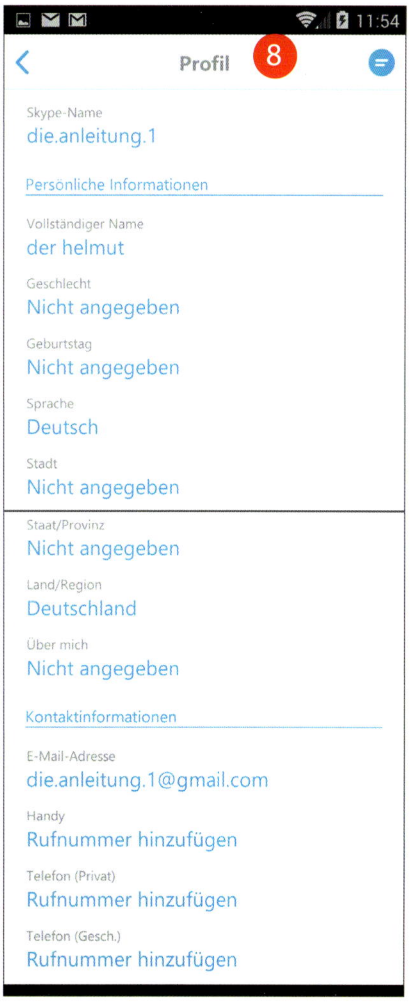

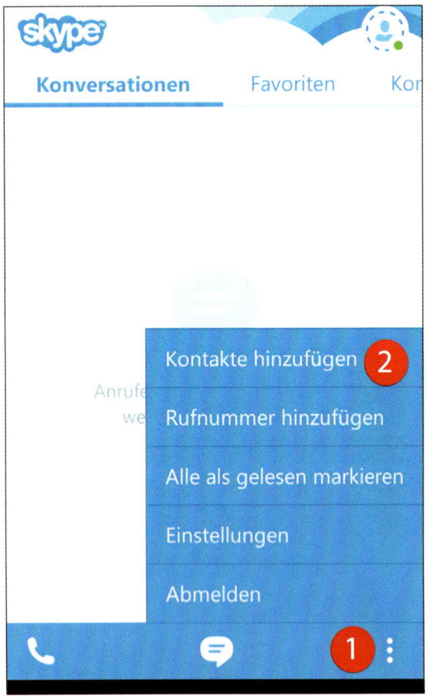

Zu einer Unterhaltung, einem Gespräch, gehören ja immer 2 Personen. Das ist auch bei Skype nicht anders. Deshalb werden Sie im nächsten Schritt erste Kontakte suchen.

Das geht am einfachsten über das Menü-Symbol (1) und den Eintrag Kontakte hinzufügen (2). Darauf öffnet sich das Suchfenster von Skype (3). Sie können hier nach Skype-Namen, echten Namen und Telefonnummern suchen.

HINWEIS:
Deswegen auch die Empfehlung, Ihren echten Namen im Profil einzutragen.

Bereits nach dem Eintippen der ersten Buchstaben zeigt Ihnen Skype passende Suchergebnisse (4). Ist Ihr gesuchter Name dabei, können Sie jetzt direkt auf die entsprechende Zeile tippen. Denken Sie auch daran, die komplette Liste zu prüfen, schieben Sie sie rauf und runter (5).

Der gesuchte Name ist noch nicht zu sehen? Dann geben Sie noch weitere Buchstaben ein. Die Ergebnisse werden dadurch immer genauer.

Wissen Sie schon den Skype-Namen (6) einer Person, können Sie diesen auch direkt eintragen.

Die Suche selbst starten Sie mit einem Tipp auf die Lupe (7) oder die Suchen-Taste (8).

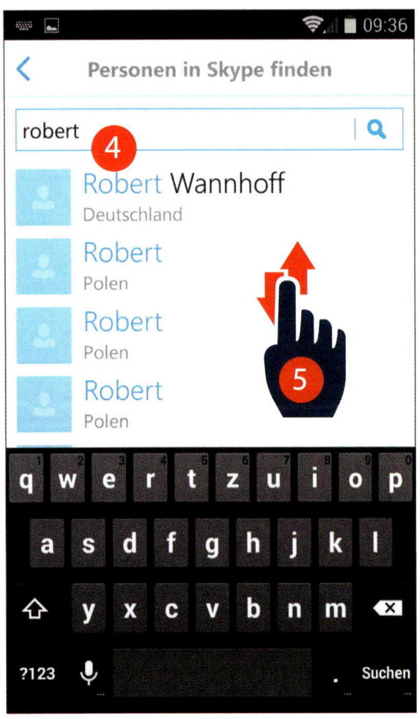

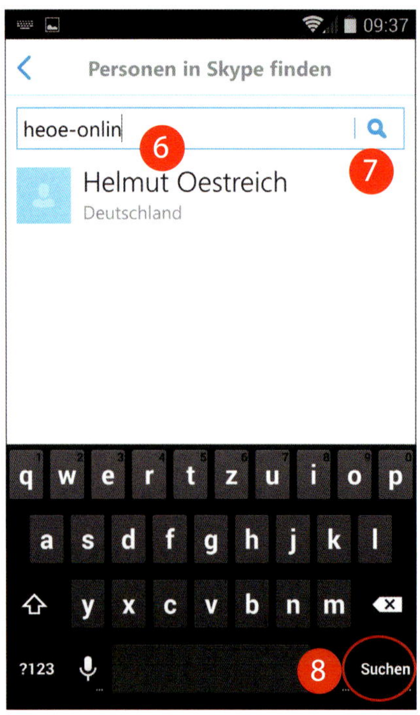

Haben Sie die richtige Adresse gefunden, können Sie direkt Kontakt aufnehmen. Entweder über eine Video-Verbindung (1), ein Telefongespräch (2) oder eine Textnachricht (3).
Bitte widerstehen Sie der Versuchung, jetzt sofort einen Video-Anruf zu machen, auch im Internet gibt es gewisse Verhaltensregeln. Und dazu gehört auch, dass Sie mit „spontanen" Video-Anrufen vorsichtig sein sollten. Das wird gerne als unhöflich bezeichnet.

Deshalb: Gedulden Sie sich noch etwas, schicken Sie Ihrem Gegenüber zum Start eine Nachricht, dass Sie jetzt auch per Skype zu erreichen sind. Das Schöne daran: Skype hat genau dafür schon eine Nachricht vorbereitet.
Tippen Sie dazu auf die blaue Schaltfläche mit Zu Kontakten hinzufügen (4). Dann öffnet sich ein neues Fenster mit einer bereits eingetragenen Nachricht (5) zur Kontaktaufnahme. Mit einem Tipp auf den Haken (6) senden Sie den Text an die ausgewählte Adresse.

Damit erreichen Sie drei Dinge:
Zum einen wird die Adresse zu Ihren Kontakten hinzugefügt. Zum anderen haben Sie freundlich bei dem Teilnehmer „angeklopft". Und zu guter Letzt wird auch noch ein Verlauf der Konversation angelegt (7).
Haben Sie die richtige Adresse rausgesucht und ist der Teilnehmer gerade online, wird er vermutlich Ihre Kontaktanfrage bestätigen (8).
Dann dauert es normalerweise nicht mehr lange und Sie erhalten eine Antwort. Entweder eine Textnachricht oder gleich einen Video-Anruf >>

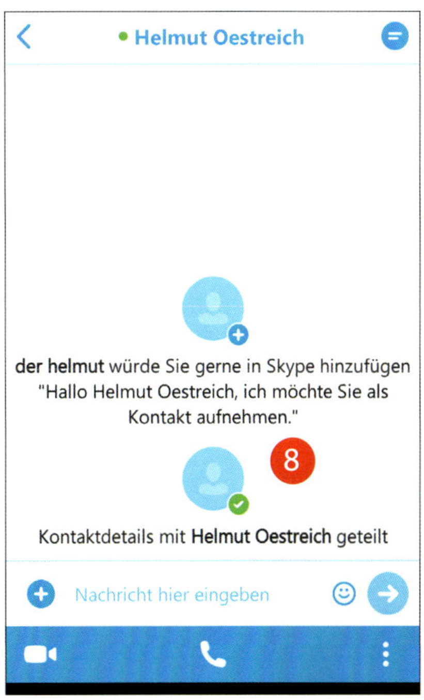

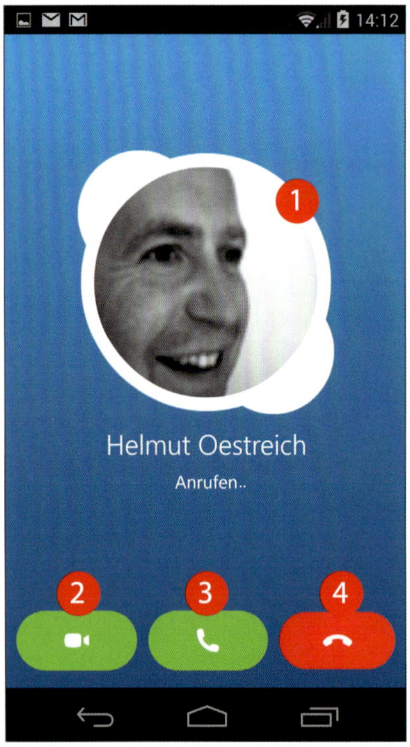

Der erste Video-Anruf kommt herein:

Profilfoto des Anrufers (1) in der Mitte,
darunter drei Tasten:

(2) Videokamera
= Anruf mit Video-Verbindung annehmen

(3) Telefonhörer - grün
= Anruf ohne Video-Verbindung annehmen

(4) Telefonhörer - rot
= Anruf abweisen

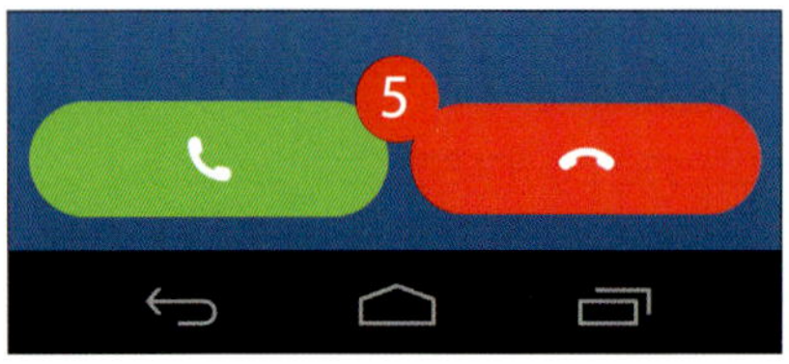

Ruft Sie der Teilnehmer für ein „normales" Telefongespräch an, fehlt in der Bildschirmanzeige das Symbol für eine Video-Verbindung (5).

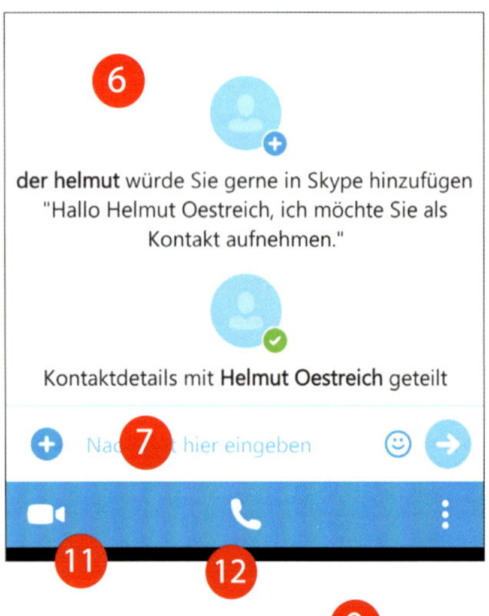

Selber Kontakt aufnehmen:
Suchen Sie aus den Kontakten, Ihren Favoriten oder einer Konversation den richtigen Kontakt aus, werden am unteren Rand des Bildschirms die Kontaktmöglichkeiten (6) angezeigt:

Eingabezeile für Textnachrichten (7)
Ähnlich einer SMS können Sie damit kostenlose Nachrichten zu Skype-Kontakten versenden. Geben Sie den Text ein (8), fügen Sie eventuell noch ein lustiges Symbol (9) ein und verschicken Sie die Nachricht mit einem Tipp auf den Pfeil (10).

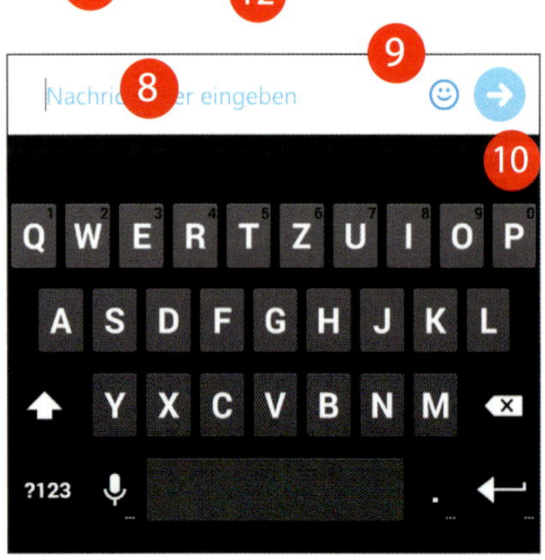

Einen Video-Anruf starten Sie mit einem Tipp auf das Kamera-Symbol (11). Gleich daneben wird das Symbol für ein „normales" Telefongespräch angezeigt - der gute, alte Telefonhörer (12).

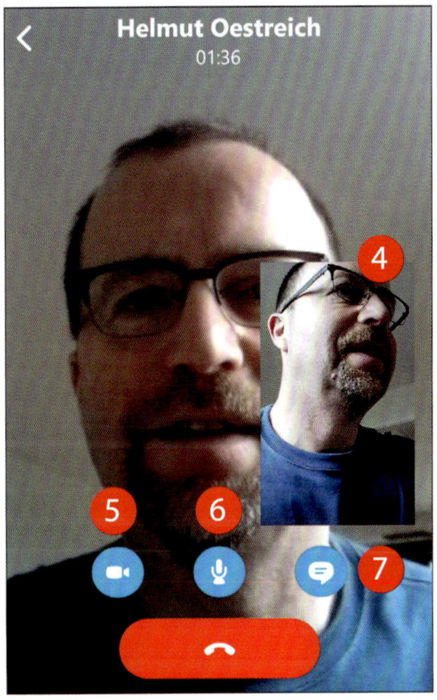

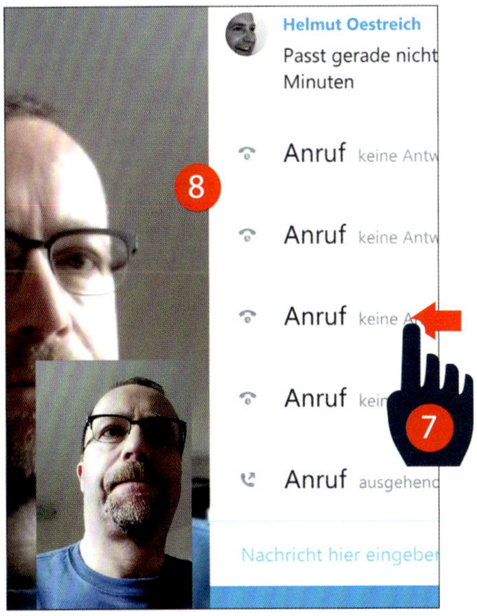

Ein Video-Telefonat führen

Während die Verbindung aufgebaut wird, zeigt das Display das Bild Ihrer eigenen Kamera (1). Letzte Chance, sich ins beste Licht zu rücken.

TIPP:
Nimmt der Angerufene nicht ab, können Sie über den blauen Taster (2) eine spontane Videobotschaft aufzeichnen und verschicken. Ähnlich einer Nachricht auf dem Anrufbeantworter – nur mit Bild.

Der rote Schalter mit dem Hörer (3) beendet die Verbindung (= auflegen).

Nimmt Ihr Kontakt den Anruf entgegen, ändert sich die Darstellung. Ihr eigenes Bild wird verkleinert und rutscht nach rechts (4) unten, stattdessen wird das Kamerabild des Kontakts groß dargestellt.
Lassen Sie sich nicht täuschen, in diesem Beispiel habe ich mit mir selbst telefoniert. Am unteren Rand des Bildschirms sehen Sie neue Bedienelemente:

(5) Über diesen Taster können Sie zwischen der Front- und der Rückkamera Ihres Telefons wechseln. So können Sie Ihrem Gesprächspartner das zeigen, was auch Sie sehen.
Außerdem können Sie darüber Ihre Kamera ganz abschalten.

(6) Mikrofon Ein/Aus

(7) Öffnet das Fenster mit dem Gesprächsverlauf (8) und damit auch die Eingabezeile für eine neue Textnachricht. Den gleichen Effekt erreichen Sie auch, wenn Sie mit dem Finger vom rechten Rand nach innen wischen.

TIPP:
Nicht immer steht genügend Bandbreite für eine Video-Verbindung zur Verfügung. Bild und Ton stottern dann, eine vernünftige Unterhaltung ist nicht möglich.
Schalten dann beide Seiten Ihre Kameras ab, stabilisiert sich die Verbindung meistens, der Ton ist einwandfrei zu verstehen. Manchmal ist auch hilfreich, sich neu einzuwählen und auf eine bessere Leitung zu hoffen.

Bei einem Telefongespräch sehen die Bedienelemente etwas anders aus:

In der Mitte wieder das Profilbild des Kontakts (1), darunter vier Symbole:

(2) Ausgeschaltete Kamera (kann aber nachträglich aktiviert werden).

(3) Mikrofon Ein/Aus

(4) Lautsprecher Ein/Aus (Freisprechen)

(5) Zum Fenster für die Texteingabe oder Wähltasten anzeigen.

WICHTIG:
Innerhalb der Skype-Kontakte ist eine Verbindung immer **kostenlos**. Lediglich der Datenverbrauch in Ihrem Mobilfunktarif wird belastet.
Es ist auch möglich, **außerhalb** der Skype-Gemeinschaft Anrufe zu machen. Zum Beispiel ins normale Festnetz zu telefonieren – das ist aber mit **Gebühren** verbunden!

Viel Spaß beim Skypen

Die Kameras in Smartphones und Tablets werden immer besser und ersetzen zunehmend die klassische Digitalkamera. Neben der gestiegenen Qualität dürfte vermutlich der Hab-ich-immer-dabei-Faktor entscheidend sein.
Bei vielen Smartphones können Sie die Fotos-App auch aus dem Sperrbildschirm heraus starten und so schnelle Schnappschüsse machen.

Beim Nexus 5 wischen Sie dazu einfach vom rechten Rand nach innen (1) >> Fotos-App öffnet sich. Alternativ starten Sie ganz normal die Fotos-App (2).
Beim ersten Start werden Sie noch gefragt, in welchem Format (3) Ihre Bilder aufgenommen werden sollen. Bestätigen Sie diese Abfrage mit einem Tipp auf OK (4), diese Einstellungen können Sie später auch noch vornehmen.
Jetzt öffnet sich das normale Kamera-Fenster. Am unteren Rand ist die Auslösezone (5). Über die 3 Punkte (6) können Sie die wichtigsten Einstellungen einblenden (von links nach rechs):

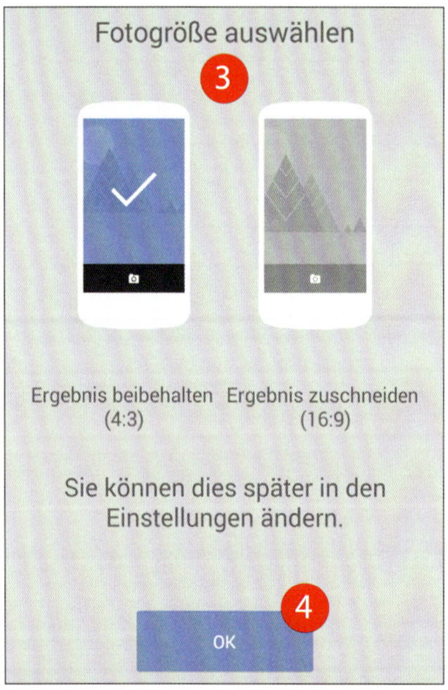

- **Selbstauslöser Ein/Aus**
Für verschiedene Zeiten öfters tippen

- **Raster Ein/Aus**

- **HDR-Modus Ein/Aus**
Spezielle Einstellung für Fotos mit hohen Kontrastwerten (z.B. Gegenlicht mit Sonne). Die Kamera nimmt mehrere Bilder auf, die dann zu einer Komposition zusammengefügt werden.
WICHTIG: Kamera ganz ruhig halten.

- **Einstellungen für den Blitz**
Ein - Aus - Automatik

- **Kamera zwischen vorne und hinten wechseln.**

Tippen Sie auf den Bildschirm um den Fokus (7) festzulegen.

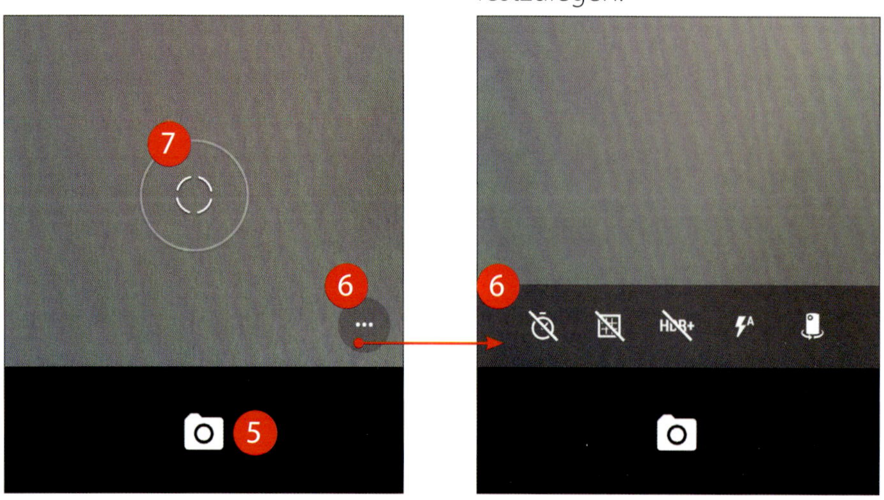

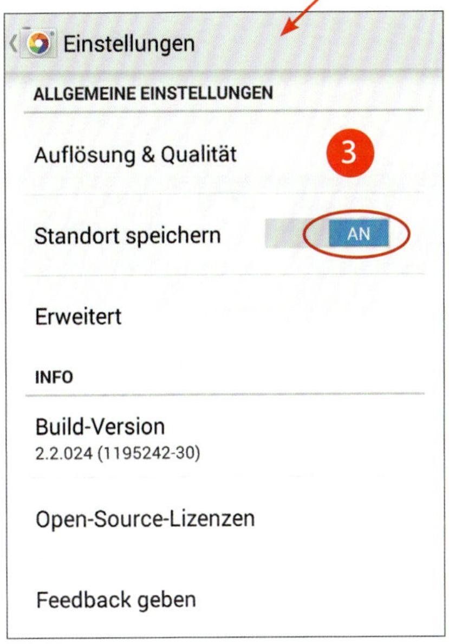

Wischen Sie vom linken Rand nach innen (1), um das Menü für die fünf Aufnahmearten zu öffnen:

- Photo Sphere
Damit können Sie räumliche Panoramaaufnahmen machen, bis hin zu einer virtuellen Kugel.

- Panorama
Der klassische Panorama-Effekt, ein Bild neben dem anderen

- Fokuseffekt
Ein schöner Effekt, mit dem Sie nachträglich einzelne Bildteile aus einem unscharfen Hintergrund hervorheben können.

- Kamera
Die Standard Kamera

- Video
Hier können Sie Videoaufnahmen machen.

(2) Weitere Einstellungen

- Auflösung und Qualität
sind alle gut eingestellt.

- Standort speichern
Bilder werden mit GPS-Daten „gestempelt" >> AN

- Erweitert
Manuelle Belichtung Ein/Aus
nur was für Könner, ansonsten >> AUS

(3) Auflösung & Qualität
Detaillierte Einstellungen, die für den normalen Gebrauch schon gut eingestellt sind.

(4) Mit einem Wisch von der rechten Seite kommen Sie direkt zur Fotos-App. Dort können Sie gleich die Qualität der Aufnahmen prüfen und die Fotos weiter bearbeiten.

TIPPS:
• Fokus nicht auf Flächen sondern einzelne kleine Objekte/Dinge richten.
• Die Blitzautomatik funktioniert ganz gut, manchmal ist es aber sinnvoll ihn per Hand zu steuern.
• Das Raster ist hilfreich, um den Horizont gerade aufzunehmen.
• Nach einer Bildbearbeitung in Fotos startet die Kamera immer im Standard-Modus.
• Mit der Frontkamera sind keine HDR-Aufnahmen möglich.

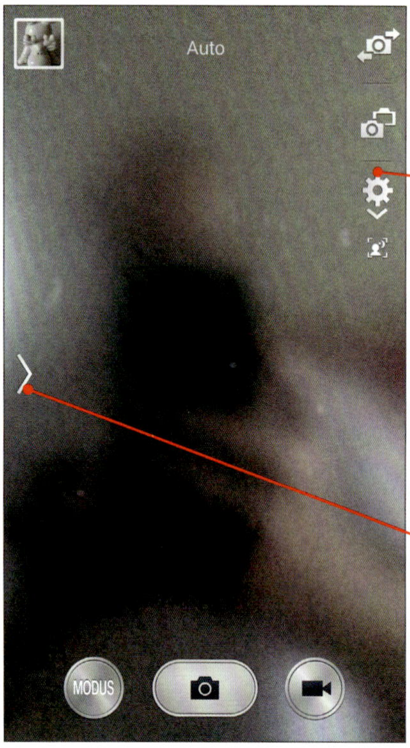

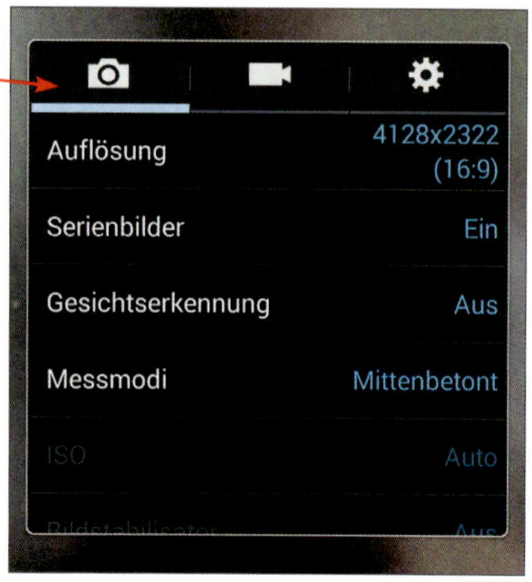

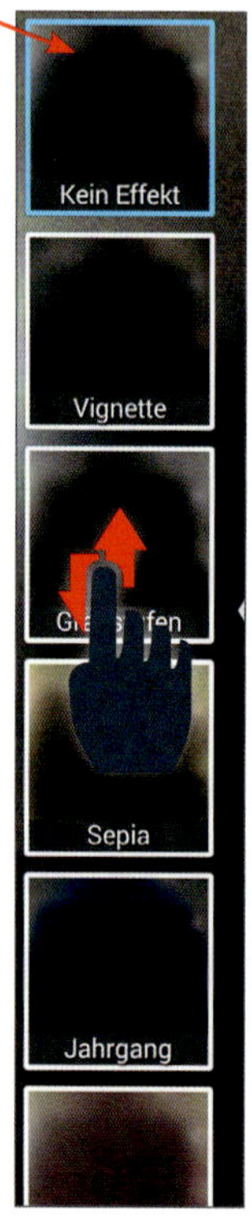

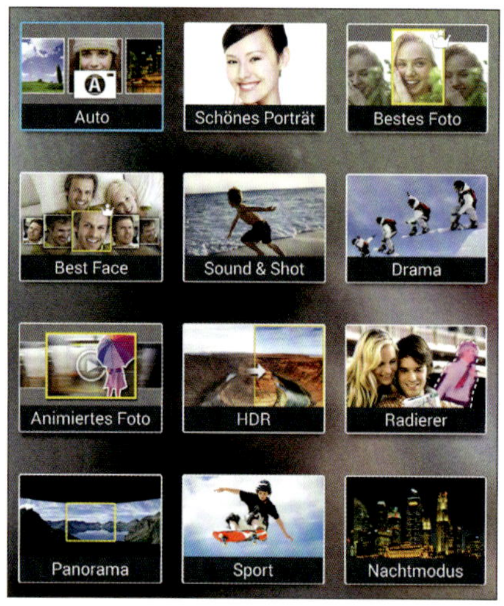

TIPPS:

- Nutzen Sie die Voreinstellungen.
- Nehmen Sie die Bilder nicht mit Effekten auf, das können Sie später auch in der Galerie nachholen. Dort gibt es die gleichen Effekte.
- Ändern Sie grundlegende Einstellungen nur, wenn Sie sich sicher sind, was Sie tun.
- Interessant ist der Bild im Bild Modus (das 2. Symbol oben rechts), bei dem die Frontkamera in die Hauptkamera eingeblendet wird.

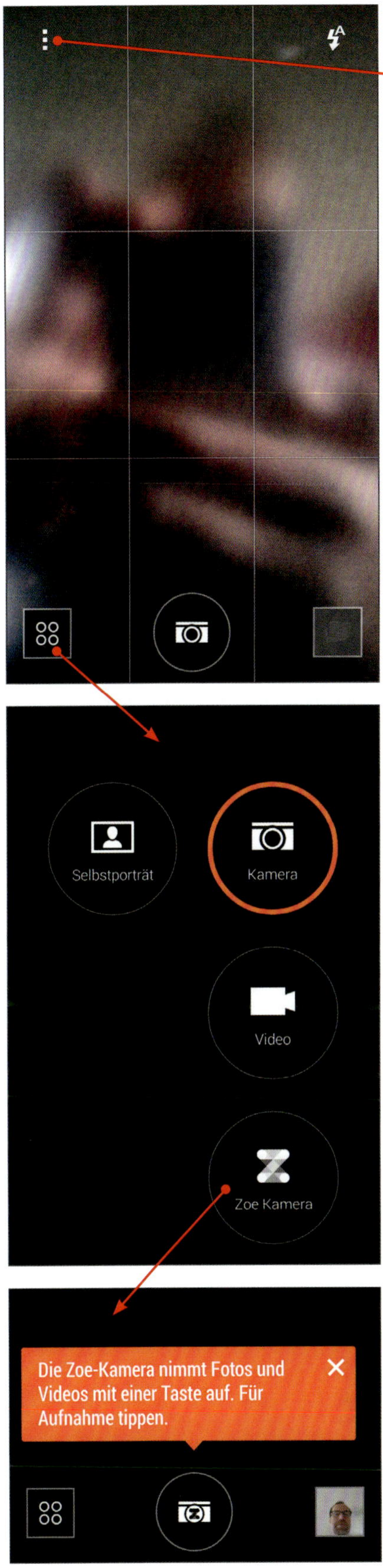

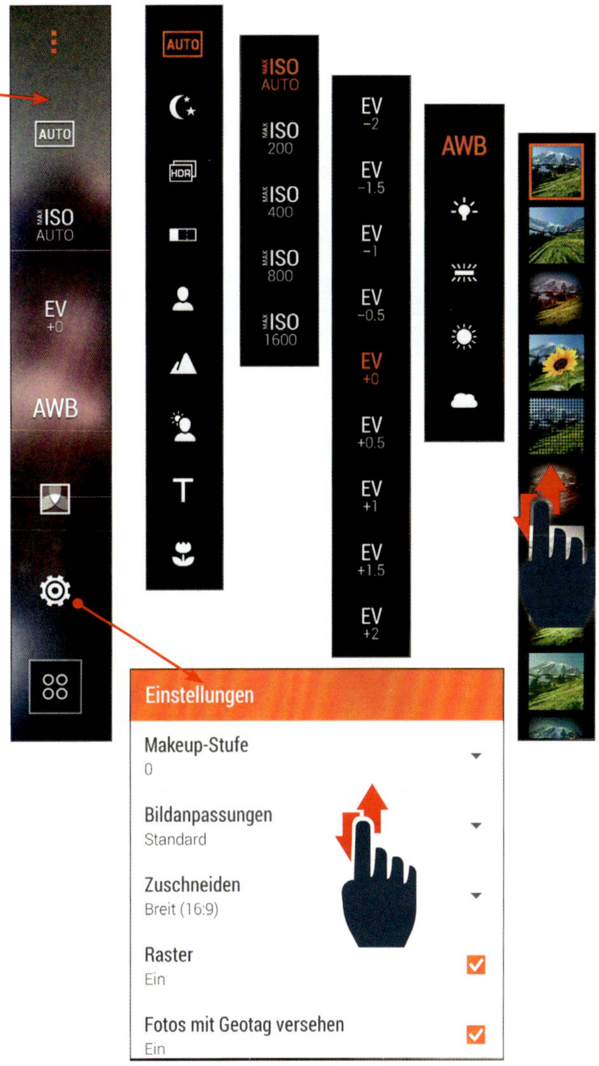

TIPPS:

- Nutzen Sie die Voreinstellungen.
- Nehmen Sie die Bilder nicht mit Effekten auf, die können Sie nachträglich nicht mehr entfernen (oder nehmen Sie das unbearbeitete Bild zusätzlich auf).
- Ändern Sie grundlegende Einstellungen nur, wenn Sie sich sicher sind, was Sie tun.
- Der Zoe-Modus ist eine besondere Mischung aus Video und Foto – interessant.

MULTIMEDIA

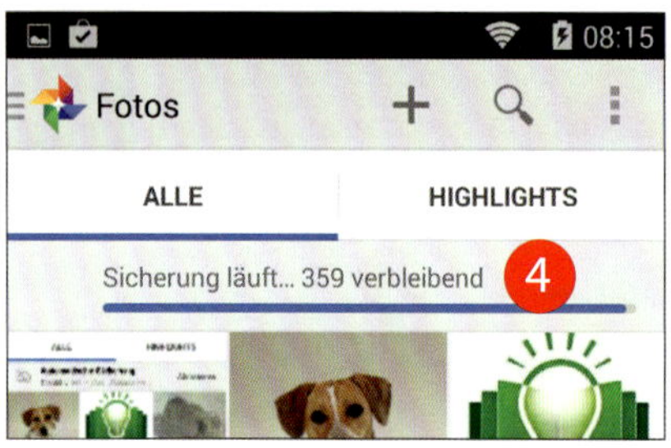

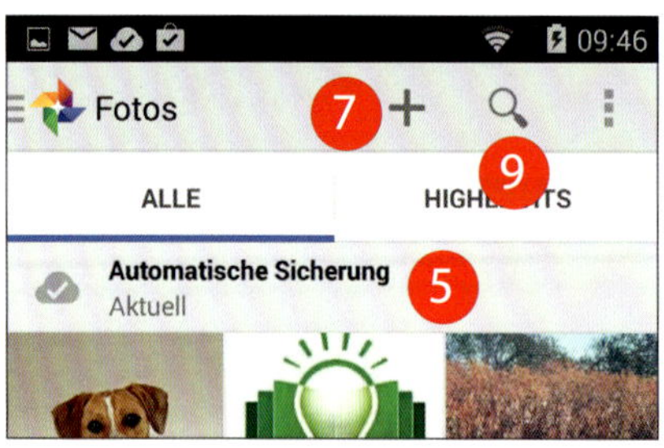

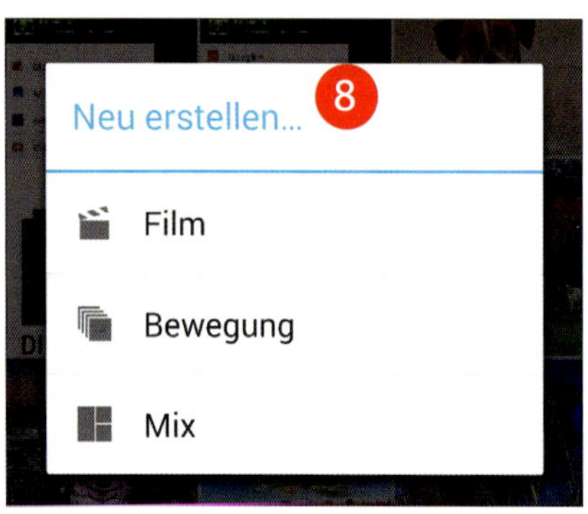

Mit der Fotos-App können Sie Ihre Fotos bearbeiten und organisieren. Beim ersten Start erscheint zunächst die Übersicht (Alle) (1) der Bilder.
Eventuell werden Sie gefragt, ob Sie Ihre Fotos auch automatisch in Ihrem Google+-Konto sichern wollen (2). Damit erhalten Sie ganz einfach eine Sicherungskopie Ihrer Bilder & Daten.
Wenn ja, dann müssen Sie nur auf Aktivieren (3) tippen, dann startet die Sicherung. Ein blauer Balken (4) zeigt den Fortschritt an. Die Details können Sie später noch Ihren Bedürfnissen anpassen. Ist der Vorgang abgeschlossen, erhalten Sie eine Bestätigung (5).

Wünschen Sie aktuell keine Sicherung Ihrer Fotos bei Google, schieben Sie das Feld einfach nach rechts zur Seite raus (6). Die Sicherung können Sie auch später über das Menü aktivieren.

Mit einem Tipp auf das +-Zeichen (7) öffnet sich ein kleines Fenster (8), in dem Sie aus existierenden Bildern neue Darstellungen erzeugen können:

- Film
erzeugt aus Bildern eine Dia-Show, die Sie mit Musik unterlegen können.

- Bewegung
Damit erzeugen Sie eine Art Animation.

- Mix
ist eine Collage aus mehreren Bildern.

Ein Tipp auf die Lupe (9) aktiviert die umfangreiche Suchfunktion. Dank Bilderkennung können Sie auch nach Personen und Gegenständen suchen.

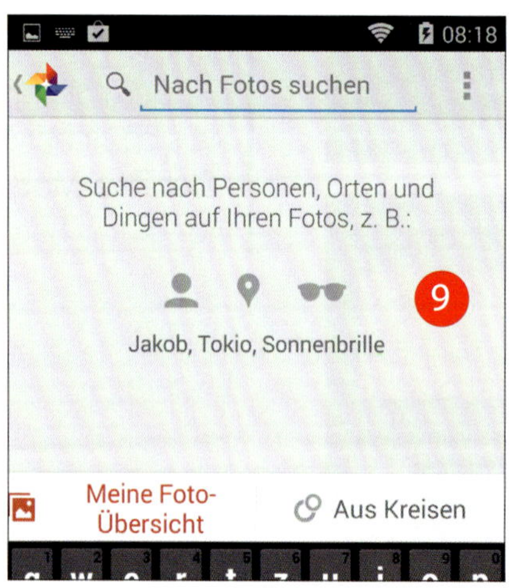

Unter Highlights (10) sehen Sie im Laufe der Zeit eine Auswahl Ihrer besten Bilder.

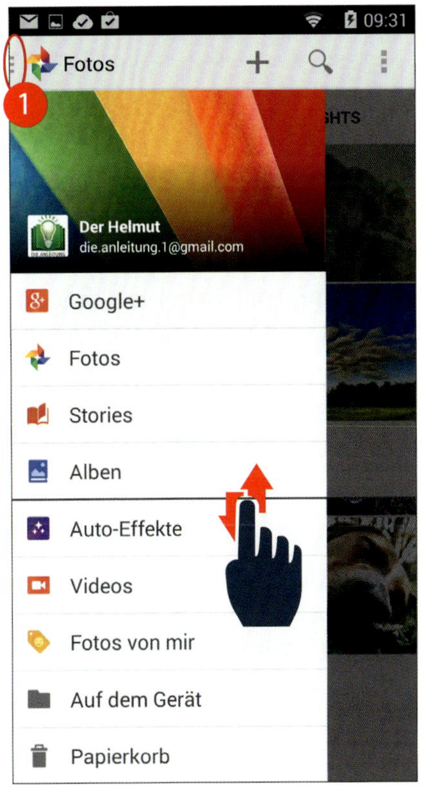

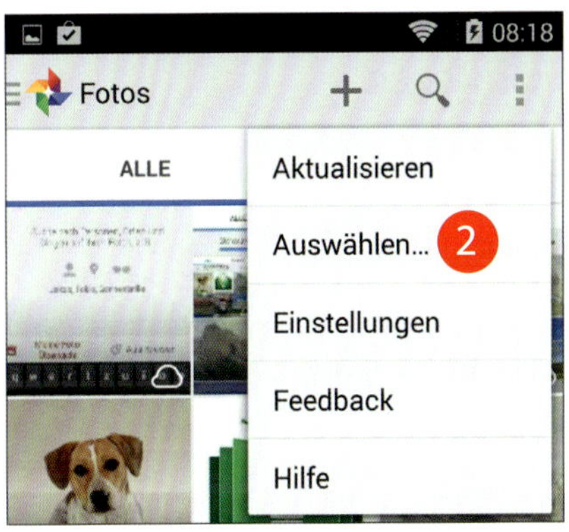

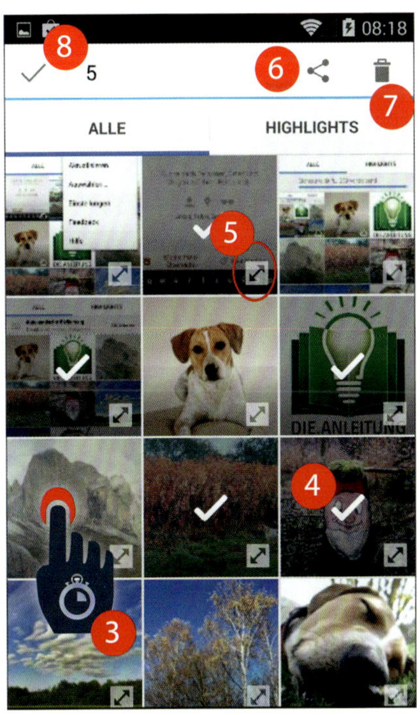

Das Hauptmenü

Mit einem Tipp auf die Menü-Schaltfläche (1) neben dem Fotos-Symbol öffnet sich das Hauptmenü:

- Google+
ist die Verbindung zu Ihrem Google+-Konto.

- Fotos
Zurück zur Übersicht

- Stories
Unter diesem Menüpunkt versteckt sich eine Automatikfunktion, die aus Ihren Bildern und den gespeicherten Standorten eine „witzige" Geschichte erstellt.

- Alben
Haben Sie bereits Alben angelegt, sehen Sie hier eine Übersicht.

- Auto-Effekte
zeigt eine Übersicht aller Fotos, die mit Auto-Effekt bearbeitet wurden.

- Videos
zeigt eine Übersicht der gespeicherten Videos.

- Fotos von mir
zeigt alle Fotos, bei denen Ihr Name hinterlegt ist bzw. auf denen die Gesichtserkennung Sie erkannt hat.

- Auf dem Gerät
zeigt nur die Fotos und Videos, die auf diesem Gerät gespeichert sind.

- Papierkorb
Wie so oft, ist der Papierkorb nur einer spezieller Ordner, den Sie ab und zu entleeren müssen.

Fotos auswählen

Möchten Sie gleich mehrere Bilder zur Bearbeitung auswählen, haben Sie zwei Möglichkeiten:

- Über das Menü ⋮ >> Auswählen (2)
- Lassen Sie in der Übersicht Ihren Finger länger auf einem Foto liegen (3).

Im Auswahl-Modus können Sie Fotos mit einem Tipp auswählen, Sie erhalten dann einen Haken (4). Das kleine Symbol (5), rechts unten bei jedem Foto, zeigt Ihnen eine große Vorschau.
Haben Sie alle gewünschten Bilder markiert, können Sie sie Teilen (6) (E-Mail, Skype, Hangouts ...) oder in den Papierkorb (7) legen.

Ein Tipp auf das Fertig (8) entfernt die Auswahl und beendet den Modus.

Bildbearbeitung

Tippen Sie in der Übersicht auf eine Foto, wird es im Vollbild dargestellt. Die Bedienelemente:

(1) Zurück zur Übersicht

(2) ⁝ Menü öffnen

(3) Zauberstab
Automatische Bildoptimierung mit manchmal fragwürdigen Parametern. Mit einem Tipp auf das Symbol sehen Sie das Bild im Original. Diese Automatik sollten Sie generell deaktivieren (Seite 97).
Und sie dann im Bearbeitungsmodus (4) gezielt einsetzen.

(4) Bearbeitungs-Modus aktivieren
Am unteren Rand erscheint dann eine Leiste (7) mit vielen Optionen, Voreinstellungen und Feinjustierungen. Die Bedienung der einzelnen Effekte ist sehr unterschiedlich.

(5) Foto teilen (E-Mail, Skype, Hangouts …)

TIPP:
Darüber haben Sie auch Zugriff auf Ihren Drucker.

(6) Foto in den Papierkorb legen

Bearbeitungs-Modus

(8) Bild schließen - ohne Bearbeitung

(9) Automatische Bearbeitung mit dem gewählten Effekt. Ein blauer Kreis (12) symbolisiert die aktive Bearbeitung.

(10) Vergleich zwischen Original und Bearbeitung

(11) ✓ Fertig = Bild mit Bearbeitung speichern

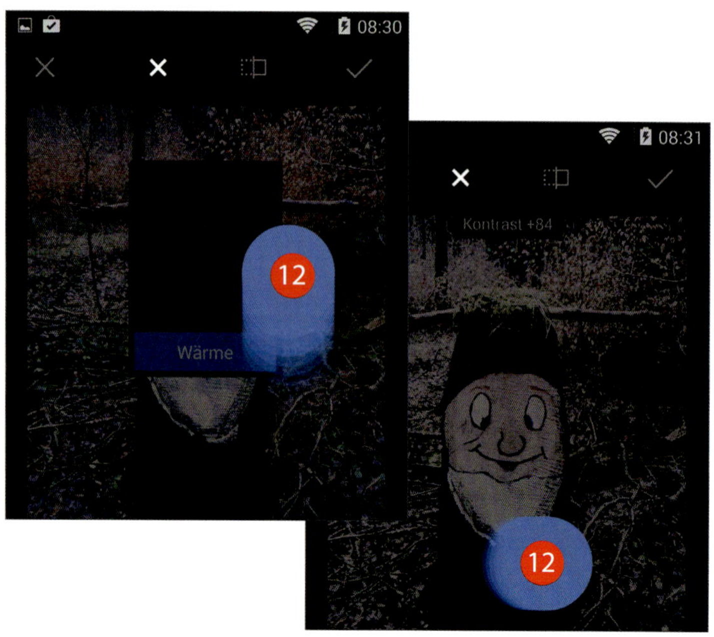

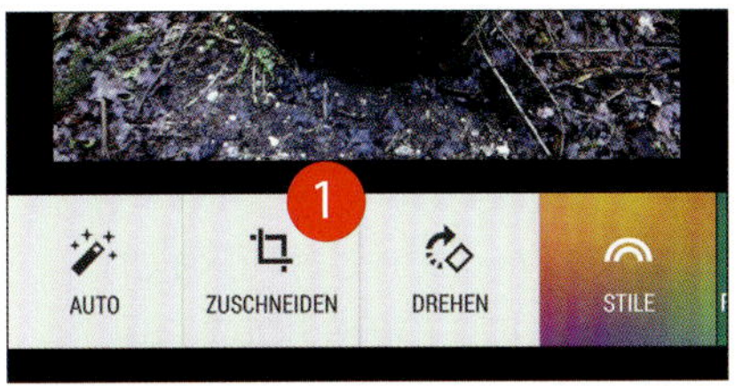

Bild zuschneiden

Aktivieren Sie die Funktion mit einem Tipp auf Zuschneiden (1) >> das Bild erhält einen schmalen Rahmen mit hervorgehobenen Elementen (2) an den Ecken und Seiten. Daran können Sie ziehen (3) und so den gewünschten Bildausschnitt festlegen.
Mit X (4) brechen Sie die Bearbeitung ab, mit ✓ (5) speichern Sie das Bild mit Bearbeitung.

Bearbeitung rückgängig machen

Das originale Bild wird beim Speichern nicht überschrieben, sondern im Hintergrund abgelegt. So können Sie die Bearbeitung rückgängig machen:
So geht's:

> Bild öffnen

> Bearbeitung aktivieren

> Rechts oben das Menü ⋮ öffnen und Zurücksetzen auswählen

> Im Hinweisfenster Zurücksetzen bestätigen

> Bearbeitung rechts oben mit ✓ Fertig abschließen

Effekt: Fokuspunkt
macht den Hintergrund unscharf und hebt so das Motiv deutlicher hervor.

Effekt: Rahmen
Hier gibt es eine große Auswahl an Rahmen, die Sie auch noch einfärben können.

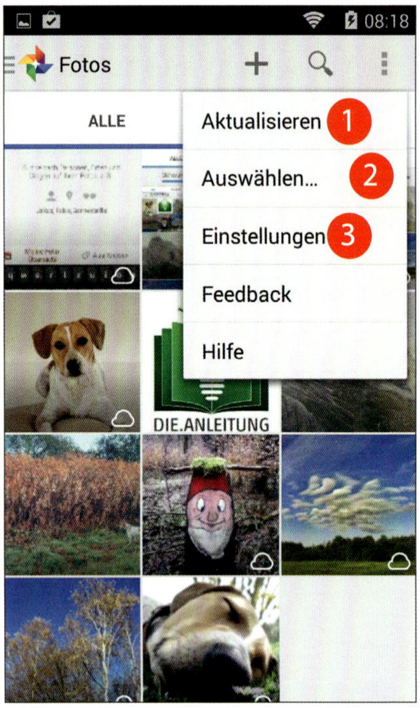

Das Menü ⋮ in der Übersicht bietet Ihnen folgende Möglichkeiten:

(1) Aktualisieren
Führt einen Datenabgleich zwischen den lokalen Fotos auf Ihrem Smartphone und Ihren Fotos auf Google+ aus.

TIPP:
Immer wieder mal drücken, diese Funktion beseitigt gelegentlich Hänger beim Verwalten der Bilder.

(2) Auswählen >> Seite 93

(3) Einstellungen

(4) Allgemeine Einstellungen >> nächste Seite
Hier finden Sie die Einstellungen zur Sicherung der Fotos bei Google+ .

(5) Kontoeinstellungen >> nächste Seite
In diesem Menüpunkt finden Sie vorwiegend die Einstellungen zu den Automatikfunktionen.

- Konto hinzufügen
Hier haben Sie die Möglichkeit ein zusätzliches Google-Konto hinzuzufügen.

(6) Einstellungsmenü ⋮ bei Bildern

- Aktualisieren
Alle Bearbeitungsschritte werden aktualisiert.

- Details
zeigt ein Fenster mit den Details zum Aufnahmeort, den Einstellungen und zu Marke/Modell.

- In Album kopieren
Damit können Sie dieses Foto in ein bestehendes Album einsortieren und ein neues Album erstellen.

- Drucken
Leider nur über Google Drive oder CloudPrint.
Besser über Teilen (7) < > Drucken (Seite 206)

- Diashow
startet eine einfache Diashow mit Ihren Bildern.

- Einstellen
Mit dieser Funktion können Sie das gerade geöffnete Bild als Ihr Profilbild verwenden oder einem anderen Kontakt zuweisen. Zusätzlich können Sie dieses Bild auch als Hintergrund für den Startbildschirm einsetzen.

- Herunterladen
Stammt das aktuelle Foto aus der Cloud, wird es damit auf Ihr Smartphone geladen.

- Einstellungen
Dieser Punkt bringt Sie ebenfalls zu den normalen Einstellungen (3).

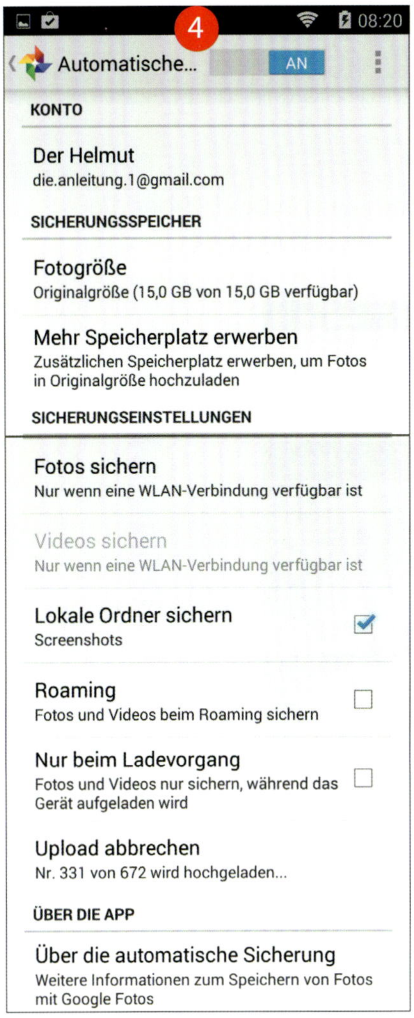

(4) Allgemeine Einstellungen

- **Automatische Sicherung**
erzeugt eine Kopie Ihrer Daten bei Google.

- **Konto**
Anzeige des mit der Speicherung verbundenen Gmail-Kontos.

- **Sicherungsspeicher**
Zeigt den aktuell verfügbaren Speicherplatz und bietet die Möglichkeit zur Speichererweiterung.

- **Sicherungseinstellungen**
Hier können Sie Details zum Sicherungszeitpunkt einstellen.

WICHTIG:
Fotos und Video sichern >> nur per WLAN
Lokale Ordner sichern >> JA
Roaming >> NEIN
Nur beim Ladevorgang >> NEIN
Alles sichern startet sofort eine Sicherung.

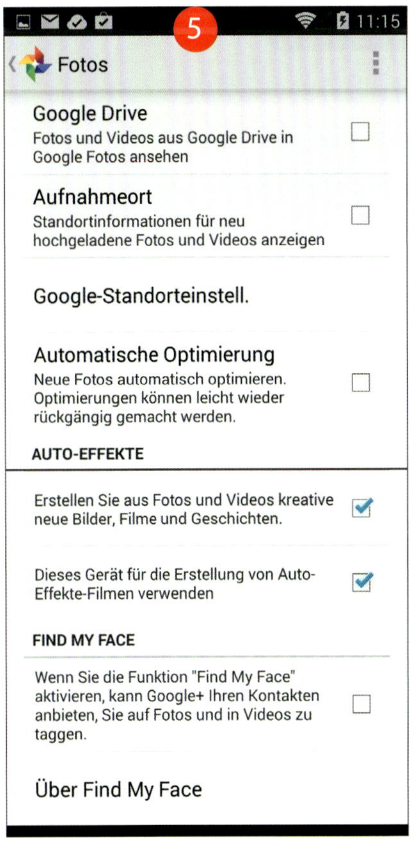

(5) Kontoeinstellungen

- **Google Drive** >> nach Wunsch
Nur bei einer guten Internetverbindung.

- **Aufnahmeort** >> NEIN
Mehr Verwirrung als Nutzen

- **Google-Standorteinstellungen** >> EIN
Diesen Dienst benötigen Sie, um die Fotos mit dem Aufnahmeort zu versehen.

- **Automatische Optimierung** >> AUS
Das machen Sie besser im Bearbeitungs-Modus.

- **Auto-Effekte** >> eher NEIN
Mehr eine Spielerei als eine sinnvolle Technik.

- **Find my Face** >> NEIN
Ist diese Funktion aktiv, werden Ihre Bilder und die von Ihren Google+ - Kontakten nach Ihrem Gesicht durchsucht und dann dementsprechend gekennzeichnet.

HINWEIS:
Das HTC One hat die Fotos-App noch nicht als Standard im Lieferumfang. Stattdessen wird für die Bearbeitung und Sortierung die App Album verwendet. Details dazu finden Sie im Download-Bereich auf unserer Homepage.

Die Bedienung der Fotos-App beim Samsung Galaxy ist nahezu identisch zu der beim Google-Nexus. Lediglich die Darstellung und einige Bezeichnungen sind unterschiedlich.

Die Menüs werden, Samsung-typisch, über die Menü-Taste (1) links unten aufgerufen.

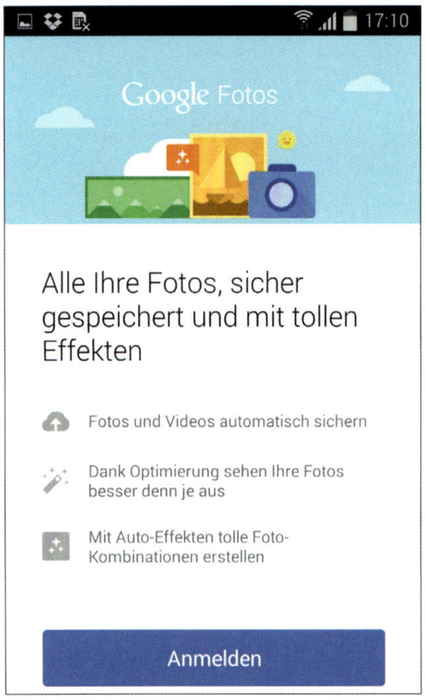

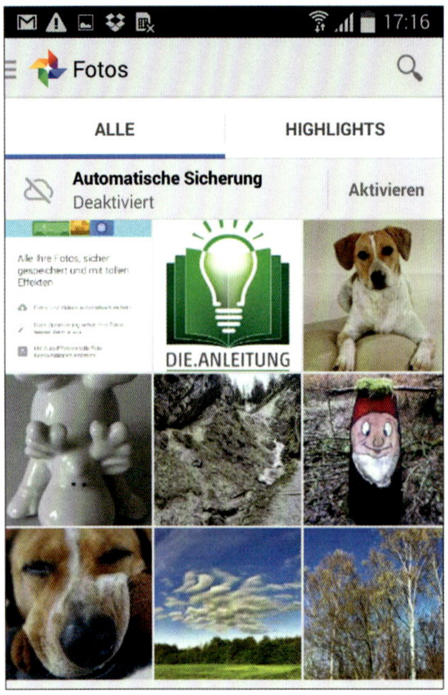

Menü:
Übersicht

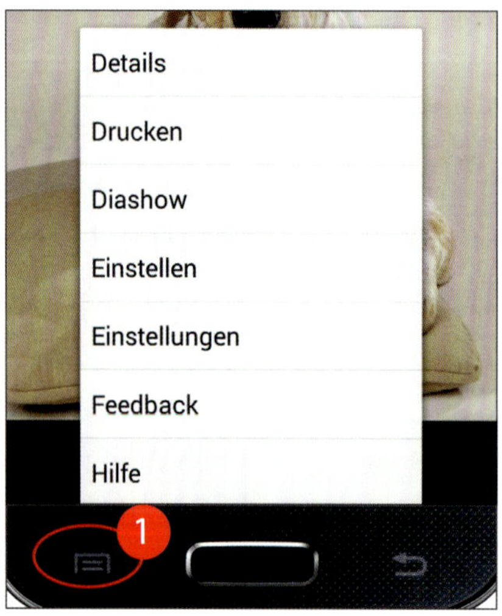

Menü:
Einzelbild

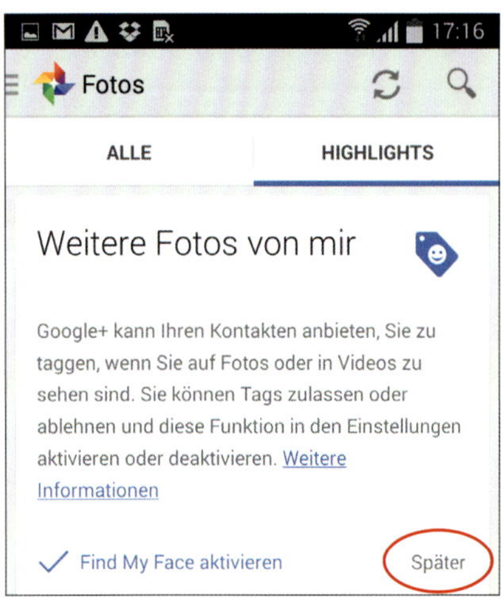

WICHTIG:
Im Bereich Highlights erfolgt die Abfrage nach der Find my Face - Funktion. Tippen Sie hier auf Später.

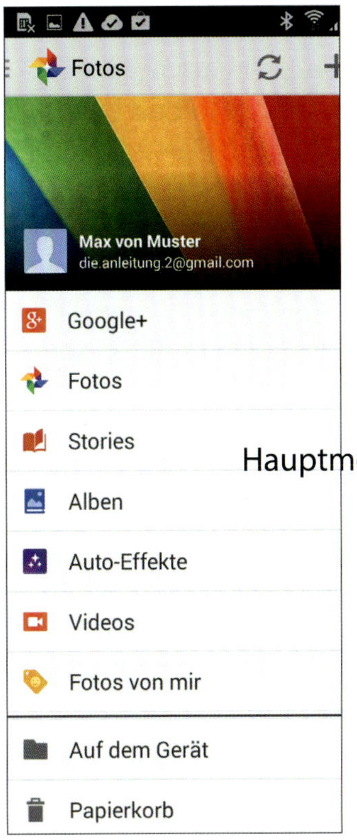

Hauptmenü

Das Kopieren von Fotos in Ordner und die Neuanlage von Ordnern passiert direkt bei der Auswahl (1) über dieses Symbol (2).

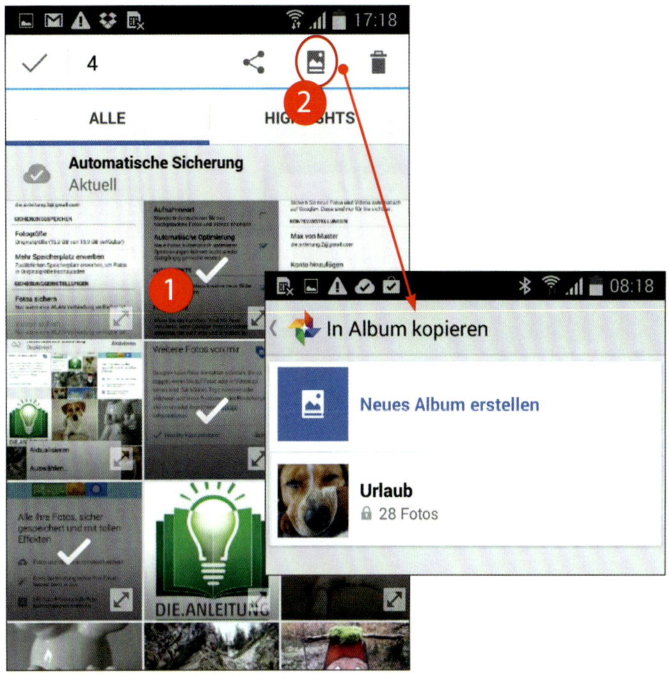

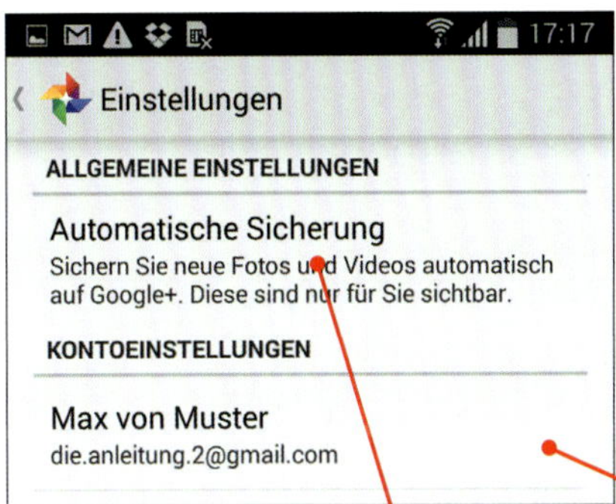

Vorschlag für sinnvolle Einstellungen

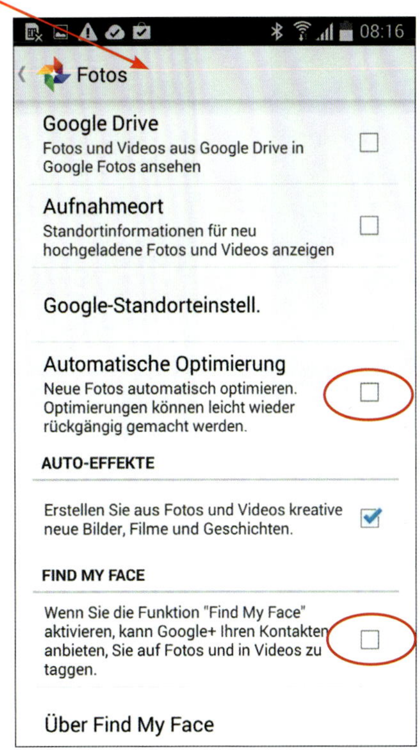

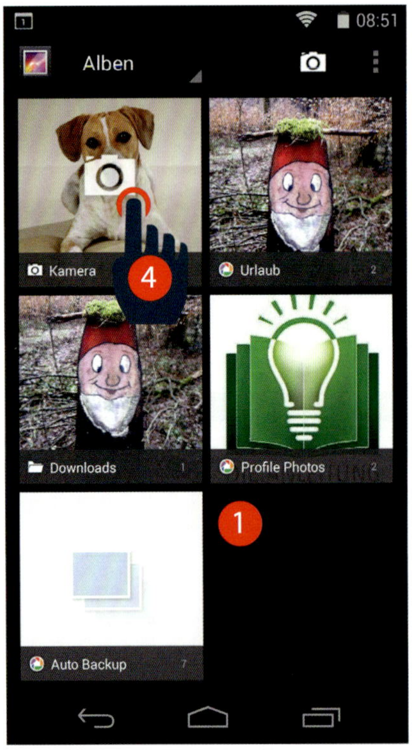

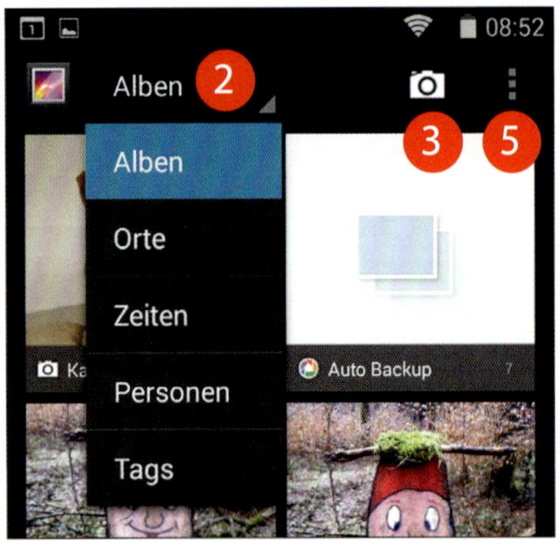

Fotos in der Galerie

Ähnlich der Fotos-App können Sie in der Galerie all Ihre Fotos anschauen, organisieren und bearbeiten. Hauptunterschied ist die Struktur der Darstellung. Wenn es nach Google geht, wird die Fotos-App die Galerie-App bald komplett ersetzen. Deshalb hier die Beschreibung der Galerie-App nur in Kurzform.

Beim ersten Start sehen Sie Ihre Fotos in Alben sortiert (1). Über das Menü (2) können Sie die Anzeige umstellen auf:
Alben • Orte • Zeiten • Personen • Tag

Ein Tipp auf das Kamera-Symbol (3) aktiviert die Kamera und Sie können sofort neue Fotos machen.

Tippen Sie auf ein Album (4) werden alle Bilder darin angezeigt.

Über das Menü ⋮ (5) erreichen Sie diese Punkte:

- **Album/Gruppe auswählen**
um diese dann zu Teilen.

- **Offline bereitstellen**
Bilder von Google auf Ihr Smartphone laden

- **Aktualisieren**
Bilder und Darstellungen aktualisieren

- **Einstellungen**
Hier finden Sie die Einstellungen für die Synchronisation mit Ihrem Google-Konto.

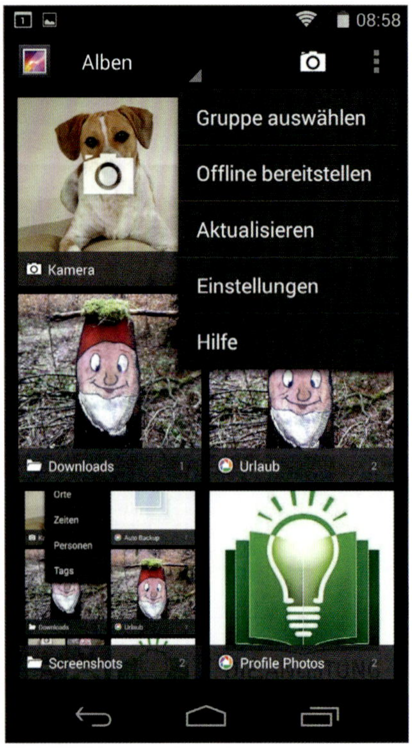

Fotos bearbeiten:

Tippen Sie auf ein Foto, wird es als Vollbild (1) dargestellt. Die Möglichkeiten im Menü ⋮ (2) sind unterschiedlich, je nachdem, aus welchem Album Sie das Bild gestartet haben:

Kamera & Downloads	Alle anderen Alben
• Löschen	- -
• Diashow	• Diashow
• Bearbeiten	• Bearbeiten
• Nach links drehen	- -
• Nach rechts drehen	- -
• Zuschneiden	• Zuschneiden
• Bild festlegen als	• Bild festlegen als
• Details	• Details
• Drucken	• Drucken

Mit **Bild festlegen als** können Sie das gerade geöffnete Foto als Bildschirmhintergrund, als Hintergrund von Ihrem Google+-Konto oder als Kontaktbild definieren.

Mit einem Tipp auf den Bleistift ✎ (3) starten Sie die Bearbeitung. Unterhalb des Fotos erscheinen 2 Reihen mit Symbolen. Die untere davon zeigt die Hauptgruppen (4):
Voreinstellungen
Rahmen
Zuschneiden
Farbe

In der oberen Reihe (5) werden die jeweiligen Auswahlmöglichkeiten angezeigt.

TIPP:
Mit den beiden Symbolen (6) können Sie zwischen Original und bearbeiteter Version hin- und herschalten. Über das Menü haben Sie auch die Möglichkeit, das Foto in den Ausgangszustand zurückzusetzen oder sich die angewendeten Effekte anzeigen zu lassen.

TIPP:
Ihren Drucker erreichen Sie, wie bei der Foto-App, über das Teilen Menü < (7).

Fotos in der Galerie

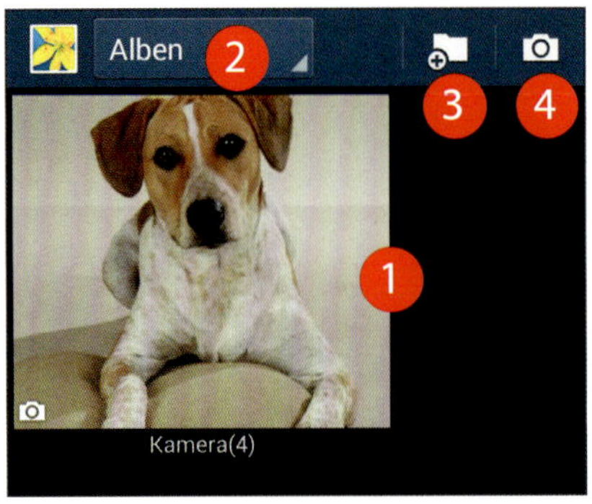

Beim ersten Start sehen Sie Ihre Fotos in Alben sortiert (1). Über das Menü (2) können Sie die Sortierung umstellen auf: Alben • Alle • Zeit • Standorte • Teilnehmer • Favoriten • Spirale

Mit einem Tipp auf das Ordner-Symbol (3) mit dem + können Sie ganz einfach einen neuen Ordner anlegen.
Ein Tipp auf das Kamera-Symbol (4) aktiviert die Kamera und Sie können sofort neue Fotos machen.

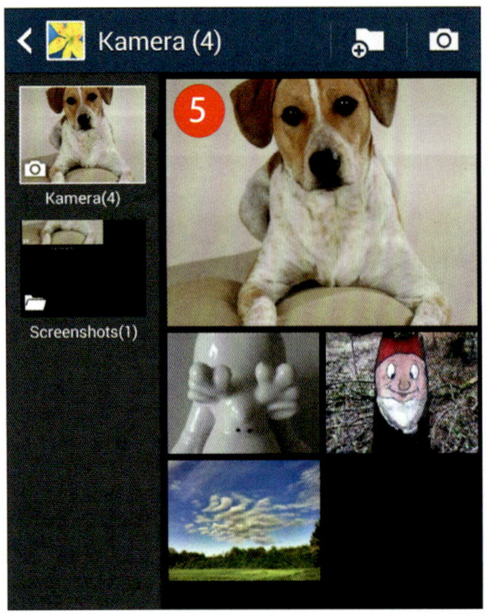

Tippen Sie auf ein Album (5) rücken die Alben nach links in eine schmale Spalte, die Bilder des gewählten Albums werden rechts präsentiert.

Über den (ausgeblendeten) Menü-Taster links neben dem Home-Taster erreichen Sie diese Punkte:

- **Album/Gruppe auswählen,**
um diese dann zu Teilen.

- **Diashow**
Bilder von Google auf Ihr Smartphone laden

- **Anzuzeigender Inhalt**

- **Nach Geräten suchen / Geräte in der Nähe anzeigen**
Zeigt verfügbare Geräte in der Nähe an

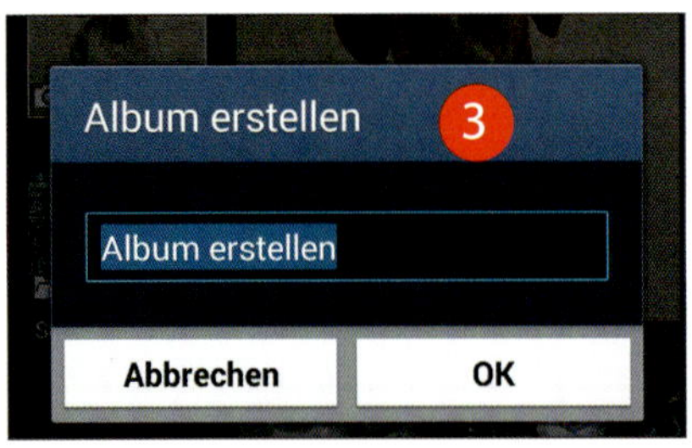

- **Einstellungen**
Hier finden Sie die Einstellungen für die Synchronisation mit Google und die Gesichtserkennung.

Tippen Sie auf ein Foto wird es bildschirmfüllend angezeigt, die Menüleiste am oberen Rand bietet diese Auswahl:

(6) Zurück zur Übersicht

(7) Andere Geräte suchen

(8) Foto teilen

(9) Foto per E-Mail verschicken

(10) Foto bearbeiten

(11) Foto löschen

Am unteren Rand sehen Sie eine Übersicht (12) der Bilder aus diesem Ordner.

Sind die Bearbeitungssymbole verschwunden?
Ein kurzer Tipp auf den Bildschirm bringt sie wieder zurück.

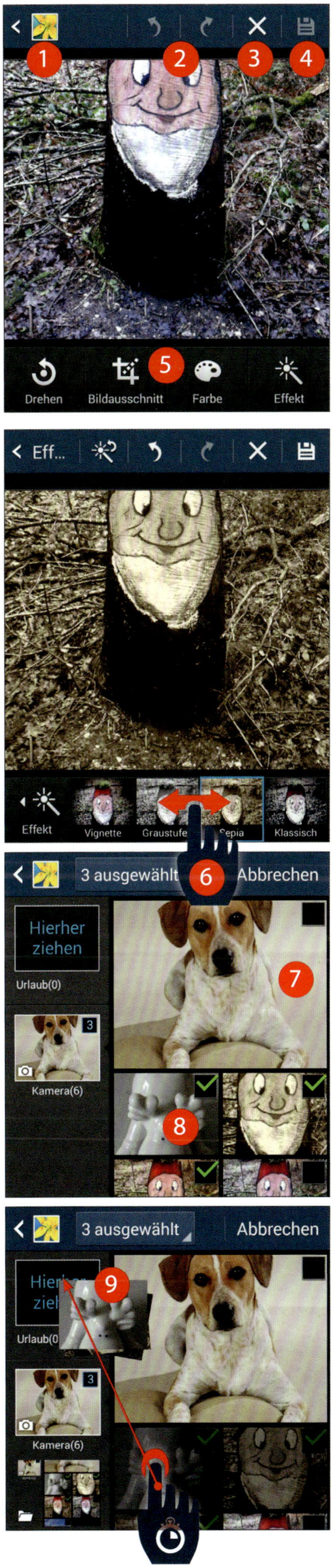

Fotos bearbeiten

Im Bearbeitungsmodus ist das Fenster dreigeteilt: Oben die Menüleiste mit:

(1) Zurück zur Übersicht

(2) Bearbeitung vor und zurück

(3) Bearbeitung beenden

(4) Bild (als Kopie) sichern

In der Mitte ist das Bild selbst zu sehen.

Ganz unten die Effektleiste (5) mit den 4 Hauptgruppen: Drehen • Bildausschnitt • Farbe • Effekt. Beim Aktivieren eines Effekts zeigt diese Leiste die mögliche Auswahl (6). Die Bildbearbeitung selbst ist einfach und verständlich dargestellt.

Fotos verschieben

Tippen Sie in der Übersicht auf das Ordner-Symbol mit dem +, dann können Sie einen neuen Ordner anlegen > Namen eingeben (z. B. Urlaub) >> mit **OK** bestätigen >>> die Oberfläche zeigt den neuen Ordner an und wechselt in den Auswahl-Modus (7). Wählen Sie jetzt mit einem Tippen ein oder mehrere Fotos (8) aus dem aktuellen Ordner aus. Legen Sie dann den Finger auf eins der Fotos, warten Sie einen Moment und schieben (9) dann alle gemeinsam in den neuen Ordner. Bestätigen Sie die Aktion oben rechts mit **Fertig**. Jetzt erhalten Sie noch die Wahlmöglichkeit zwischen **Verschieben** (= Fotos verschwinden aus dem alten Ordner) und **Kopieren** (= Fotos sind in beiden Ordnern) - fertig.

TIPP:

Bei der Einzelbilddarstellung gibt es noch ein umfangreiches Menü (10) (links neben der Home-Taste). Unter anderem können Sie hier:

- ein Foto als Favorit markieren
- eine Notiz auf die „Rückseite" des Fotos schreiben
- das Foto umbenennen
- schnelle Bearbeitungen ausführen
- Foto als Bildschirmhintergrund einstellen
- Details zum Foto aufrufen

Navigation

Wäre es nicht großartig, wenn Sie überall auf der Welt ganz einfach feststellen könnten, wo Sie gerade sind? Und ein persönlicher Assistent Sie sicher zu Ihrem Ziel führt?
Nun, moderne Technik mit Ortung über GPS-Satelliten macht genau das möglich.

Mit Maps können Sie auch ganz einfach fremde Orte besuchen und Ihren nächsten Urlaub planen.

Beim ersten Start müssen Sie das System einmalig konfigurieren und einige Einstellungen vornehmen. Dazu gehören unter anderem:

- Akzeptieren der Nutzungsbedingungen und der Datenschutzerklärung.
- Aktivieren des Webprotokolls mit Suchverlauf.
- Freigabe der Ortungsdienste mit hoher Genauigkeit.

Haben Sie alle Abfragen bestätigt, sehen Sie die große Übersicht von Deutschland und folgende Elemente:

(1) Eingabezeile für die Suche.

(2) Start der Navigation.

(3) Persönliches Menü / Spracheingabe.

(4) Menü öffnen.

(5) Aktuellen Standort anzeigen.

Erster Start: Tippen Sie auf das Standortsymbol. Die Karte wird dann immer mehr vergrößert, bis Ihr aktueller Standort (blaue Stecknadel) und die Umgebung angezeigt wird.

Bei Ihnen tut sich nichts?
Dann fehlt Ihnen vermutlich noch eine Freigabe bzw. eine bestimmte Einstellung. Öffnen Sie die App Einstellungen > dann den Eintrag Standort > tippen dort auf Modus > und wählen dann **Hohe Genauigkeit**.
Wechseln Sie dann zurück zu Maps und tippen nochmals auf das Standort-Symbol.
Immer noch nichts? Beenden Sie in so einem Fall bitte die Maps-App und starten Sie sie neu.

WICHTIG:
Suche und Navigation benötigen immer eine aktive Internetverbindung. Auch gespeicherte Karten. Achten Sie auf die Roamingkosten!

Über das Menü am linken unteren Rand passen Sie die Anzeige an:

- **Meine Orte**

Das ist der Zugang zu Ihrem persönlichen Bereich:

• Gespeicherte Orte
• Zuletzt aufgerufene Orte
• Offlinekarten

- **Verkehrslage / Öffentliche Verkehrsmittel / Fahrrad / Satellit / Gelände**

- **Google Earth**

Öffnet die 3D-Weltansicht.

- **Einstellungen**

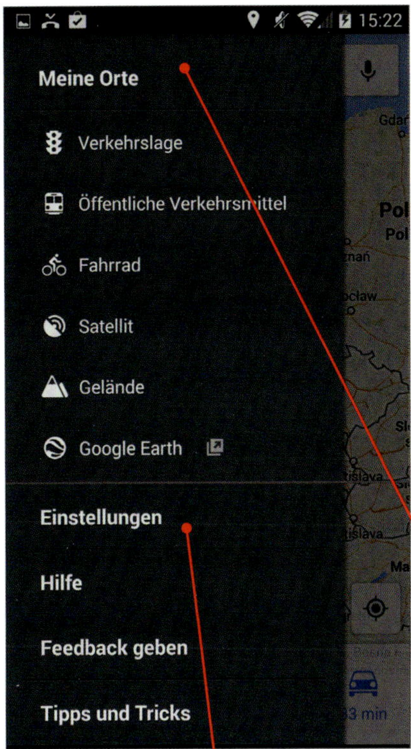

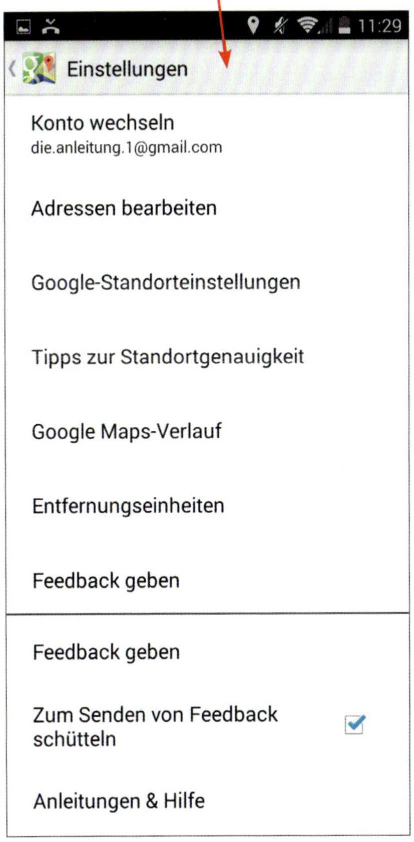

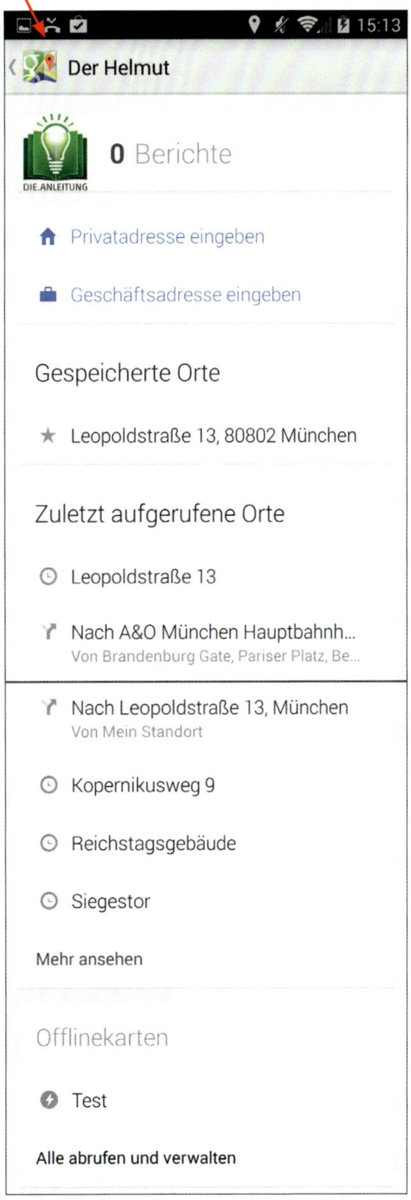

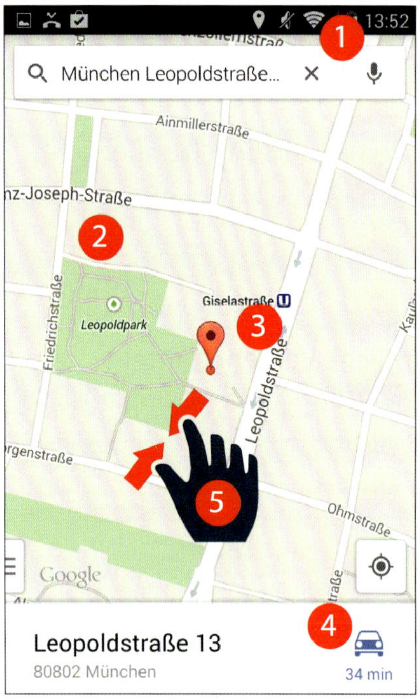

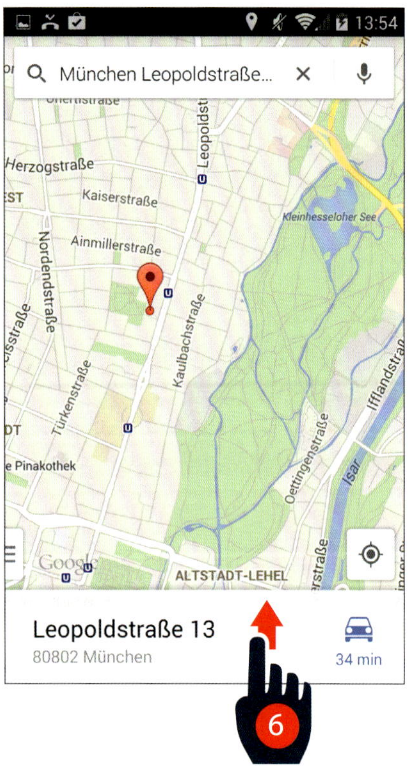

Als nächstes geben Sie die Adresse von Bekannten ein. In unserem Beispiel wohnen sie in München, Leopoldstraße 13 – tolle Adresse.
Tippen Sie dazu auf die Spracheingabe (1) und sagen Sie klar und deutlich die Adresse. Es dauert einen kurzen Moment, die Adresse wird eingetragen und das Ergebnis dargestellt (2).
Sie können die Adresse natürlich auch per Hand eingeben, aber gerade hier leistet die Spracheingabe gute Dienste und ist deutlich schneller.

In der Darstellung sehen Sie eine Straßenkarte mit einer roten Stecknadel – das Ziel (3). Am unteren Rand, in der rechten Ecke, sehen Sie die Fahrzeit mit einem Auto von Ihrem Standort aus (4).

Verkleinern Sie jetzt die Karte, um eine bessere Übersicht zu erhalten. Legen Sie dazu 2 gespreizte Finger auf den Bildschirm und ziehen dann die Finger zusammen (5). Gleichzeitig mit dieser Bewegung wird auch die Anzeige verkleinert.

Als nächstes legen Sie einen Finger auf den weißen Streifen am unteren Rand und schieben ihn nach oben (6). Es öffnet sich ein Fenster (7) mit einigen Extra-Informationen zur Adresse. Mit einem Tipp auf den Stern (8) speichern Sie die Adresse zur späteren Wiederverwendung.
Hier können Sie auch den Kartenausschnitt speichern. Eine nützliche Funktion, wenn Sie im Ausland unterwegs sind und keine hohen Roamingkosten zahlen möchten. **Hinweis**: Suche und Navigation ist mit gespeicherten Karten nicht möglich.

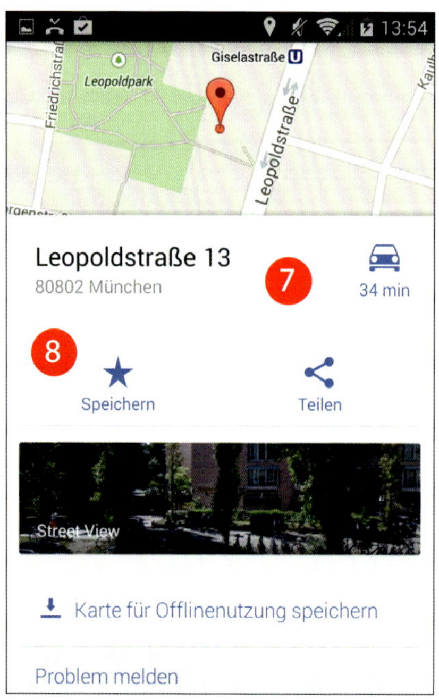

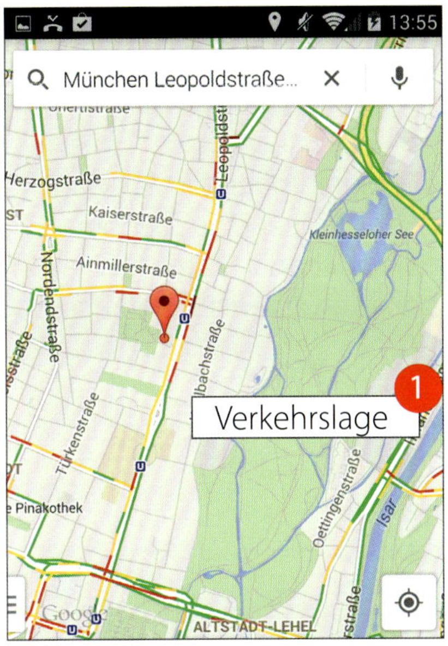

Über das Menü links können Sie die den Inhalt und die Art der Anzeige noch verändern:

(1) Straßenansicht mit aktueller Verkehrslage

(2) Straßenansicht mit öffentlichen Verkehrsmitteln

(3) Anzeige der Radwege

(4) Satellitenanzeige (1)

(5) Satellitenanzeige vergrößert (2)

Selbstverständlich können Sie alle Ansichten mit der 2-Finger-Technik vergrößern und verkleinern.

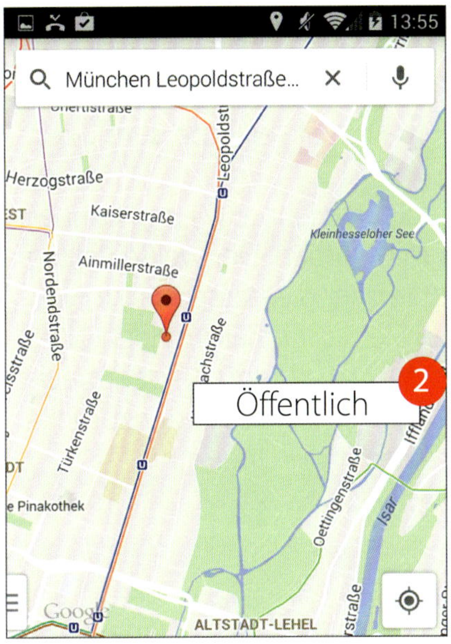

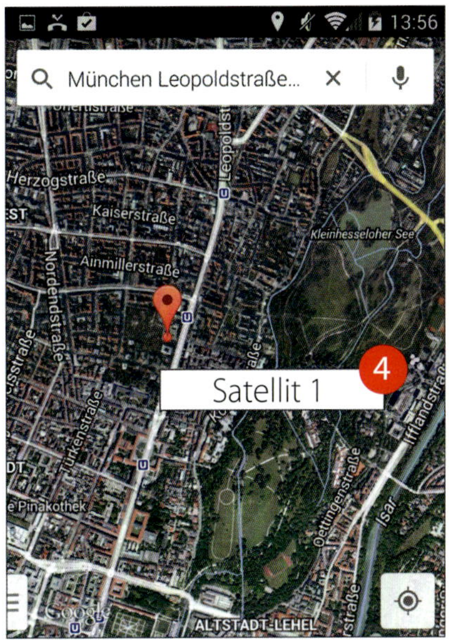

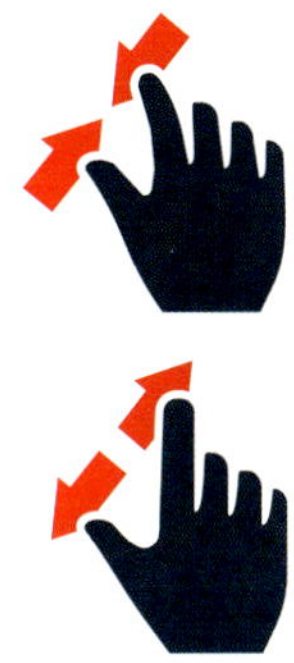

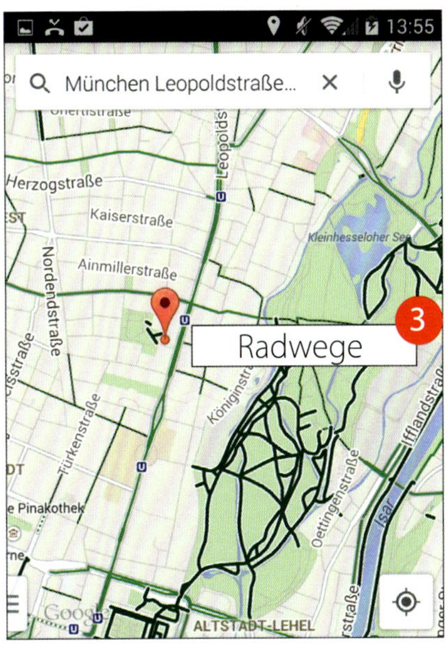

APPS

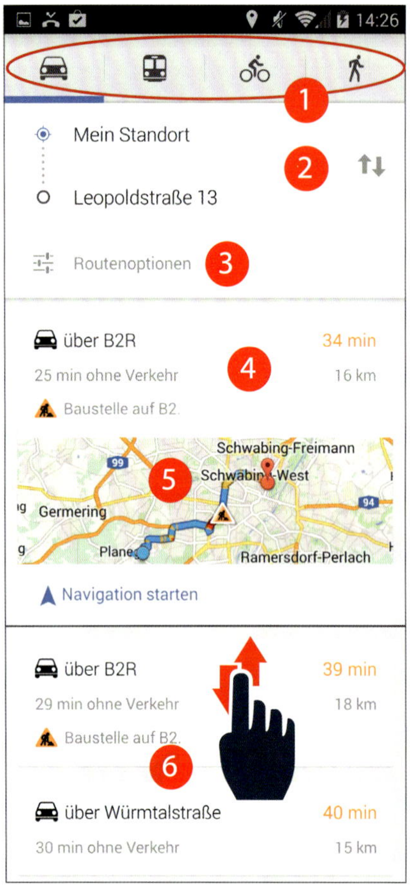

Mit einem Tipp auf das Auto-Symbol startet die Berechnung der Fahrstrecke von Ihrem aktuellen Standort zur gerade eingegebenen Adresse.

Die obere Menüleiste (1) bietet Ihnen die Auswahl zwischen Auto, Nahverkehr, Rad und Fußgänger. Gleich darunter sehen Sie noch mal Start und Ziel (2), die Sie mit einem Tipp auf die gegenläufigen Pfeile auch wechseln können.

Bei den Routenoptionen (3) gibt es folgende Einstellmöglichkeiten:

- Autobahnen vermeiden
- Mautstraßen vermeiden
- Fähren vermeiden

Als nächstes wird die schnellste Route (4) mit einigen Details angezeigt. Dann folgt die Übersichtskarte (5) und zwei alternative Routen (6). Tippen Sie jetzt ein mal auf die Karte (5), erhalten Sie eine bessere Übersicht über die Strecke.
Alle drei Varianten sind eingezeichnet (7) und können zum Vergleich angewählt werden. Der weiße Balken am unteren Ende zeigt immer die passenden Informationen an. Schieben Sie diesen Balken nach oben (8) wird eine tabellarische Darstellung (9) der Strecke angezeigt. Schieben Sie die Anzeige wieder zurück nach unten sehen Sie wieder die Übersicht.

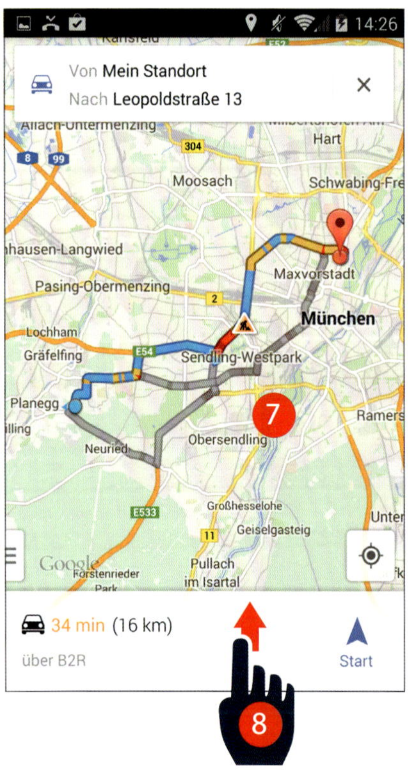

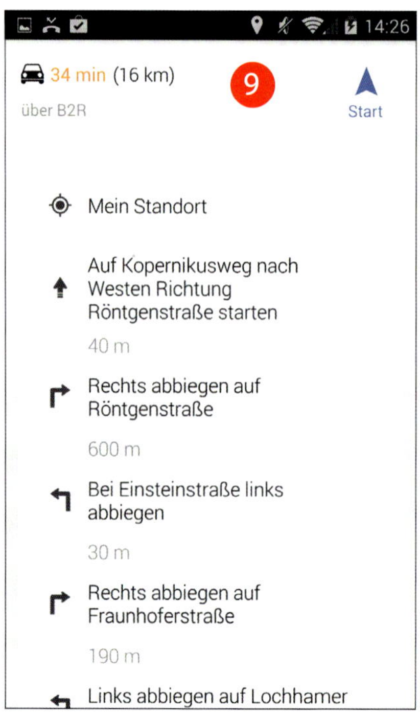

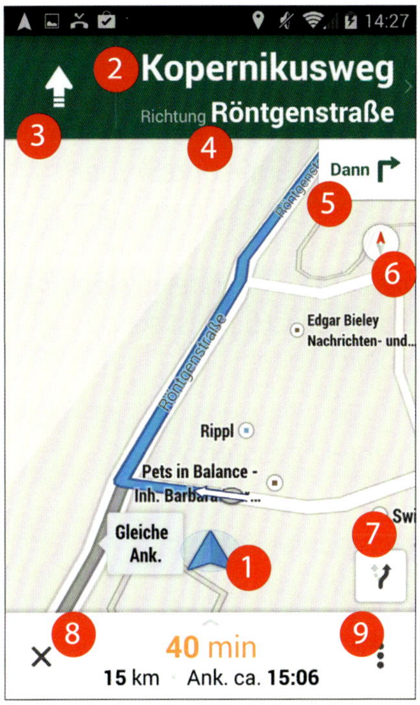

Wählen Sie die gewünschte Route und tippen dann auf Start. Jetzt zeigt der Bildschirm die eigentliche Navigation:

(1) Ihr Fahrzeug (blauer Pfeil)

(2) Die Straße in der Sie sich gerade befinden

(3) Die geplante Fahrtrichtung

(4) Name der nächste Straße

(5) Demnächst rechts abbiegen

(6) Oben in der Darstellung ist Norden

(7) Zurück zur Übersicht mit den Alternativen

(8) Ein Tipp auf das ⊗ beendet die Navigation

(9) Menü ⋮ rechts unten:
- Alternative Routen
- Sprachführung deaktivieren
- Verkehr anzeigen
- Satellit anzeigen

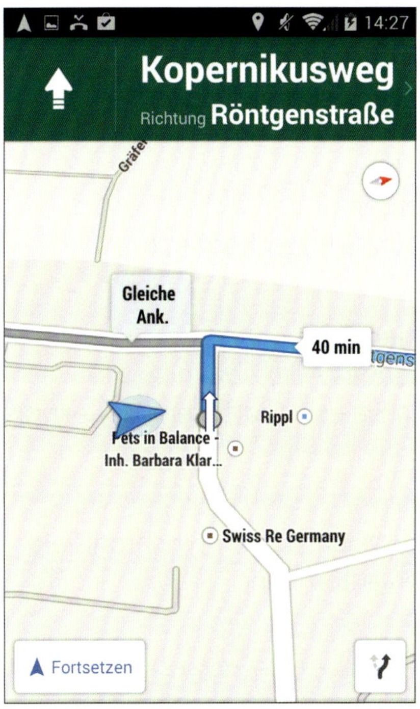

Karte in Fahrtrichtung

In der Grundeinstellung ist die Darstellung der Karte genordet, das bedeutet, sie ist relativ statisch und bewegt sich nicht gemäß Ihrer Fahrtrichtung.

Um das zu ändern, tippen Sie erst auf den Kompass (6) und dann auf den Fahrtrichtungspfeil (3). Die Ausrichtung der Anzeige folgt jetzt dem Fahrverlauf, Sie fahren auf der Karte immer nach oben.
Das macht die Darstellung allerdings etwas „nervös", da sich der Inhalt relativ oft ändert.

Welcher Modus für Sie besser passt, müssen Sie einfach ausprobieren.

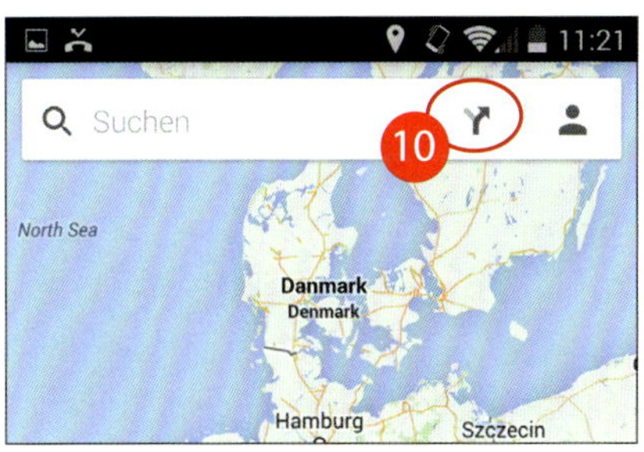

Start-Ziel-Eingabe

Eine Route, die unabhängig von Ihrem Standort ist, können Sie in der Übersicht über das Kreuzung-Symbol (10) aufrufen und dann Start und Ziel eingeben.

TIPP:
Kaufen Sie sich eine gute Halterung mit Ladefunktion für Ihr Auto und lassen Sie die App am Anfang einfach mitlaufen. Dann gewöhnen Sie sich schnell an die Anzeige.
Gleiches gilt für die Navigation: Nutzen Sie diese Funktion auch für bekannte Wege.

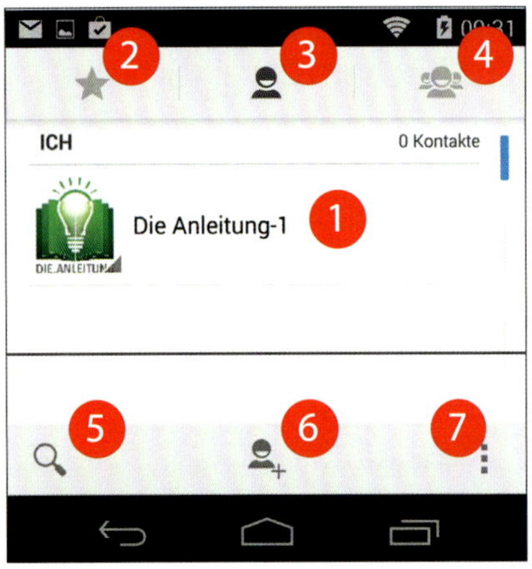

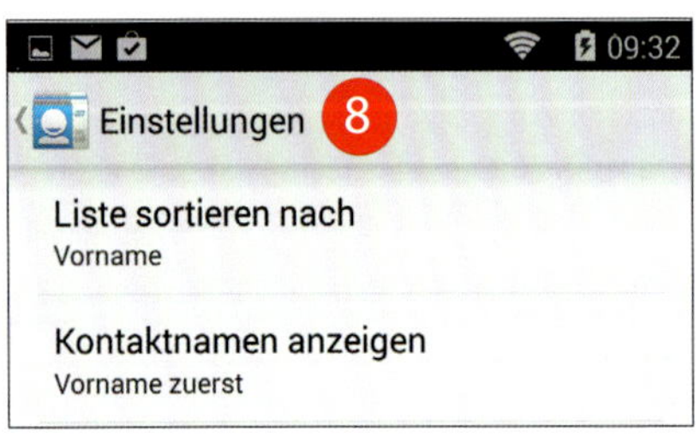

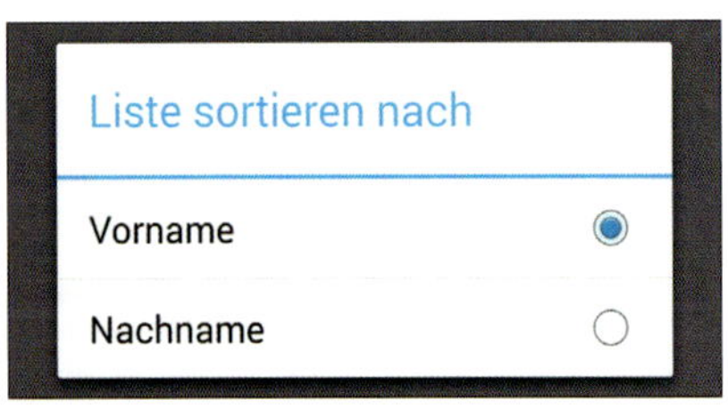

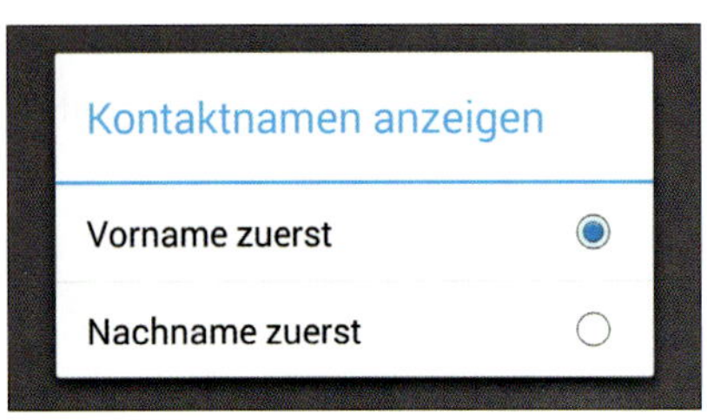

Die Kontakte App ist ein modernes Adressbuch, mit vielen Möglichkeiten zum Organisieren all der Daten Ihrer Freunde, Familie, Verwandten und auch Geschäftskollegen. Zusätzlich zu den Adressdaten können Sie auch Geburtstage, SMS- und Skype-Infos und viele andere, personenbezogene Daten speichern.
Beim ersten Start ist das Fenster noch relativ leer, lediglich Ihre eigene Adresse (ICH) (1) ist schon eingetragen. Bedienmöglichkeiten:

(2) Favoriten
Hier sehen Sie die Liste Ihrer Favoriten.

(3) Person
Alphabetisch sortierte Liste Ihrer Kontakte

(4) Gruppe
Anzeige der Kontaktgruppen

(5) Suchfunktion

(6) Neuen Kontakt erstellen
In der Anzeige der Kontaktgruppen ist hier das Symbol für das Erstellen einer neuen Gruppe.

(7) **Menü**

- **Kontakte zum Anzeigen**
Hier könnten Sie die Anzeige der Kontakte einschränken >> ALLE

- **Importieren/Exportieren**
Haben Sie ein bestehendes Adressbuch im vCard-Format, können Sie es importieren bzw. exportieren.

- **Konten**
Damit bestimmen Sie, welche Daten synchronisiert werden >> App-Daten autom.sync.

(8) **Einstellungen**
für die Sortierung der Adressdaten. Diesen Menüpunkt öffnen Sie jetzt gleich mit einem Tipp >> dann sehen Sie zwei weitere Auswahlpunkte:

- **Liste sortieren nach**
Bitte mit einem Tipp umstellen auf Nachname.

- **Kontaktnamen anzeigen**
Bitte mit einem Tipp auf Nachname zuerst.

Damit haben Sie von Anfang an die in Europa gängige Sortierung und Anzeige nach dem Nachnamen eingestellt.

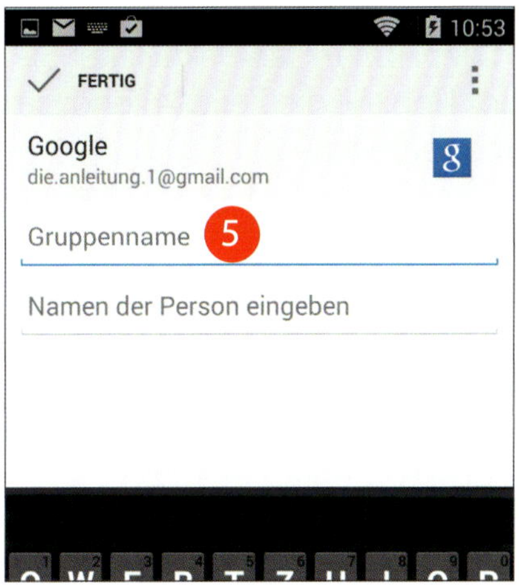

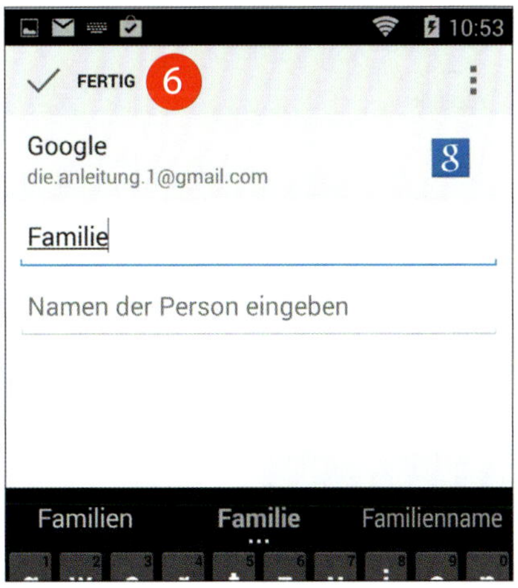

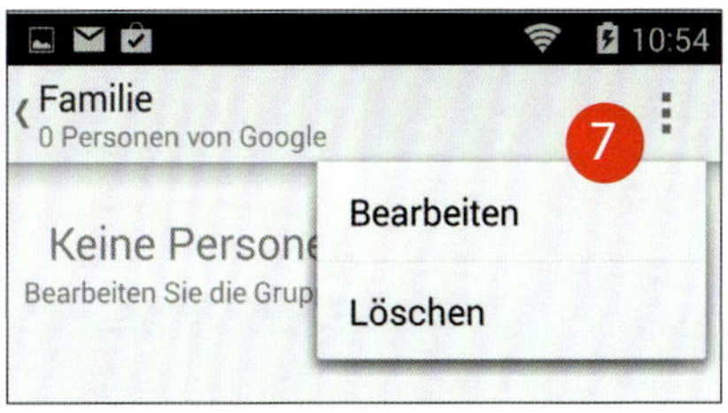

Ordner/Gruppen anlegen

Bei vielen Adressen geht schnell der Überblick verloren, da bietet sich eine Sortierung in einzelnen Ordnern (= Gruppen) an. Wenn Sie das gleich von Anfang an machen, haben Sie später deutlich weniger Arbeit beim Sortieren.
Gehen Sie dazu in die Anzeige der Gruppen (1).

In diesem Fenster sehen Sie als Titelzeile das übergeordnete Konto (2). Darunter sind schon 3 Gruppen (3) angelegt, die Sie leider nicht bearbeiten und auch nicht löschen können.

Aber Sie können neue Gruppen anlegen: Tippen Sie dazu in der Gruppenansicht auf das Neue-Gruppe-Symbol (4) unten in der Mitte. Geben Sie dann in dem Fenster einen Namen (5) für die Gruppe ein und bestätigen Sie die Eingabe mit einem Tipp auf Fertig (6).

ÜBUNG:

Legen Sie jetzt gleich die Gruppen für Familie, Firma, Freunde und Sport an. Ihre Gruppenliste sollte dann so oder so ähnlich aussehen.

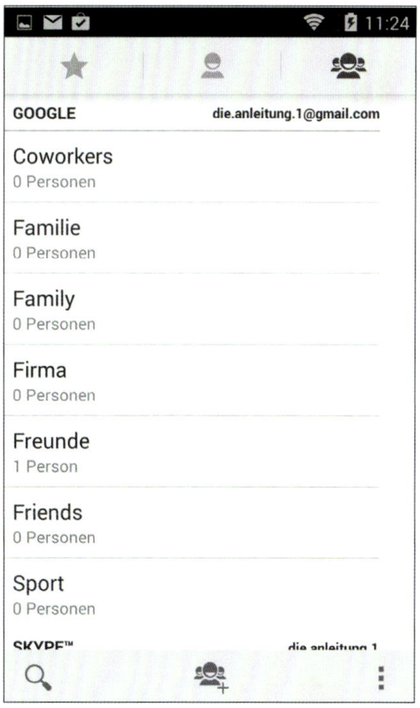

Nachträgliche Änderungen an einer Gruppe können Sie über das Menü (7) vornehmen.

APPS

Eine neue Adresse anlegen

Mit einem Tipp auf das kleine Männchen mit dem +-Zeichen öffnen Sie das Eingabefenster für einen neuen Kontakt und die Tastatur. Geben Sie hier der Reihe nach die Daten zu diesem neuen Kontakt ein.

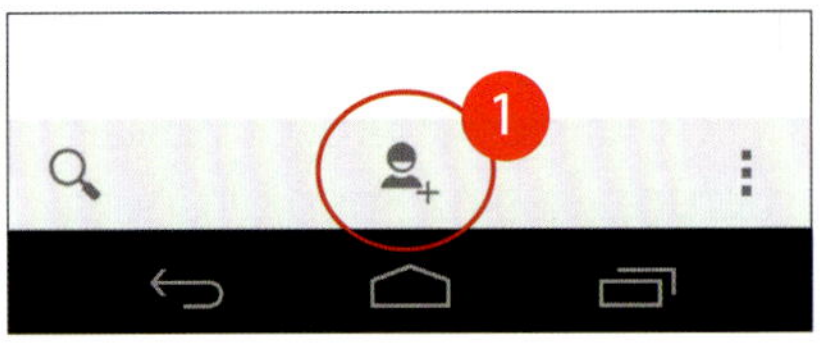

TIPP:
Öffnen Sie mit einem Tipp auf den kleinen Pfeil (2) die erweiterte Eingabe (3) für den Namen:

- Namenspräfix
Zum Beispiel: Herr / Frau / Dr. / Prof.

- Vorname / Zweiter Vorname / Nachname

- Namenssuffix
Zum Beispiel: Junior

Unternehmen hinzufügen

Ist dieser Kontakt eine Firma oder möchten Sie die Firma angeben, bei der dieser Kontakt arbeitet? Und sogar seine Position in der Firma? Dann aktivieren Sie diesen Punkt mit einem Tipp auf die Zeile (4) und Sie erhalten zwei neue Eingabezeilen.

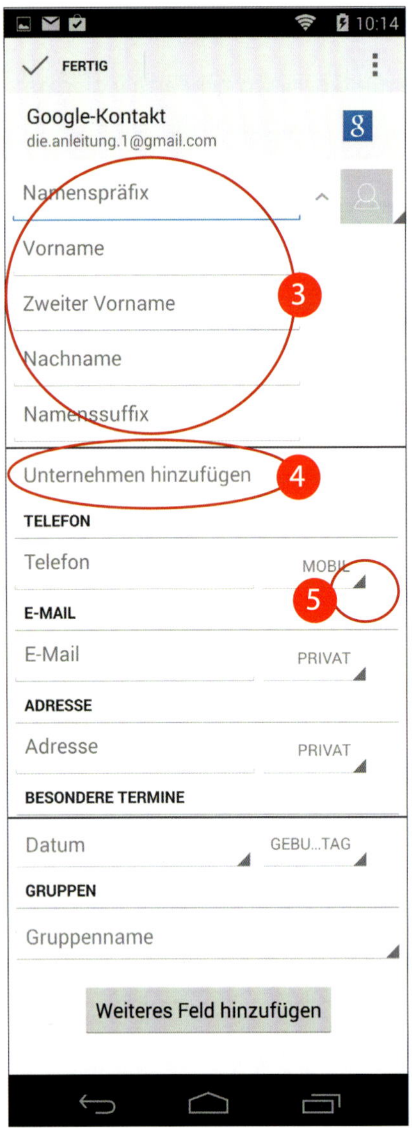

Beschriftung der Felder
Mit einem Tipp auf das kleine Dreieck (5) bei den Eingabefeldern öffnet sich ein Menü (6), in dem Sie die Beschriftung (= Name/Label) des Feldes ändern können. Ist nicht das Passende dabei, wählen Sie Benutzerdefiniert (7) und vergeben Sie einen eigenen Namen für das Feld.

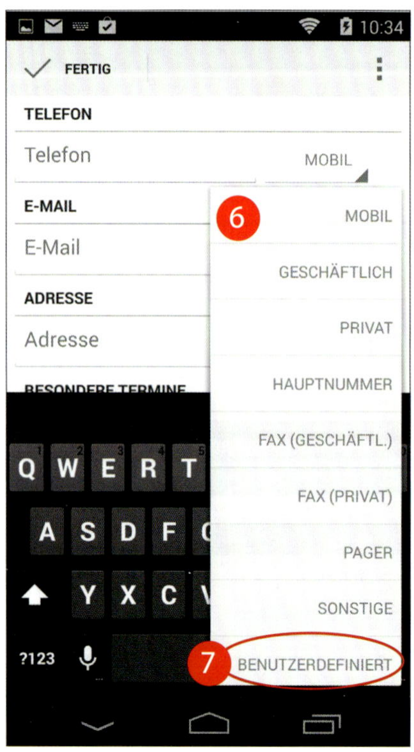

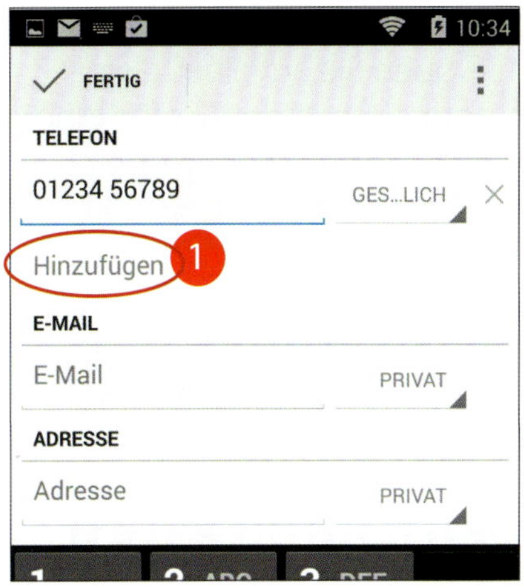

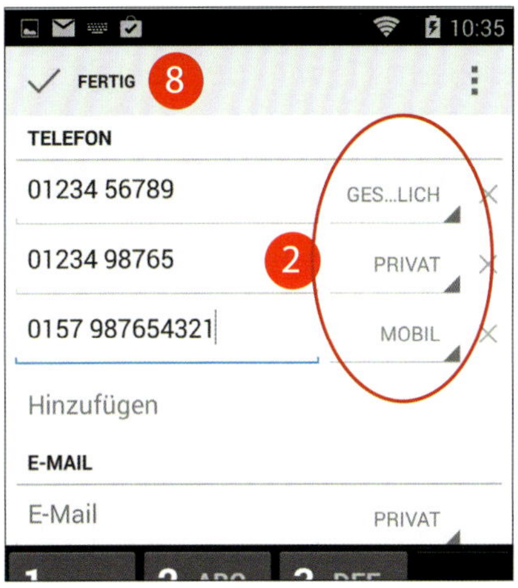

Während Sie bei einer Zeile (Beispiel: Telefon) die Daten eingeben, erscheint darunter automatisch die Anzeige **Hinzufügen** (1). Damit können Sie nach der Eingabe der ersten Zeile noch eine weitere in dieser Datengruppe eingeben. In unserem Beispiel die Telefonnummern Geschäftlich, Privat und Mobil (2).

Bei dem Feld **Besondere Termine** erscheint ein neues Fenster (3), bei dem Sie durch Verschieben der Felder das richtige Datum auswählen.

Am Ende der Eingabe finden Sie den Punkt **Gruppen** (4). Gut, wenn Sie vorher schon Gruppen erstellt haben, dann können Sie den neuen Kontakt gleich richtig einsortieren. Tippen Sie dazu auf **Gruppenname** (5) und wählen Sie dann die gewünschte(n) Gruppe(n) aus (6).

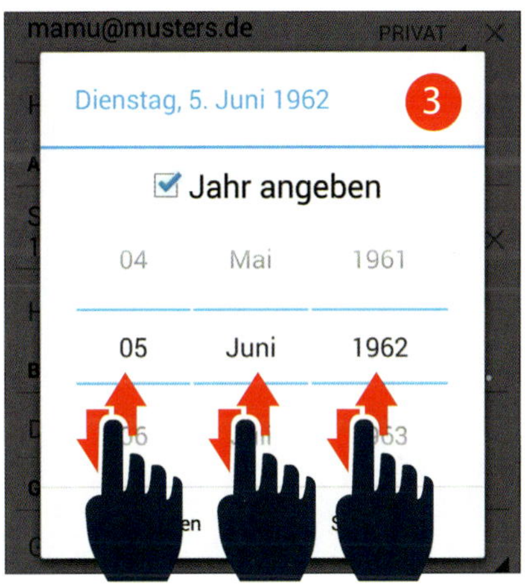

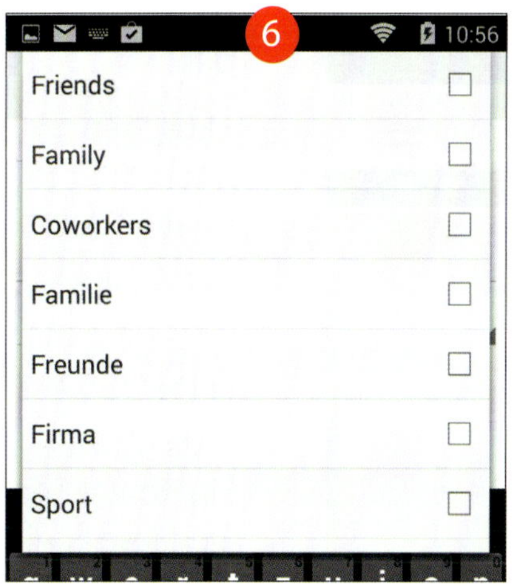

Komplett eigene Felder können Sie über die Schaltfläche **Weiteres Feld hinzufügen** (7) generieren. Mit einem Tipp auf **Fertig** (8) schließen Sie die Eingabe ab. Im nächsten Fenster sehen Sie dann die Übersicht der Kontaktdaten. Tippen Sie auf das Logo (9) können Sie dem Kontakt gleich ein bestehendes Bild zuweisen oder ein neues Foto machen (10).

Herzlichen Glückwunsch, Sie haben gerade einen wichtigen Baustein für eine erfolgreiche Kommunikation gelegt.

Direkt aus dem Kontakt heraus können Sie eine Verbindung herstellen. Tippen Sie auf eine Telefonnummer, wird diese automatisch in der Telefon-App angewählt. Mit einem Tipp auf das Brief-Symbol startet Hangouts und Sie können sofort eine SMS verschicken.

Tippen Sie auf die E-Mail-Adresse, öffnet sich die E-Mail-App. Mit einem Tipp auf die Adresse wird sie in Google Maps angezeigt.

Sie sehen, eine gut gepflegte Adressdatenbank ist die Grundlage für Ihre komplette Kommunikation.

Mit einem Tipp auf den Stern (1) wird der Kontakt Ihren Favoriten hinzugefügt.

Weitere Einstellungen/Änderungen
Über das Menü (2) in der Kontaktansicht können Sie noch weitere Einstellungen vornehmen:

- Bearbeiten
Damit können Sie nachträglich Änderungen an den Kontaktdaten vornehmen.

- Teilen
Die kompletten Kontaktdaten können Sie damit im standardisierten vCard-Format an andere weitergeben.

- Löschen
Nach einer Sicherheitsabfrage wird der Kontakt komplett gelöscht.

- Klingeltonwahl
Hier können Sie dem Kontakt einen Klingelton zuweisen.

- Alle Anrufe an die Mailbox
Ein Kontakt nervt Sie mit Anrufen? Dann aktivieren Sie diese Funktion und sie haben zukünftig Ruhe: Alle Anrufe werden automatisch an Ihre Mailbox weitergeleitet.

- Auf Startbildschirm platzieren
Mit einem Tipp auf diese Zeile wird auf Ihrem Startbildschirm eine Verknüpfung zu diesem Kontakt abgelegt. Das funktioniert in der Praxis nur für einzelne Kontakte, ansonsten wird es sehr schnell unübersichtlich am Bildschirm.
Die bessere Alternative ist es, diesen Kontakt der Favoritenliste hinzuzufügen.

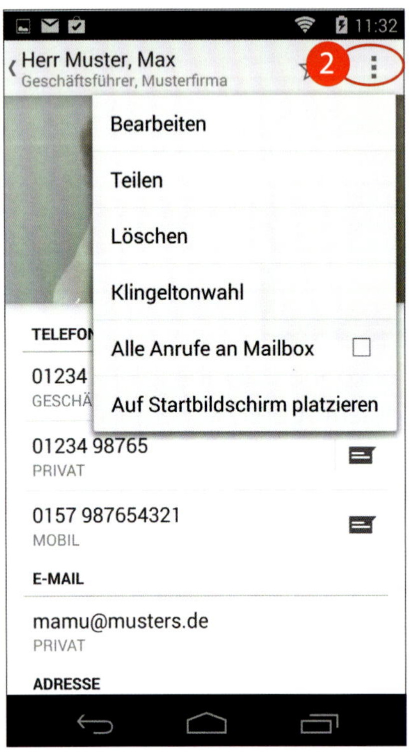

Ein persönliches Foto

erleichtert die Kommunikation. Das muss ja nicht gleich ein Portrait sein, aber vielleicht ein kleines Bild, das Ihnen gut gefällt und mit dem Sie sich bei anderen präsentieren möchten.

Tippen Sie dazu auf den ICH-Eintrag (1) in der Kontaktliste, öffnen Sie im neuen Fenster das Menü ⋮ (2) und wählen dort den Eintrag **Bearbeiten** (3).
Jetzt sehen Sie eine Übersicht von Ihrem Profil (4). Unter anderem das Profilfoto (5). Mit einem Tipp auf das leere Feld bzw. ein vorhandenes Foto öffnet sich das Menü zur Bildauswahl (6).
Navigieren Sie zu dem gewünschten Bild, passen Sie es auf die richtige Größe an und bestätigen Sie Ihre Auswahl mit **Fertig**.

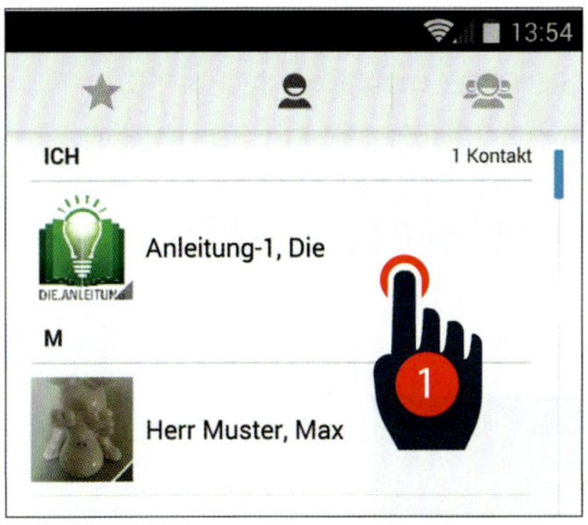

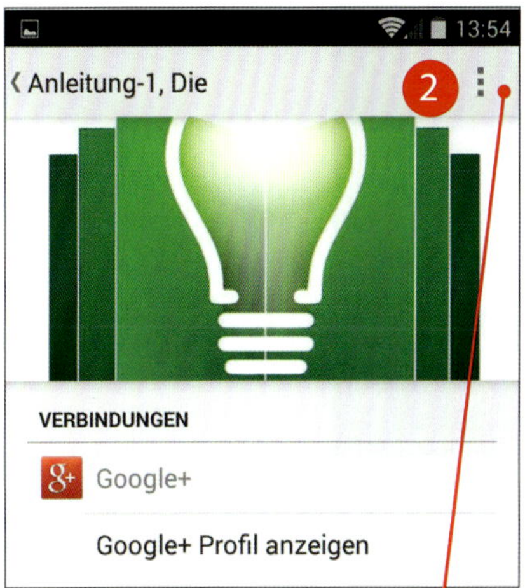

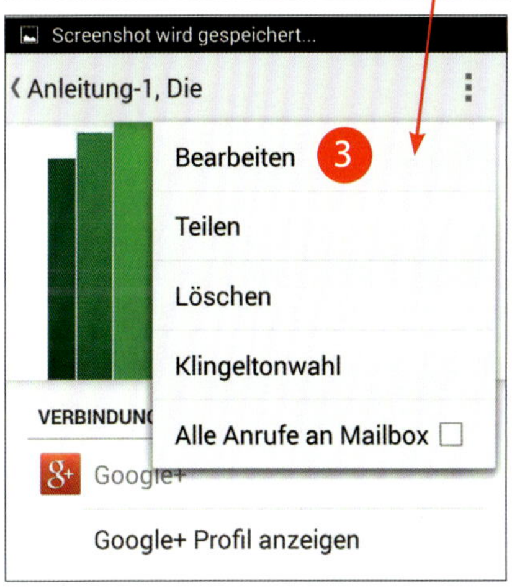

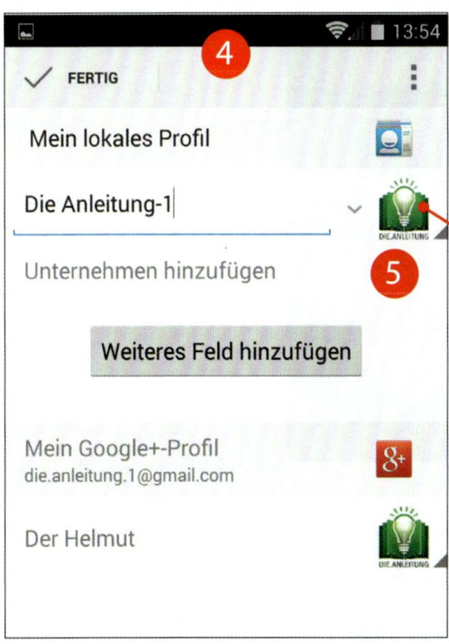

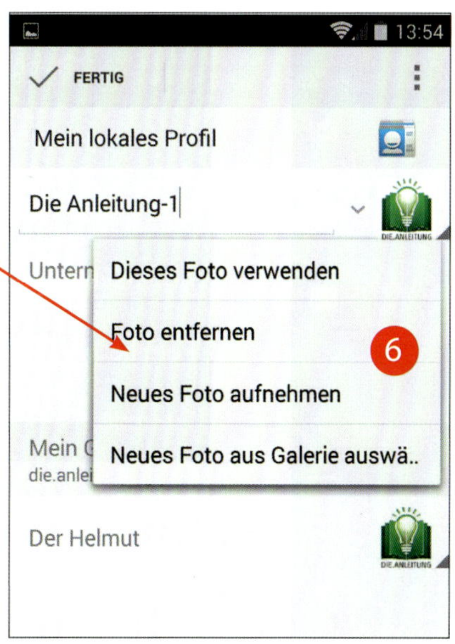

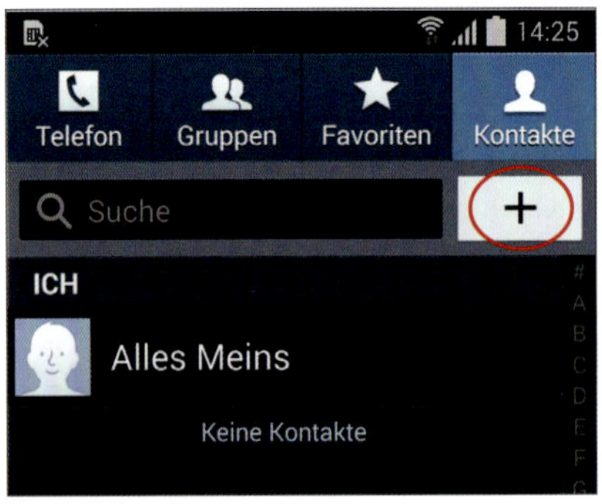

WICHTIG:
Am Anfang erhalten Sie eine Abfrage, wo Sie die Adressdaten speichern möchten: Lokal auf Ihrem Smartphone oder in Ihrem Google-Konto.
Wählen Sie hier am besten Ihr Google-Konto, nur so können Sie die Daten später ganz einfach mit verschiedenen Geräten synchronisieren.

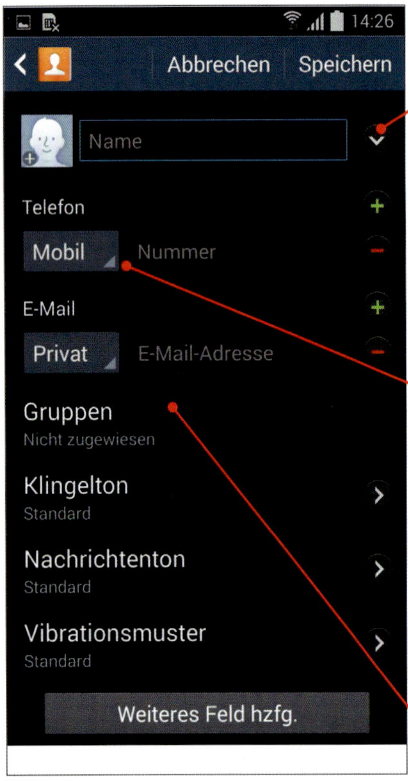

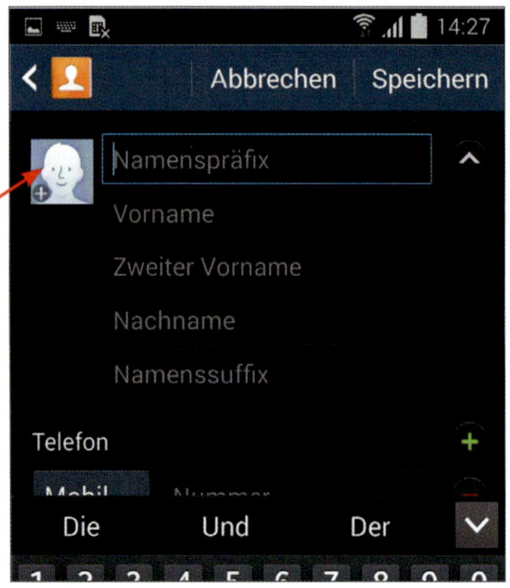

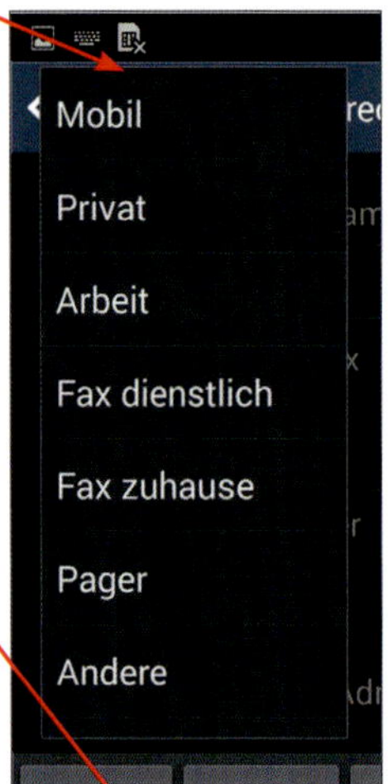

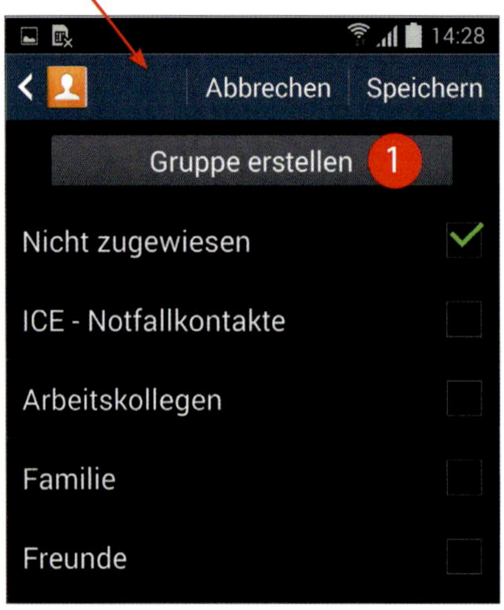

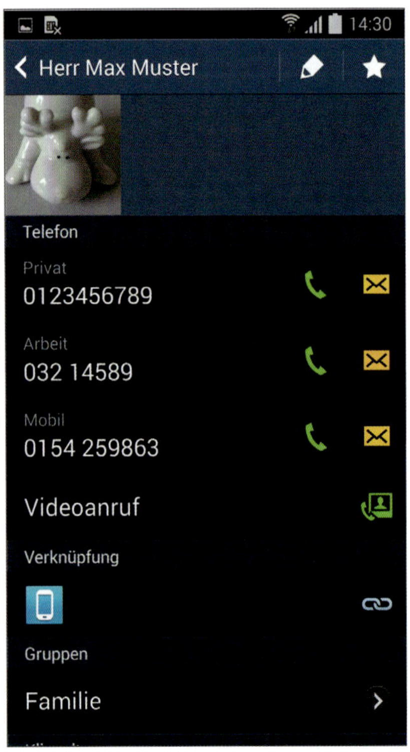

TIPP:
Schon während der Dateneingabe können Sie neue Gruppen erstellen (1).

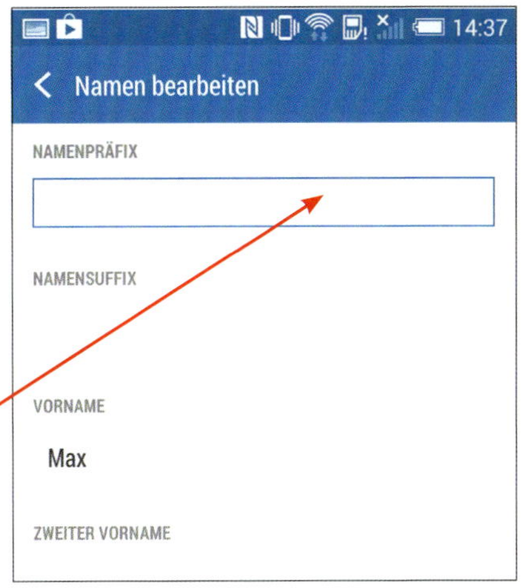

WICHTIG:
Kontakttyp (1) bezeichnet den Speicherplatz Ihrer Daten >> Google wählen
So können Sie die Daten ganz einfach am Computer nachbearbeiten.

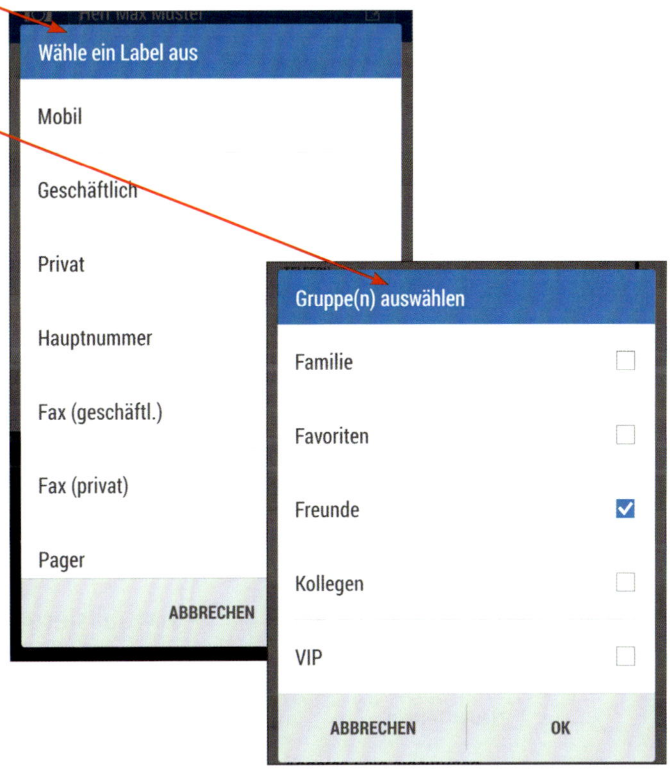

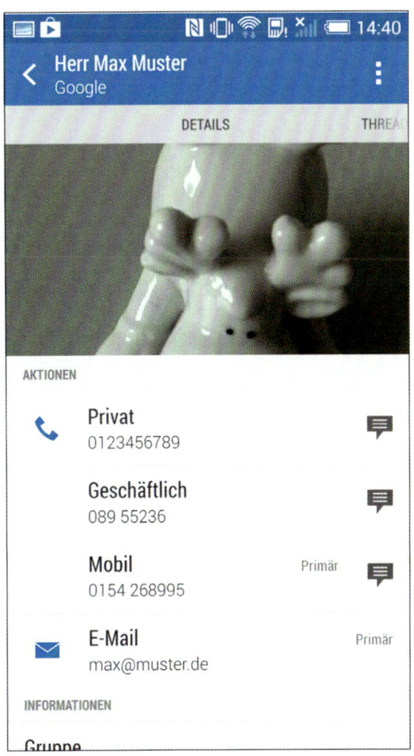

TIPP:
Die wichtigsten Gruppen vor der Dateneingabe erstellen.

APPS

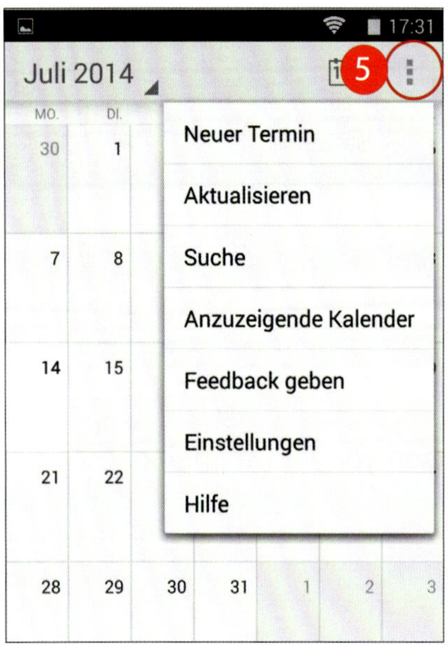

In der Kalender-App können Sie all Ihre Termine erfassen, verwalten und organisieren. Und schon bald werden Sie den Kalender nicht mehr missen möchten. Deshalb werden wir ihn später auch auf der Startseite platzieren, so haben Sie ihn immer im direkten Zugriff.

Beim ersten Start zeigt der Kalender die Monatsübersicht (1) an. Der aktuelle Tag ist weiß (2), der Monat hellgrau, die Monate davor und danach sind dunkelgrau. Oben in der Navigationsleiste wird der aktuelle Tag als Kalenderblatt (3) ebenfalls angezeigt.

Über das Menü links oben (4) können Sie umschalten zwischen:

- Tag
- Woche
- Monat
- Terminübersicht
Eine Listendarstellung Ihrer Termine

TIPP:
Zeigt der Kalender nach dem Umschalten das „falsche" Datum, kommen Sie mit einem Tipp auf das Kalenderblatt (3) immer zur Anzeige mit dem aktuellen Tag.

Das Hauptmenü ⋮ rechts oben (5) bietet Ihnen folgende Möglichkeiten:

- Neuer Termin
Mit einem Tipp darauf können Sie einen neuen Termin eingeben. Das geht aber auch einfacher, schauen Sie einfach auf die nächste Seite.
- Aktualisieren
Damit synchronisieren (= abgleichen) Sie den Kalender auf dem Gerät mit Ihren Daten bei Google. Das brauchen Sie nur, wenn Sie mit mehreren Geräten auf den gleichen Kalender zugreifen möchten.
- Suche
- Anzuzeigender Kalender
- Feedback geben
- Einstellungen
Details dazu auf der nächsten Seite.

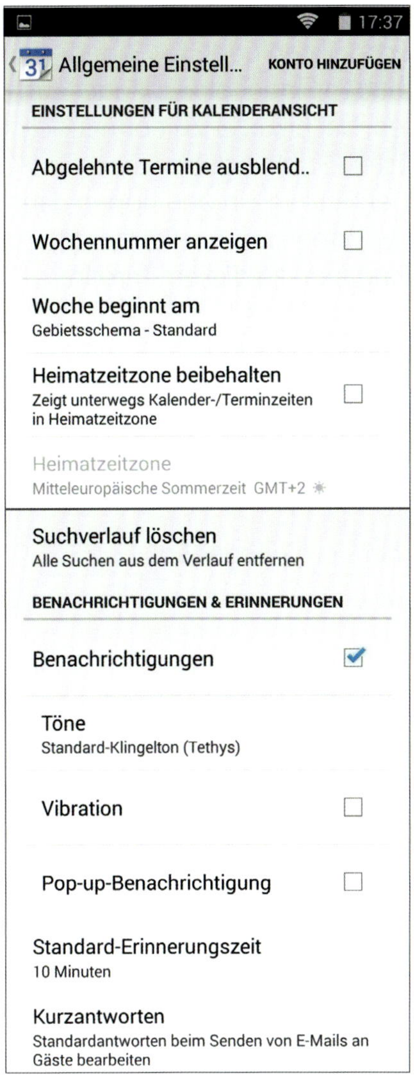

Grundlegende Einstellungen finden Sie im Menü ⋮ unter dem Punkt Einstellungen >> Allgemeine Einstellungen:

- Abgelehnte Termine ausblenden

- Wochennummer anzeigen
Damit können Sie die Anzeige der Kalenderwoche aktivieren.

- Woche beginnt am
Was ist der erste Tag der Woche? Hier können Sie es einstellen.

- Heimatzone beibehalten
Interessante Funktion für den Urlaub. Soll der Kalender die Heimatzeit anzeigen oder die tatsächliche Uhrzeit im Urlaubsort?

- Suchverlauf löschen
Wenn Sie oft nach Terminen suchen, können Sie hier den Verlauf löschen.

- Benachrichtigungen
Hier können Sie Töne, Vibration und Pop-up-Benachrichtigungen auf einmal abschalten.

- Töne
Mit welchem Ton wollen Sie erinnert werden? Auch keiner ist möglich.

- Vibration
Zusätzlich zum Ton können Sie es vibrieren lassen.

- Pop-up-Benachrichtigung
Und wenn Sie ganz sicher gehen wollen – oder als stumme Erinnerung – ein PopUp-Fenster am Bildschirm.

- Standard Erinnerungszeit
Eine passend vordefinierte Zeit erspart Ihnen bei neuen Terminen die Einstellarbeit.

- Kurzantworten
Vordefinierte Texte für Einladungen, die Sie hier anpassen können.

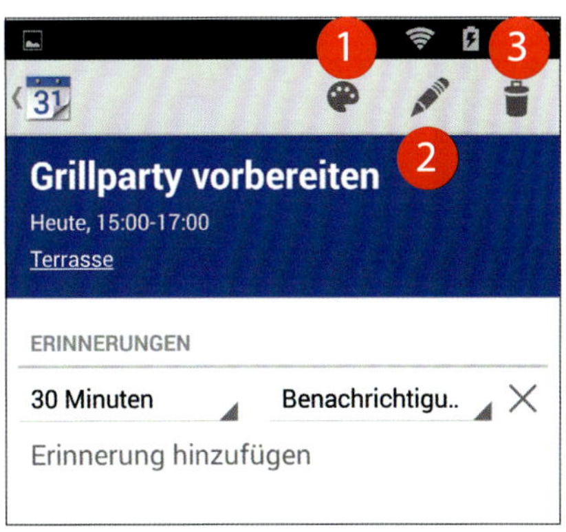

Einen Termin bearbeiten/löschen

Tippen Sie in der Listendarstellung auf einen Termin, öffnet sich das Übersichtsfenster. Über die Symbole in der Menüleiste können Sie:

(1) Die Farbe ändern

(2) Den Termin bearbeiten

(3) Den Termin löschen

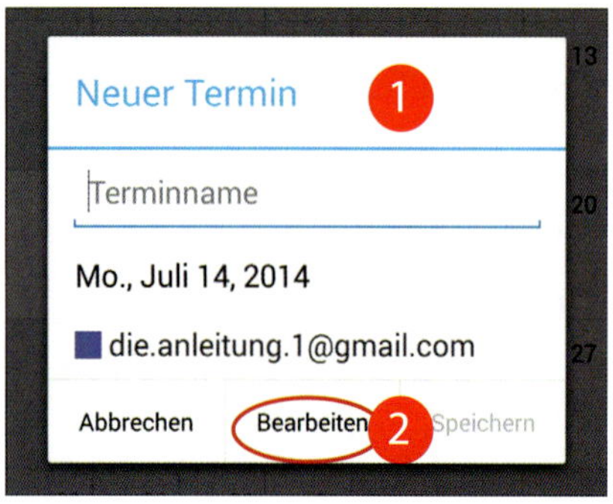

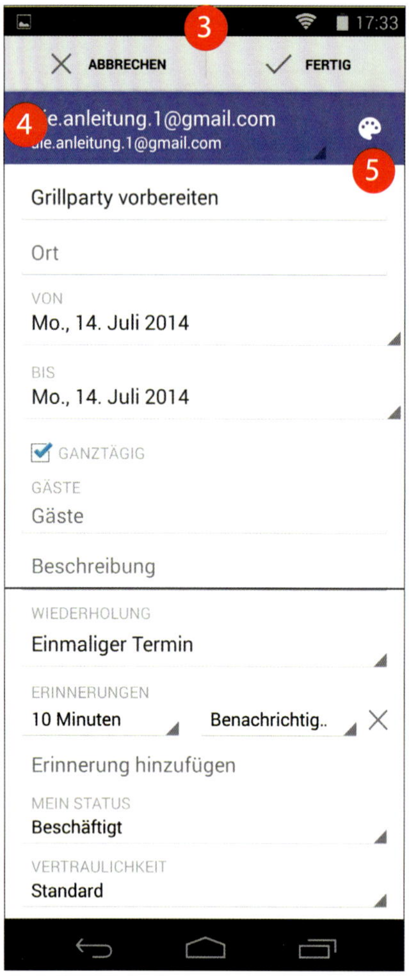

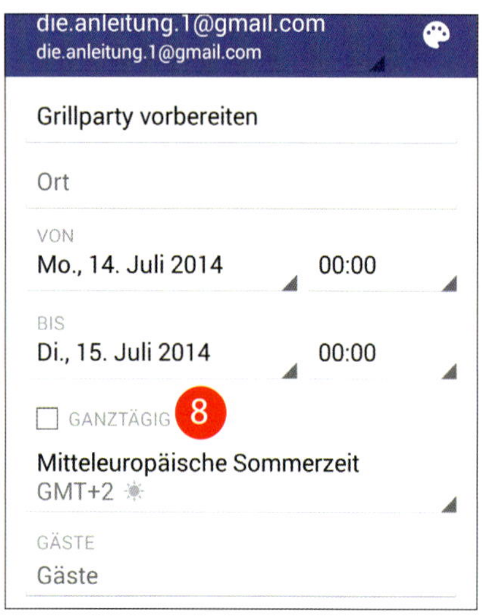

Neuen Termin eingeben

Am einfachsten und schnellsten geht das, indem Sie in der Monatsübersicht den Finger etwas länger auf einem Tag liegen lassen. Nach kurzer Zeit öffnet sich das Neuer Termin-Fenster (1). Dort geben Sie als erstes einen Namen für den Termin ein und tippen dann auf Bearbeiten (2). Jetzt öffnet sich ein Fenster (3) mit allen möglichen Eingaben zu diesem Termin:

Ganz oben sehen Sie das aktuelle Konto (4) mit dem der Kalender verbunden ist. Mit einem Tipp auf die Farbpalette (5), können Sie die Farbe für den Termin einstellen. So trennen Sie ganz einfach private und berufliche Termine.

- Name (haben Sie ja bereits eingegeben)

TIPP:
Es ist keine Tastatur zur Texteingabe zu sehen? Dann tippen Sie bitte einmal in eine Textzeile und die Tastatur wird eingeblendet.

- Ort

- Von - Bis (Uhrzeit bzw. Tag)
In einem neuen Fenster geben Sie durch Auswahl das Datum und durch Drehen an der Uhr die Uhrzeit ein – erst die Stunden (6), danach die Minuten (7).

- Ganztägig
Das ist die Standard-Einstellung. Wählen Sie das ab (8), ist auch die Stunden-Einstellung zu sehen.
HINWEIS: Nach dem Abwählen ist im Datum immer noch ein 2-tägiger Termin eingetragen! Sie müssen also ein Datum noch ändern.

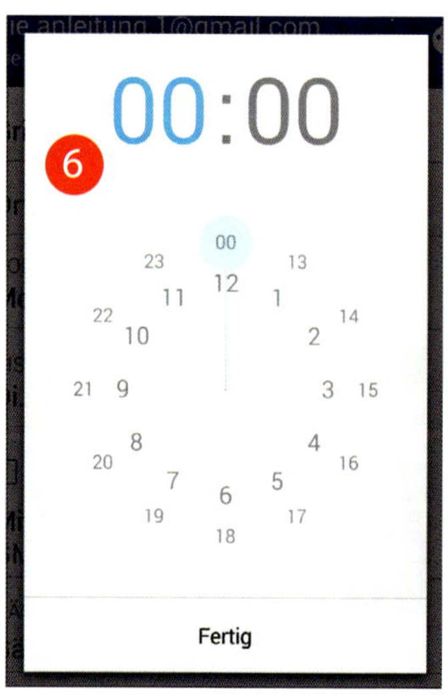

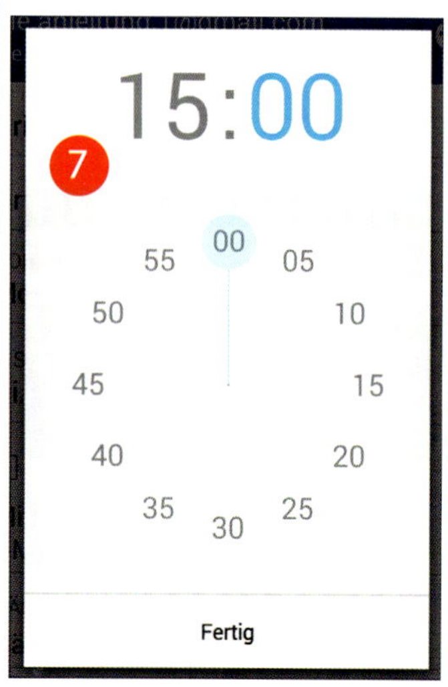

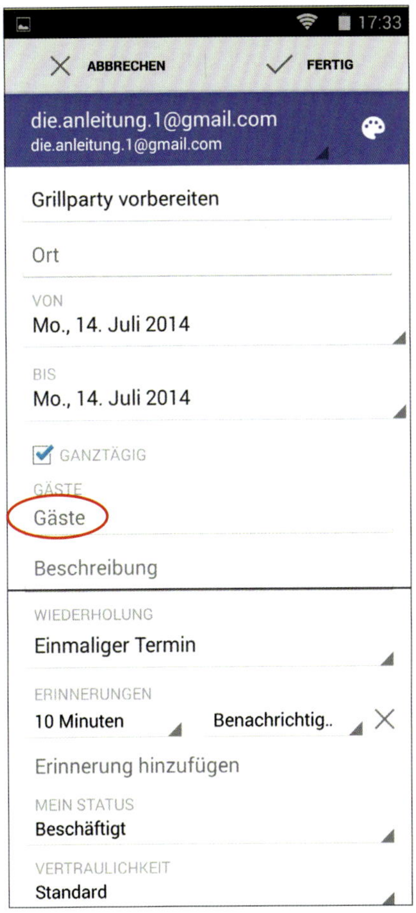

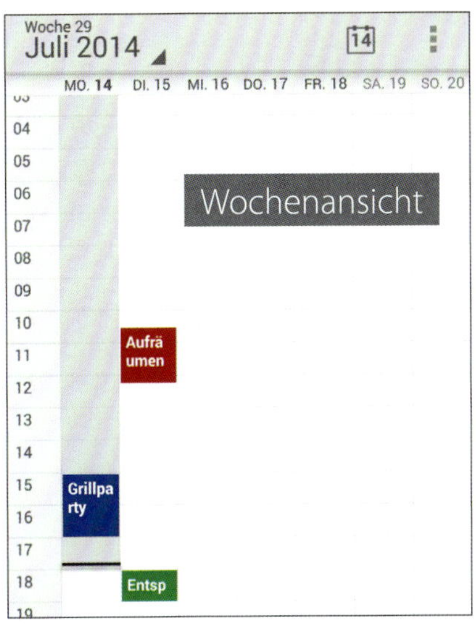

- Gäste

Was wäre ein Termin oder eine Party ohne Gäste. Mit dieser Funktion können Sie Teilnehmer/Gäste aus Ihrem Adressbuch zu einem Termin einladen. Diese erhalten dann automatisch eine Anfrage und einen Termineintrag in Ihrem Kalender.

So geht's:

Tippen Sie auf die Zeile und geben Sie die ersten Buchstaben des Kontakts ein, öffnet sich Ihr Adressbuch und zeigt mögliche Treffer an.
Ist der/die Richtige dabei, tippen Sie auf die Zeile, um ihn/sie der Einladungsliste hinzuzufügen. Sie können auch komplett neue E-Mail-Adressen eingeben, die nicht in Ihrem Adressbuch stehen.

- **Wiederholung**

Für regelmäßige Termine stellen Sie hier den Abstand und die Gesamtdauer ein.

- **Erinnerungen**

Je nach Wichtigkeit können Sie hier eine Erinnerung aktivieren, die Sie mit einer SMS auf den kommenden Termin hinweist.

- **Erinnerungen hinzufügen**

Reicht Ihnen eine Erinnerung nicht, können Sie darüber noch zusätzliche Erinnerungen eingeben.

- **Mein Status** (bei gemeinsamen Kalendern)
- **Vertraulichkeit**

Mit einen Tipp auf Fertig schließen Sie die Eingabe ab.

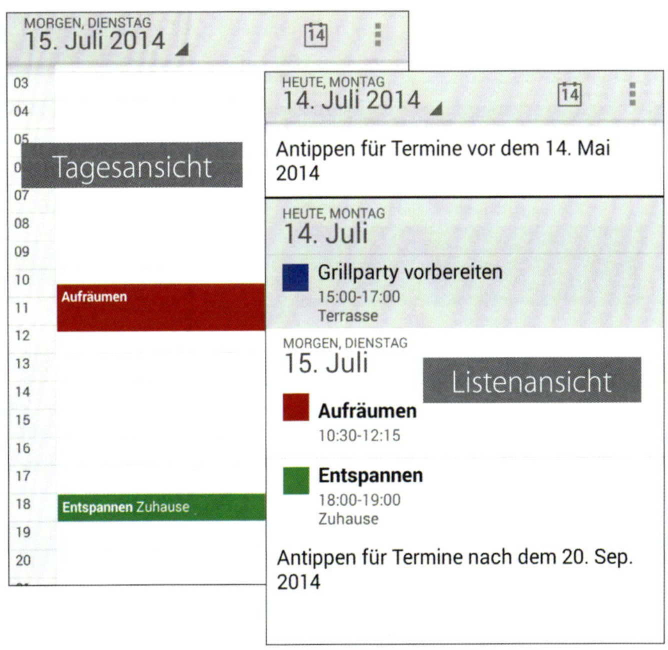

APPS

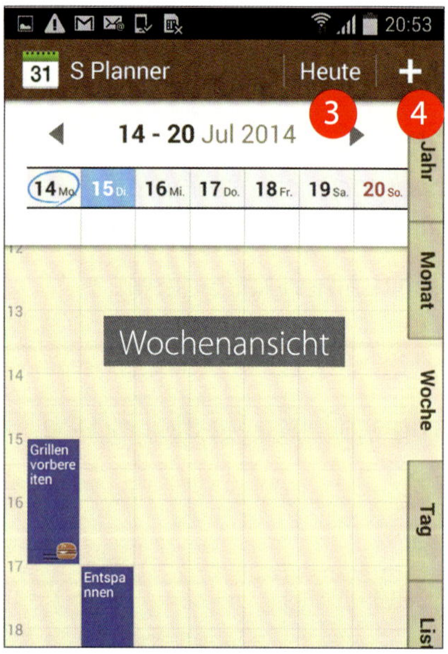

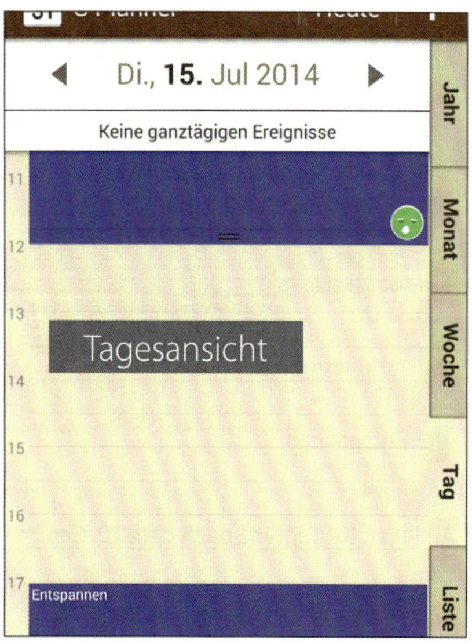

Der Kalender von Samsung ist von der Optik und den Funktionen ganz anders aufgebaut. So bietet er neben den normalen Terminen (= **Ereignissen**) auch eine Aufgabenverwaltung und Memos.
Mit **Aufgaben** können Sie eine ToDo-Liste erstellen, also Dinge, die Sie bis zu einem bestimmten Datum erledigen möchten.
Memos sind ähnlich den beliebten Post-it-Zetteln eine gute Möglichkeit, kurze Infos zu speichern.

Die Navigationsleiste (1) ist auf der Seite angeordnet und bietet den Schnellzugriff auf die wichtigsten Funktionen. Der aktuelle Tag (2) ist eingekreist, mit einem Tipp auf Heute (3) wird die Darstellung entsprechend angepasst.
Über das+-Symbol (4) in der rechten oberen Ecke öffnen Sie das Fenster zum Hinzufügen von einem Termin, einer Aufgabe oder eines Memos. Die Eingabe bestätigen Sie mit einem Tipp auf Speichern.

Das Kalender-Menü öffnen Sie, Samsung-typisch, mit einem Tipp auf das Menü-Symbol (5) links neben dem Home-Taster.

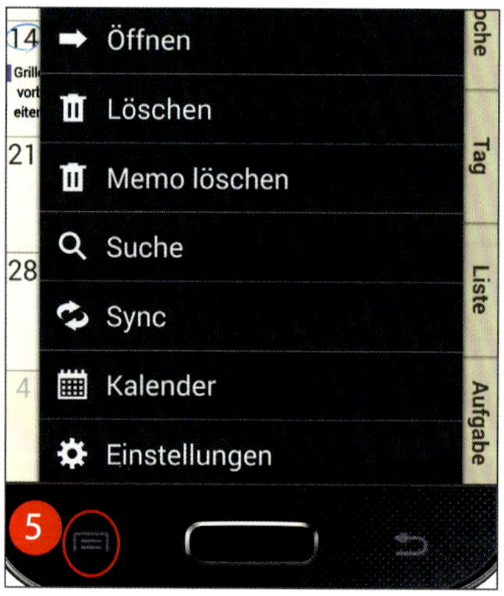

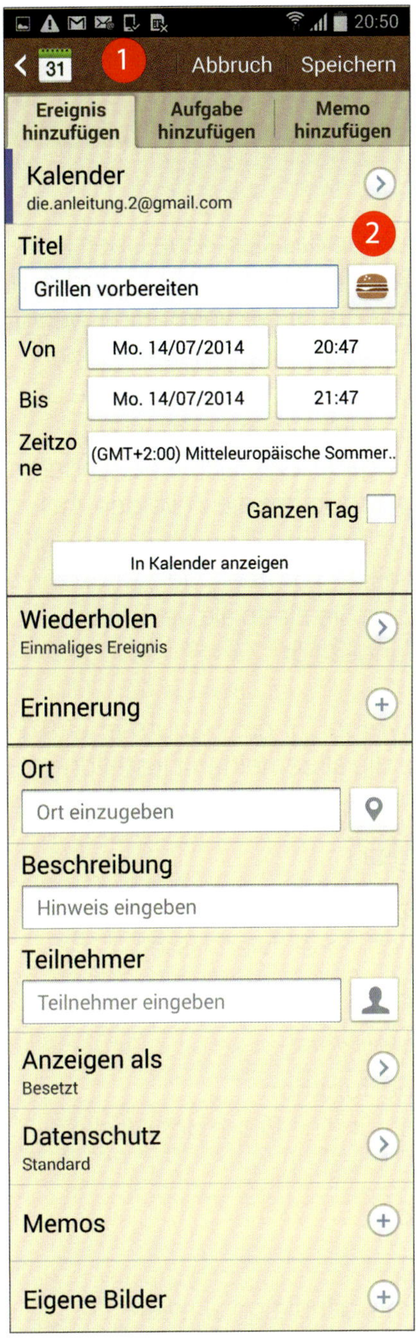

Das Eingabefenster (1) hat alle benötigten Elemente. Zusätzlich gibt es noch die Möglichkeit, zu jedem Ereignis ein kleines Symbol (2) zu hinterlegen – auch Memos und eigene Bilder.

Änderungen der Uhrzeit erfolgen in einem extra Fenster (3). Tippen Sie auf die Pfeile (4) erhöhen bzw. verringern Sie die Zahl um eine Einheit. Lassen Sie den Finger länger darauf liegen, läuft die Zahl automatisch weiter.

Aufgabe

Wichtig ist hier, dass Sie den Tag eingeben, wann die Aufgabe erledigt sein soll (5) und nicht den Starttag.

Notizen

Auf die gelben Zettel können Sie auch direkt mit dem Finger schreiben und mit dem Radiergummi (6) wieder löschen.

APPS

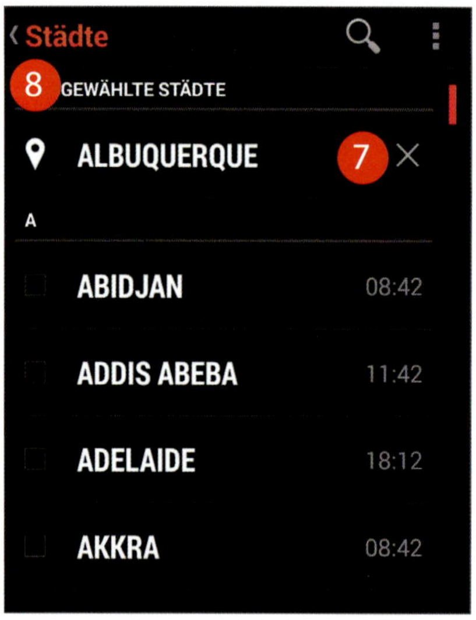

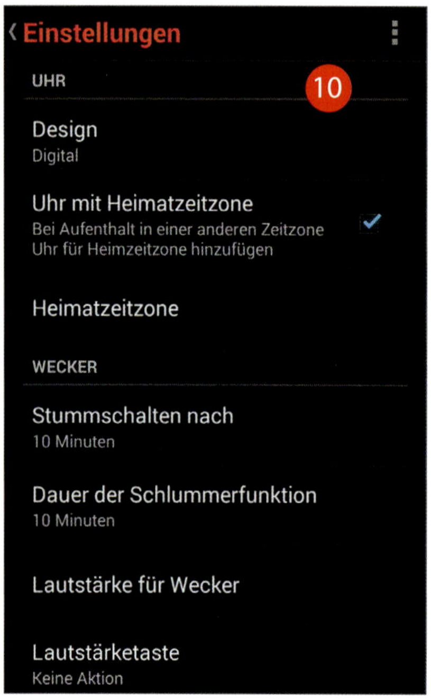

Hinter der Uhr-App versteckt sich mehr als eine einfache Uhr. So können Sie ganz einfach Uhren zu unterschiedlichen Zeitzonen und variable Wecker (1) anlegen. Auch einen Timer (2) und eine Stoppuhr (3) finden Sie hier.

Beim ersten Start sehen Sie das klassische Übersichtsfenster mit der aktuellen Zeit (4), das Datum und darunter eine erste Weltuhr (5). Da Sie vermutlich wenig Interesse an der Zeit in Albuquerque haben, tippen Sie bitte auf die Weltkugel (6) und löschen diese Uhr mit einem Tipp auf das X (7). Wenn Sie möchten, können Sie über die Eingabezeile nach einer anderen Stadt suchen, mit einem Tipp auf die Zeile den Auswahl-Haken setzen (auch mehrere sind möglich). Mit einem Tipp auf den Pfeil (8) kommen Sie zurück zur Startseite der Uhr. Haben Sie einen aktiven Wecker, wird dieser auch hier angezeigt.

Rechts unten ist das Symbol für das Hauptmenü (9) ⋮ zu sehen, mit dem Sie die allgemeinen Einstellungen (10) öffnen:

- **Design** (Analog / Digital)

- **Uhr mit Heimatzeitzone**
Sehr praktische Funktion >> aktiviert lassen

- **Stummschalten nach**
Das ist die maximale Läutdauer.

- **Dauer der Schlummerfunktion**
Hier stellen Sie die Zeit für eine Pause des Weckers ein.

- **Lautstärke für Wecker**

- **Lautstärketaste**
Schlummern > Schlummerfunktion aktivieren
Beenden > Wecker abschalten
Keine Aktion > Voreinstellung

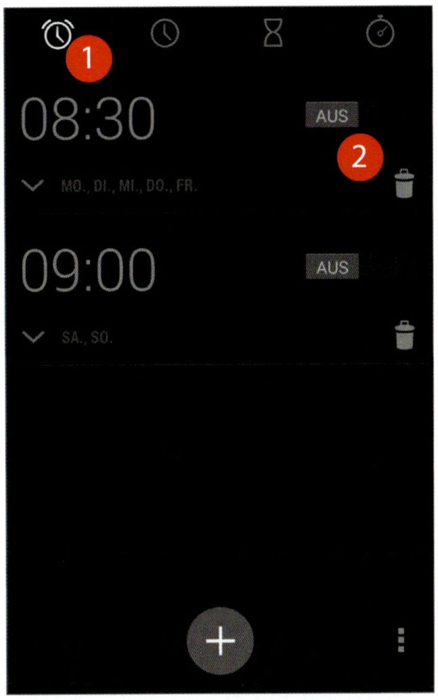

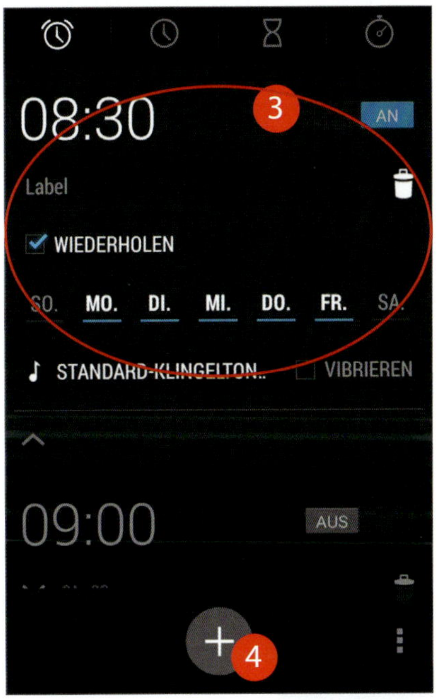

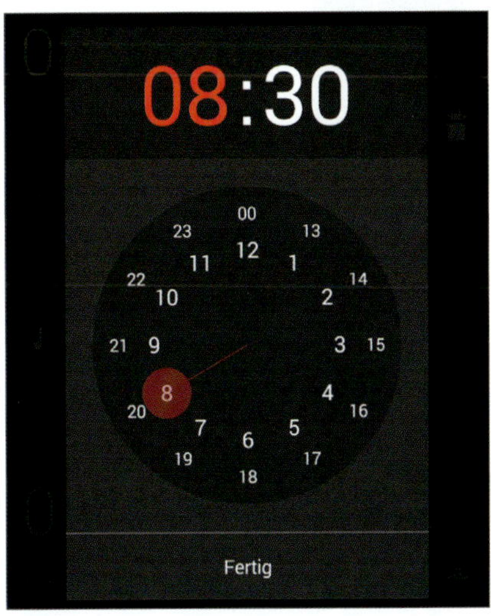

Der Wecker

Mit einem Tipp auf den Wecker (1) öffnet sich ein Fenster mit 2 inaktiven Weckern. Um einen davon zu bearbeiten, tippen Sie bitte entweder auf die Uhrzeit oder den Ein/Aus-Schalter (2) > jetzt sind alle Elemente aktiv (3).
Sie können die Uhrzeit ändern, die Tage anpassen, eine Wiederholung einstellen und Klingelton bzw. Vibrieren auswählen. Änderungen sind sofort aktiv und müssen nicht bestätigt werden.
Ein Tipp auf den Mülleimer löscht diesen Wecker, mit dem Pfeil können Sie das Menü des Weckers für eine bessere Übersicht zusammenklappen.
Mit einem Tipp auf das +-Symbol (4) legen Sie einen neuen Wecker an.

Klingelt der Wecker, sehen Sie am Display die aktuelle Uhrzeit und das Wecker-Symbol (5). Jetzt haben Sie 2 Möglichkeiten:
Schieben Sie den Wecker nach links (6), wird die Schlummerfunktion aktiv.
Auf der rechten Seite (7) schalten Sie den Wecker ab.

Zur Erinnerung:
Die Schlummerfunktion können Sie auch der Lautstärketaste zuweisen.

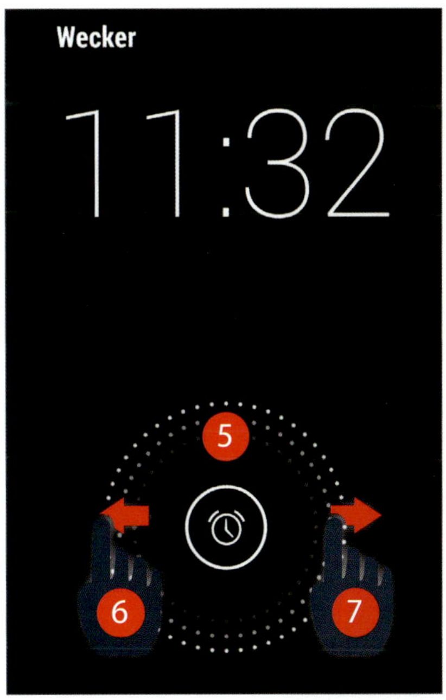

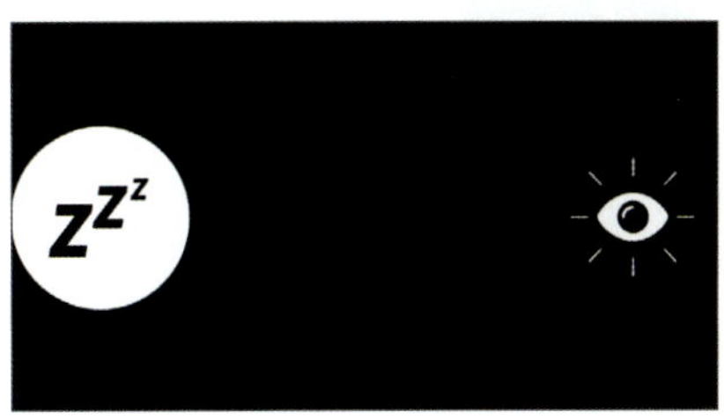

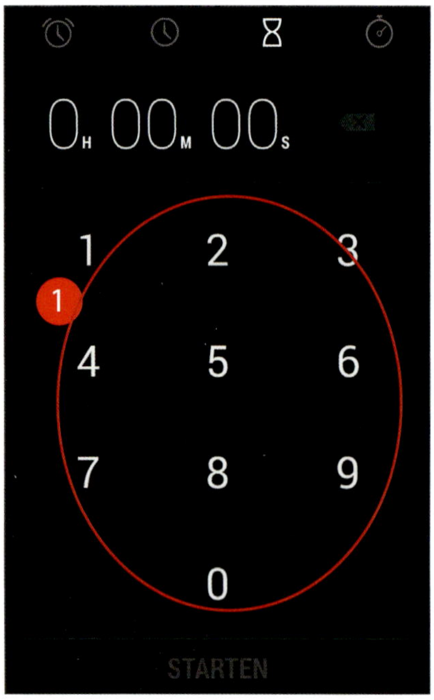

Der Timer hat eine ganz einfache Funktion: Er zählt von einer bestimmten Zeit rückwärts. Die Zeit selbst können Sie direkt über die Tastatur (1) eingeben. Mit einem Tipp auf das X (2) führen Sie Korrekturen durch.

Passt alles, starten Sie den Timer mit STARTEN (3). Die Tastatur verschwindet und ein Kreis erscheint, auf dem eine rote Linie rückwärts läuft (4). Mit einem Tipp auf +1' (5) verlängern Sie die Zeit um eine Minute. Der Mülleimer (6) löscht den Timer und das Fenster mit der Tastatureingabe erscheint wieder. Nach Ablauf des Timers ertönt ein Signal und der Zeitkreis blinkt rot (7). Die Zeitanzeige erhält ein negatives Vorzeichen und zählt rückwärts (8), solange, bis Sie auf Anhalten tippen (9). Für einen neuen Start mit der gleichen Zeiteinstellung tippen Sie auf das Wiederholen-Symbol (10).

Über das Label-Symbol (11) können Sie dem Timer auch einen Namen geben.

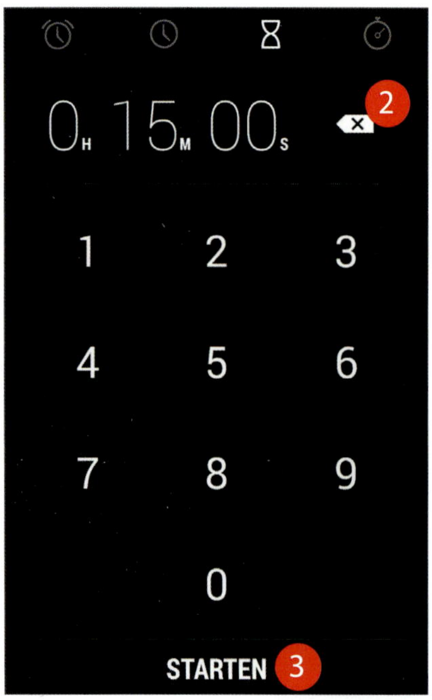

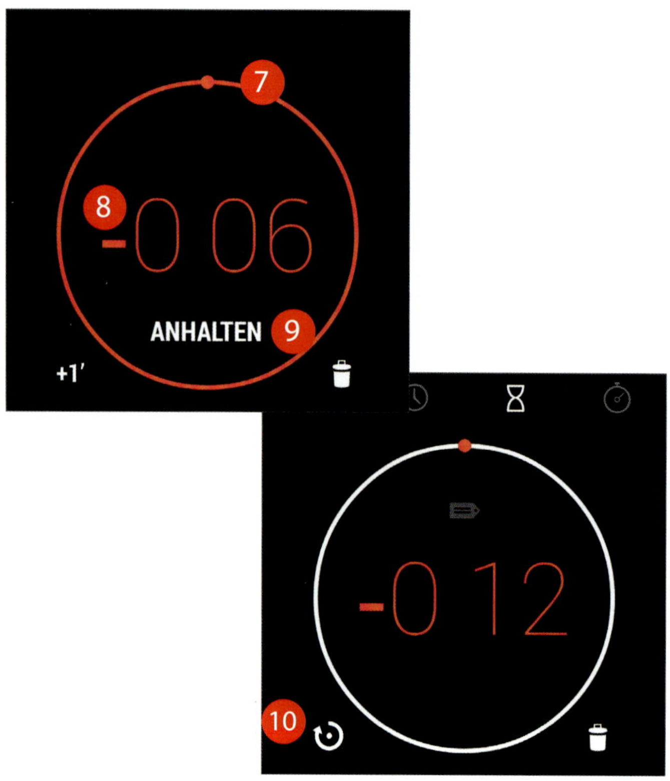

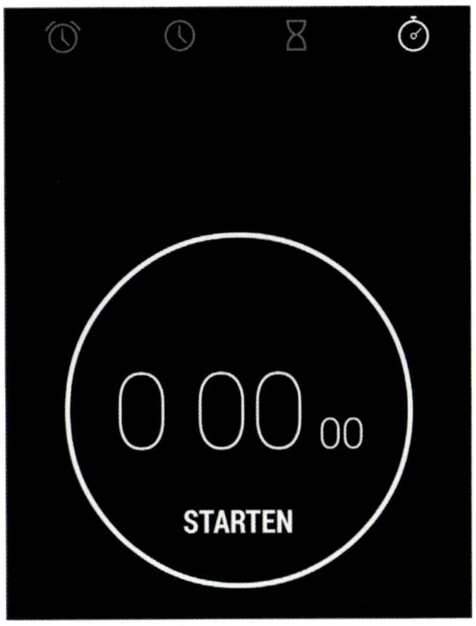

Die Stoppuhr ist ganz pfiffig umgesetzt worden. Nach dem Start läuft eine rote Linie entlang des Zeitkreises (1), in der Mitte wird die Zeit (2) angezeigt. Mit einem Tipp auf das Zwischenzeit-Symbol (3) speichern Sie den aktuellen Zeitwert ab (4), während die Hauptzeit weiter läuft. So können Sie ganz einfach einzelne Rundenzeiten erfassen.
Sie können die Hauptzeit anhalten und mit **Starten** wieder ab diesem Zeitpunkt weiter laufen lassen.

Das Wiederholen-Symbol (5) setzt alles auf „0" und mit dem Teilen-Symbol (6) können Sie die Daten weitergeben.

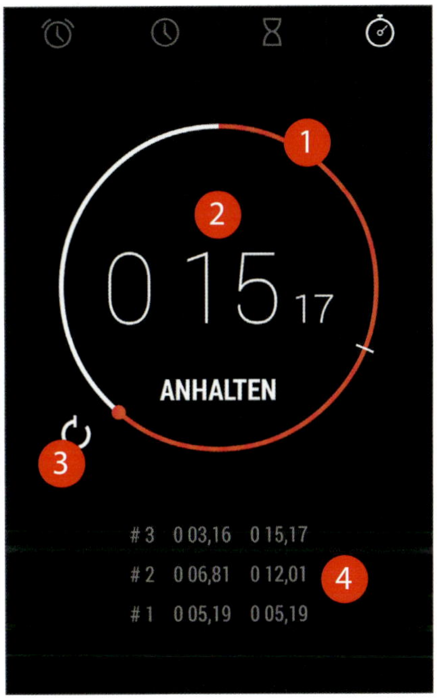

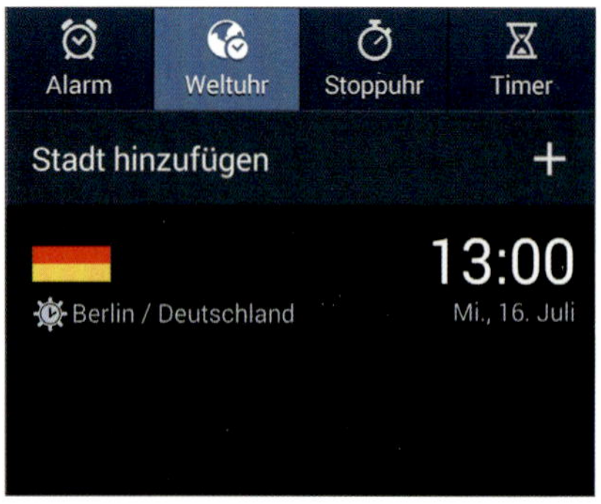

Die Uhr im Samsung Galaxy zeigt die einzelnen Uhren und Zeitzonen in tabellarischer Form an. Mit einem Tipp auf das Plus öffnet sich die Auswahlliste der Städte. Um eine Stadt zu löschen, bleiben Sie in der Übersicht etwas länger mit dem Finger auf der Zeile > Fenster zum **Löschen** öffnet sich.

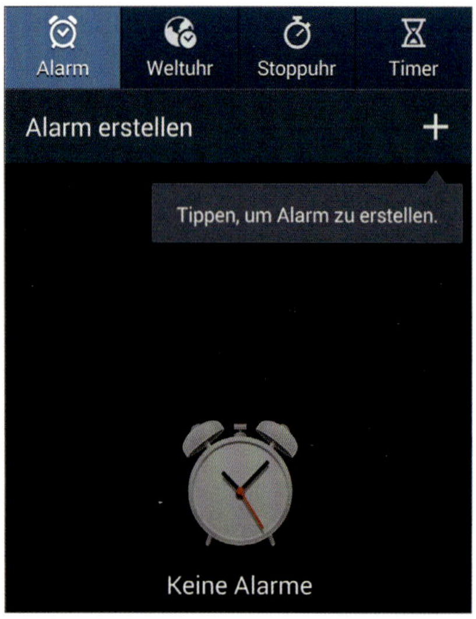

Der Wecker heißt hier Alarm, ist aber sehr ähnlich aufgebaut. Mit einem Tipp auf das +-Symbol öffnet sich das Eingabefenster mit allen Parametern. Die Unterschiede:

- Standortalarm

- Erinnern
Hier können Sie zusätzlich zur Zeit noch Wiederholungen eingeben.

- Intelligenter Alarm
Damit starten Sie einen Weckton, der langsam in der Lautstärke zunimmt – eine Art „Sanftes Wecken".
Die Eingabe bestätigen Sie mit **Speichern** und gelangen dann zur tabellarischen Übersicht der Wecker. Bleiben Sie mit dem Finger länger auf einem Eintrag, öffnet sich das Fenster für **Bearbeiten** und **Löschen**.

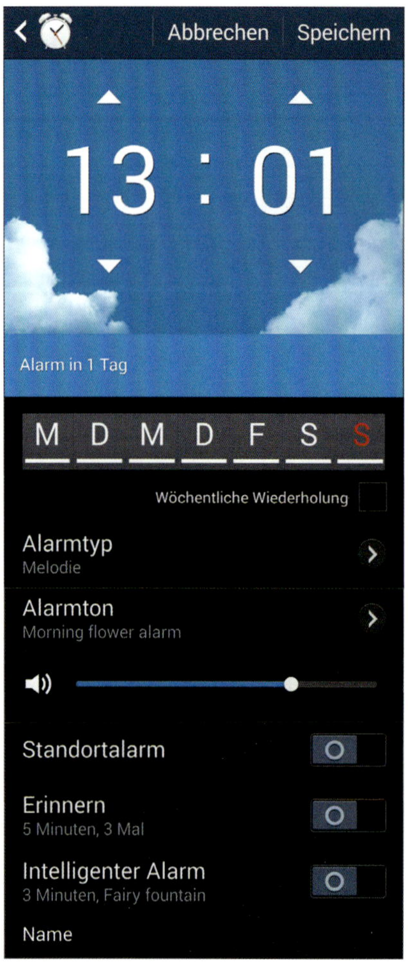

Die Stoppuhr

hat all die klassischen Funktionen: Sie können ganz normal die Zeit stoppen und auch **Rundenzeiten** erfassen. Ihre Ergebnisse werden dann in tabellarischer Form dargestellt.

Der Timer

ist sehr übersichtlich. Tippen Sie auf Stunden, Minuten oder Sekunden und geben Sie dann über die Nummern-Tastatur den gewünschten Wert ein. Den Alarmton für den Timer stellen Sie über das Menü links neben dem Home-Button ein.

APPS

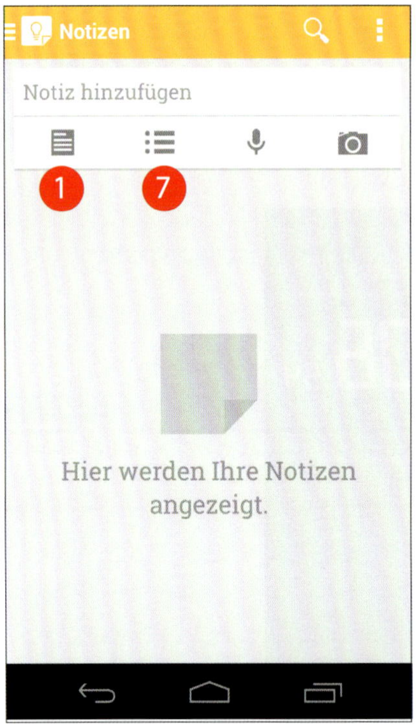

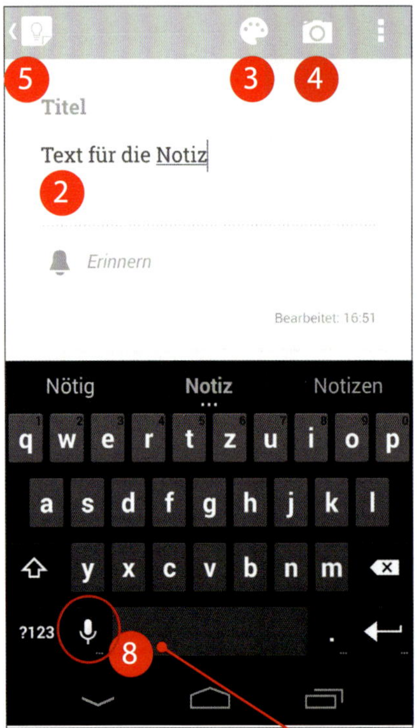

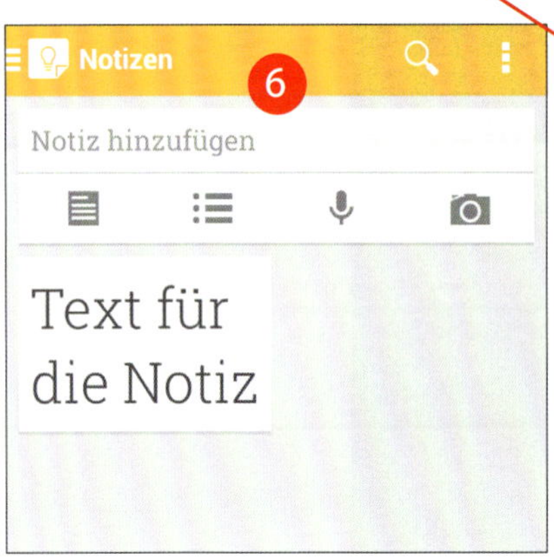

Notizzettel

kann man doch nie genug haben, oder?
Die kleinen gelben Zettel kleben an Monitoren, an Kühlschränken und an Memo-Boards. Da ist es doch nur verständlich, dass es die kleinen Helfer auch auf Ihrem Smartphone gibt. Dort heißen Sie ganz schlicht Notizen und speichern alle nur denkbaren Informationen.
Die Bedienung ist einfach und funktioniert ohne große Umwege:

Tippen Sie auf das Notiz-Symbol (1) und geben Sie den Text ein (2) - fertig. Wenn Sie möchten, können Sie die Notiz noch einfärben (3) oder auch ein Bild hinzufügen (4). Der kleine Pfeil links oben (5) bringt Sie zurück zur Übersicht (6).

Möchten Sie eine Liste erstellen, aktivieren Sie den Listenmodus (7) und erfassen Sie alle Ihre Elemente in einer Liste.

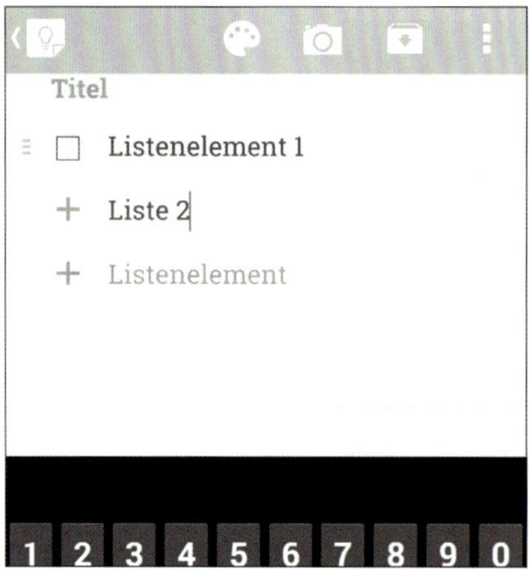

TIPP:
Für kurze Notizen und Listeneinträge ist die Spracheingabe (8) bestens geeignet. Sie finden sie in der Tastatur, neben dem Leerzeichen. Das Mikrofon ist aktiv, Sie können sofort sprechen. Wenn Sie mit der Spracheingabe fertig sind, tippen Sie einmal auf das Mikrofon. Die Farbe des Symbols wechselt von Rot auf Weiß und auch die Tastatur wird angezeigt.

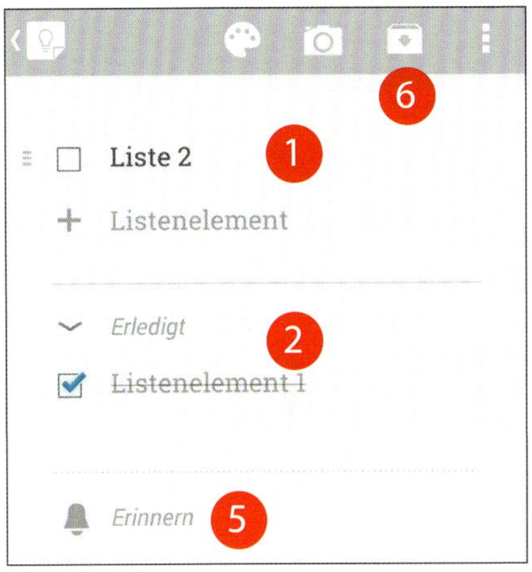

Einkaufslisten

Der Listenmodus (1) ist dafür geradezu prädestiniert, damit haben Sie ganz schnell alles aufgelistet. Und was Sie schon besorgt haben, haken Sie mit einem Tipp einfach ab (2).

Eine Notiz kann aber auch eine Sprachnachricht (3) oder ein Bild (4) mit Text sein.

TIPP:
Zu einer Notiz können Sie auch eine Erinnerung (5) erfassen, die Sie dann zur rechten Zeit daran erinnert. Möchten Sie eine Notiz länger aufheben, bietet sich das Archiv (6) an.

So (7) sieht es dann aus, wenn Sie bereits einige unterschiedliche Notizen eingetragen haben. Über das Menü ⋮ können Sie von der mehrspaltigen Darstellung auf eine einspaltige Listenansicht wechseln.

Notizen löschen

Haben Sie eine Notiz geöffnet, können Sie sie über das Menü oben rechts ⋮ löschen oder auch ein Listenelement einfügen.

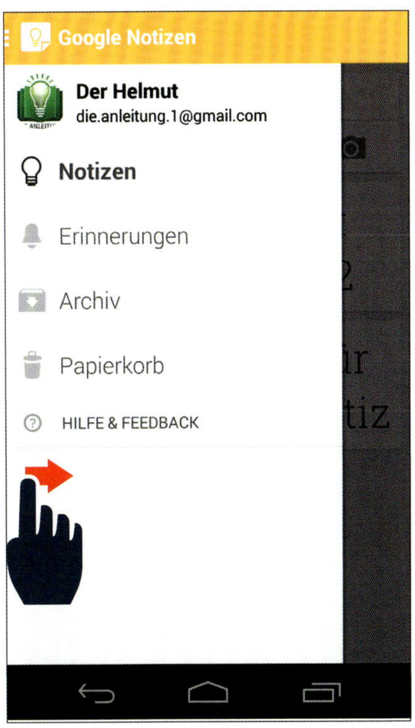

Einstellungen

für die Notizen, die Sie einfach vom linken Rand hereinschieben, sind sehr übersichtlich. Sie können damit die Ansicht wechseln zwischen Notizen, Erinnerungen, Archiv und Papierkorb.

HINWEIS:
Für das HTC One gibt es in der Basisinstallation keine vergleichbare App. Lediglich die Notizen-App im Ordner Produktivität ermöglicht die Aufzeichnung von Sprachmemos.

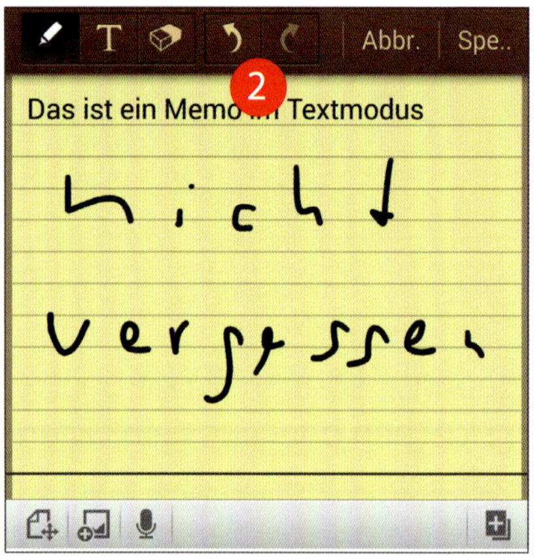

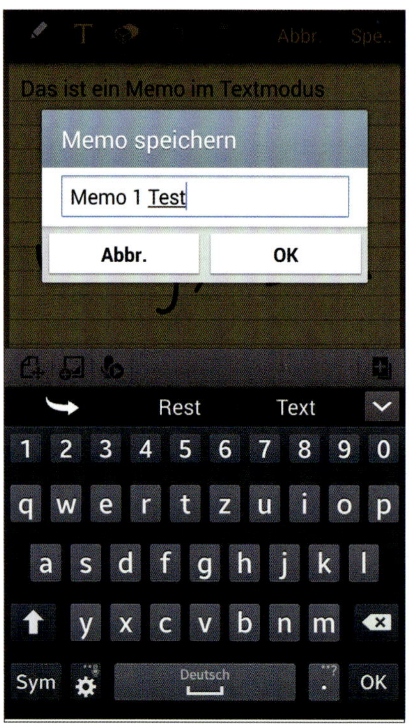

Notizzettel

werden beim Samsung Galaxy als S Memo bezeichnet und so heißt auch die App.

Über die beiden Symbole rechts oben (1) können Sie ganz einfach ein neues Memo erstellen. Tippen Sie darauf, öffnet sich das Eingabefenster (2) mit diesen Möglichkeiten:

- Zeichnungsmodus
Umschalten in den Freihand-Zeichnungsmodus mit Finger oder Stift.

- Textmodus
Eingabe über die Tastatur.

- Radierer
Damit können Sie den Zeichnungsmodus korrigieren.

- Bearbeitung vor/zurück
Geht einen Bearbeitungsschritt vor bzw. zurück.

- Abbrechen
Die Eingabe wird verworfen, Sie gelangen zur Übersicht.

- Speichern
Das Memo wird gespeichert, Sie erhalten noch ein Fenster zur Vergabe eines Namens.

Das Menü am unteren Rand bietet diese Einstellungen:

- Vorschau
Deaktiviert die Bearbeitung und zeigt eine Vorschau des Memos.

- Bild einfügen
Mit dieser Funktion können Sie ein Bild in das Memo einfügen.

- Sprachmemo aufzeichnen
Die Sprachaufzeichnung wird aktiviert. Drücken Sie auf Aufnahme und fügen eine kurze Sprachnachricht zu dem Memo hinzu.

- Seite hinzufügen
Wenn der Platz wieder einmal nicht reicht, können Sie damit eine weitere Seite hinzufügen.

TIPP:
Sie können Text- und Freihandmodus auch mischen.

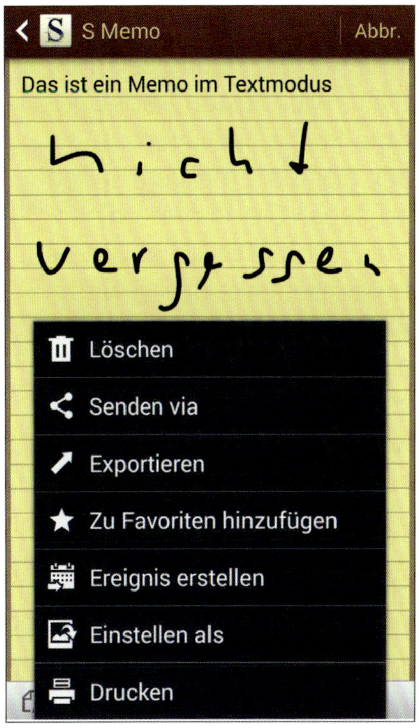

Memos bearbeiten und löschen

Über die Menütaste links neben dem Home-Button aktivieren Sie das Memo-Menü. Dort können Sie das Memo löschen, an andere senden und daraus auch ein Ereignis im Kalender erstellen.
Die Alternative dazu ist, in der Übersicht etwas länger mit dem Finger auf einem Memo zu bleiben > ein Bearbeitungsmenü öffnet sich.

Das Menü für S Memo ist umfangreicher:

- Suche nach Einträgen

- Löschen
Selektieren Sie alle zu löschenden Einträge und bestätigen Sie Ihre Eingabe mit Löschen.

- Sortieren
nach Datum, Name …

- Listenansicht
Darstellung der Memos als Liste.

- Importieren / Exportieren
von existierenden Memos mit vorheriger Auswahl.

- Ordner erstellen
Haben Sie viele Memos, können Sie diese mit Ordnern gut sortieren.

- Reihenfolge ändern

- Verschieben
Damit verschieben Sie einzelne Memos in Ordner.

- Kopieren
Wenn Sie ein Memo als Vorlage verwenden möchten.

- Einstellungen
Hier gibt es eine Verbindung zu Ihren Konten.

- Sichern und Wiederherstellen
Haben Sie wichtige Notizen, können Sie sie damit auf einer SD-Karte speichern und von dort auch wieder laden.

S Memo-Darstellung mit einigen Einträgen.

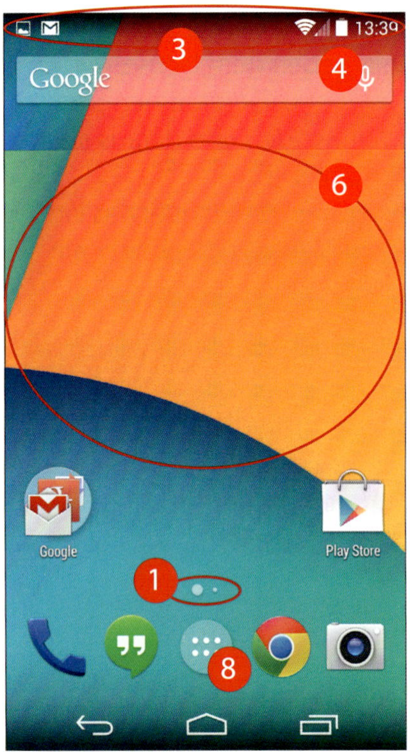

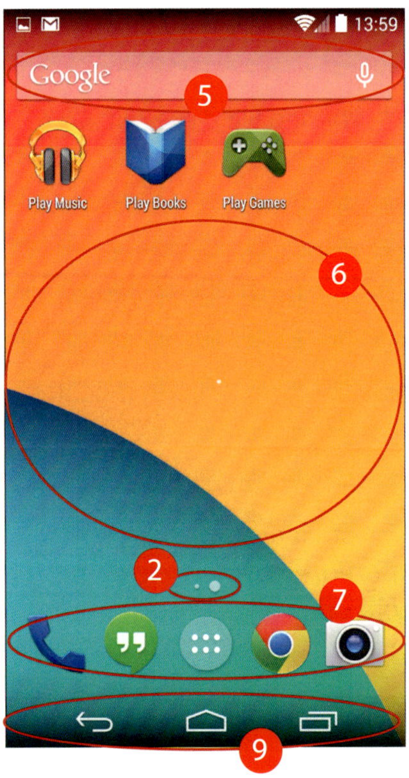

Der Startbildschirm

ist der Bereich, in dem Sie sich am häufigsten aufhalten. Hier starten Sie Ihre wichtigsten Apps und können sofort die Google-Suche aktivieren.
Der Startbildschirm kann übrigens mehrere Seiten haben. Wie viele es sind, sehen Sie an den kleinen Punkten (1) oberhalb der Favoritenleiste. In unserem Beispiel sehen Sie 2 Punkte, der linke davon wird etwas größer dargestellt. Das bedeutet:
Es gibt insgesamt 2 Seiten, aktuell ist gerade die erste zu sehen. Schieben Sie diese Seite nach links, erscheint die zweite Seite. Die Anzeige der Punkte passt sich ebenfalls an (2).

Zur Erinnerung:

Ganz oben am Bildschirm ist die Statusleiste (3) verankert. Sie zeigt in der linken Hälfte aktuelle Meldungen, auf der rechten den Status (4) des Smartphones: Empfangsqualität von WLAN und Funk, den Ladezustand der Batterie und die Uhrzeit.

Unter der Statusleiste finden Sie die Eingabezeile (5) für die Google-Suche. Tippen Sie auf die Zeile, wird die Tastatur eingeblendet.

Weiter unten sehen Sie einige Symbole für Apps. Den Bereich dazwischen (6) können Sie nach Ihren persönlichen Wünschen gestalten: Apps, Widgets, Links ... Aber der Reihe nach.

Nach den Punkten für die Seiten kommt die Favoritenleiste (7). Diese Leiste ist auf allen Startseiten zu sehen und bietet Zugriff auf die wichtigsten Apps. Hier können Sie maximal vier Apps Ihrer Wahl ablegen. Das Symbol in der Mitte (8) kann nicht verändert werden und öffnet mit einem Tipp die Übersicht aller installierten Apps.

Am unteren Ende des Bildschirms ist die Navigationsleiste (9) platziert. Sie bietet Ihnen drei Funktionen an.

- **Zurück**
  Letzten Bearbeitungsschritt rückgängig machen oder eine Seite zurückblättern.
- **Home-Button**
  Mit einem Tipp auf dieses Symbol gelangen Sie immer zurück zum Startbildschirm – sehr wichtig.
- **Übersicht**
  Am Bildschirm werden alle gerade aktiven Apps angezeigt.

Die Navigationsleiste kann nicht verändert werden.

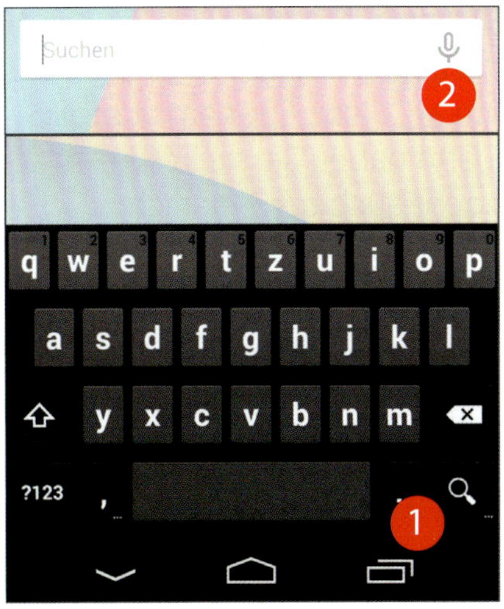

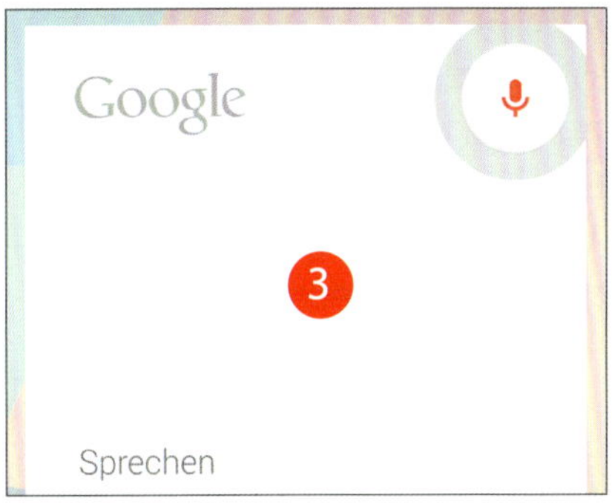

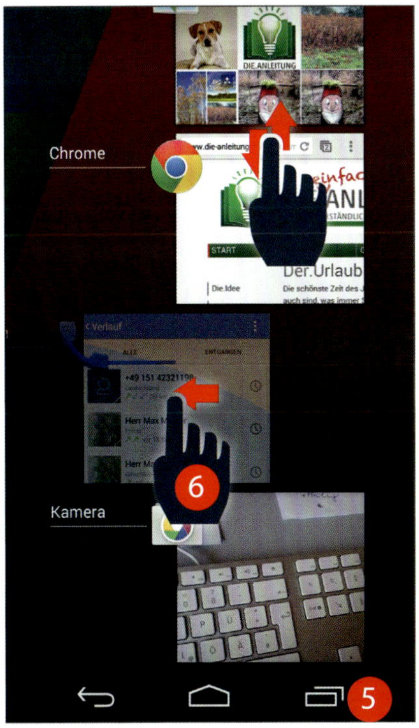

Die Suchfunktion

aktivieren Sie mit einem Tipp auf die Eingabezeile. Die Tastatur wird eingeblendet und Sie können Ihre Suche sofort eingeben. Mit einem Tipp auf das Lupen-Symbol (1) in der Tastatur starten Sie die Suche.

HINWEIS:
Beim ersten Start der Suche werden Ihnen auch die Dienste von Google Now angeboten. Müssen Sie aber nicht annehmen und können Sie mit einem Tipp auf Nein Danke ablehnen.

Spracheingabe

Sie können aber auch auf das Mikrofon-Symbol (2) tippen und damit die Spracheingabe aktivieren. Darauf öffnet sich das Fenster der Google Spracherkennung (3) und fordert Sie auf zu sprechen. Probieren Sie es doch mal aus, das funktioniert richtig gut. Schon während Sie sprechen, erscheint der Text am Bildschirm (4). In meinem Beispiel war die Frage: Wie wird das Wetter heute in München? Und siehe da, alles korrekt erkannt, das Suchergebnis wurde gleich darauf richtig angezeigt.

HINWEIS:
Für die Spracherkennung benötigen Sie eine aktive Internetverbindung.

Apps wechseln und beenden

Im normalen Betrieb sammeln sich immer mehr Apps an, die geöffnet sind, aber aktuell gar nicht mehr benötigt werden. Da macht es Sinn, diese Apps zu beenden. Das **verlängert die Betriebsdauer** mit einer Akkuladung und vermeidet ein Vielzahl von unnötigen Meldungen in der Statusleiste.
Eine Übersicht aller **aktiven** Apps sehen Sie mit einem Tipp auf das rechte Symbol (5) in der Navigationsleiste. Die Apps werden mit Namen, Symbol und Bildschirminhalt untereinander angeordnet. Mit dem Finger können Sie die Liste rauf und runter schieben. Schieben Sie eine App zur Seite raus (6), wird sie beendet.

TIPP:
Diese Anzeige der aktiven Apps können Sie auch gut zum schnellen Wechseln zwischen Apps verwenden. Tippen Sie dazu einfach auf die gewünschte App.

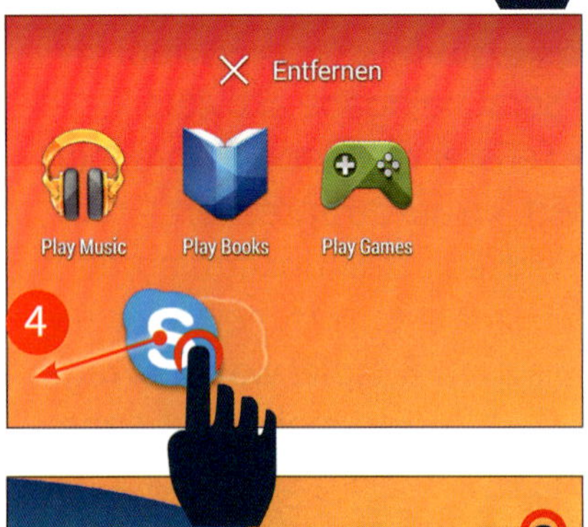

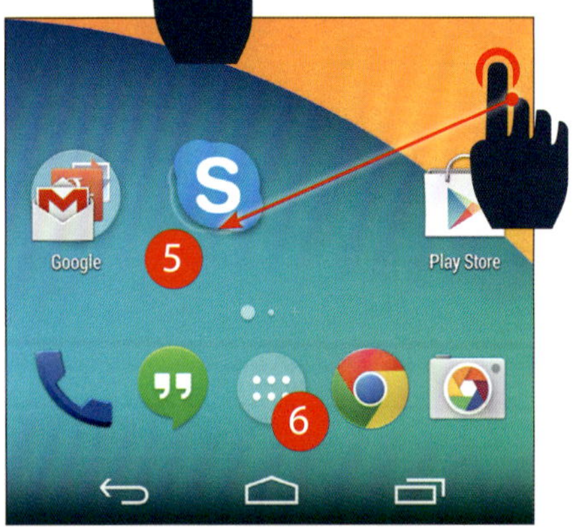

Mit der Zeit werden Sie feststellen, dass es eine handvoll Apps gibt, die Sie praktisch immer im Einsatz haben. Da bietet es sich an, diese Apps am Startbildschirm zu platzieren, dann haben Sie sie immer im direkten Zugriff – das geht auch ganz einfach.
Für unser Beispiel verwende ich die Skype-App, die sich nach dem Download ganz am Ende der Apps, auf Seite 2 des Startbildschirms, einsortiert hat (1). Sie können natürlich auch eine andere App von Seite 2 nehmen.

So geht's

Legen Sie den Finger auf die App (2), die Sie verschieben möchten, wird das Symbol etwas vergrößert dargestellt (3). Lassen Sie den Finger auf dem Symbol und fahren damit an den linken Rand des Bildschirms (4) > jetzt springt die Anzeige zur Seite 1 des Startbildschirms. **Wichtig**: Ihr Finger liegt immer noch auf dem Symbol. Fahren Sie jetzt mit dem Symbol noch weiter nach unten (5) und nehmen Sie dann den Finger vom Bildschirm – fertig.
Das Symbol ordnet sich automatisch in ein Raster ein.

Als Nächstes sollen noch mehr Apps auf den Startbildschirm: Fotos, Kalender, Kontakte und Maps. Das Problem: All diese Apps sind nicht auf der zweiten Startseite zu finden, sondern nur in der App-Übersicht. Mit einem Tipp auf das Symbol (6) wird diese Ansicht geladen. Legen Sie dann den Finger auf das Symbol für die Fotos-App (7). Jetzt öffnet sich eine neue Ansicht, in der die Startbildschirme als durchscheinende Flächen (8) angezeigt werden. Ziehen Sie das Symbol auf den gewünschten Platz (9) und nehmen Sie dann den Finger vom Bildschirm – fertig.

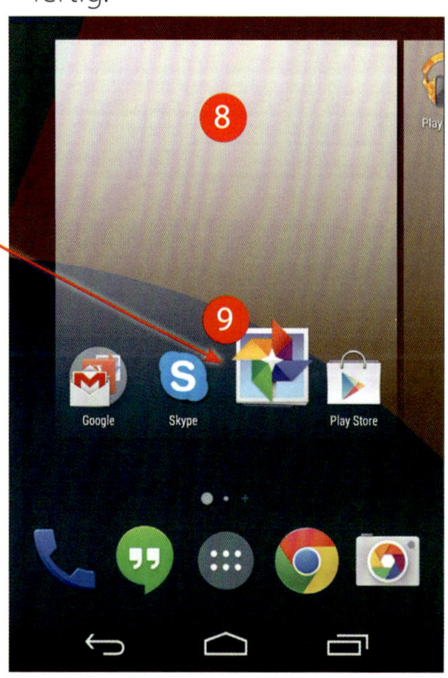

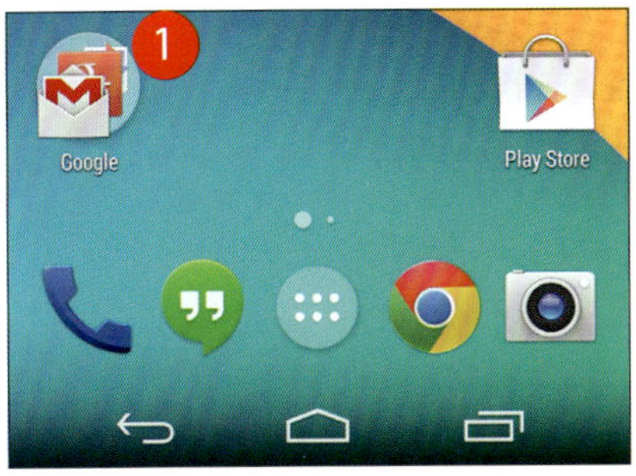

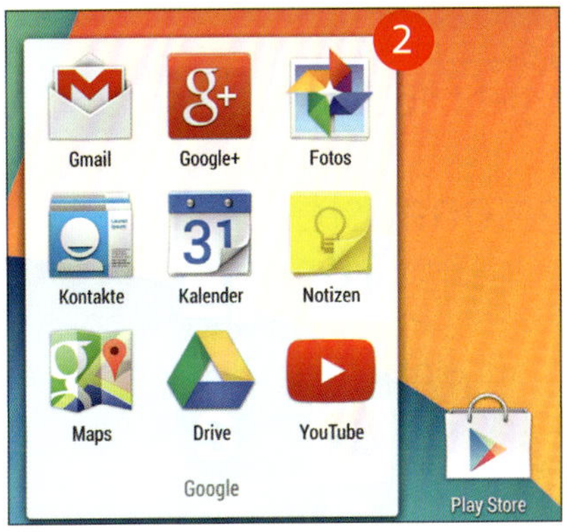

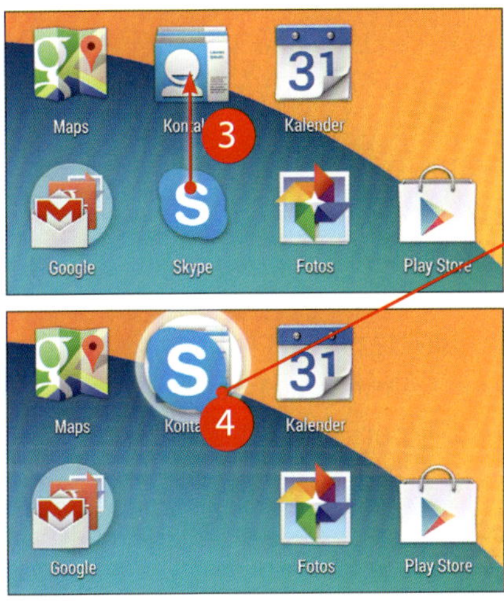

Auf dem Startbildschirm befindet sich ein Symbol, das in sich mehrere Symbole anzeigt. Dabei handelt es sich um einen App-Ordner (1). Tippen Sie darauf, öffnet sich keine App, sondern ein Auswahlfenster (2) mit mehreren Apps. Erst wenn Sie dort ein Symbol antippen, öffnet sich diese App.

Einen App-Ordner anlegen

ist ganz einfach, sie schieben einfach ein Symbol auf ein anderes (3) >> rund um die Symbole bildet sich ein Kreis (4). Nehmen Sie jetzt den Finger vom Bildschirm, erscheint ein kleines Fenster mit den beiden Apps und der Beschriftungszeile (5). Tippen Sie auf die Zeile und geben Sie dann einen Namen für den Ordner ein. Mit einem Tipp auf den Hintergrund schließt sich das Fenster und der neue Ordner sortiert sich auf dem Bildschirm ein (6).

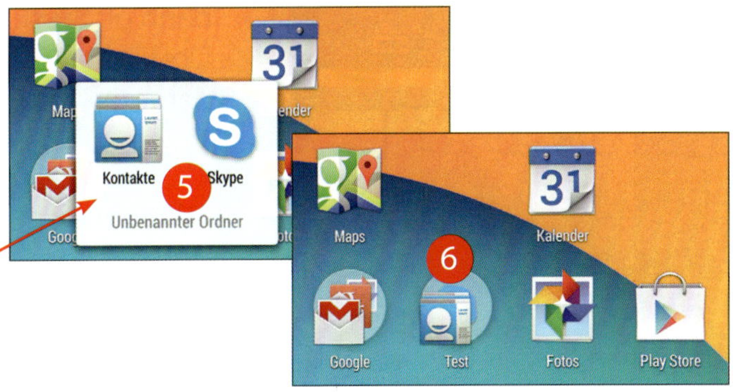

TIPP:
Auf die gleiche Art und Weise können Sie auch eine App wieder aus dem Ordner herausziehen.

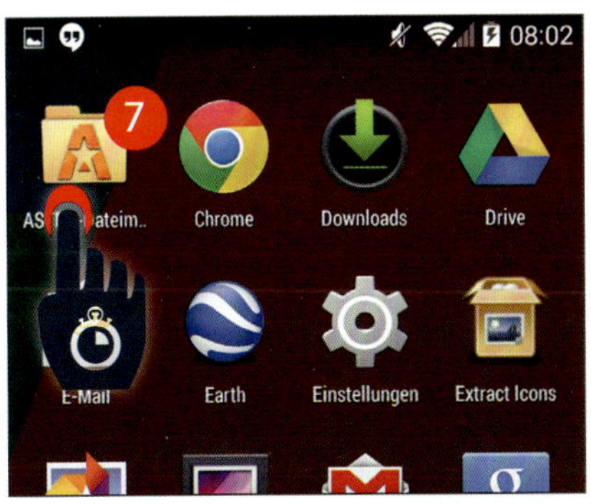

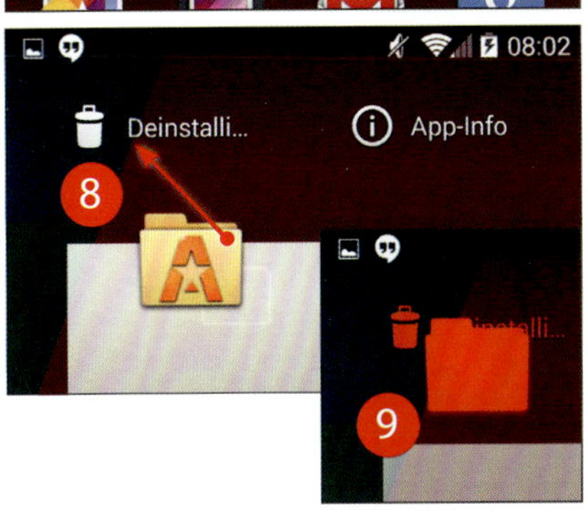

Eine App deinstallieren (= löschen)

Haben Sie eine App installiert, die Sie nicht mehr benötigen, sollten Sie sie von Ihrem Smartphone entfernen. Zur Erinnerung: Alle Apps finden Sie in der Übersicht.
Legen Sie den Finger auf die App (Beispiel: Astro Dateimanager (7)) und schieben Sie sie links oben auf Deinstallieren (8). Wenn sich Papierkorb und App rot färben (9), können Sie den Finger vom Bildschirm nehmen. Sie erhalten dann noch eine Sicherheitsabfrage, die Sie mit OK bestätigen und schon ist diese App gelöscht.

HINWEIS:
Viele der vorinstallierten Apps können nicht deinstalliert werden (erst ab Android 5).

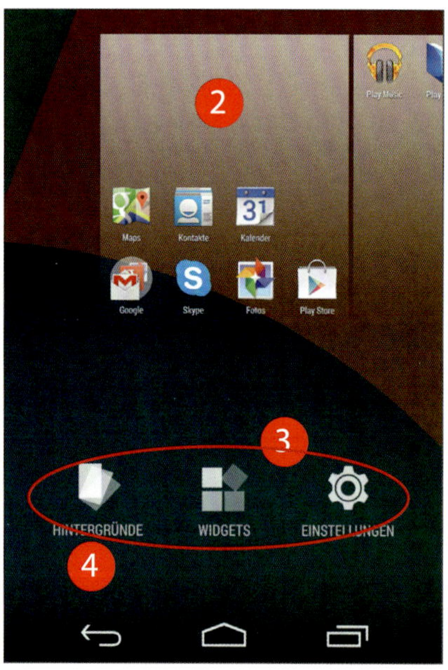

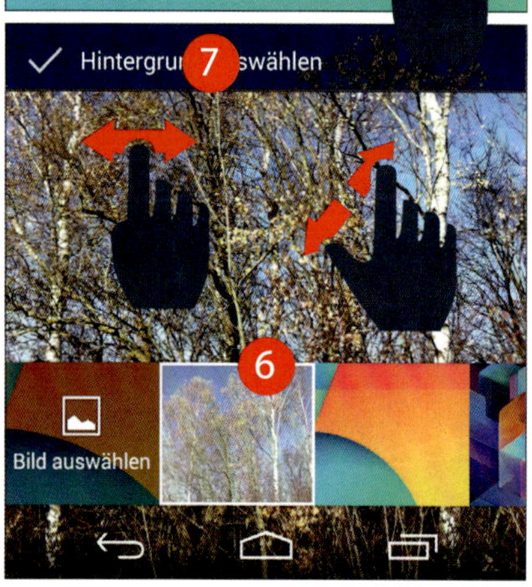

Und so könnte er dann aussehen, Ihr ganz persönlicher Startbildschirm – oder auch ganz anders.
Eben genau so, wie Sie das möchten.

WICHTIG:
Die Symbole, die Sie hier verschieben und neu anordnen, sind nur Verbindungen zu den Apps und nicht die App selber. Die ist nach wie vor in der Übersicht zu finden.
Sie können also ruhig experimentieren, hier geht nichts „kaputt". Und es geht noch mehr ...

Hintergrund personalisieren

Möchten Sie den vorinstallierten Hintergrund gegen ein persönliches Foto tauschen, ist das auch möglich. Legen Sie Ihren Finger auf einen freien Bereich des Startbildschirms (1) und warten Sie einen Moment, dann öffnet sich eine neues Fenster (2).
Dort sehen Sie die aktuellen Startbildschirme und darunter drei Symbole (3):

- **Hintergründe**
- **Widgets** > nächste Seite
- **Einstellungen** > für Google Now

Tippen Sie auf Hintergründe (4), dann auf Bild auswählen (5) und suchen Sie dann das schönste Bild aus. Diese Bild / Foto wird dann auch in die Auswahlleiste integriert (6) und angezeigt. Sie können es auch noch verschieben und vergrößern. Sind Sie mit Ihrer Wahl zufrieden, tippen Sie auf **Hintergrund auswählen** (7).

Widgets

sind selbstständige Anzeigen von Apps und können unabhängig von der App auf dem Startbildschirm positioniert werden.

Wie bei einem neuen Hintergrund öffnen Sie das Fenster indem Sie Ihren Finger etwas länger auf einer freien Stelle am Startbildschirm liegen lassen. In dem neuen Fenster tippen Sie auf das gewünschte Widget-Symbol.
Im Fenster (1) sehen Sie die ersten sechs Widgets mit Namen und Symbol. Schieben Sie die Seite nach links weg (2), kommen noch weitere Seiten mit Widgets. Für das Beispiel habe ich mich für News & Wetter (3) entschieden.

Zum Installieren legen Sie den Finger auf das gewünschte Widget und wie beim Verschieben der Symbole sehen Sie dann die Startbildschirme (4). Ziehen Sie jetzt einfach das Widget an den neuen Platz (5) und nehmen dann den Finger von der Oberfläche.
Manchmal kommt jetzt noch ein Fenster, in dem Sie das Widget noch einstellen können. In unserem Beispiel ist es eine weitere Auswahl (6). Ich entscheide mich für Wetter und schon erscheint das neue Widget am Startbildschirm – zusammen mit dem neuen Hintergrund (7).

Um ein Widget wieder zu löschen, legen Sie den Finger darauf, warten einen Moment und ziehen es dann auf die Entfernen-Leiste am oberen Rand.

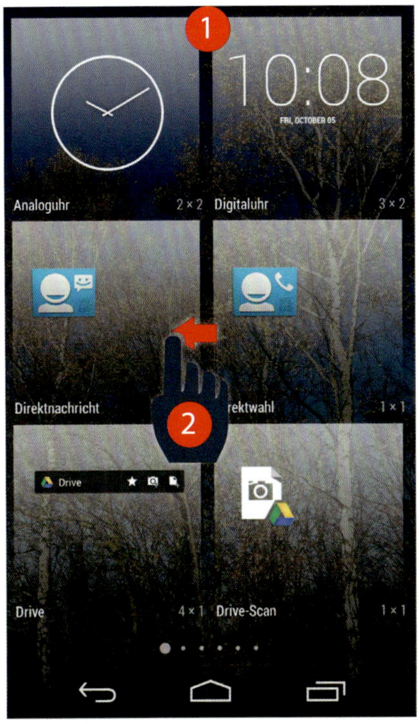

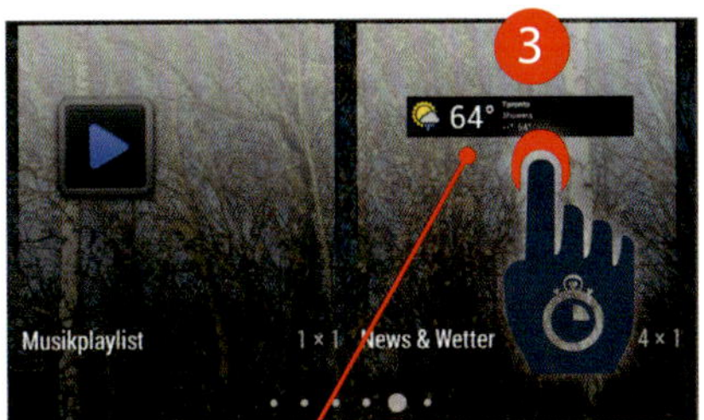

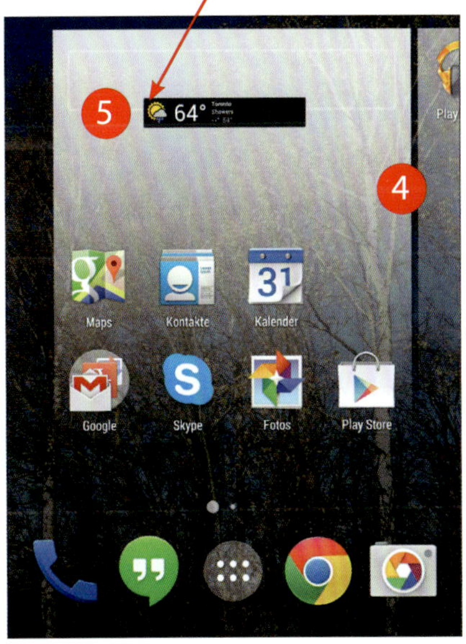

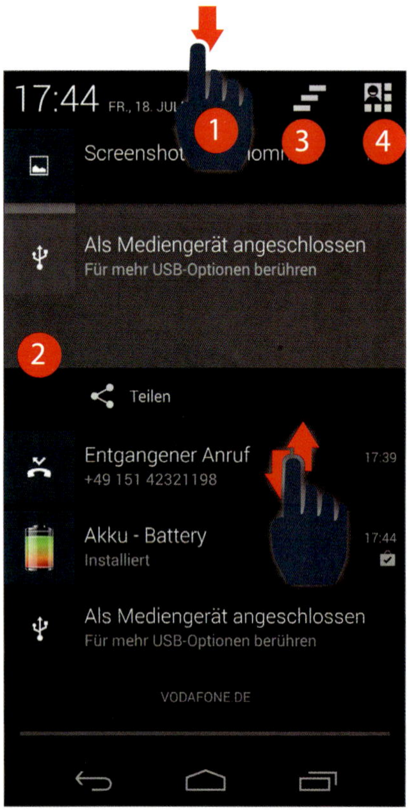

In der Statusleiste, ganz oben am Bildschirmrand, werden laufend aktuelle Meldungen angezeigt. Von einem entgangenen Anruf bis zur erfolgreichen Installation einer App, hier wird einfach alles protokolliert. Eine Liste mit all den Vorgängen können Sie im Schnellzugriff aufrufen.
Wischen Sie mit dem Finger mit Schwung vom oberen Rand des Gehäuses (1) in den Bildschirm hinein >> es öffnet sich eine Liste (2) mit all den gespeicherten Vorgängen.
Am oberen Rand sehen Sie noch 2 Symbole:

(3) Treppe
Damit löschen Sie die bisherigen Einträge.

(4) Raster
Tippen Sie darauf, schalten Sie zu den Einstellungen um.

Dieses Fenster können Sie auch direkt öffnen, wenn Sie mit 2 Fingern gleichzeitig vom oberen Rand (5) des Gehäuses in den Bildschirm wischen. So haben Sie ganz schnell Zugriff auf die wichtigsten Einstellungen Ihres Smartphones.

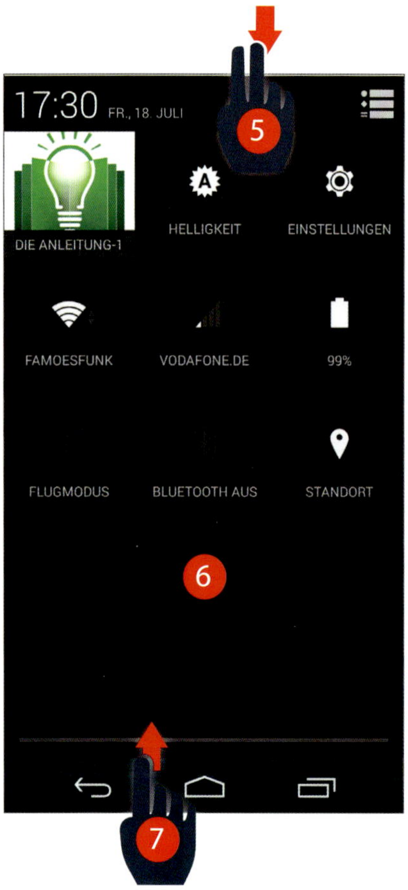

Sie schließen dieses Fenster wieder, indem Sie es am unteren Rand „anfassen" und nach oben schieben (7).

Schnell-Einstellungen (6):

- **Ihr Konto mit Bild**
Die Verbindung zu Ihrem Google-Konto

- **Helligkeit einstellen**
Hier im Automatik-Modus

- **Einstellungen**
Hier kommen Sie zum vollständigen Einstellungen- Menü.

- **WLAN-Verbindung**
ist die Anzeige der aktuellen WLAN-Verbindung und die Einstellungen dazu.

- **Funk-Verbindung**
ist die Anzeige der aktuellen Funk-Verbindung und die Einstellungen dazu.

- **Batteriestatus** geladen/nicht geladen

- **Flugmodus** Ein/Aus
Damit schalten Sie alle Verbindungen nach draußen ab. Der heißt deswegen Flugmodus, weil Sie damit Ihr Smartphone auch im Flugzeug verwenden dürfen.

- **Bluetooth** Ein/Aus

- **Standort**
Einstellungen zur Standort-Suche

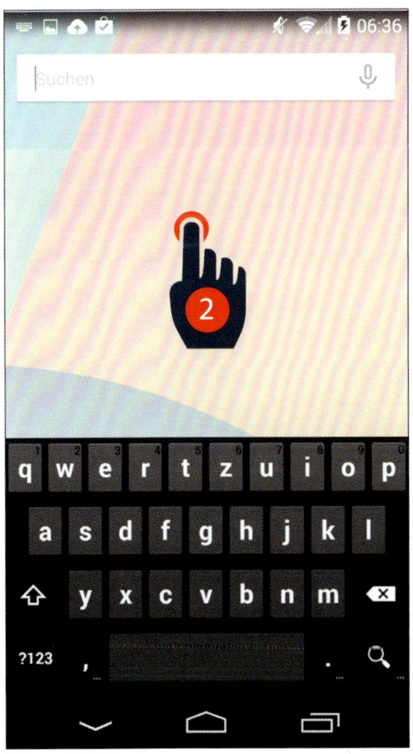

Öffnen sich beim Wischen von oben zwei unterschiedliche Fenster, so können Sie mit einem Wisch von unten (1) die Google-Suche aktivieren – auch direkt aus einer App heraus. Sie müssen dafür nicht extra zum Home-Bildschirm zurückkehren.
Der Hintergrund wird leicht verdeckt, die Eingabezeile und die Tastatur werden eingeblendet. Sie können dann direkt mit der Texteingabe starten.

Zum Schließen des Suchfensters tippen Sie einfach in den freien Bereich (2).

Platz für Ihre **NOTIZEN**

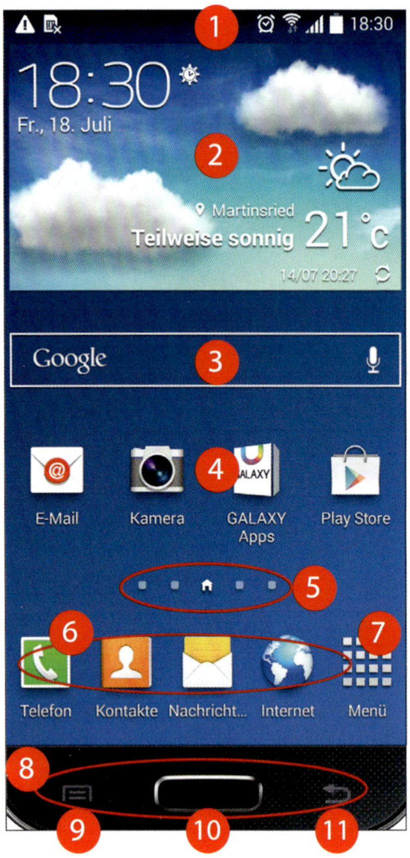

Der Startbildschirm des S4

sieht etwas anders aus. Ganz oben am Bildschirm ist die Statusleiste (1). Darunter ein Wetter Widget (2) gefolgt von der Google-Suche (3) – auch hier wieder mit Spracheingabe.
Als Nächstes eine Reihe mit App-Symbolen (4), dann die Anzeige der Startseiten. Hier hat Samsung offensichtlich schon 5 Seiten angelegt. Welche gerade aktiv ist, sehen Sie an der Helligkeit der Punkte (5). Die Haupt-Startseite wird durch ein kleines Haus symbolisiert. Das ist also die Seite, die bei einem Druck auf den Home-Button (10) aufgerufen wird.

Nach den Punkten zur Seitenanzeige kommt die Favoritenleiste (6). Diese Leiste ist auf allen Startseiten zu sehen und bietet Zugriff auf die wichtigsten Apps. Hier können Sie maximal vier Apps Ihrer Wahl ablegen. Das Symbol rechts außen (7) kann nicht verändert werden und öffnet mit einem Tipp die Übersicht aller installierten Apps.

Die Navigationsleiste (8) wird bei Samsung außerhalb des Bildschirms realisiert. Sie bietet drei Funktionen.

(9) Menü
öffnet das Hauptmenü zur gerade aktiven App.

(10) Home-Button (Ein „echter" Taster)
Mit einem Tipp auf diesen Taster gelangen Sie immer zurück zum Startbildschirm – sehr wichtig.
Ein Doppel-Tipp öffnet die Spracheingabe.
Drücken Sie länger mit dem Finger auf den Taster, öffnet sich die Übersicht der gerade aktiven Apps.

(11) Zurück
Letzten Bearbeitungsschritt rückgängig machen oder eine Seite zurückblättern.

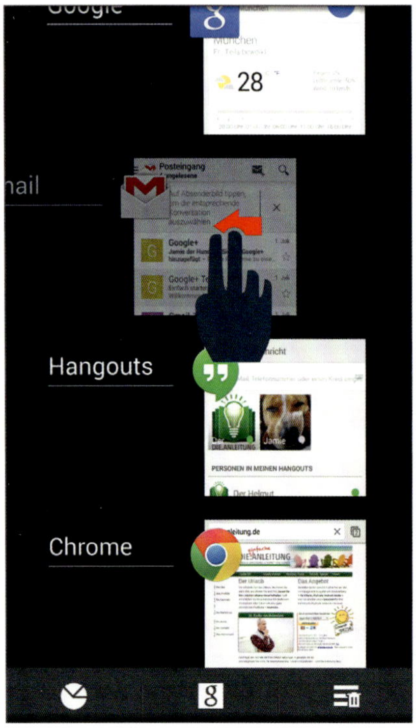

TIPP:
Im Normalbetrieb sind die beiden Symbole für Menü und Zurück ausgeblendet, sie sind aber trotzdem aktiv.

Aktive Apps beenden

funktioniert wie beim Google Nexus indem Sie eine App zur Seite rausschieben.

Neuer Bildschirmhintergrund?

Legen Sie den Finger auf einen freien Bereich des Startbildschirms und folgen Sie den Anweisungen.

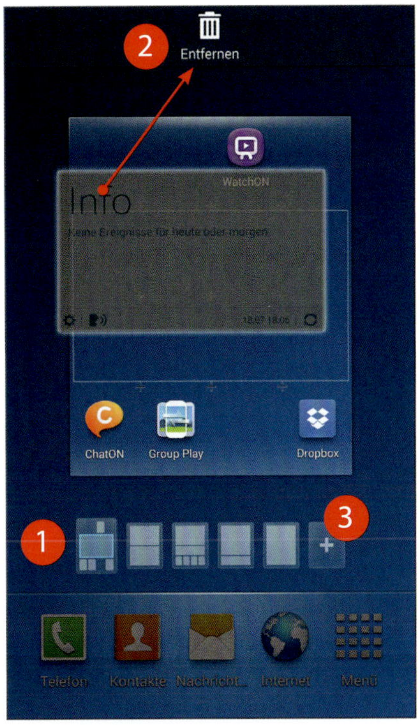

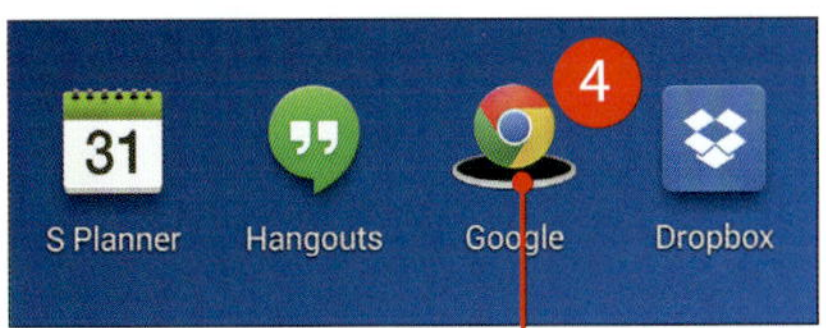

Apps und Widgets anordnen

Bleiben Sie mit dem Finger etwas länger auf einem Widget oder einem App-Symbol wird der Bearbeitungs-Modus aktiviert.
Die Farbe des Bildschirms wird reduziert und oberhalb der Favoritenleiste werden die Startseiten (1) angezeigt. Ein Widget können Sie oben in den Mülleimer (2) oder auf eine neue Seite (+) (3) legen. Bewegen Sie eine App, erscheinen am oberen Rand zwei Symbole: Ordner erstellen und der Mülleimer.

Ein neuer Ordner wird als Scheibe mit den darin enthaltenen Apps symbolisiert (4). Weitere Apps können Sie im Bearbeitungs-Modus einfach hinein ziehen.

Ein Widget platzieren Sie ebenfalls durch ziehen und ablegen auf einen Startbildschirm. Die Widgets selbst finden Sie als Menüpunkt bei der Übersicht von allen Apps.

Schnelleinstellungen

Durch das Wischen mit einem Finger vom oberen Rand öffnet sich ein Übersichtsfenster (5) mit einigen Einstellungen und der Liste der letzten Vorgänge und Meldungen.
Mit dem Symbol in der rechten oberen Ecke (6) oder einem 2-Finger-Wisch öffnet sich das Fenster mit allen Schnelleinstellungen (7).
Zum Schließen des Fensters von unten nach oben wischen.

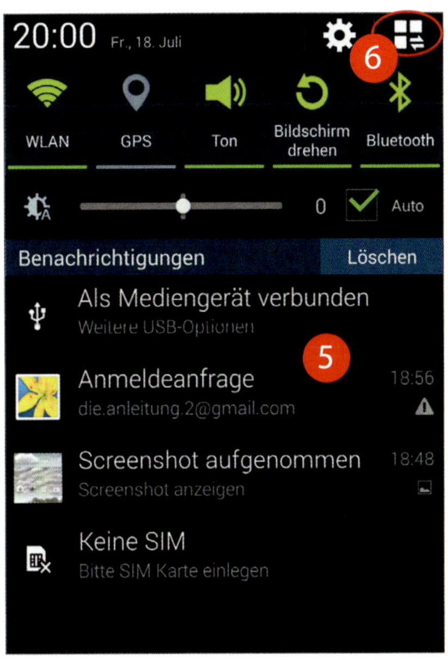

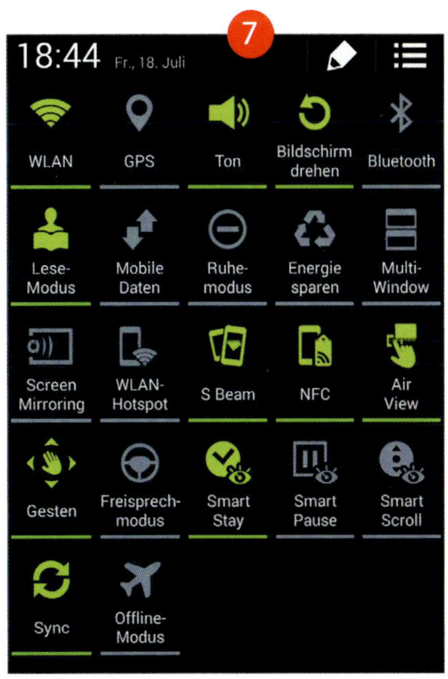

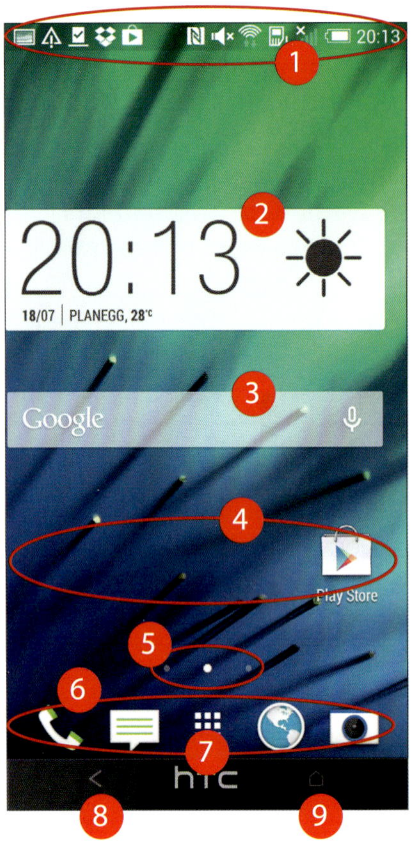

Der Startbildschirm des HTC One

zeigt ganz oben am Bildschirm die Statusleiste (1). Darunter ein Uhr/Wetter Widget (2) gefolgt von der Google-Suche (3) – auch hier wieder mit Spracheingabe.
Als nächstes eine fast leere Reihe für App-Symbole (4), dann die Anzeige der Startseiten. **HINWEIS**: Die Symbole für die Seiten werden nur angezeigt, wenn Sie die Seite nach L/R bewegen.
Hier hat HTC offensichtlich schon drei Seiten angelegt. Welche gerade aktiv ist, sehen Sie an der Helligkeit der Punkte (5). Die Haupt-Startseite, also die Seite, die bei einem Druck auf den Home-Button (9) aufgerufen wird, können Sie selbst definieren.

Nach den Punkten zur Seitenanzeige sehen Sie die Favoritenleiste (6). Diese Leiste ist auf allen Startseiten zu sehen und bietet Zugriff auf die wichtigsten Apps. Hier können Sie maximal vier Apps Ihrer Wahl ablegen. Das Symbol in der Mitte (7) kann nicht verändert werden und öffnet mit einem Tipp die Übersicht aller installierten Apps.

Die Navigationsleiste wird bei HTC außerhalb des Bildschirms realisiert. Sie bietet zwei Funktionen.

(8) Zurück
Letzten Bearbeitungsschritt rückgängig machen oder eine Seite zurückblättern.

(9) Home-Button (Haus-Symbol)
Mit einem Tipp auf diesen Taster gelangen Sie immer zurück zum Startbildschirm – sehr wichtig. Ein Doppel-Tipp öffnet die Übersicht der gerade aktiven Apps.
Drücken Sie länger mit dem Finger auf den Taster, wird die Spracheingabe über Google+ aktiviert.

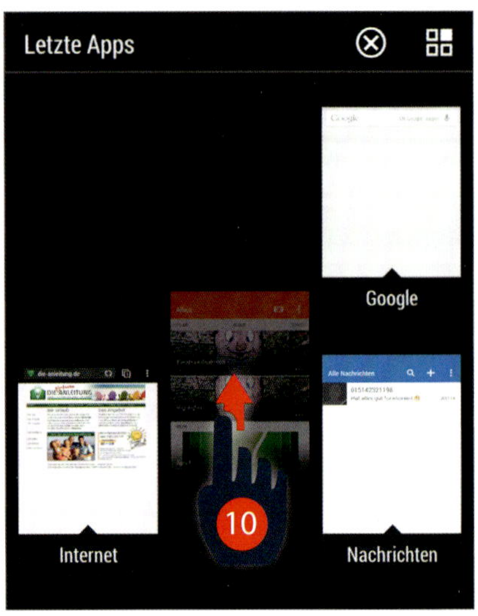

Aktive Apps beenden

Beim HTC werden die aktiven Apps in einer Matrix dargestellt. Schieben Sie eine nach oben, wird sie beendet (10).

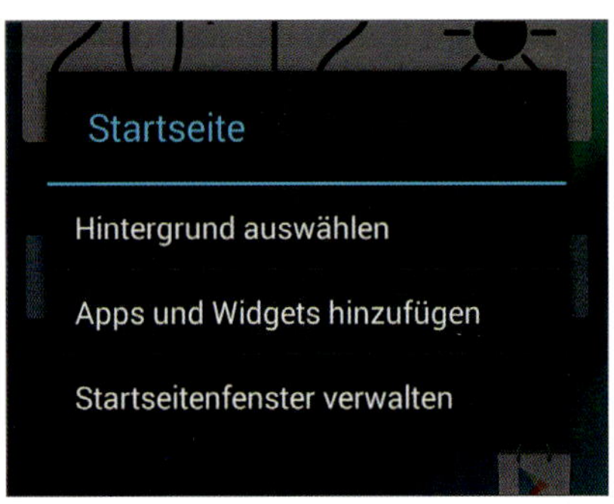

Neuer Bildschirmhintergrund?

Legen Sie den Finger auf einen freien Bereich des Startbildschirms, wählen Sie in dem neuen Fenster den Eintrag Hintergrund auswählen und folgen Sie den Anweisungen.

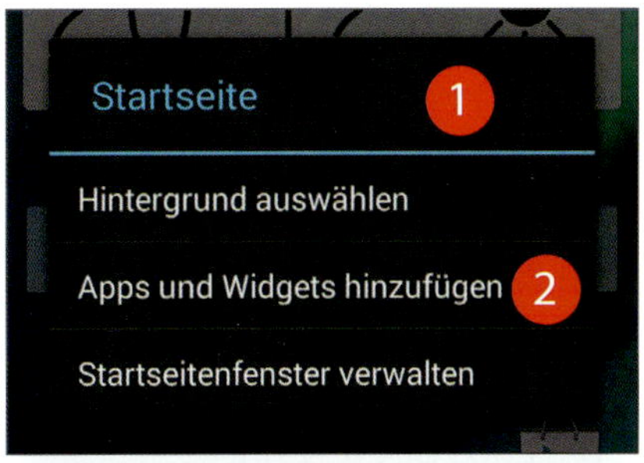

Apps und Widgets anordnen

Bleiben Sie mit dem Finger etwas länger auf einem Widget oder einem App-Symbol wird der Bearbeitungs -Modus aktiviert.
Am oberen Rand des Bildschirms wird der Mülleimer zum Entfernen angezeigt. Legen Sie das Symbol dort hinein, verschwindet es von diesem Bildschirm.

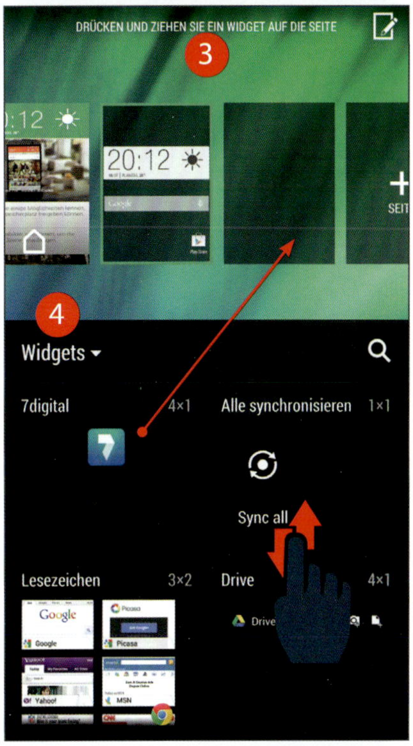

Legen Sie den Finger auf einen freien Bereich des Startbildschirms, öffnet sich ein kleines Fenster (1). Dort tippen Sie auf Apps und Widgets hinzufügen (2). Jetzt öffnet sich das Bearbeitungsfenster (3).

Oben werden in einer Reihe die Startseiten angezeigt. Darunter die Widgets in einer Matrix. Haben Sie das passende gefunden, legen Sie den Finger auf das Symbol und schieben es auf einen Startbildschirm. Nach der Umschaltung auf Apps (4) können Sie damit genau so verfahren.

Einen neuen Ordner erstellen Sie am einfachsten direkt am Startbildschirm. Legen Sie den Finger auf ein Symbol, warten Sie einen Moment und schieben es dann auf ein anderes Symbol > ein neuer Ordner wird erzeugt und auf dem Startbildschirm abgelegt. Tippen Sie darauf, sehen Sie den Inhalt und können ihn beschriften (5).
Weitere Apps können Sie einfach hinein ziehen oder über das + - Symbol (6) hinzufügen.

Schnelleinstellungen (7)

Bedienung und Funktion sind wie beim Nexus.

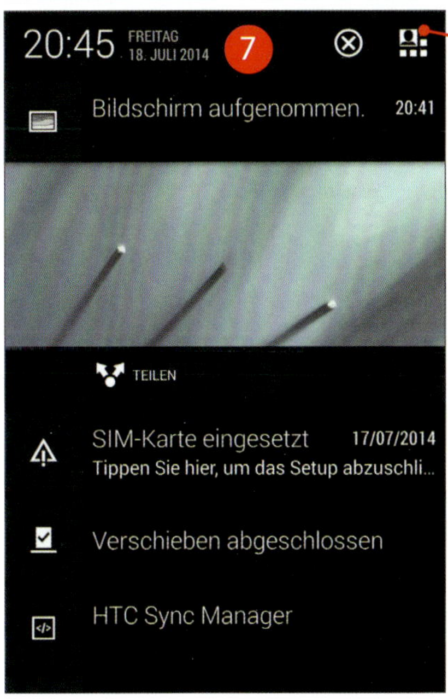

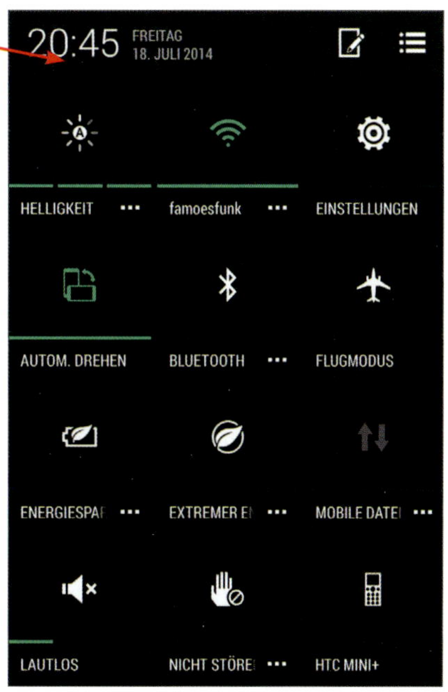

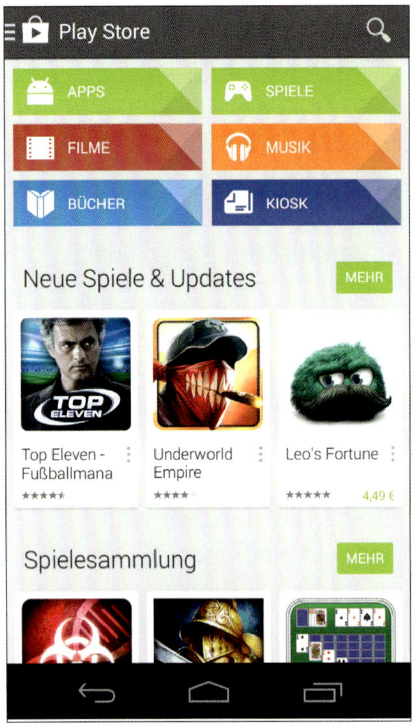

Kaufen, kaufen, kaufen

Im Google Play Store dreht sich alles nur ums Kaufen. Ganz egal ob es eine App, ein Film, ein Buch oder eine Zeitschrift ist – hier finden Sie alles. Das Prinzip der Bedienung ist für alle Kategorien gleich:
Suchen > Auswählen > Kaufen

Auf der Startseite sehen Sie im oberen Teil die sechs Felder für die einzelnen Kategorien:

- Apps
Hier können Sie die Möglichkeiten Ihres Smartphones mit allen möglichen Apps erweitern.

- Spiele
Sie spielen gerne? Hier finden Sie bestimmt, was Ihnen gefällt.

- Filme
Topaktuelle Filme, Blockbuster, Oldies und Raritäten zum Leihen und Kaufen.

- Musik
Hier finden Sie Musik aus allen Genres.

- Bücher
Für Leseratten und solche, die es werden wollen.

- Kiosk
Ein riesiger Zeitungskiosk in Ihrer Hand.

Der größte Vorteil eines solchen Online-Angebots: Sie können alle Medien vorhören bzw. reinlesen und der Laden macht nie zu!

Die Bedienelemente in allen Kategorien:
(1) Hauptmenü öffnen
(2) Suchfunktion aktivieren

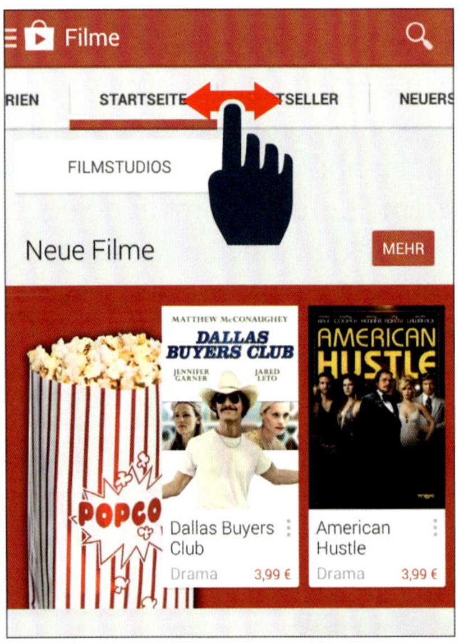

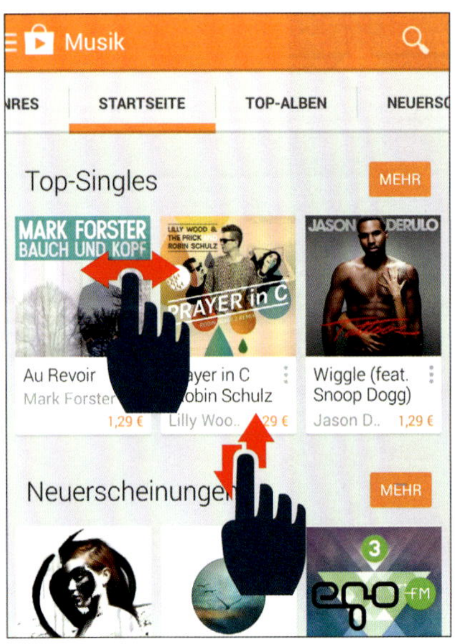

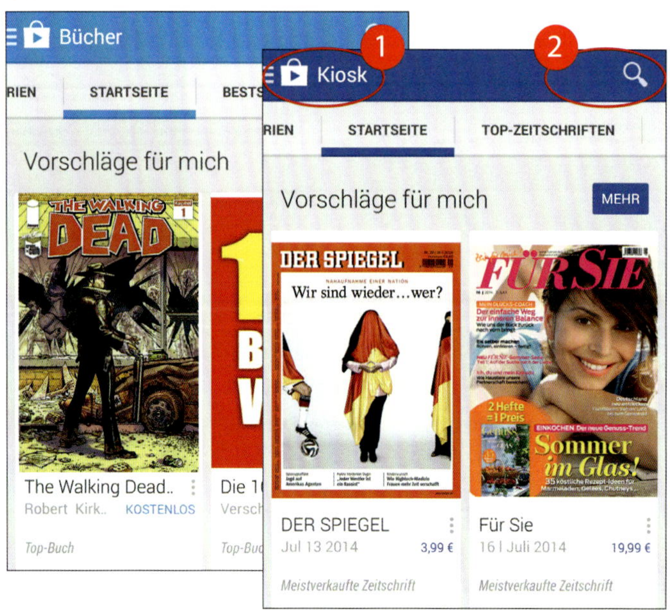

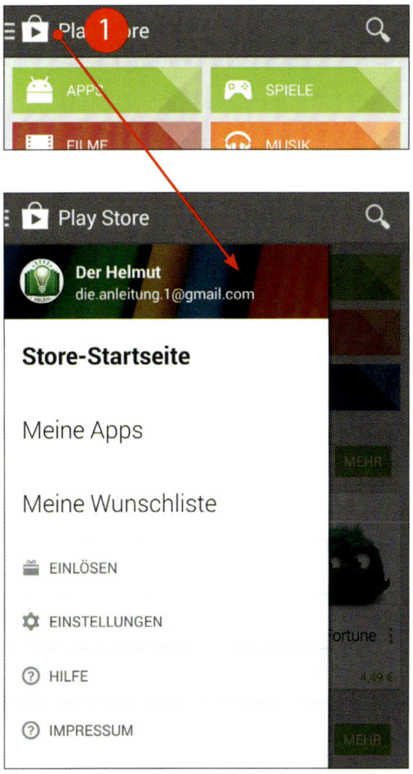

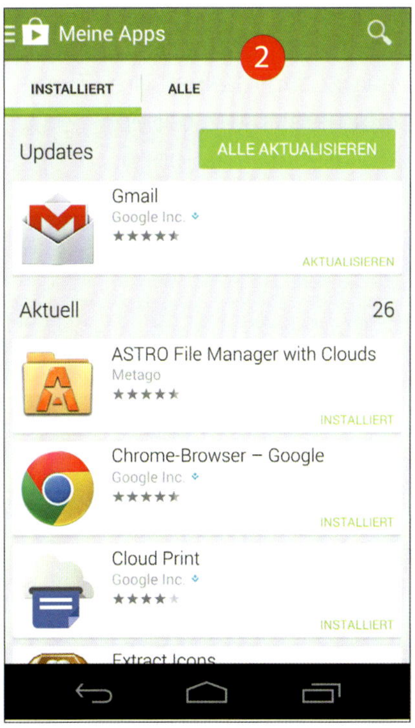

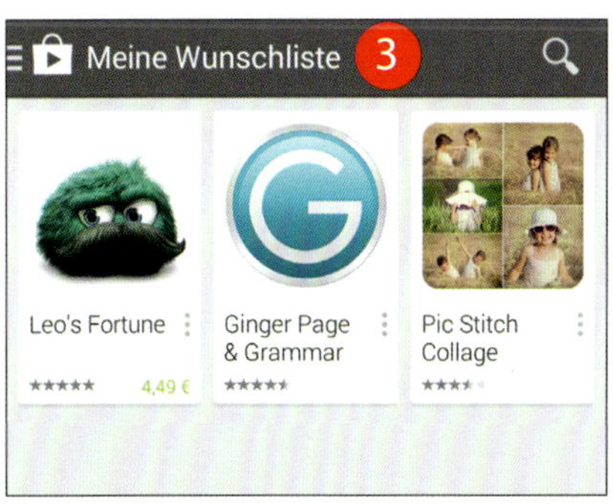

Das Hauptmenü

öffnen Sie mit einem Tipp auf die Einkaufstüte (1).

- Store Startseite
Mit einem Tipp auf diesen Eintrag gelangen Sie zurück zur Übersicht mit allen Kategorien.

(2) Meine Apps
Zeigt Ihnen eine Liste aller Ihrer Apps.

(3) Meine Wunschliste
Eine Liste von Angeboten aus dem Play Store, die Sie als interessant markiert haben.

- Einlösen
Haben Sie einen Gutschein erworben? Hier können Sie diesen Wert auf Ihr Google-Konto buchen.

(4) Einstellungen

- **Benachrichtigungen**
über Updates >> EIN

- **Automatische App-Updates**
Sicher sinnvoll, aber bitte nur über WLAN.

- **Symbol zum Startbildschirm hinzufügen**
Neue Apps immer gleich anzeigen >> EIN

- **Suchverlauf löschen**
Keine wirkliche Funktion >> nach Bedarf

- **Filter für Inhalte** >> NEIN

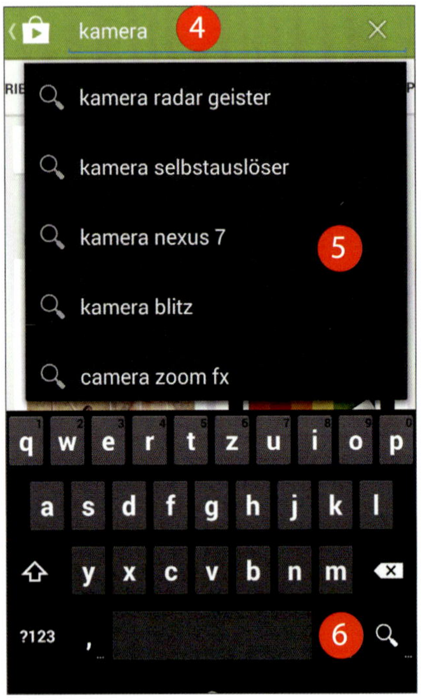

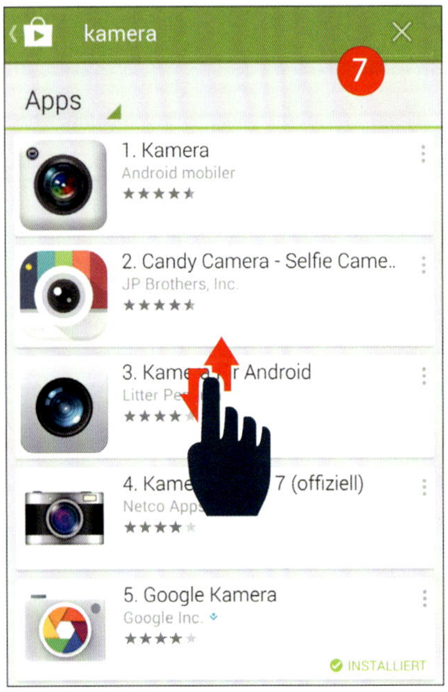

Apps – Apps – Apps

Aktuell gibt es ca. 1 Million Apps im Play Store. Ist das nicht unglaublich! Sie finden praktisch zu jedem Thema die passende App.
Für unser Beispiel suchen wir eine App für die eingebaute Kamera. Öffnen Sie dazu den Play Store und dann den Bereich APPS (1).

TIPP:
Sie kommen nicht mehr zurück zur Startseite? Dann Tippen Sie links oben auf die Einkaufstüte (2) und dann auf den Eintrag Store-Startseite.

Von dort gelangen Sie mit einem Tipp auf das Symbol zur Kategorie Apps. Öffnen Sie die Suche (3) und geben Sie Kamera (4) ein. Schon während der Eingabe werden Ihnen erste Suchergebnisse (5) angezeigt. Wäre unsere gesuchte App dabei, könnten Sie jetzt direkt auf die Zeile tippen und so die Anzeige der App im Play Store öffnen.
Da wir aber noch nicht wissen, welche wir auswählen, geben Sie den Begriff Kamera bitte komplett ein und tippen dann auf die Lupe (6) in der Tastatur > die Suche startet und zeigt kurz darauf eine Liste (7) mit allen Apps, die mit der Kamera zu tun haben.
Zu jeder App sehen Sie diese Informationen:

- Symbol
- Name
- Hersteller
- Bewertung
- Preis
- Installiert
- Menü ⋮
  Kaufen/ Installieren
  Auf die Wunschliste

Schieben Sie jetzt mit dem Finger die Liste nach oben weg, sehen Sie weitere Ergebnisse aus der Suche. Darunter auch die Papier Kamera, die ich für dieses Beispiel ausgesucht habe. Sie können aber auch jede andere App nehmen. Mit einem Tipp auf die entsprechende Zeile öffnet sich die Detailseite zur App.

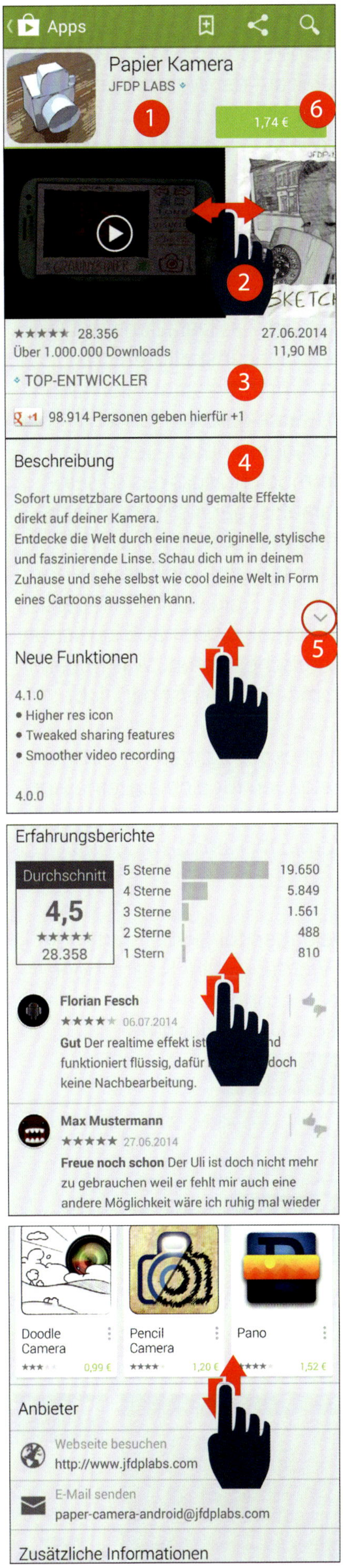

Der Kaufprozess

Die Detailseite der App zeigt alle Informationen:

(1) Symbol • Name • Hersteller • Preis (ist die App gratis, steht hier **Installieren**)

(2) Vorschau der Bedienungsoberfläche
Hier können Sie sich schon ein gutes Bild von der Bedienung machen.

(3) Datenübersicht
Durchschnitt und Anzahl der Bewertungen • Datum des letzten Updates • Anzahl der Downloads • Dateigröße der App • Einstufung des Entwicklers • Und Bewertungen von Google+

(4) Beschreibung
Der vermutlich wichtigste Bereich mit der Beschreibung der App, eine Auflistung neuer Funktionen, die Erfahrungsberichte (= Bewertungen), ähnliche Apps und schließlich die Kontaktdaten zum Anbieter.

Mit einem Tipp auf den kleinen Pfeil (5) erweitert sich die Anzeige für zusätzliche Informationen.

Haben Sie sich zum Kauf entschlossen, tippen Sie ein mal auf das Preisschild (6) der App. Dann öffnet sich das Fenster für die Freigaben. Können Sie damit leben, tippen Sie auf **Akzeptieren** und im nächsten Fenster auf **Weiter**. Jetzt noch die Zahlungsdaten eingeben oder einen Gutschein einlösen und schon bald haben Sie die App auf Ihrem Smartphone.

APPS

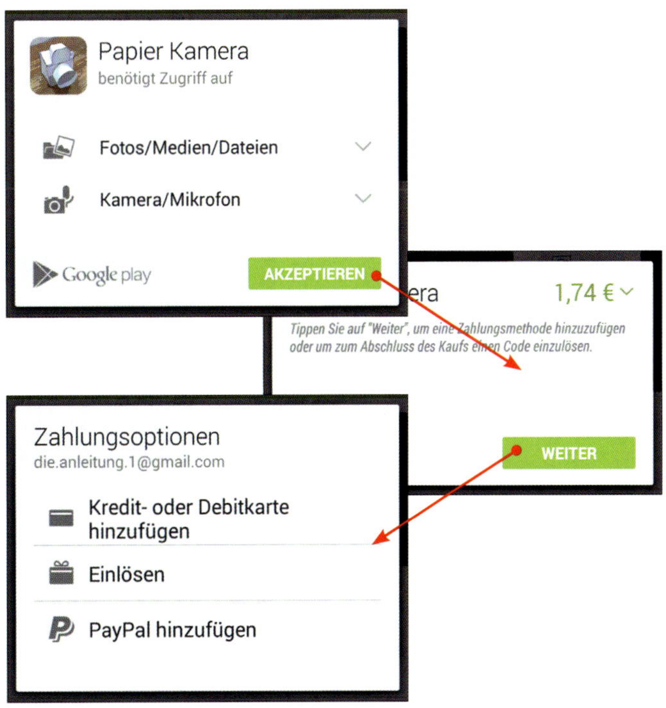

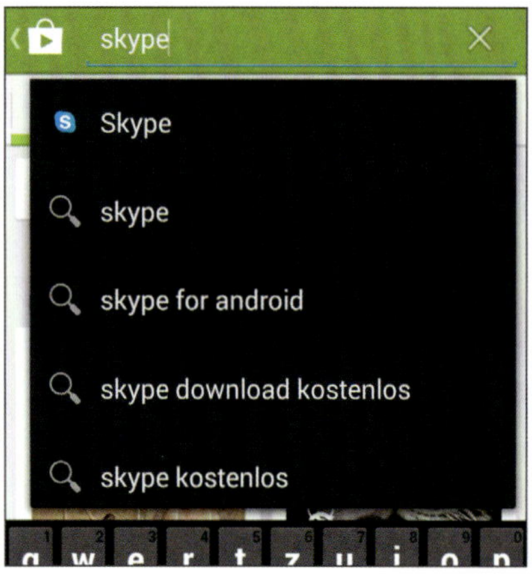

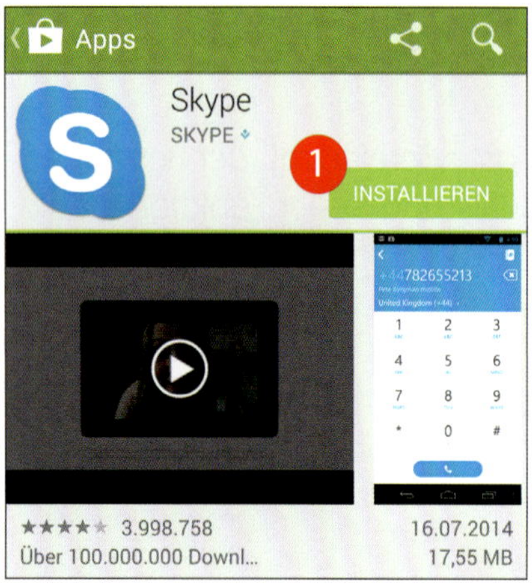

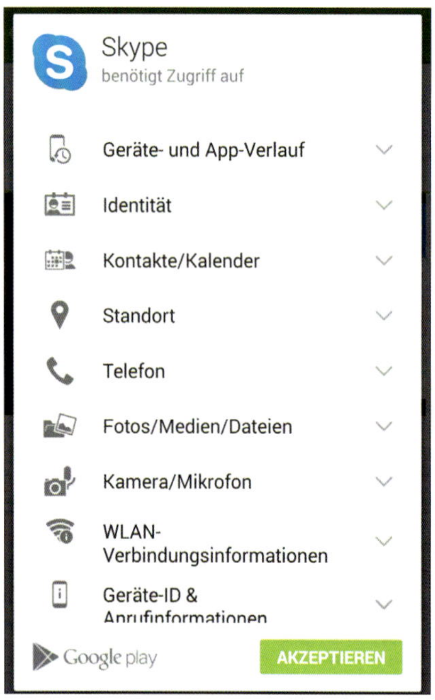

Skype

Eine gute Übung ist die Installation der Skype-App. Damit können Sie überall auf der Welt mit anderen Skype-Nutzern kostenlos kommunizieren.
Mehr zur App auf Seite 78.

Öffnen Sie die Play Store App, gehen Sie in die Kategorie Apps und aktivieren Sie die Suche. Dort geben Sie den Begriff Skype ein. Schon in den ersten Suchergebnissen werden Sie die App sehen. Mit einem Tipp auf die Zeile öffnet sich das Detailfenster. Dort tippen Sie auf die Schaltfläche Installieren (1).
Das nächste Fenster ist sehr interessant. Hier sehen Sie, auf welche Daten – auch ganz persönliche – die App zugreifen wird. Die sogenannten Freigaben. Jetzt fragen Sie sich vermutlich: Muss das so sein? Nun ja, die Antwort darauf ist gar nicht so einfach. Eine App zur Bildbearbeitung benötigt natürlich Zugriff auf Ihre Fotos, sonst ergibt das keinen Sinn. Aber benötigt Sie auch eine Freigabe für Ihre persönlichen Daten oder Ihre Kontakte? Da habe ich schon manchmal ein ganz komisches Gefühl. Was mit all diesen Daten passiert, möchte ich erst gar nicht wissen.
Wie auch immer, da gibt es wenig Wahlmöglichkeiten, Sie können die Freigaben für eine einzelne App nur als Komplettpaket akzeptieren. Entweder ganz oder gar nicht (ab Android M, Herbst 2015, gibt es da mehr Möglichkeiten).

Akzeptieren Sie die Freigaben für Skype, startet der Download, die Daten werden auf Ihr Smartphone geladen. Kurze Zeit später können Sie die App gleich Öffnen oder auch wieder Deinstallieren.

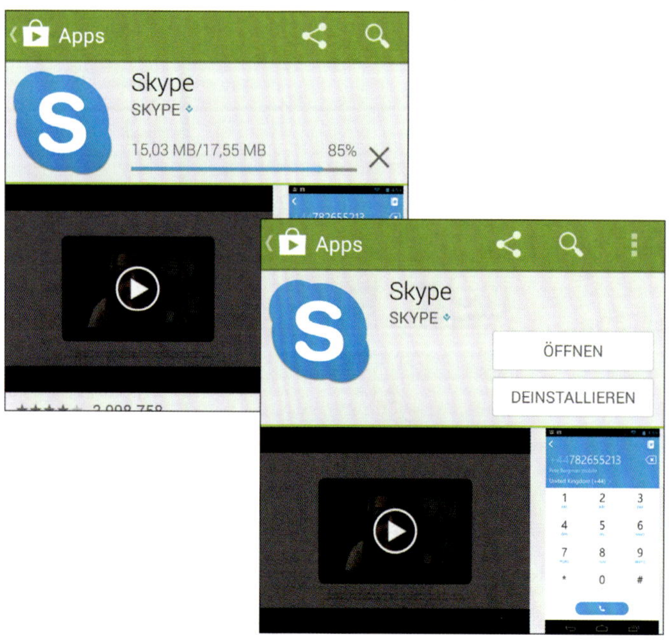

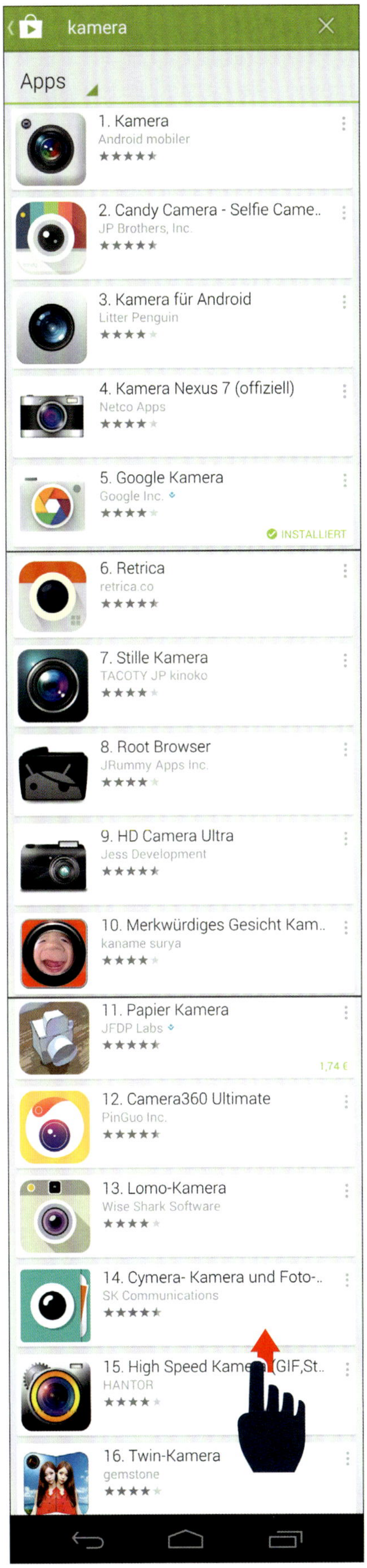

Und es kommen noch hunderte danach ...

Alles umsonst?

Sie waren schon im Play Store unterwegs und wundern sich darüber, dass viele der Apps kostenlos sind? Und wie ein solches Geschäftsmodell überhaupt funktionieren kann?
Um mit einer kostenlosen App Geld zu verdienen, gibt es verschiedene Möglichkeiten:

1. Reduzierte Funktionalität

Die App bzw. das Spiel gibt es in zwei unterschiedlichen Versionen. Eine kostenlose, in den Funktionen reduzierte App zum „Kennenlernen". Eine Freischaltung der wichtigen Funktionen bzw. spannenden Level in Spielen gibt es dann erst mit einer Erweiterung bzw. einem Upgrade – und das kostet.
Gleiches gilt auch für so genannte InApp-Käufen mit denen Sie die Funktionalität der Grundversion erweitern können. Oft gesehen bei Magazinen.

2. Werbung

Die App zeigt während des Betriebs immer wieder Werbeeinblendungen. Das nervt manchmal, aber zumindest ist jedem klar, wie hier Geld verdient wird.

3. Kundendaten

Die App sammelt mehr oder weniger heimlich Ihre persönlichen Daten, zeichnet Ihr Benutzerverhalten auf, erstellt daraus ein Kundenprofil und verkauft das Ganze dann an andere Firmen – meistens zu Werbezwecken.

Das bedeutet aber nicht, dass alle kostenlosen Apps schlecht sind oder betrügerische Absichten verfolgen, aber es gibt sie.

Bewertungen / Erfahrungsberichte

Der ursprüngliche Gedanke dahinter war es, anderen, die sich auch für diese App interessieren, von den eigenen Erfahrungen zu berichten. Ähnlich einer Empfehlung im Gespräch unter Freunden. Mittlerweile sind Bewertungen zu einem der wichtigsten Entscheidungskriterien für einen Kauf geworden.
So weit, so gut.
Doch wie so oft im Leben, werden gute Ideen von manchen Menschen missbraucht – und leider auch die Bewertungen. Mittlerweile gibt es sogar Firmen, die sich nur darum kümmern, gefälschte Bewertungen zu Apps und Produkten zu schreiben bzw. schreiben zu lassen. Deshalb mein Tipp:
Glauben Sie nicht alles, was im Internet steht.
Bleiben Sie kritisch, schauen Sie genau hin und installieren Sie nicht einfach jede kostenlose App – auch wenn es verlockend ist.

APPS

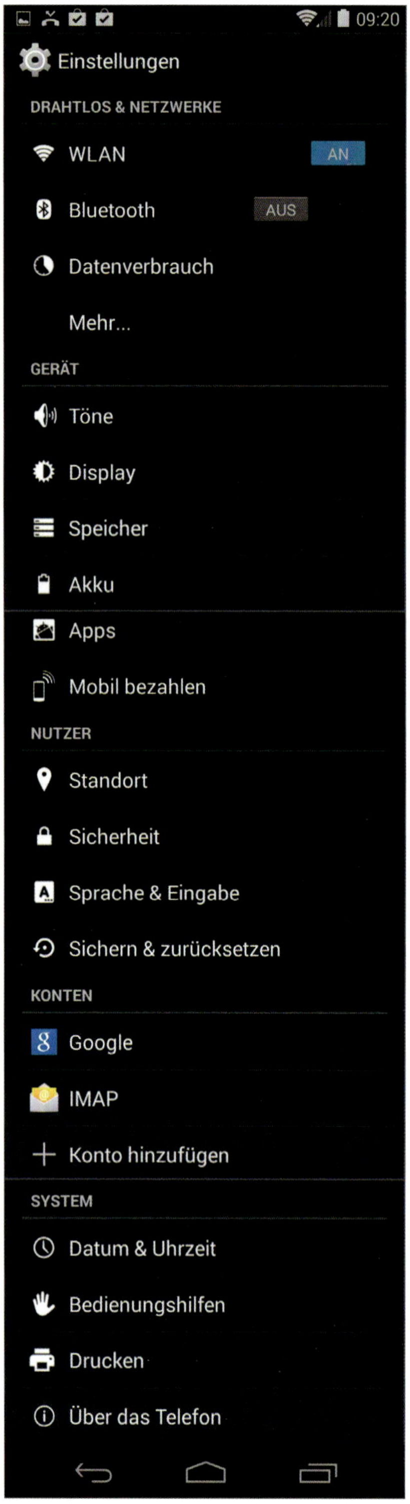

Einstellungen

helfen Ihnen dabei, Ihr Smartphone ganz nach Ihren Wünschen zu konfigurieren. Die Einstellungen-App starten Sie über die App-Übersicht oder die Schnell-einstellungen. Auf den nächsten Seiten finden Sie der Reihe nach alle wichtigen Einstellungen:

- WLAN Ein/Aus

- Bluetooth Ein/Aus

- Datenverbrauch > nächste Seite
Einige wichtige Einstellungen (Roaming)

- Mehr ... > Seite 154

- Töne > Seite 154

- Display > Seite 155

- Speicher
Welche App braucht wie viel Speicher?

- Akku
Welche App verbraucht wie viel Energie?

- Apps
Ein Übersicht über all Ihre Apps, zu denen Sie hier auch Detailinformationen abrufen können.

- Mobil bezahlen
Der zukünftige Standard?

- Standort > Seite 156
Wichtige Einstellungen

- Sicherheit > Seite 157-158
Wichtige Einstellungen

- Sprache und Eingabe > Seite 159
Hier gibt's einige wichtige Kleinigkeiten.

- Sichern und zurücksetzen > Seite 159
Nicht vergessen

- Google / IMAP
Zugriff und Übersicht von Ihren aktuellen Konten.

- Datum & Uhrzeit
Wird ja automatisch eingestellt, können Sie auf Wunsch hier auch ändern.

- Bedienungshilfen > Seite 160

- Drucken
Nicht mehr als eine Übersicht

- Über das Telefon
Grundsätzliches zu Technik & Hardware

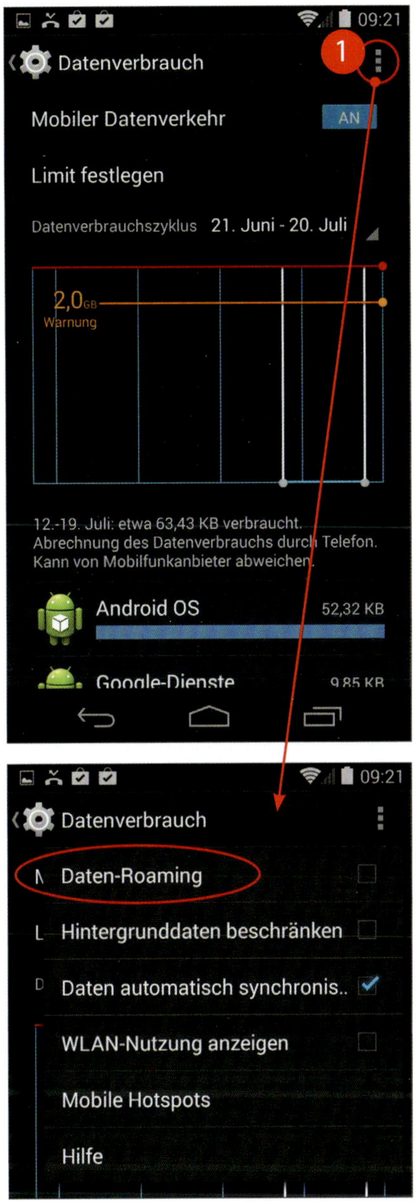

Datenverbrauch

zeigt Ihnen, welche Apps wie viele Daten „verbraucht" haben – Mobil genau so wie im WLAN. Interessant ist das Menü ⋮ (1):

- **Daten-Roaming**
Hier stellen Sie ein, ob Sie im Ausland und außerhalb Ihres Funknetz-Anbieters auch Daten (SMS, E-Mail, Internet) empfangen möchten. **ACHTUNG** Kostenfalle: Die Kosten dafür sind teilweise sehr hoch.

- **Hintergrunddaten beschränken**
Verschiedenste Apps gleichen im Hintergrund ihre Daten ab und installieren Updates. Schalten Sie die Beschränkung ein, werden diese Vorgänge nur noch im WLAN durchgeführt, sind Sie mobil unterwegs funktionieren aber manche Apps nicht mehr richtig. Deshalb: Besser angeschaltet lassen, auch wenn es Datenvolumen verbraucht.

- **Daten automatisch synchronisieren**
Aktiviert die grundlegende Synchronisation im Hintergrund. Zusammen mit Hintergrunddaten beschränken eine wichtige Funktion zur Kontrolle Ihres Datenverbrauchs.

- **WLAN-Nutzung anzeigen**
Damit wird am Bildschirm auch der Datenverbrauch im WLAN angezeigt.

- **Mobile Hotspots**
Hier können Sie mobile Hotspots definieren, bei denen Sie öfter im Internet unterwegs sind und Daten laden.

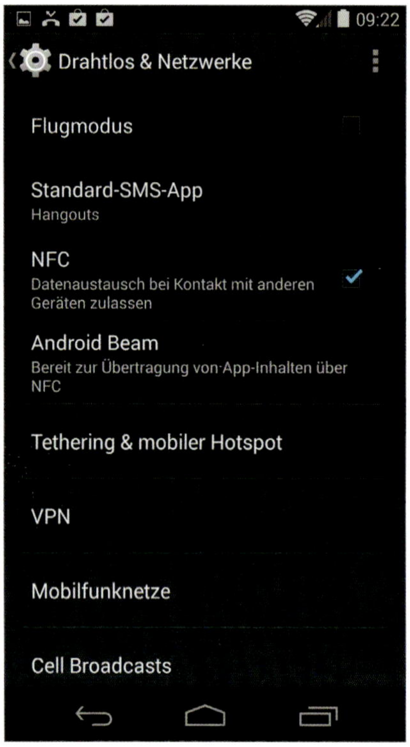

Mehr ...

Einstellungen zu Drahtlos & Netzwerke

- **Flugmodus** Ein/Aus
Schaltet alle externen Datenverbindungen ab. Das können Sie auch in den Schnelleinstellungen.

- **Standard-SMS-App**
Welche App möchten Sie für den Versand von SMS verwenden? Hier stellen Sie es ein.

- **NFC**
Eine neue Technik zur Datenübertragung über kurze Entfernungen. Momentan wird damit hauptsächlich Werbung übertragen. Deshalb: Das können Sie guten Gewissens auch abschalten.

- **Android Beam**
Erweiterung der NFC-Übertragung auf App-Inhalte. Meine Meinung dazu: Abschalten.

- **Tethering**
Stellen Sie Ihre mobile Datenverbindung anderen zur Verfügung – per WLAN, USB, Bluetooth.

- **VPN** > Spezielle Technik für den Serverzugriff

- **Mobilfunknetze**
Wichtig: Hier Datenzugriff über Mobilfunknetze > EIN

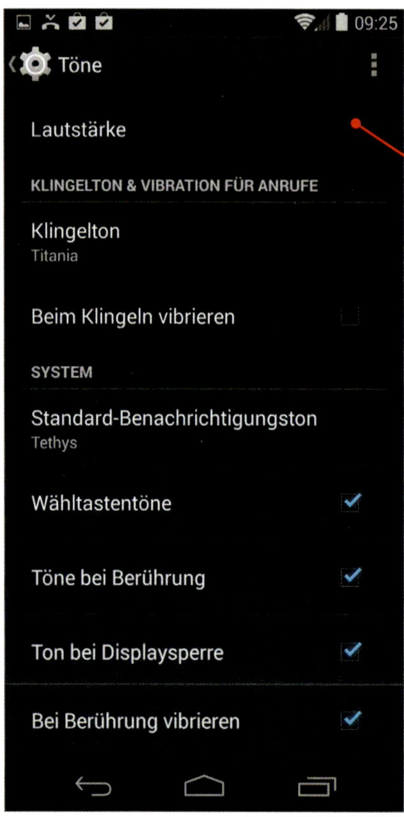

Töne

Wie soll sich Ihr Smartphone bemerkbar machen? Klingeln, vibrieren oder beides? Bei einem Anruf, einer SMS, einer E-Mail oder sogar bei jedem Tastendruck? Hier können Sie all das einstellen – viel Spaß.

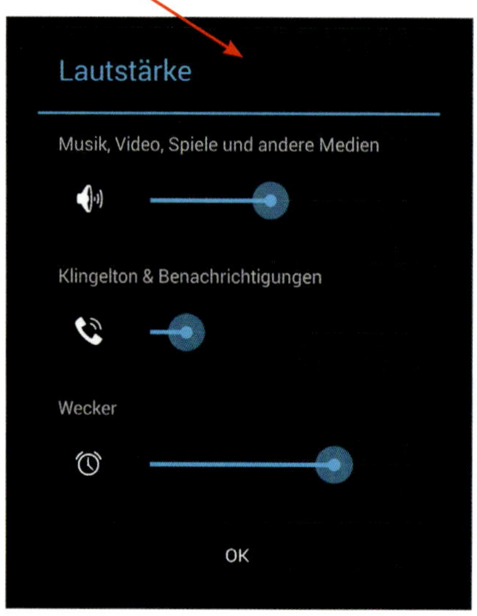

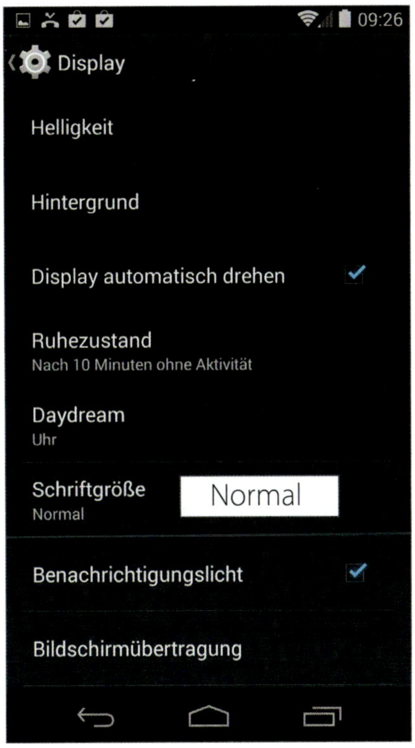

Display

ist die englische Bezeichnung für den Bildschirm.

- **Helligkeit**
Es gibt auch einen automatischen Modus, der gut funktioniert.

- **Hintergrund**
Gestalten Sie den Bildschirmhintergrund nach Ihren persönlichen Vorlieben. **HINWEIS**: Live-Hintergründe sehen gut aus, benötigen aber viel Leistung.

- **Display automatisch drehen**
Es gibt Momente, da nervt die automatische Umschaltung vom Hoch- in das Querformat.

- **Ruhezustand**
Am Anfang würde ich 10 Minuten einstellen, sonst geht Ihr Smartphone ständig in den Schlafmodus. Später dann vielleicht eine Minute, das spart Strom.

- **Daydream**
Ein schöner Bildschirmschoner – nur während des Ladevorgangs.

- **Schriftgröße**
in vier Stufen einstellbar: Klein, Normal, Groß, Sehr groß. Die Einstellung „Groß" ist eine gute Hilfe, um die kleinen Buchstaben besser lesen zu können.

- **Benachrichtigungslicht**
Das ist eine kleine LED, die eingegangene Nachrichten signalisiert.

- **Bildschirmübertragung** > nur was für Spezialisten.

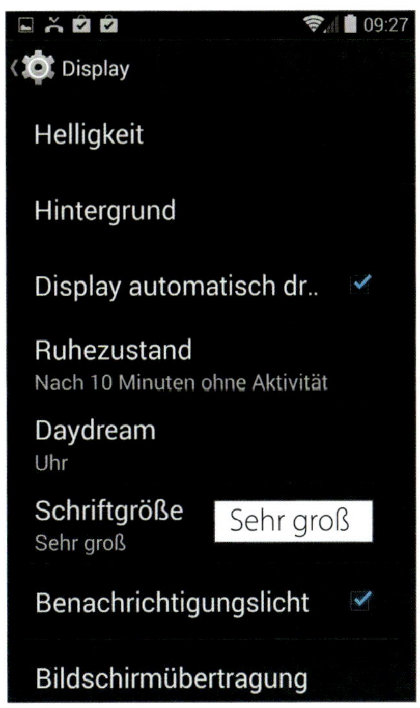

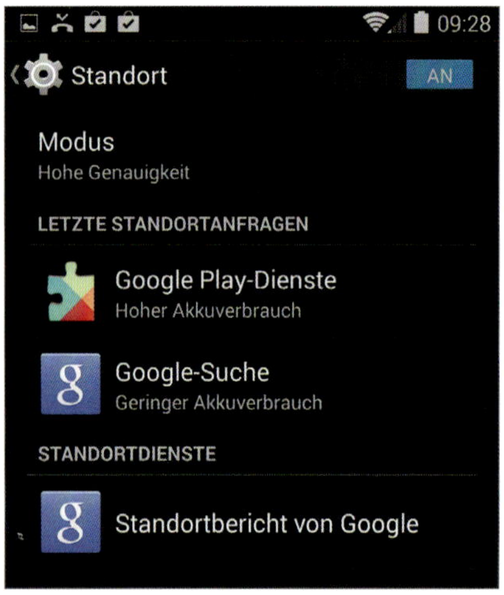

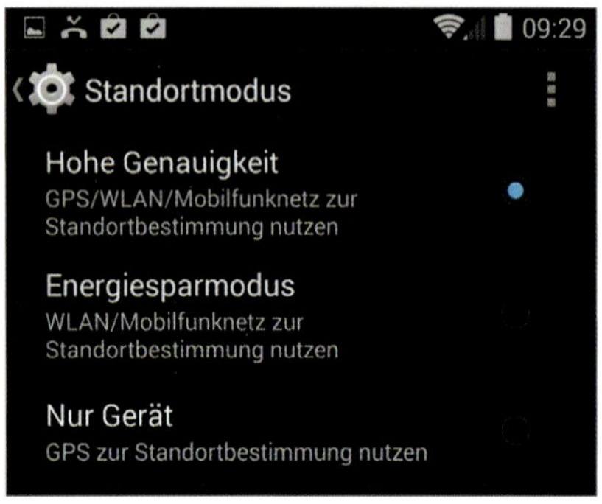

Wo bin ich gerade?

Gerade, wenn Sie in einer fremden Umgebung unterwegs sind, ist das die Frage der Fragen. Da ist es sehr praktisch, wenn Ihnen Ihr Smartphone auf wenige Meter genau sagt, dass Sie jetzt gleich nach links gehen müssen.
Aber, und das ist der eher unschöne Teil: Das wollen auch Google und andere Apps wissen. Und machen daraus einen wichtigen Teil Ihres Nutzerprofils. All das, um Sie noch besser mit Werbung zu versorgen.

Eigentlich wäre mir die Einstellung **Nur Gerät** lieber, aber für einige – sinnvolle – Funktionen wird jedoch die hohe Genauigkeit benötigt. Deshalb: So lassen wie voreingestellt.

Interessant:
In der Anzeige können Sie auch sehen, welche App in letzter Zeit Ihre Standortdaten abgerufen hat.

Platz für Ihre NOTIZEN

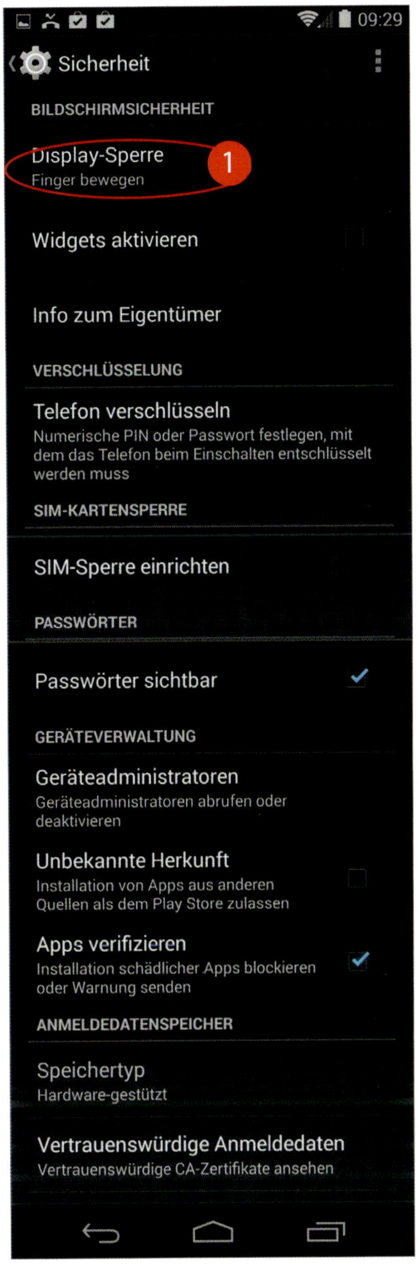

Sicher ist sicher

Denken Sie nur mal daran, wie viele persönliche Daten Sie auf Ihrem Smartphones speichern. Angefangen von den Adressen bis hin zu allen möglichen Kennwörtern und Kontodaten. Da sollten Sie sich in Ruhe Gedanken machen, wie Sie all diese Daten schützen können.
Hier die Möglichkeiten:

(1) Display-Sperre

Mit einer aktiven Display-Sperre verhindern Sie zum einen, dass sich Ihr Smartphone unbeabsichtigt (Jacke, Hosentasche, u.ä.) einschaltet und zum anderen, dass andere auf Ihre Daten zugreifen können. Die Software bietet Ihnen dazu vier Möglichkeiten:

- Finger bewegen

Das ist die Standard-Einstellung, bei der Sie mit dem Finger einfach zur Seite wischen, um das Telefon zu entsperren > kein wirklicher Schutz!

- Face Unlock

Gesichtserkennung mit der Frontkamera. Nun ja, das ist eher eine technische Spielerei als wirklich sicher.

- Muster

Hier zeichnen Sie ein Muster auf den Bildschirm, das Sie zum Entsperren wiederholen müssen.
Vorteil: Sie müssen sich keine Nummer merken und es geht schnell > gute Lösung, sicher.

- PIN

Vergeben Sie eine mehrstellige Nummer als Entsperr-Code. Je mehr Nummern, um so sicherer und gleichzeitig schwieriger zu merken.

- Passwort

Eine Mischung aus Buchstaben und Zahlen, Groß- und Kleinschreibung wird Ihr Kennwort. Sehr sicher, aber auch schwer zu merken und schwierig einzugeben.

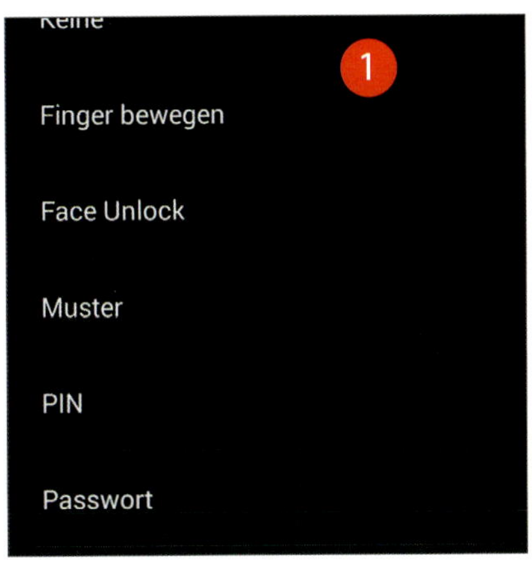

- Widgets aktivieren

Widgets sind eine nette Spielerei, um aktuelle Informationen auf Ihrem Bildschirm anzuzeigen. Sie stehen aber auch im Verdacht, gerne mal „interne" Informationen abzufragen.

- Info zum Eigentümer

Hier können Sie Daten eingeben, die dann auf dem Sperrbildschirm angezeigt werden. Zum Beispiel eine Telefonnummer, unter der Sie ein ehrlicher Finder kontaktieren kann.

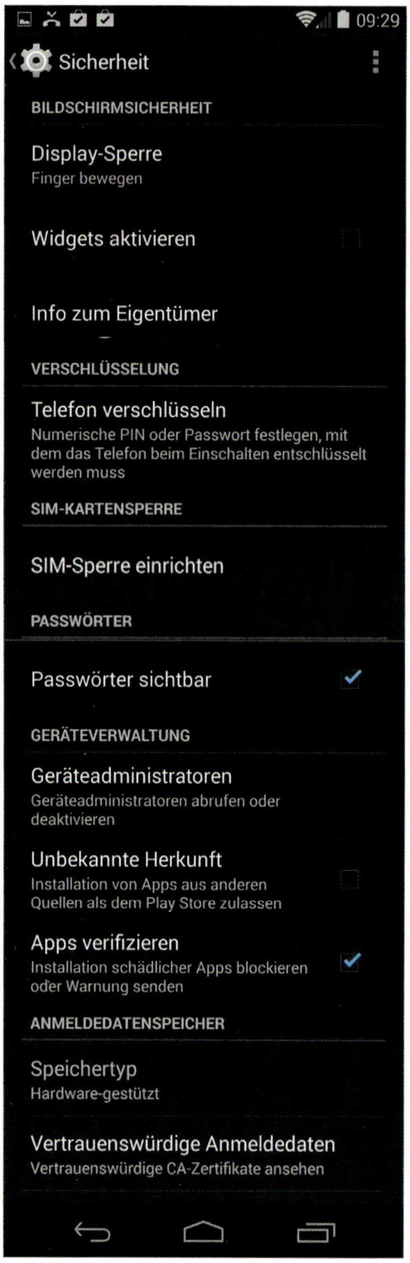

- **Telefon verschlüsseln**
Ein aufwendiger Prozess, der die kompletten Daten Ihres Smartphones verschlüsselt und nur nach der Eingabe des Kennworts wieder entschlüsselt.
Eine etwas extreme Version von Sicherheit, die im normalen Alltag nicht unbedingt praxisgerecht ist.

TIPP:
Bevor Sie Ihr Smartphone weitergeben oder verkaufen, sollten Sie Ihre Daten verschlüsseln und dann auf die Werkseinstellungen zurücksetzen – sicher ist sicher.

- **SIM-Sperre einrichten**
Jede SIM-Karte wird mit einem 4-stelligen Sicherheitscode ausgeliefert, der bei jedem Einschalten des Smartphones abgefragt wird.
Hier können Sie diese Sperre deaktivieren oder auch eine neue PIN-Nummer für die SIM-Karte vergeben.

- **Passwörter sichtbar**
Eine praktische Funktion, die Passwörter bei der Eingabe nicht als Punkte darstellt, sondern kurzzeitig als echte Zahlen und Buchstaben. Die Gefahr einer Falscheingabe wird dadurch deutlich verringert.
VORSICHT: Lassen Sie niemanden bei der Eingabe zusehen.

- **Geräteadministratoren** > eher für Spezialisten

- **Unbekannte Herkunft**
Damit würden Sie allen möglichen Quellen erlauben, auf Ihrem Smartphone Apps zu installieren.
> unbedingt ausschalten

- **Apps verifizieren**
Gleiches Thema wie in der Einstellung davor
> unbedingt einschalten

- **Anmeldedaten** > nur für Spezialisten

Sprache • Text • Tastatur

Im Normalfall wird die Sprache bei Erstinstallation festgelegt oder anhand der Funkdaten automatisch eingetragen. Hat das nicht funktioniert oder möchten Sie etwas daran ändern? Dann tippen Sie auf den Eintrag Sprache.

Einzelheiten zu den Einstellungen für die Tastatur finden Sie auf Seite 14.

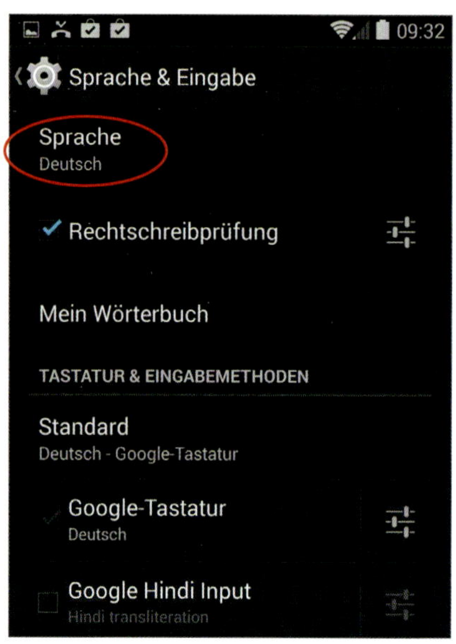

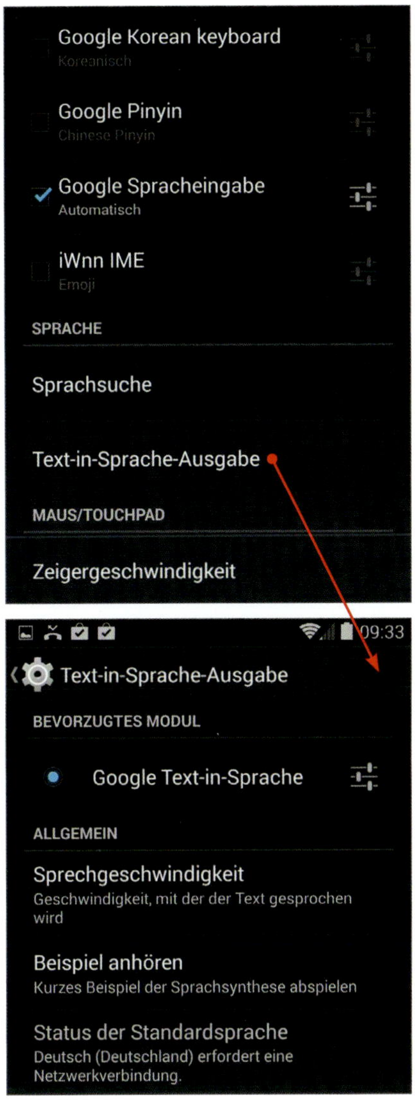

- **Google Spracheingabe**
Um bessere Ergebnisse zu erzielen, können Sie hier die Automatik abschalten und nur eine Sprache definieren.

- **Sprachsuche**
Voreinstellungen passen, ganz unten im Menü können Sie ein Bluetooth-Headset zur Spracheingabe aktivieren.

- **Text in Sprache Ausgabe**
Einstellungen für das Vorlesen von Texten.
HINWEIS: Für die Funktion ist eine Internetverbindung nötig.

Sichern & Zurücksetzen

Hier finden Sie wichtige Funktionen zum Schutz Ihrer Daten bzw. was mit Ihren Daten passiert.

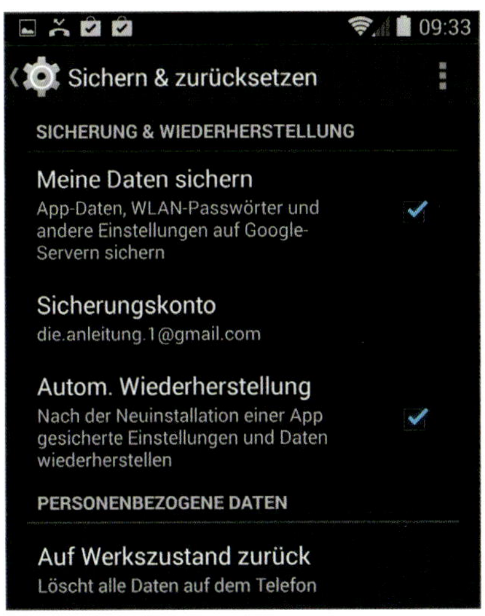

- **Meine Daten sichern**
Die Freigabe für Google, Ihre Daten auf den Google-Servern zu speichern. Sie müssen das nicht tun, es ist aber ungemein praktisch.

- **Sicherungskonto**
Der Name Ihres Google-Kontos

- **Autom. Wiederherstellung**
Sehr praktisch, Sie müssen sich um nichts kümmern, wenn Sie eine App neu installieren.

- **Auf Werkszustand zurück**
Damit löschen Sie all Ihre Daten auf diesem Gerät. Möchten Sie auf Nummer sicher gehen, dass wirklich alles gelöscht wird, sollten Sie vorher das Telefon verschlüsseln!

> **HINWEIS:**
> Das Löschen betrifft nur die Daten auf dem Telefon, Ihre Daten auf dem Google-Konto bleiben bestehen.

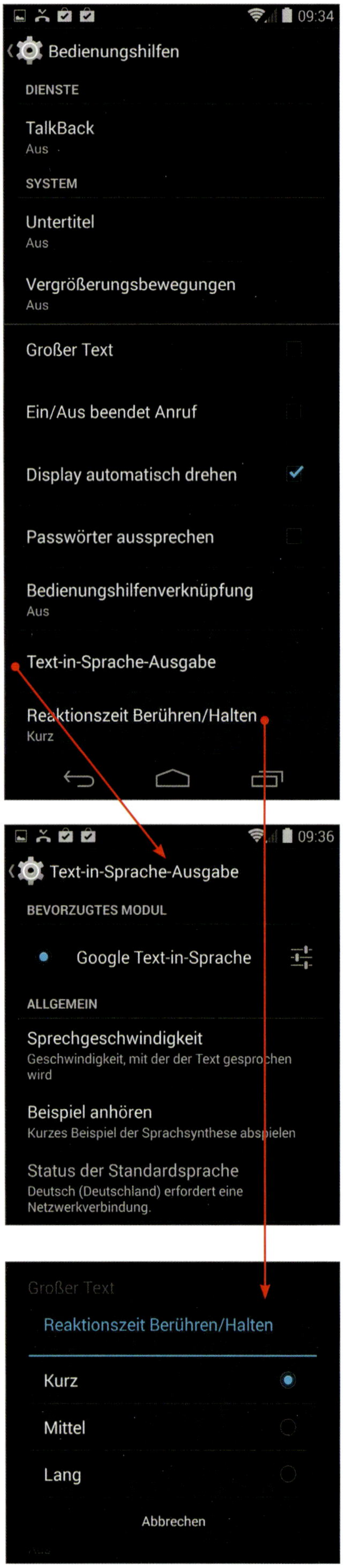

Bedienungshilfen

sind eine gute Möglichkeit, Ihr Telefon an Ihre persönlichen Bedürfnisse anzupassen.

- **Talkback**
Speziell für Blinde und Anwender mit geringem Sehvermögen. Ist diese Funktion aktiv, werden alle Elemente beim Berühren auch gesprochen. Diesen Dienst können Sie im Menü noch sehr detailliert einstellen > nächste Seite.

- **Untertitel**
zeigt, wenn möglich, Untertitel an.

- **Vergrößerungsbewegungen**
Erweiterte Möglichkeiten für Vergrößern und Verkleinern > eher schwierig zu merken.

- **Großer Text**
Ruft die Einstellung „Sehr großer Text" im Diplay-Menü auf.

- **Ein/Aus beendet Anruf**
Zusätzlich zum Auflegen über den Bildschirm können Sie diese Funktion auch dem Ein/Aus-Taster zuweisen.

- **Display automatisch drehen**
Gleiche Funktion wie beim Display-Menü, die automatische Rotation des Bildschirms wird abgeschaltet.

- **Passwörter aussprechen**
Gesprochenes Feedback bei der Eingabe von Passwörtern

- **Bedienungshilfenverknüpfung**
ist eine besondere Art der Aktivierung der TalkBack-Funktion.

- **Text-in-Sprache-Ausgabe**
Einstellungen für die Vorlese-Funktion. Sie können auch Module anderer Hersteller herunterladen.

- **Reaktionszeit Berühren/Halten**
Wenn Ihnen das alles zu schnell geht mit Berühren und Halten, können Sie die Reaktionszeit des Bildschirms verlangsamen.

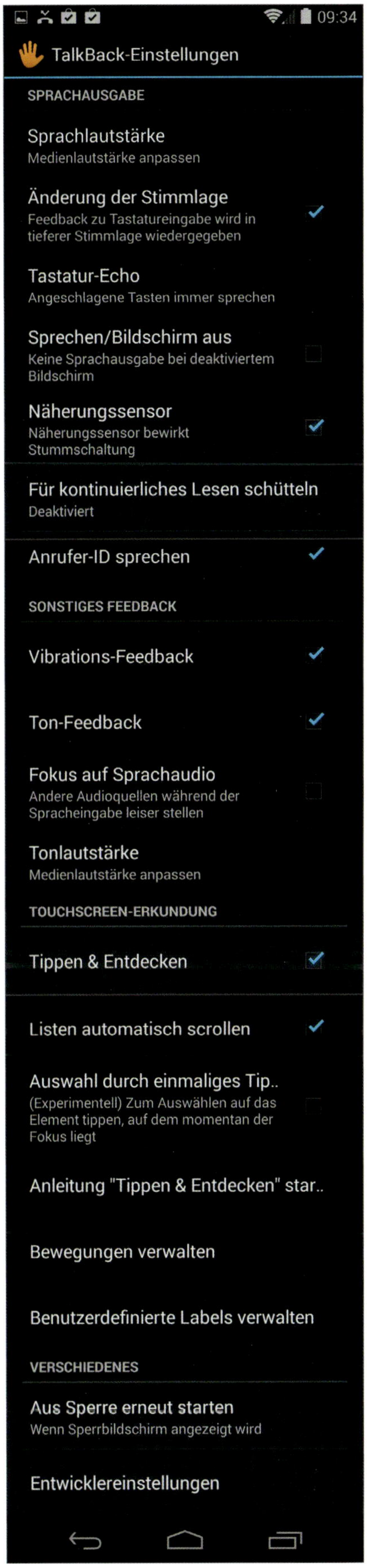

Texte vorlesen lassen

können Sie sich mit der Funktion TalkBack. Speziell für Menschen mit Sehbehinderung gibt es diese Funktion. Alle Symbole und Elemente, die Sie berühren, werden Ihnen vorgelesen. Ja sogar ganze E-Mails und Internetseiten.

WICHTIG:
Die Bedienung ändert sich damit grundlegend. Sie müssen zuerst ein Element antippen, dann wird der Name bzw. die Funktion vorgelesen. Zum Aktivieren müssen Sie auf die gleiche Fläche einen Doppel-Tipp machen.

Beim ersten Aktivieren erhalten Sie eine umfangreiche Einführung am Bildschirm – unbedingt anschauen.

Platz für Ihre NOTIZEN

Android 5 (Lollipop)
wurde im Oktober 2014 vorgestellt und seitdem kontinuierlich weiterentwickelt, bereits im April 2015 gab es schon die Version 5.1. Genau diese Version, installiert auf einem Google Nexus 7 ist Grundlage für diese Anleitung.

Auffälligste Änderung ist sicher die neue Form- und Designsprache mit dem Namen Material. Die Oberfläche präsentiert sich damit heller und freundlicher als der Vorgänger 4.4. KitKat. Das neue Farbschema verwendet hauptsächlich Pastellfarben in blau und grau.

Es gibt aber auch einige Neuerungen, kleine und große, die wirklich sinnvoll sind und neue Möglichkeiten in der Bedienung bringen.

Wie immer, gilt bei der Beschreibung von Android:
Auf Ihrem Gerät wird die Oberfläche mit ziemlicher Sicherheit nicht genau so aussehen, wie hier gezeigt. Jeder Hersteller versucht, der Oberfläche ein eigenes Design zu verpassen.
Die Symbole sehen dann etwas anders aus und sind vielleicht nicht genau so angeordnet, wie hier gezeigt. Auch die Bezeichnungen der einzelnen Funktionen und Apps können leicht unterschiedlich sein.

Was gleich bleibt, ist die Funktion, die durch die Bedienung ausgelöst wird. Also, lassen Sie sich bitte nicht von der Optik verwirren.

Für welche Geräte gibt es das Update überhaupt?

Tja, das ist tatsächlich gar nicht so einfach zu sagen. Zu unterschiedlich handhaben das die einzelnen Hersteller. Hier eine inoffizielle, selbst recherchierte Liste, die sich allerdings täglich ändert (Stand Januar 2016). Zusätzlich erhalten manche Geräte nur die Version 5.0 und nicht 5.1. bzw. neuere Updates.

Ob für Ihr Gerät ein Update verfügbar ist, können Sie **ganz leicht selber prüfen**. Die Anleitung dazu finden Sie auf der nächsten Seite.

WICHTIG:
Vor dem Update sollten Sie unbedingt ein vollständiges Backup machen. Und den Download nur im WLAN durchführen.

ASUS (5.0)
ZenFone 4
ZenFone 5
ZenFone 6
PadFone S
PadFone Infinity (A86)

Google (5.1)
Nexus 4
Nexus 5
Nexus 6
Nexus 7 (2012 & 2013)
Nexus 9
Nexus 10

HTC (5.0 - 5.1)
One (M7)
One (M8)
One (M9)
One Mini
One Mini 2
HTC Desire Eye
HTC Butterfly 2

Huawei
P8 (5.0)
Honor 4X (5.1)
Honor 6 (5.1)
Ascend P7 (5.1)

LG
G2 (5.0)
G2 Mini (5.0)
G3 (5.1)
G3 mini
G4 (5.1)
Flex (5.0)
Flex 2 (5.1)

Motorola (5.1)
Moto X (1. und 2. Generation)
Moto G (1. und 2. Generation)
Moto G LTE-Version
Moto E (2. Generation)

OnePlus (Cyanogen/5.1)
OnePlus One
OnePlus Two
OnePlus X

Samsung
Galaxy Note 4 (5.0)
Galaxy Note Edge (5.1)
Galaxy S6 (5.1)
Galaxy S5 (5.1)
Galaxy S5 mini (5.1)
Galaxy S4 & Active (5.0)
Galaxy Note 3 (5.0)
Galaxy Tab S 8.4 (5.0)
Galaxy Tab S 10.5 (5.0)
Galaxy TabPRO 8.4 (5.0)
Galaxy Tab Pro 10.1 (5.0)
Galaxy Tab 12.2 Pro (5.0
Galaxy Alpha (5.0)

Sony (5.1)
Xperia Z3
Xperia Z3 Compact
Xperia Z3 Tablet Compact
Xperia Z2
Xperia Z2 Tablet
Xperia Z1
Xperia Z1 Compact
Xperia Z Ultra
Xperia Z
Xperia ZL
Xperia ZR
Xperia Z1S

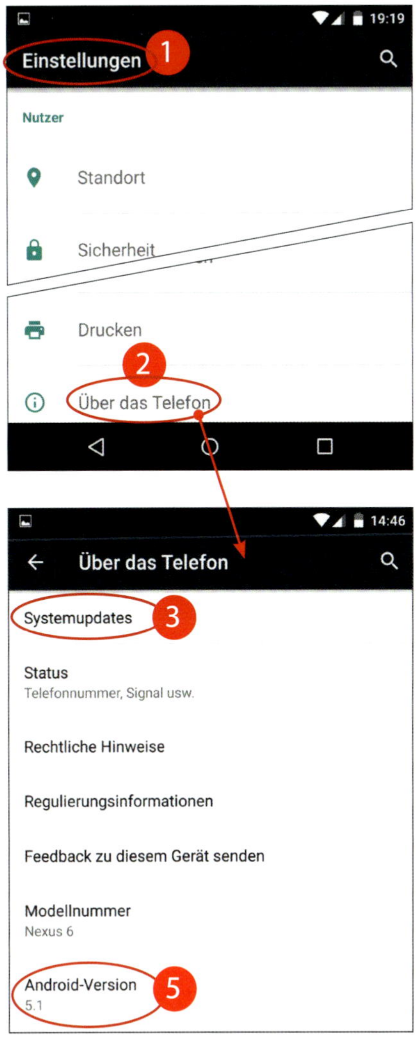

Die Verwaltung des Betriebssystems und die aktuelle Version Ihrer Software finden Sie in der App Einstellungen (1) unter dem Eintrag Über das Telefon (2).

(3) Systemupdates
Hier können Sie die Suche nach Updates starten. Das Ergebnis der Suche sehen Sie in einem neuen Fenster. (4).

(5) Android Version
Das ist die Anzeige der aktuell installierten Version von Android.

TIPP:
Manchmal ist es sinnvoll, die automatischen Updates zu unterbinden. Gehen Sie dazu auf die Play Store Startseite und tippen Sie in der Suchzeile auf das Zeilen-Symbol (6). Es öffnet sich ein Menü (7), in dem Sie den Eintrag Einstellungen (8) finden.
Tippen Sie darauf erhalten Sie alle Einstellungen zu Ihren Konto (9). Gleich mit dem ersten Eintrag Automatische App Updates (10) können Sie die Automatik abschalten.
Sie erhalten ja eine Nachricht, wenn ein App-Update verfügbar ist (11) und können dann die Installation per Hand starten – zu einem Zeitpunkt, den Sie bestimmen.
Und nicht so klammheimlich im Hintergrund.

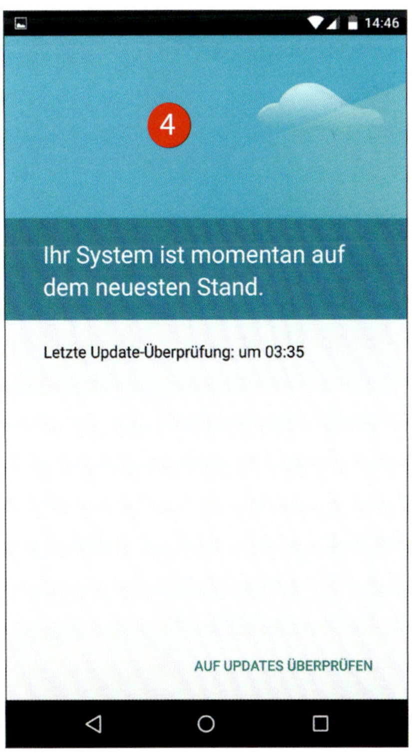

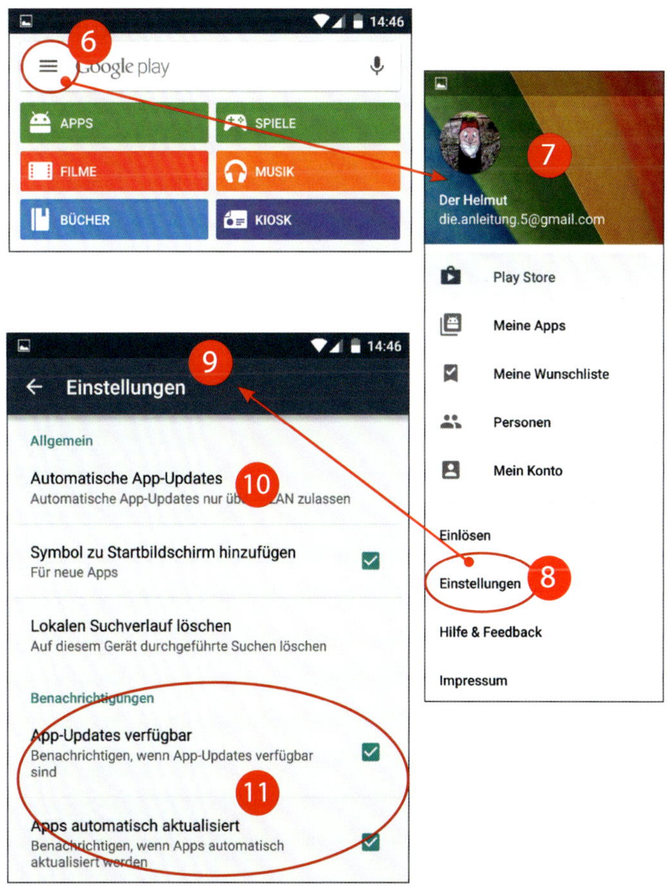

DAS IST NEU

- **Einrichten** > Seite 168-173
  Das geht jetzt schneller und einfacher.
- **Meldungen am Sperrbildschirm** > Seite 174-177
  Auswählen und gezielt einstellen
- **App Benachrichtigungen** > Seite 174-177
  Wer darf was, wann und wo?
- **Energiesparmodus** > Seite 178
  Schnell und einfach einzustellen
- **Datenverbrauch** > Seite 179
  im neuen, übersichtlichen Design.
- **Sicherheit** > Seite 180-181
  Entsperren mit anderen Geräten, dem eigenen Gesicht und an speziellen Orten.
- **Bildschirm fixieren** > Seite 182-183
  Die Bedienung auf eine App beschränken
- **Gast- und Nutzerkonten** > Seite 184-185
  Mehr Benutzer an einem Gerät – sehr praktisch
- **Browser Tabulatoren** > Seite 186-187
  So stellen Sie die „normalen" Darstellung wieder her.
- **Gmail** > Seite 188-189
  kann jetzt auch „freie" E-Mail-Konten verwalten.
- **App Details abrufen** > Seite 190-191
  Apps kontrollieren und bearbeiten
- **Tastatur** > Seite 192
  Die neue Optik

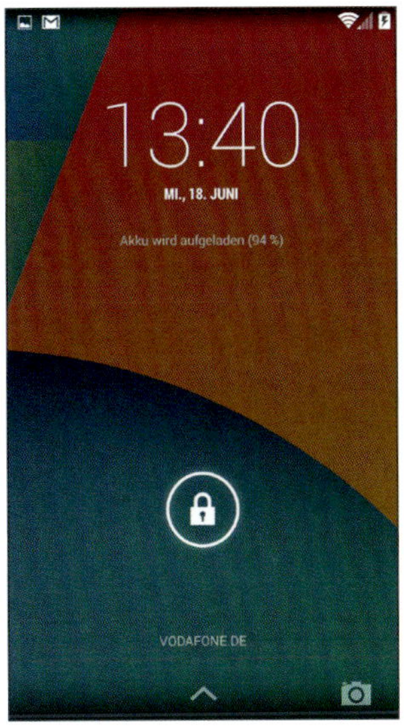

Sperrbildschirm

Startbildschirm

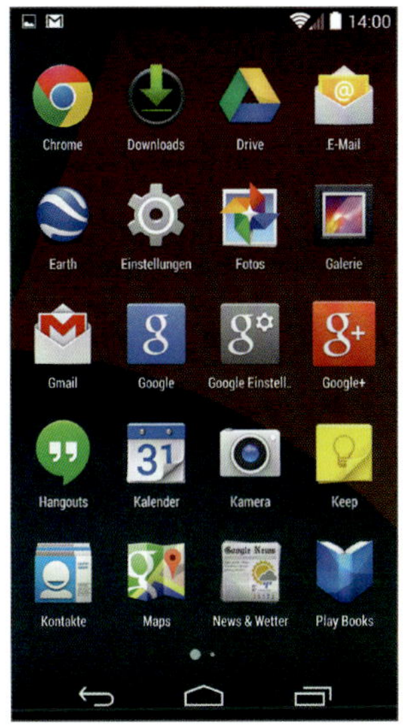

App-Übersicht

---------------------------------- Android 4.4. (KitKat) ----------------------------------

Sperrbildschirm

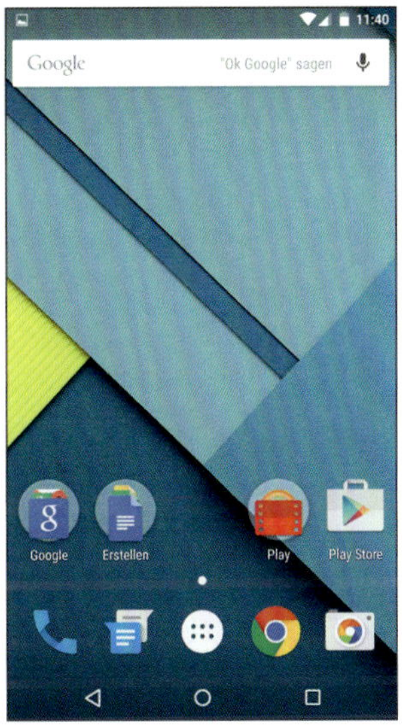

Startbildschirm

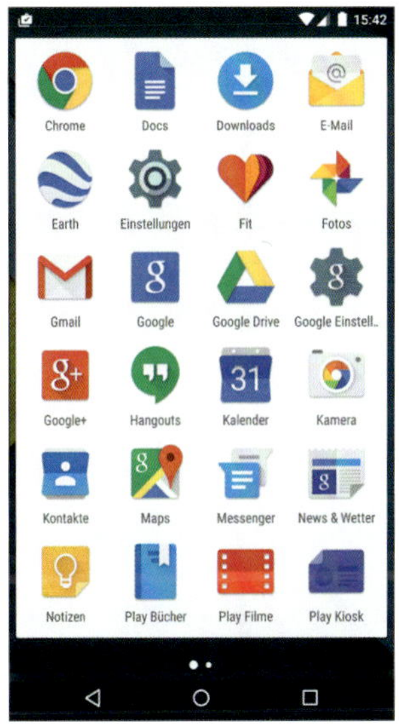

App-Übersicht

---------------------------------- Android 5.1 (Lollipop) ----------------------------------

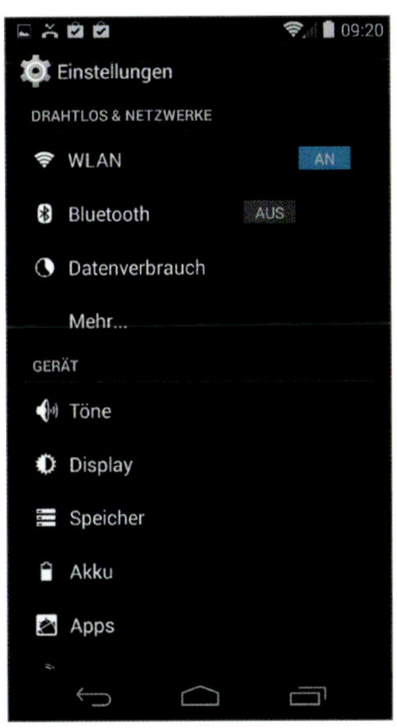

Einstellungen
<< Android 4.4. (KitKat)

Einstellungen
Android 5.1 (Lollipop) >>

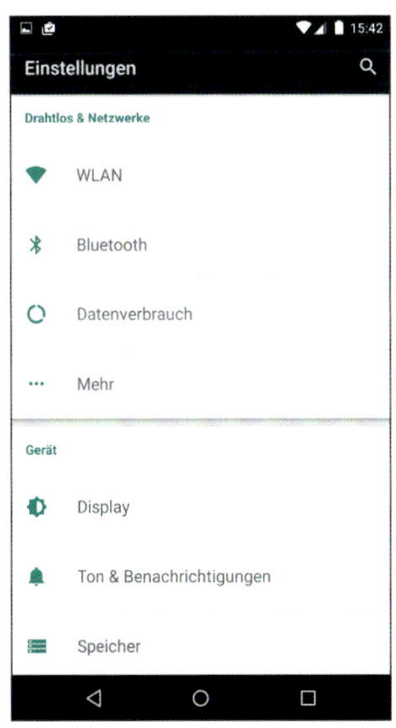

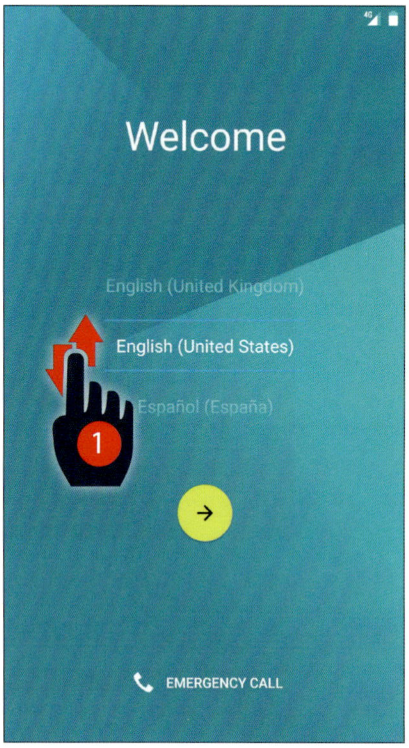

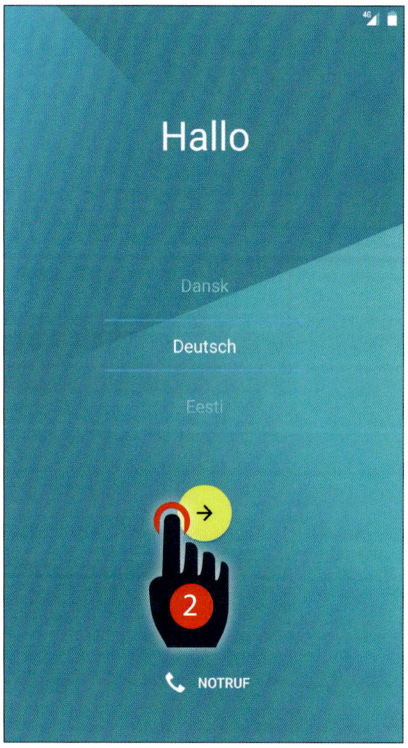

Einschalten

Dazu drücken Sie kurz auf den Ein/Aus-Taster (= Standby-Taster) am oberen oder rechten Rand des Gehäuses. Ist das Smartphone ganz ausgeschaltet, müssen Sie 2-3 Sekunden auf dem Taster bleiben. Das Smartphone startet und zeigt bald darauf einen Startbildschirm mit der Sprachwahl (1).

Wählen Sie durch Schieben die richtige Sprache aus und tippen Sie dann auf den Pfeil (2).

WICHTIG:
Rechts oben, in der Ecke des Bildschirms sehen Sie ein Symbol für eine Batterie (3). Diese sollte noch mindestens zu einem Drittel geladen sein. Wenn nicht, stecken Sie bitte das Ladegerät an, bevor sie weiter machen.

Noch **WICHTIGER:**
Sie haben ein gebrauchtes Smartphone erworben und nach dem Einschalten ist sofort der Startbildschirm zu sehen?

Dann sollten Sie das Smartphone jetzt zurücksetzen und alle Daten des Vorbesitzers löschen. Nur so können Sie sicher sein, dass es später nicht zu unvorhersehbaren Problemen kommt. Wie das geht, erfahren Sie auf Seite 159.

SIM-Karte einlegen (bei Bedarf)

Die Anleitung dazu und das passende Werkzeug finden Sie im Lieferumfang Ihres Smartphones. Dazu müssen Sie entweder eine kleine Schublade an der Seite entriegeln oder den rückseitigen Deckel abnehmen. Die SIM-Karte selbst haben Sie von Ihrem Mobilfunkanbieter erhalten. Achten Sie beim Einlegen der SIM-Karte auf die **abgeschrägte Ecke**, sie kennzeichnet die richtige Position.

HINWEIS:
Haben Sie Geduld, das Einlegen der kleinen Karte ist manchmal ein bisschen fummelig, muss aber auf alle Fälle ohne großen Kraftaufwand funktionieren. Sind Sie sich nicht sicher, lassen Sie sich bitte dabei helfen.

WICHTIG:
Tragen Sie jetzt gleich die Vertragsdaten Ihres Mobilfunk-Anbieters in den ausklappbaren Datenspeicher am Ende der Anleitung ein.

Das nächste Fenster zeigt Ihnen alle verfügbaren Funk-Netzwerke (WLAN) (1) an. Ist Ihres dabei? Haben Sie das Kennwort zur Hand? Dann tippen Sie auf den Namen (2) und geben im nächsten Fenster das Passwort ein (3). Die Tastatur erscheint automatisch, wenn Sie auf die leere Zeile tippen.

TIPP:
Viele Hersteller bieten hier die Möglichkeit, das Passwort (= Kennwort) anstatt der Punkte (4) in richtigen Zeichen (5) anzeigen zu lassen. Tippen Sie dazu auf das leere Viereck neben Passwort anzeigen. Sehr praktisch, so vermeiden Sie eine fehlerhafte Eingabe.

Nach der Bestätigung der Eingabe mit einem Tipp auf Verbinden (6), dauert es einen Moment, bis die Verbindung zum Netzwerk hergestellt wird – haben Sie Geduld.

Nach erfolgreicher Verbindung zum WLAN, startet eine automatische Suche nach Softwareupdates (7), die Sie dann auch sofort installieren können.

Ist das erledigt, bietet Ihnen das Smartphone noch an, die Daten von Ihrem „alten" Telefon auf das neue zu übertragen (8). Dazu müssen beide mit der Technik NFC (= Near Field Communication = Datenübertragung auf kurze Entfernung) ausgestattet sein.

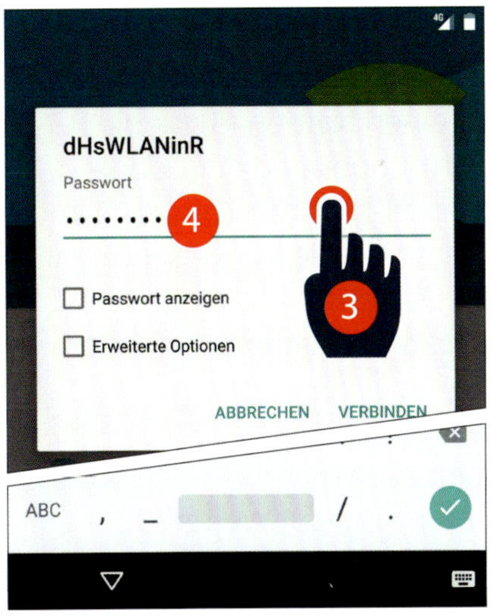

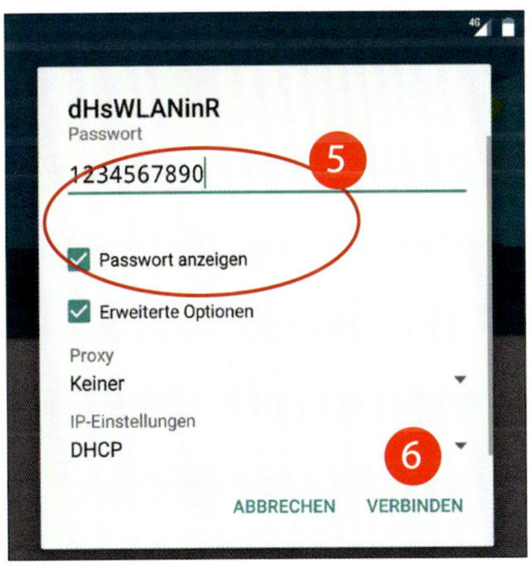

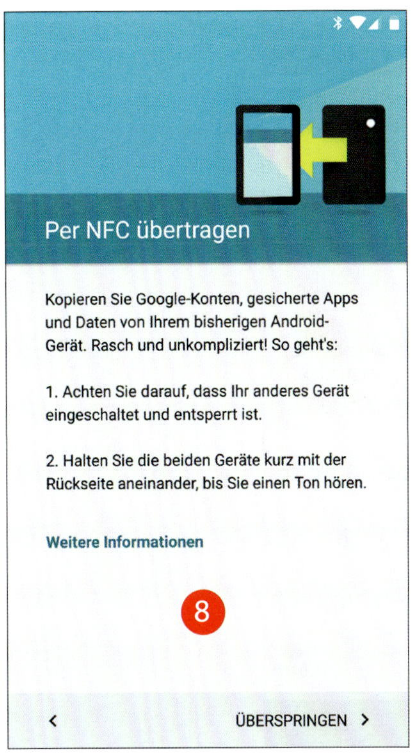

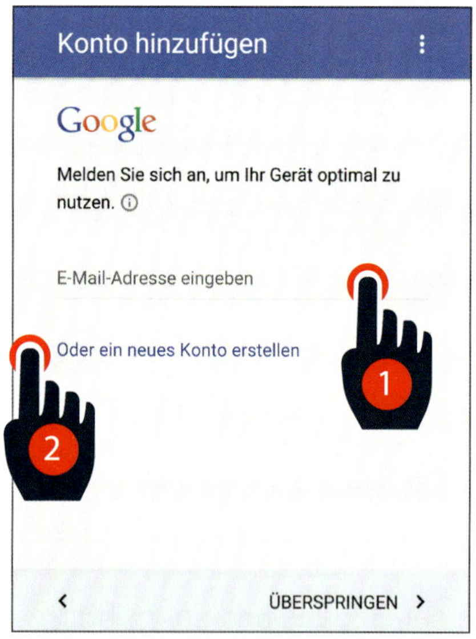

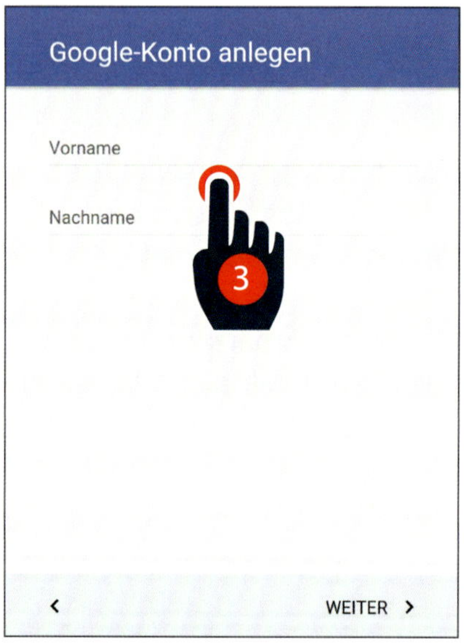

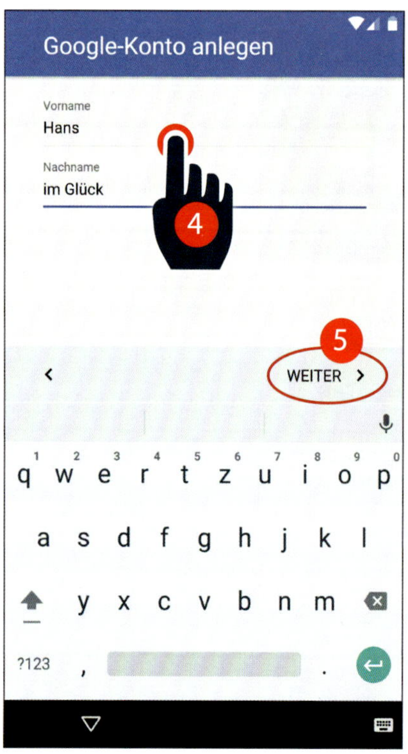

Das Android-Betriebssystem Ihres Smartphones ist sehr stark mit dem Angebot von Google verknüpft und wird Ihnen immer wieder Angebote von Google anbieten.

Das erste davon ist ein Google-Konto. Das ist Ihre grundlegende Kennung für viele kostenlose Angebote (u.a. E-Mail, Cloud-Speicher) von Google und der Zugang zu den Apps im Play Store.

Haben Sie schon ein Google-Konto tippen Sie bitte auf E-Mail-Adresse eingeben (1) und tragen auf der nächsten Seite Ihre Daten ein.

Sie haben noch kein Google-Konto?
Dann tippen Sie hier bitte auf Oder ein neues Konto erstellen (2) und legen, wie auf der nächsten Seite beschrieben, ein neues Konto an.
Vergeben Sie als erstes einen Namen (3) für die Personalisierung Ihres Smartphones und der Google-Dienste. Ich empfehle Ihnen, hier Ihren echten Namen anzugeben, da diese Daten für die Konversation mit Ihnen benutzt werden. Da nervt es schnell, wenn Sie immer mit einem Spaß-Namen angesprochen werden.
Tippen Sie auf die jeweilige Eingabezeile und geben Sie mit der Tastatur Ihren Namen ein (4). Bestätigen Sie die Eingabe mit einem Tipp auf Weiter (5).

WICHTIG:
Vermerken Sie diesen Namen auch gleich im Datenspeicher.

Anders sieht es bei Ihrem Nutzernamen für die kostenlose Google E-Mail-Adresse aus. Hier können Sie Ihrer Fantasie freien Lauf lassen (1) – theoretisch. In der Praxis sieht es so aus, dass schon sehr viele Namen belegt sind. Da müssen Sie einfach ausprobieren.

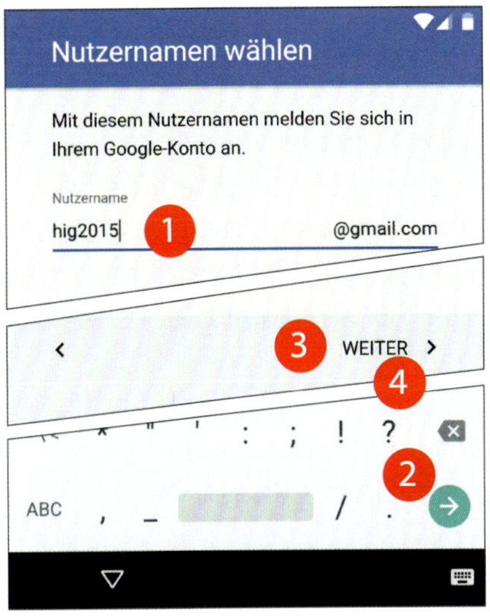

Denken Sie bitte auch daran, dass der Name leicht zu merken und leicht zum Eingeben über die Tastatur sein sollte. Nach der Eingabe, die Sie mit einem Tipp auf den Pfeil (2) oder auf Weiter (3) bestätigen, prüft Google, ob der Name noch frei ist. Im Normalfall erhalten Sie eine Meldung, die Sie auffordert einen anderen Namen zu wählen. Das kann mehrere Male so gehen, bis Sie endlich einen freien Namen gefunden haben. Sie müssen die Prüfung immer von vorne wiederholen.

Textkorrekturen erledigen Sie mit der Löschtaste (4) der Tastatur, die immer den Buchstaben links neben der Eingabemarke (= senkrechter Strich = Cursor [:cörsa]) entfernt.

TIPP:
Wählen Sie eine Kombination aus Buchstaben und Zahlen. Dann sind die Chancen deutlich höher, dass der Name noch frei ist.

Denken Sie daran, Ihre Google-Daten jetzt gleich in den Datenspeicher einzutragen.

Haben Sie einen freien Namen gefunden, müssen Sie sich noch ein Passwort (5) dazu ausdenken. Auch hier empfehle ich Ihnen eine Kombination aus Buchstaben und Zahlen, mindestens 6 Zeichen lang.

HINWEIS:
Im Gegensatz zur E-Mail-Adresse wird hier sehr wohl zwischen Groß- und Kleinschreibung unterschieden.

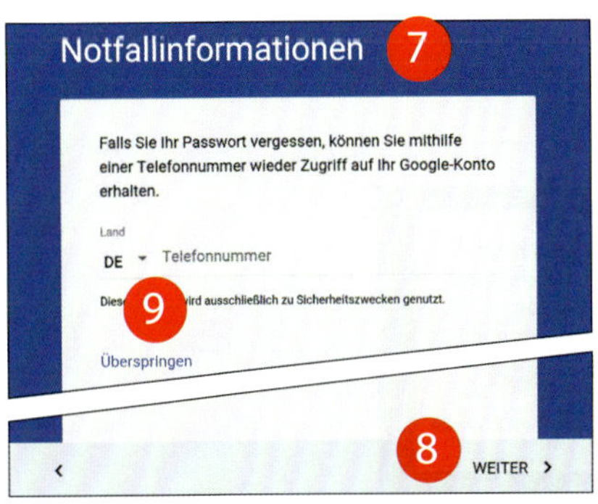

Bestätigen Sie Ihre doppelte Eingabe mit einem Tipp auf den Weiter (6) und Sie gelangen zur nächsten Seite. Hier haben Sie die Möglichkeit, über Notfallinformationen (7) eine Telefonnummer zur Wiederherstellung Ihres Kennworts zu hinterlegen. Für den Fall, dass Sie Ihr Kennwort vergessen haben (Datenspeicher!), schickt Ihnen Google das Kennwort per SMS zu und bietet Ihnen eine Möglichkeit das Kennwort zurückzusetzen (= neu eingeben).
Tippen Sie nach der Eingabe auf Weiter (8) oder wählen Sie gleich Überspringen (9), wenn Sie hier nichts eingeben möchten.

Im nächsten Fenster sehen Sie die Adresse Ihres Googgle-Kontos und müssen die Datenschutzerklärung und die Nutzungsbedingungen bestätigen. Tippen Sie dazu auf **Akzeptieren** (1). Danach erfolgt die Überprüfung und Anmeldung bei Google (2).

War die Überprüfung erfolgreich, öffnet sich das Fenster für Ihre Kontodaten. Wenn Sie vorhaben, regelmäßig bei Google (Apps, Spiele u. ä.) zu kaufen, haben Sie hier die Möglichkeiten, Ihre Kontodaten zu hinterlegen (3). Sie können sich aber auch **Später erinnern** (4) lassen. Treffen Sie eine Wahl und bestätigen Sie Ihre Eingabe mit **Weiter** (5).

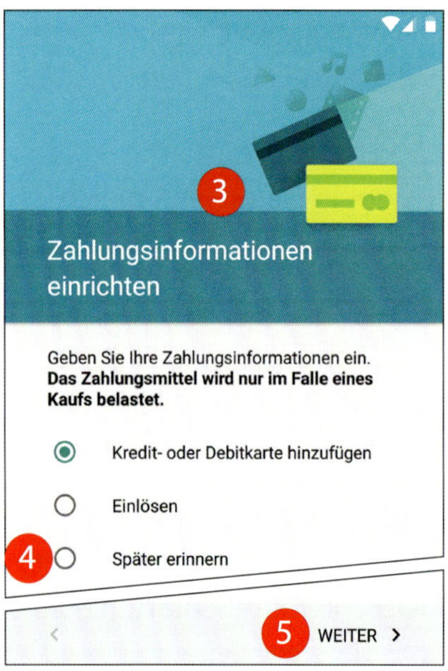

Im nächsten Fenster haben Sie die Möglichkeit, gleich jetzt eine Displaysperre einzurichten (6). Das ist sicherlich sinnvoll und auch wichtig. Beim ersten Einrichten würde ich allerdings darauf verzichten, da die ständige Eingabe der PIN am Anfang doch etwas nervt.
Deshalb meine Empfehlung:
Tippen Sie auf Überspringen (7) und bei der Sicherheitsabfrage auf Trotzdem Überspringen (8).

WICHTIG:
Vergessen Sie nicht, die Displaysperre später einzurichten.

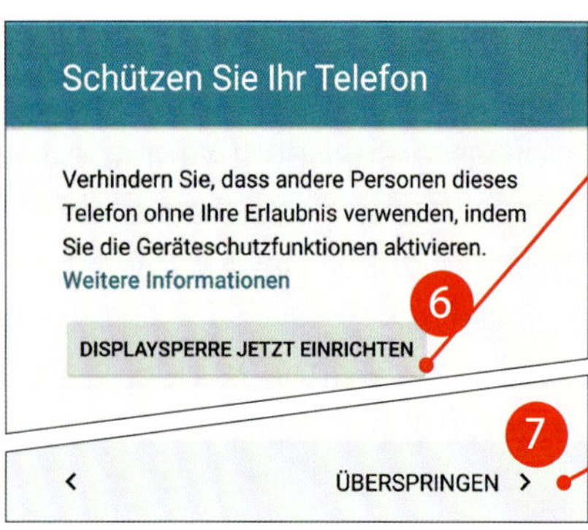

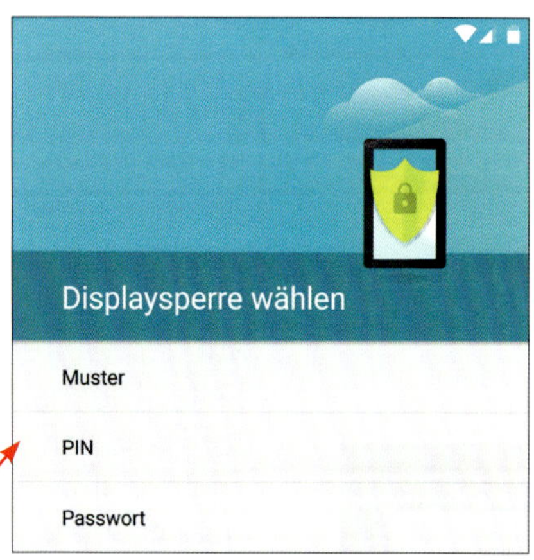

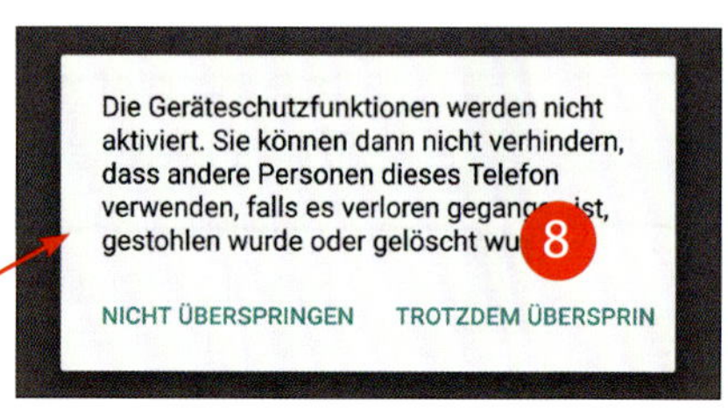

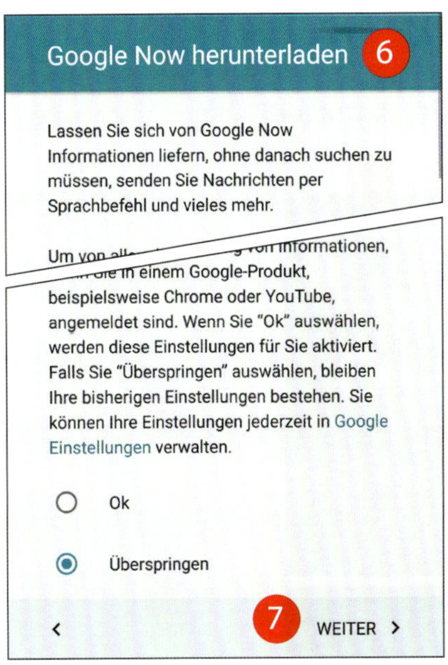

Im nächsten Fenster geht es um Ihre Kommunikation mit Google, welche Dienste Sie nutzen und in welcher Art und Weise Sie Ihre persönlichen Daten freigeben möchten – oder auch nicht.
Lesen Sie die Texte genau durch und entscheiden Sie dann, ob das für Sie OK ist.
Hier meine ganz persönliche Empfehlung:

(1) Apps, Daten , Einstellungen in der Cloud sichern.
Ja, das ist praktisch, muss aber nicht sein.

(2) Google-Standortdienst
Für mich eher nicht.

(3) Unterstützung der Standortdienste
Ortung im Hintergrund – nein danke.

(4) Android-Nutzererfahrung
Automatisch Daten an Google senden - nein danke.

Im Prinzip würde ich hier alles abwählen. Ist mehr so ein Bauchgefühl, aber wenn Informationen und Daten von mir im Hintergrund verschickt werden – das ist nicht so mein Ding.

Mit einem Tipp auf Weiter (5) kommen Sie zu einem Fenster, das Sie auffordert, den Dienst Google Now herunterzuladen (6). Damit wird zwar die Spracherkennung optimiert, aber gleichzeitig werden viele Ihrer persönlichen Daten an Google gesendet – entscheiden Sie selbst.

Mit einem Tipp auf Weiter (7) kommen Sie zum Startbildschirm. Beim ersten Mal noch mit einem Hinweis auf Widgets und Einstellungen (8). Tippen Sie auf OK verschwindet der Hinweis und die normale Oberfläche erscheint.

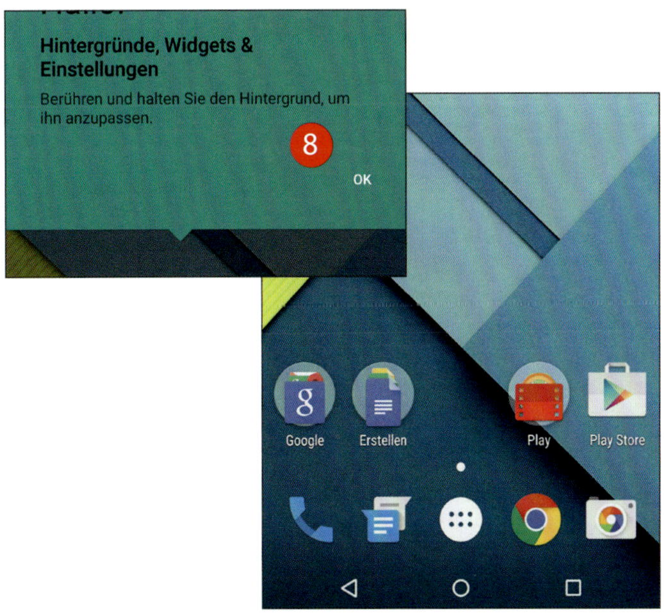

LOLLIPOP

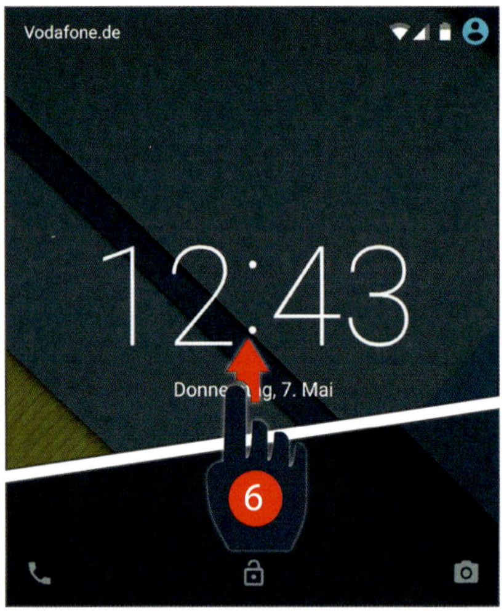

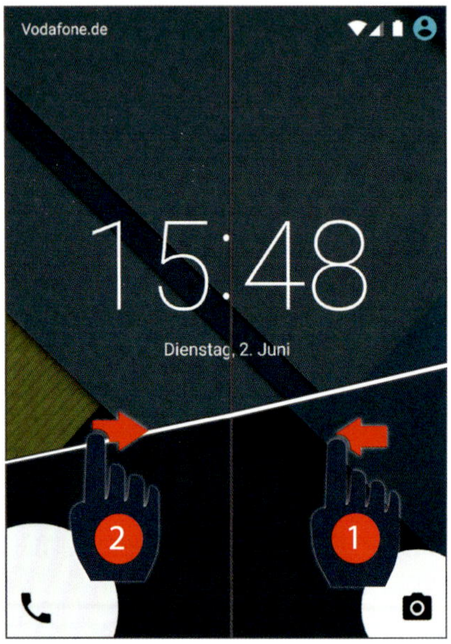

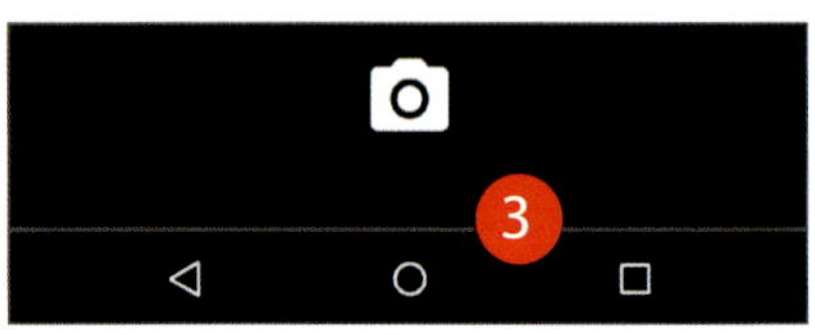

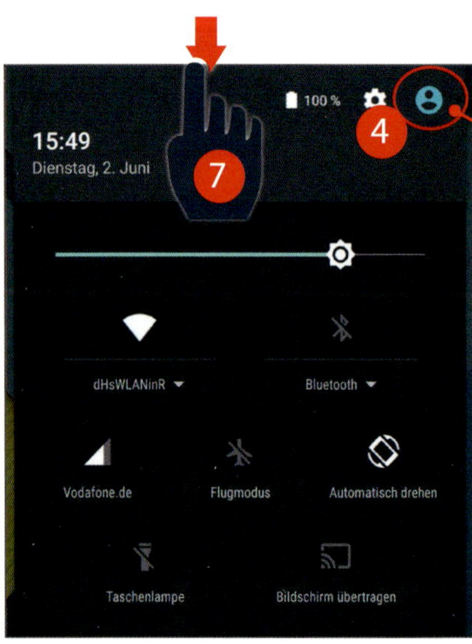

Der Sperrbildschirm hat unter Android 5 einige neue Funktionen erhalten. Allen voran, der Direktzugriff auf die **Kamera** und das **Telefon**.

So funktioniert's:
Wischen Sie am Sperrbildschirm von rechts nach links (1), dann öffnet sich mit einem wachsenden weißen Kreis die Kamera-App und Sie können sofort ein Foto machen – sehr praktisch.
Wischen Sie von links nach rechts (2), öffnet sich die Telefon-App und Sie können eine vorher definierte Notfallnummer anrufen.
Über die Navigationsleiste am unteren Rand (3) kommen Sie wieder zurück zum Sperrbildschirm.
Das funktioniert auch bei aktiver Display-Sperre!

Neu ist auch die Anzeige des **Benutzers** in der rechten oberen Ecke (4). Tippen Sie darauf, wenn die Schnelleinstellungen geöffnet sind, werden alle angelegten Benutzer und Gäste angezeigt, zwischen denen Sie dann mit einem Tipp wechseln können (5). Das bedeutet letztendlich, Sie können zwischen Benutzern wechseln, **ohne das Smartphone zu entsperren**.

Das **Entsperren** selbst funktioniert jetzt nur noch mit einem Wisch von unten nach oben (6).

Mit einem Wisch vom oberen Rand des Displays öffnet sich das Menü mit den Schnelleinstellungen (7):
- Helligkeit
- WLAN
- Bluetooth
- Flugmodus
- Ausrichtungssperre.

Und je nach Ausstattung des Smartphones noch weitere.

Am oberen Rand sehen Sie die Batterieladung in Prozent (8), den Direktzugriff auf die Einstellungen (9) und die Verwaltung der Benutzer (10).

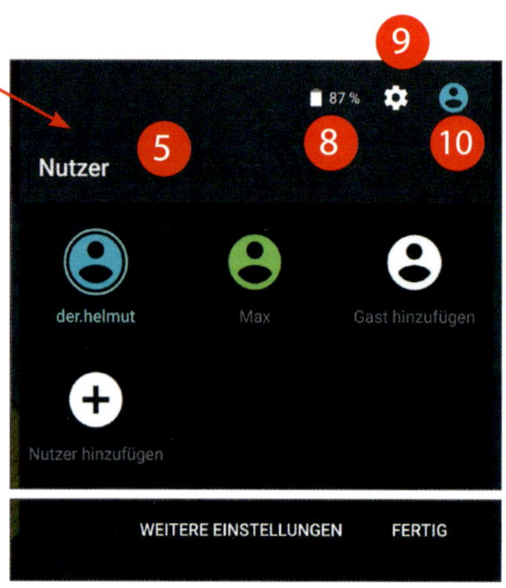

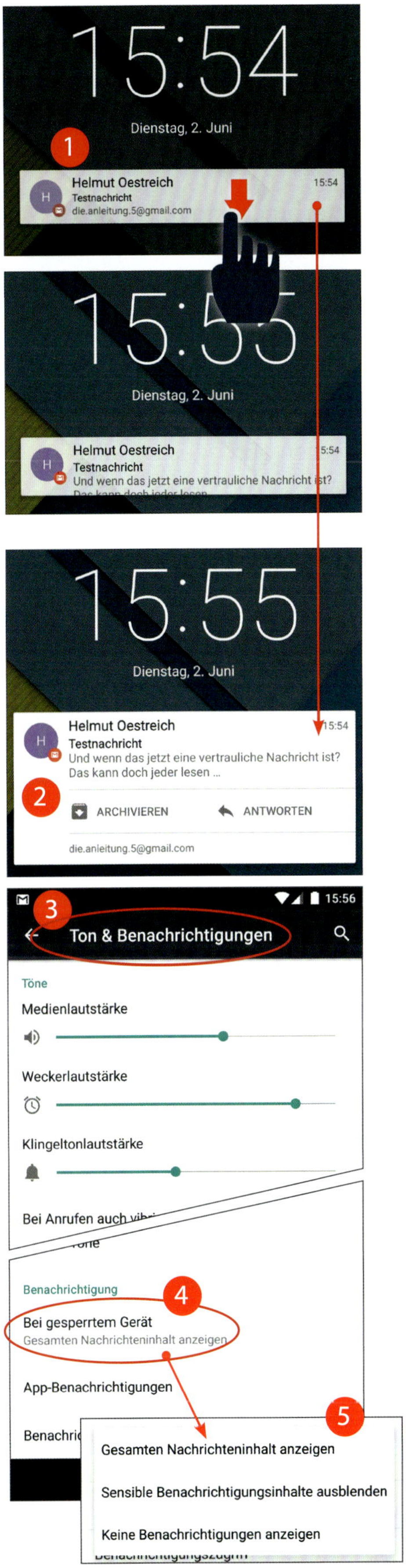

Eingehende Nachrichten werden, wenn Sie möchten, ab sofort direkt am Sperrbildschirm angezeigt (1). Mit Klingelton und Signallicht. Das Licht blinkt übrigens so lange, bis Sie die Nachricht bearbeitet haben.

Angezeigt werden:
- Profilfoto (hier nur ein blauer Kreis)
- Absender (Die.Anleitung)
- Betreffzeile (Testnachricht)
- Empfänger (tomue84@gmail.com)
- Uhrzeit
- Anzahl der Nachrichten von diesem Absender

Mit einem Wisch nach links oder rechts, können Sie diese Benachrichtigung ausblenden.

ACHTUNG:
Legen Sie jetzt Ihren Finger auf die Nachricht und fahren Sie langsam nach unten, öffnet sich der komplette Inhalt der Nachricht (2)!

Bei sensiblen Inhalten ist das bestimmt nicht immer wünschenswert. Deshalb können Sie selbst definieren, was genau hier angezeigt werden soll.

Öffnen Sie dazu die App **Einstellungen** und dort das Menü **Ton & Benachrichtigungen** (3). Für uns wichtig ist der Eintrag **Bei gesperrtem Gerät** (4) : Tippen Sie darauf, öffnet sich ein kleines Menü (5), in dem Sie wählen können, welche Inhalte angezeigt werden:

- Gesamten Nachrichteninhalt anzeigen
- Sensiblen Nachrichteninhalt ausblenden
- Keine Benachrichtigungen anzeigen

Hier die Darstellung einer Nachricht ohne sensible Inhalte. Weder Absender noch Betreffzeile und erst recht keine Inhalte sind zu sehen.

Sie können aber auch alle Benachrichtigungen auf dem Sperrbildschirm abschalten und nur das Licht als Hinweis auf Neuigkeiten verwenden.

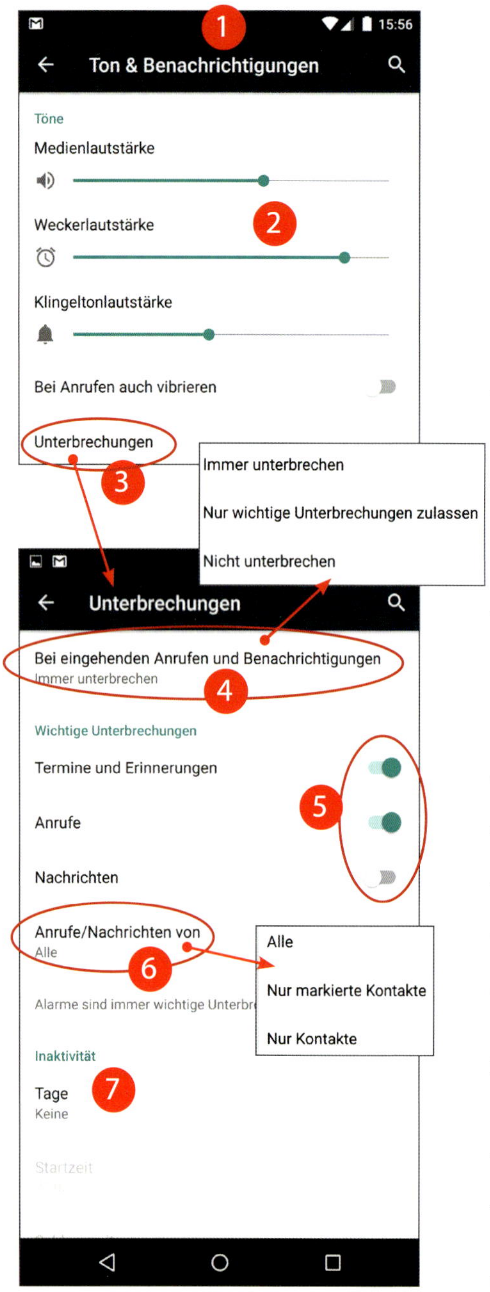

Dieser kleine Stern (8) entscheidet bei den Kontakten, wer wichtig ist und wer nicht.

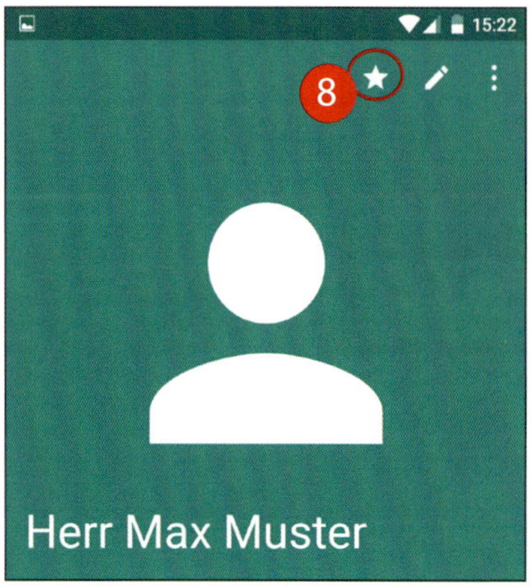

Sehen wir uns das Menü zu Ton & Benachrichtigungen (1) einmal etwas genauer an. Ganz oben finden Sie die drei Schieberegler (2) für die **Lautstärke** von Medien (Musik & Filme), Wecker und Benachrichtigungen (Signaltöne).

Der nächste Eintrag Unterbrechungen (3) bietet schon mehr Möglichkeiten:

(4) Bei eingehenden Anrufen und Benachrichtigungen

- Immer unterbrechen
  Egal, wer sich meldet, es klingelt.

- Nur wichtige Unterbrechungen zulassen
Nur die Nachrichten werden durchgestellt, die Sie im nächsten Menüpunkt definiert haben.

- Nicht unterbrechen
Egal, wer sich meldet, Ihr Smartphone bleibt stumm.

(5) Wichtige Unterbrechungen
Hier definieren Sie, welche Arten der Benachrichtigung Sie als wichtig einstufen:

- Termine/Erinnerungen

- Anrufe

- Nachrichten (SMS/MMS)

(6) Anrufe/Nachrichten von
In diesem Aufklappmenü können Sie die durchgestellten Anrufe und Nachrichten noch weiter sortieren:

- Alle > Egal, wer anruft, es klingelt.

- Nur markierte Kontakte > Alle, aus Ihrem Adressbuch, die mit einem Stern als wichtig markiert worden sind.

- Nur Kontakte > Nur die Personen aus Ihrem Adressbuch (= Kontakt) werden durchgestellt.

(7) Inaktivität
Hier können Sie einen Zeitraum vordefinieren, an dem Sie nicht gestört werden wollen.
- Tage
- Startzeit
- Schlusszeit

- Zulässige Unterbrechungen (nicht sichtbar)
Und hier legen Sie die Ausnahmen zur geplanten Inaktivität fest: Nur wichtige oder Keine.

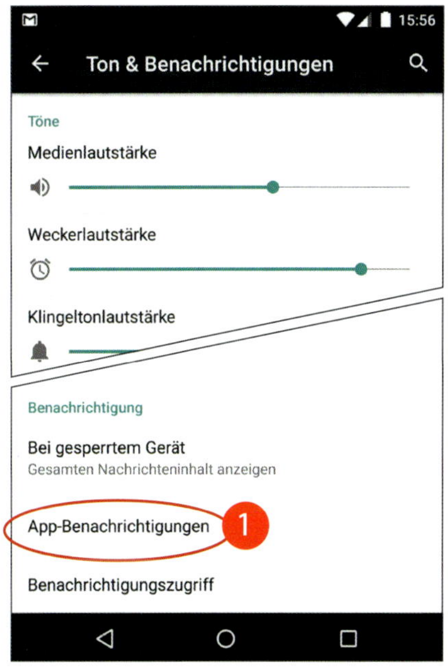

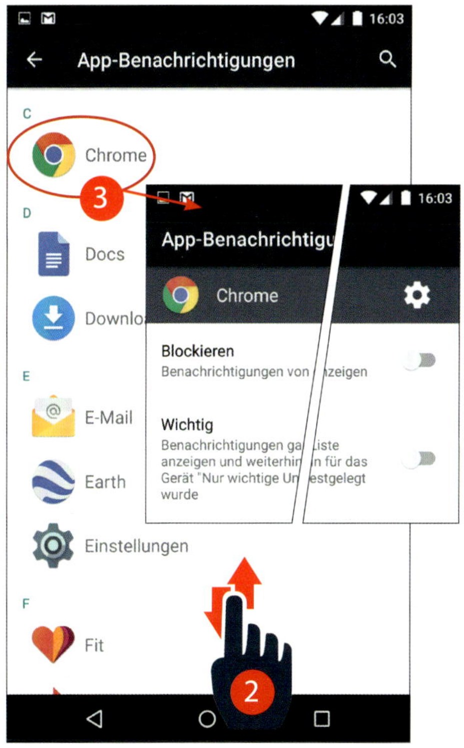

Und was ist mit den Apps, die auch ständig neue Benachrichtigungen auf das Display schicken? Nun, für die gibt es eine extra Seite. In den Einstellungen für Ton & Benachrichtigungen ist es der vorletzte Eintrag: App-Benachrichtigungen (1)

Tippen Sie darauf, öffnet sich eine lange Liste (2) mit allen installierten Apps. Und zu jeder können Sie den Status einstellen (Beispiel Chrome (3)):

- Blockieren
Von dieser App werden keine Benachrichtigungen mehr angezeigt.

- Wichtig
Nachrichten dieser App werden angezeigt, wenn bei den Unterbrechungen Immer oder Nur wichtige eingestellt ist.

- Sensibel
Mit dieser Einstellung werden Nachrichten – ohne Inhalt – angezeigt, wenn eine Displaysperre eingerichtet ist und der Modus Alle anzeigen aktiv ist.

Zu guter Letzt, gibt es noch die **Schnelleinstellungen** für die Unterbrechungen – aktiviert mit den Lautstärketasten. Betätigen Sie diese im Sperr- oder Startbildschirm, öffnet sich am oberen Rand ein kleines Menü (4). Dort sind neben dem Regler für die Lautstärke noch drei weitere Symbole zu sehen:

- Keine • Wichtig • Alle •
Diese Auswahl ist gleichbedeutend mit den Einstellungen im Menü Ton & Benachrichtigungen in der Auswahl Unterbrechungen (vorhergehende Seite). Mit einem Tipp darauf wird die Funktion aktiviert und die Eingabe für die Zeitdauer öffnet sich (5).

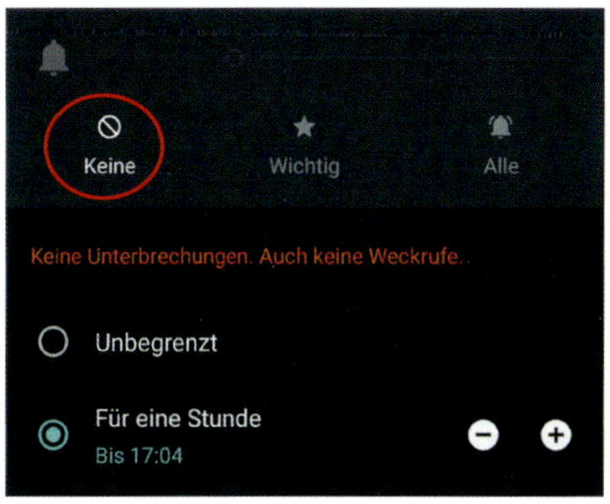

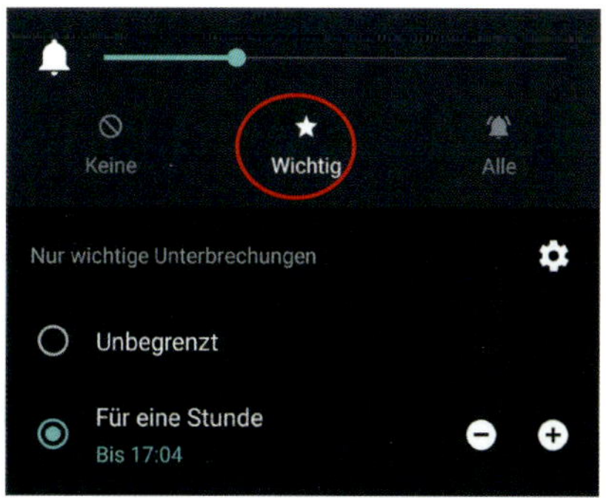

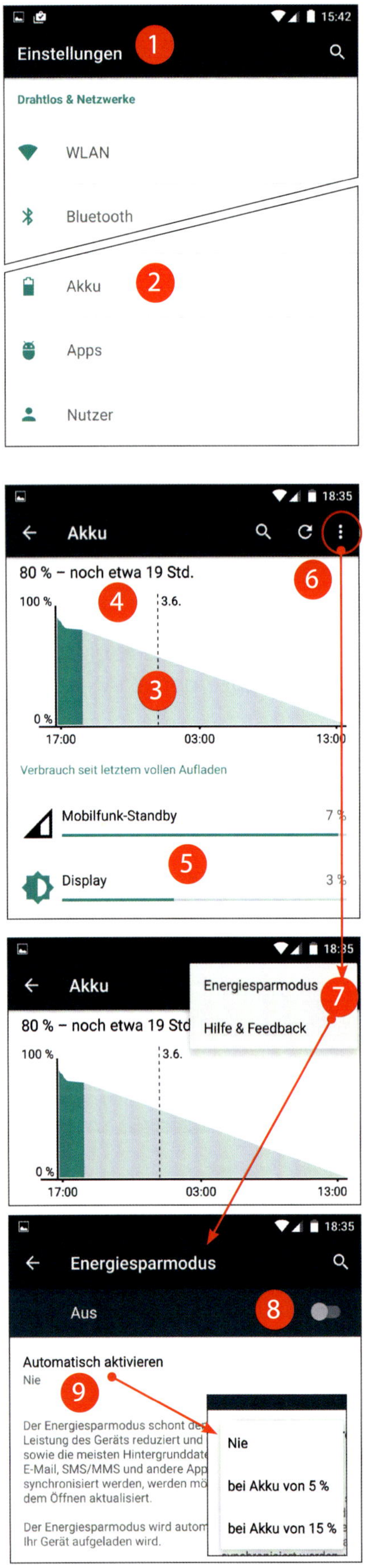

Optimierter Energiesparmodus

Öffnen Sie dazu die App Einstellungen (1) und tippen Sie dort auf den Eintrag Akku (2). Jetzt sehen Sie den aktuellen Ladezustand (3), eine Berechnung der Akku-Laufzeit (4) und eine Übersicht der größten Verbraucher (5).

Tippen Sie dann rechts oben auf das Menü-Symbol (6), öffnet sich ein kleines Untermenü. Dort wählen Sie bitte den Eintrag Energiesparmodus (7). Auf dieser Seite können Sie den Energiesparmodus sofort aktivieren (8) oder ab einem bestimmten Ladezustand des Akkus automatisch einschalten (9).

Was passiert im Energiesparmodus?

- Hintergrundaktivitäten werden reduziert (z. B. Updates und Synchronisation)
- Leistung des Prozessors wird vermindert
- weniger Vibration (z. B. bei Texteingabe)
- Bildschirm wird etwas abgedunkelt

HINWEIS:
Wird das Smartphone geladen, schaltet sich der Sparmodus automatisch aus.

TIPP:
Öffnen Sie eine der Apps, die hier angezeigt werden, sehen Sie Details zum Verbrauch (10) und erhalten Vorschläge zum Energiesparen (11).

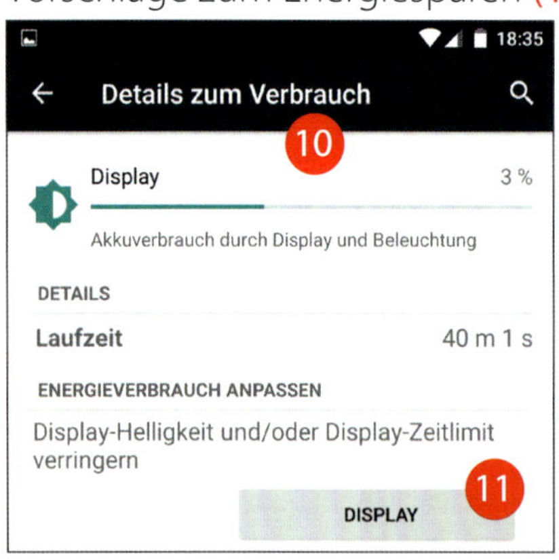

Orange Balken am oberen und unteren des Bildschirms zeigen den aktiven Energiesparmodus an.

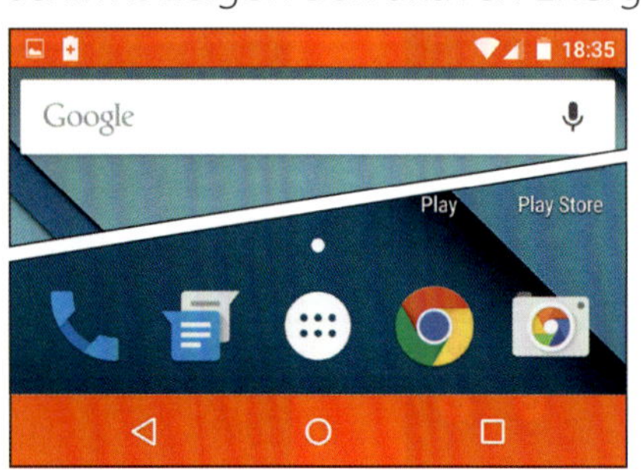

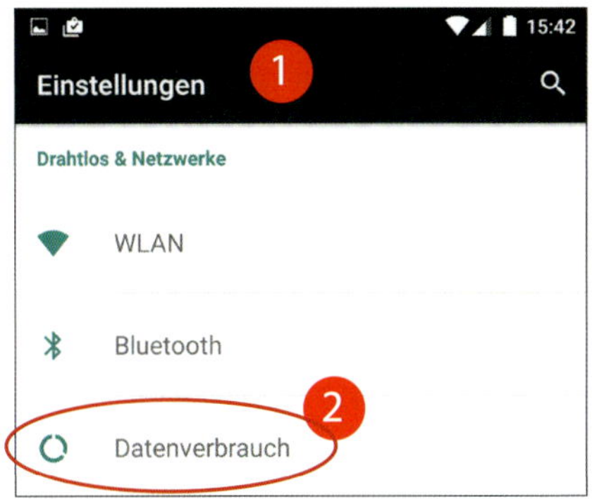

Ähnlich der Anzeige für den Energieverbrauch, gibt es mit Android Lollipop auch eine Darstellung für den Datenverbrauch. Dieses Fenster öffnen Sie über die App **Einstellungen (1)** und dort mit dem Punkt **Datenverbrauch (2)**.
Die Grafik zeigt das verbrauchte Datenvolumen über die Zeit– getrennt nach Mobilfunk und WLAN (3). Direkt darunter, und das ist der interessantere Teil, wird der Datenverbrauch der einzelnen Apps angezeigt (4). Tippen Sie auf eine Zeile, werden noch weitere Details angezeigt (5).

So können Sie ganz schnell die großen „Datenräuber" identifizieren.

Bei manchen Apps haben Sie in der Detailansicht die Möglichkeit, über die Schaltfläche **App Einstellungen (6)** den Datenverbrauch für diese App zu optimieren. Ihr Datenverbrauch wird es Ihnen danken.

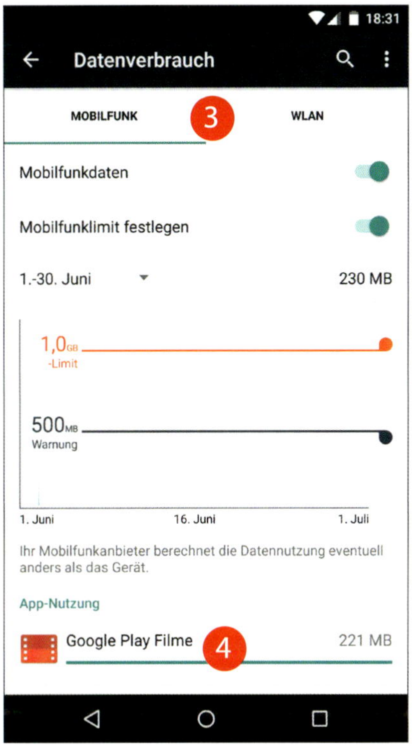

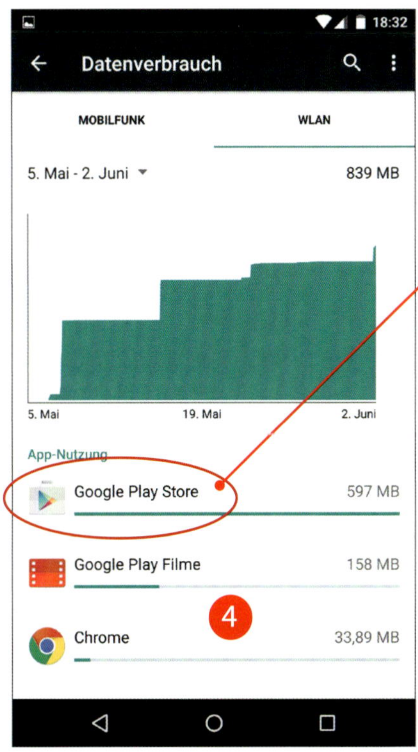

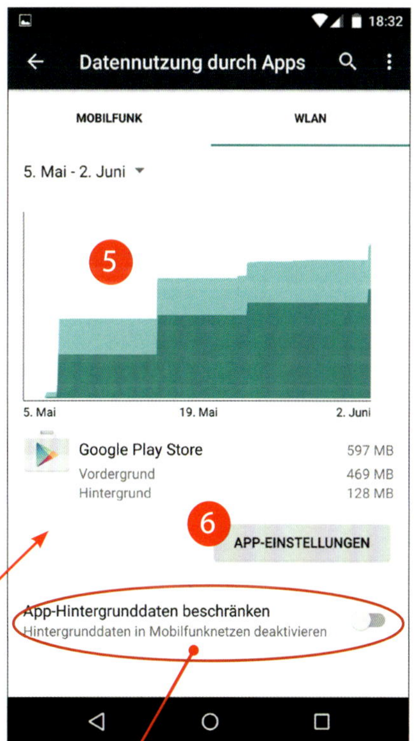

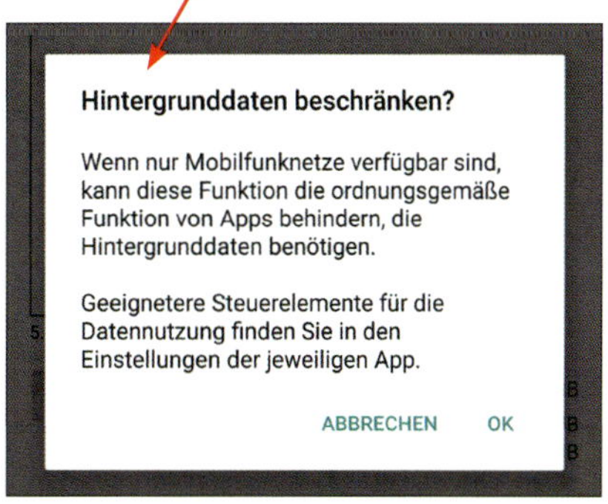

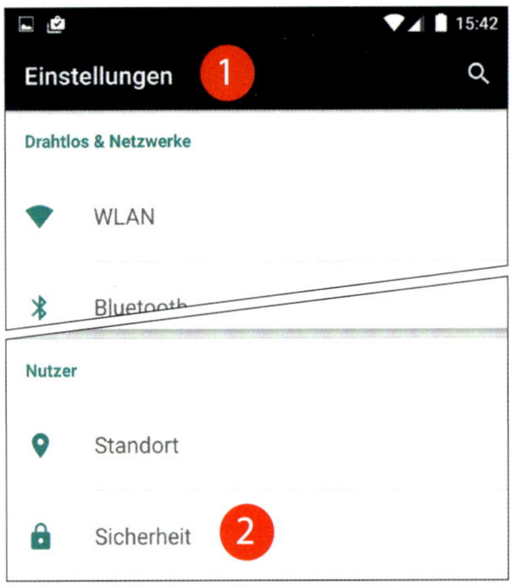

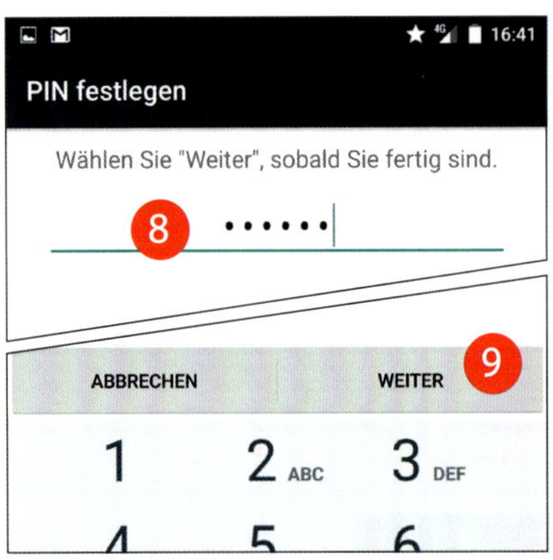

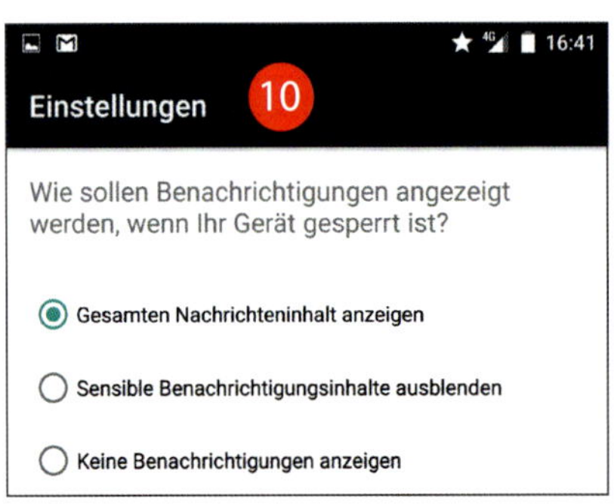

In Sachen Sicherheit hat sich bei Android 5 einiges getan. Den Bereich erreichen Sie über die App Einstellungen (1) und das Menü Sicherheit (2).

Tippen Sie darauf, öffnet sich eine lange Liste (3), aber noch nicht alle Punkte freigeschaltet (grau statt schwarz) (4). Das liegt daran, dass noch keine echte Displaysperre aktiv ist, vermutlich ist nur Wischen voreingestellt.

Das ändern wir gleich mit dem ersten Eintrag der Liste mit dem Titel Displaysperre (5). Tippen Sie darauf öffnet sich eine kleine Auswahl (6):

- Keine
  Bitte verwenden Sie immer eine Displaysperre.
- Wischen
  Die einfachste Art, das Smartphone vor Fehlbedienungen zu schützen, aber nicht vor Fremdzugriffen.
- Muster
  Fahren Sie mit dem Finger in einer bestimmten Art und Weise über die angezeigten Punkte. Dieses Muster wird dann zum Entsperren verwendet.
- PIN (7)
  Ein Abfolge von mindestens vier Zahlen. Das ist der „normale" Geräteschutz.
- Passwort
  Zusätzlich zu den Zahlen der PIN-Nummer können Sie hier auch Buchstaben verwenden um ein schwierigeres Kennwort zu erzeugen.
  Hinweis: Auch die Groß- und Kleinschreibung wird berücksichtigt.

Wir entscheiden uns für eine PIN-Nummer (bitte immer gleich in den Datenspeicher eintragen). Tippen Sie dazu auf den Eintrag PIN (7) und geben Sie eine Zahlenfolge ein (8), die Sie sich gut merken können. Bestätigen Sie die Eingabe mit Weiter (9). Zur Bestätigung werden Sie aufgefordert, die Nummer nochmals einzugeben und mit OK abzuschließen.

Nach erfolgreicher Doppel-Eingabe der PIN-Nummer öffnet sich ein neues Fenster für Benachrichtigungen im Sperrbildschirm (10). Mehr dazu auf Seite 176.

WICHTIG:
Geben Sie keine automatischen Abfolgen wie 12345 oder 1379 als PIN-Nummer ein.

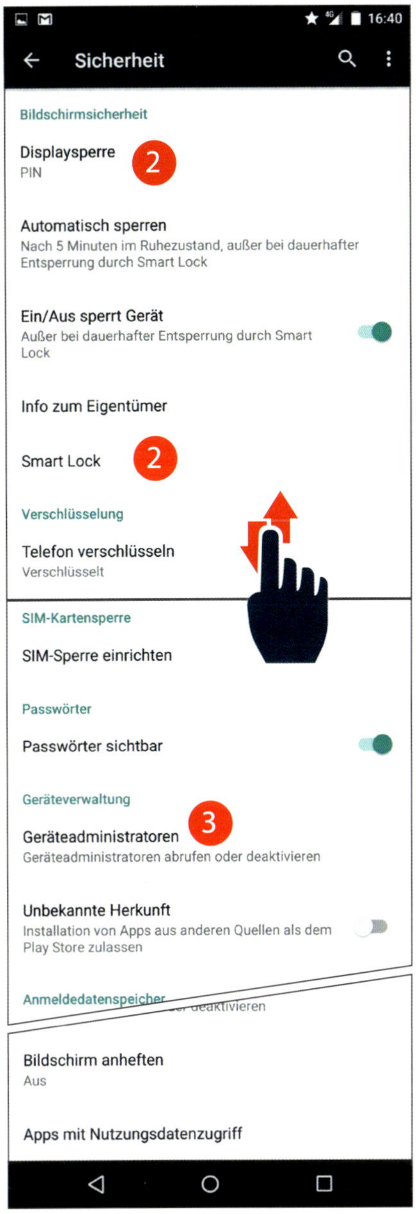

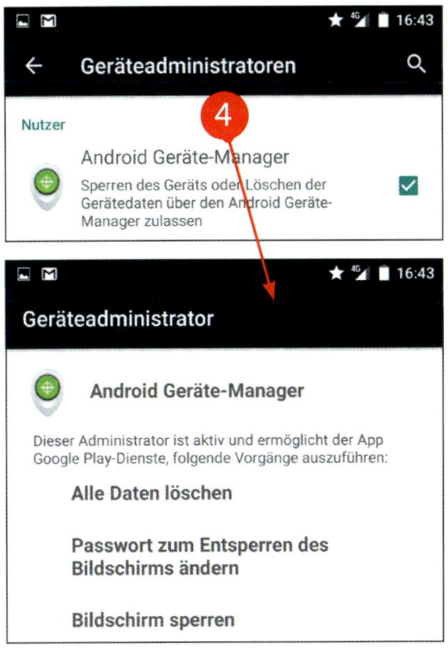

Jetzt, mit aktivierter Displaysperre (1), sind alle Menüpunkte aktiv:

• **Displaysperre**
Die Möglichkeiten haben wir ja gerade besprochen.

• **Automatisch sperren (5 sec - 30 Minuten)**
Je kürzer die Zeit, um so schneller geht das Smartphone in den Sperrmodus. Ein gute Idee, aber am Anfang eher nervig. Deshalb, zum Üben auf 5 Minuten stellen.

• **Ein/Aus sperrt Gerät**
Manuelle Displaysperre über den Ein/Aus-Knopf.

• **Info zum Eigentümer**
Hier können Sie einen Text eingeben, der im Sperrbildschirm erscheint (Informationen beim Verlust).

(2) Smart Lock
Automatisches Sperren/Entsperren über
- Vertrauenswürdige Geräte
- Vertrauenswürdige Orte
- Trusted Face
- Vertrauenswürdige Stimme
- Tragekennung

All diese Punkte sind für Einsteiger nicht wirklich zu empfehlen bzw. eher was für Spezialisten.

• **Smartphone verschlüsseln**
Eine sehr sichere, aber am Anfang aufwendige Möglichkeit, die persönlichen Daten zu schützen.

• **Passwörter sichtbar**
Bei der Eingabe von Passwörtern wird dann kurz der echte Buchstabe bzw. die Zahl angezeigt.
> Zuhause ja, unterwegs eher nicht.

(3) Geräteadministratoren
Haben Sie diese Funktion und die Ortungsdienste aktiviert, können Sie Ihr Smartphone aus der Ferne sperren und sogar komplett löschen (4) >> sinnvoll.

• **Unbekannte Herkunft**
Nicht einschalten, sonst haben Sie ganz schnell Viren oder andere Schadsoftware auf Ihren Smartphone

• **Anmeldedatenspeicher** > Bitte hier nichts ändern

• **Trust Agents** > Für zukünftige Anwendungen

• **Bildschirm anheften**
Details dazu auf der nächsten Seite >>

• **Apps mit Nutzungsdatenzugriff**
Hier legen Sie fest, welche Apps Zugriff auf die Daten der App-Nutzung auf Ihrem Gerät haben sollen.

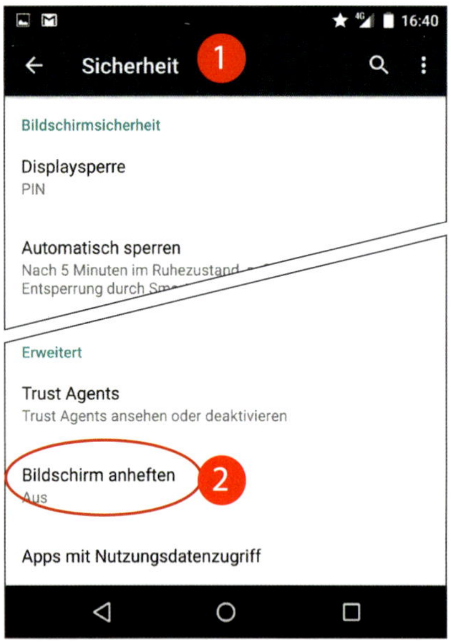

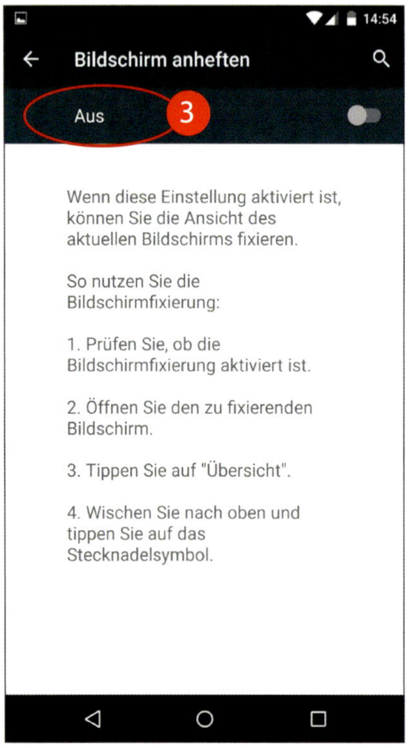

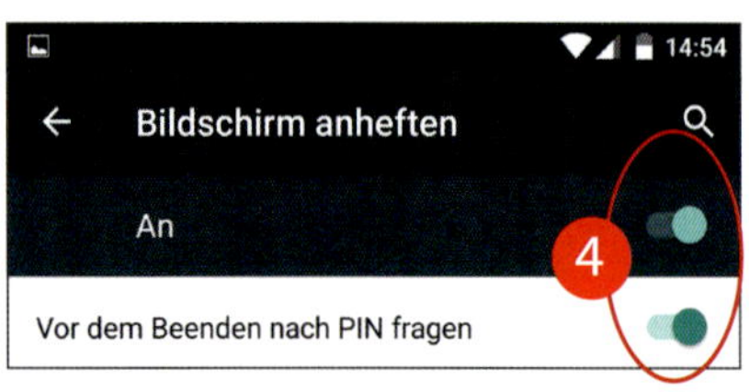

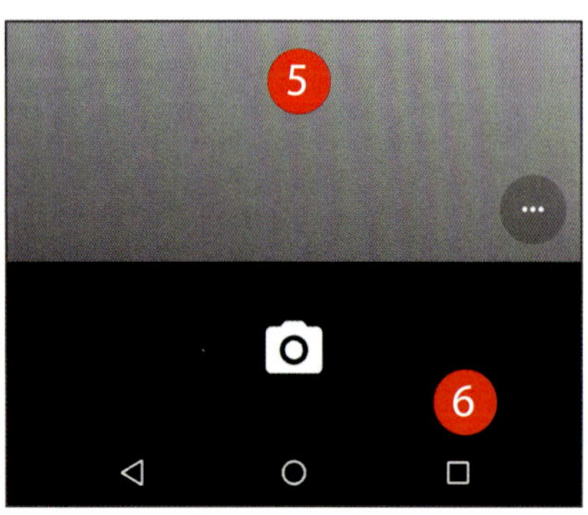

Eine interessante Funktion, mit der etwas seltsamen Bezeichnung „Bildschirm anheften", die es Ihnen ermöglicht, **die Bedienung auf eine App zu beschränken**. Letztendlich können Sie damit die Bedienung des Smartphones sperren – bis auf eine einzige, von Ihnen definierte, App.

Voraussetzung dafür ist eine aktive Display-Sperre.

Starten Sie dazu die App Einstellungen und dort den Bereich Sicherheit (1). Im unteren Bereich finden Sie den Eintrag Bildschirm anheften (2). Mit einem Tipp darauf öffnet sich das Fenster mit einer einzigen Menüzeile: Aus (3).

Tippen Sie auf diese Zeile, wird die Funktion aktiviert und zeigt noch eine weitere Einstellmöglichkeit (4). Damit können Sie die App-Sperre nur mit der PIN-Nummer aufheben. Diese Funktion sollten Sie auf alle Fälle mit einem Tipp darauf einschalten. Starten Sie jetzt die App, die Sie sperren möchten. In unserem Beispiel ist es die Kamera-App (5). Aktivieren Sie dann mit einen Tipp auf das kleine quadratische Symbol (6), rechts neben dem Home-Taster, die App-Übersicht. Jetzt sehen Sie alle aktiven Apps: Kamera, Chrome, Maps und alle anderen als Karteikarten dargestellt (7).

Schieben Sie jetzt die erste Karteikarte, hier Kamera, etwas nach oben (8).

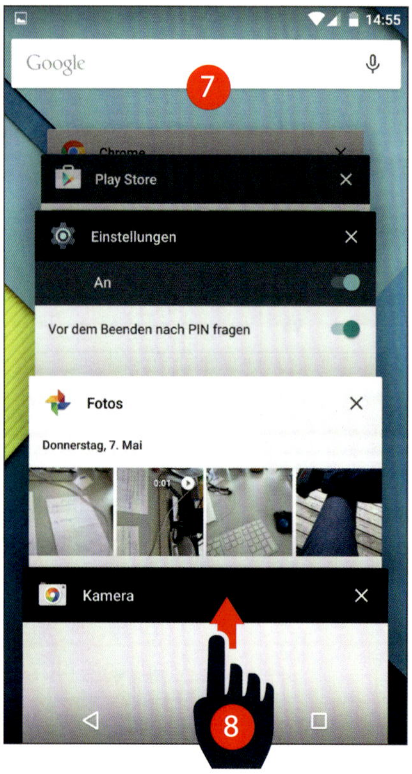

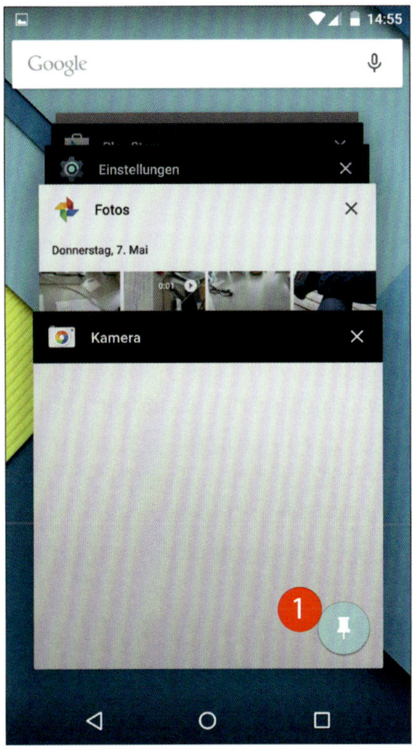

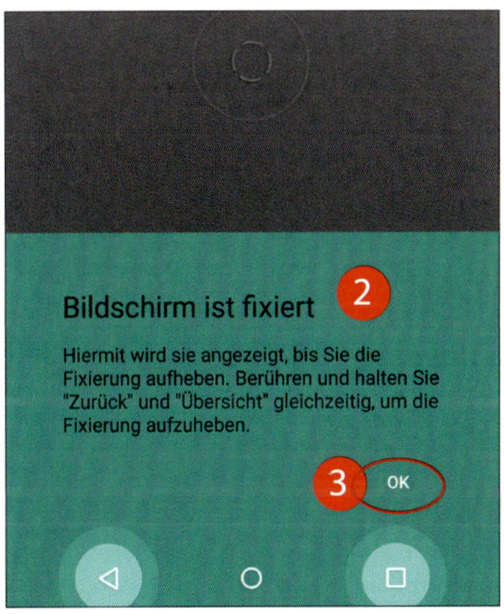

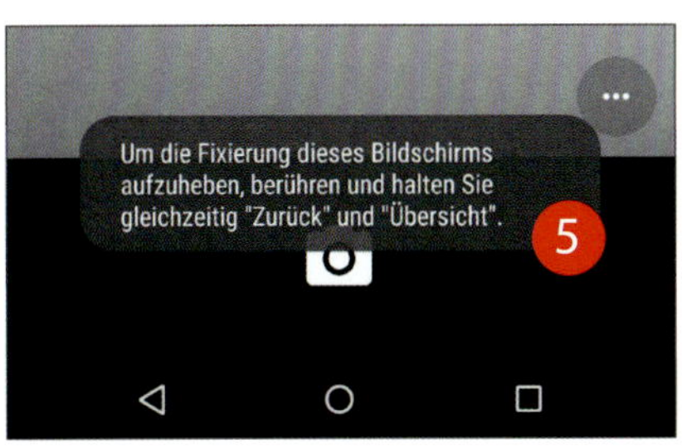

Jetzt sehen Sie, dass die App ein kleines Symbol mit einer Stecknadel hat (1).

Tippen Sie darauf, startet die App mit einer Meldung (2) um diesen speziellen Modus anzuzeigen. Warten Sie einen Moment oder Tippen Sie auf OK (3), wird die Meldung ausgeblendet und die normale App-Oberfläche erscheint. Eventuell erscheint noch eine kleine Einblendung mit der Nachricht Bildschirm fixiert. Aber auch die verschwindet nach kurzer Zeit von selbst.

Jetzt können Sie mit der App ganz normal arbeiten. Aber eben nur mit dieser. Versuchen Sie mit der Hauptnavigation auf eine andere Ebene zu kommen, erscheint die Meldung, dass der Bildschirm gesperrt ist (4). In dieser Meldung steht aber auch gleich die Lösung zum Aufheben der Sperrung (5):
Legen Sie gleichzeitig einen Finger auf Zurück (Pfeil nach links) und Übersicht (Quadrat).

Tja, das ist ja einfach, wozu das Ganze dann?

Wenn Sie vorher in den Einstellungen für die Sperre die PIN-Abfrage aktiviert habe, sieht die Sache ganz anders aus. Anstatt die Sperre aufzuheben, erscheint der Sperrbildschirm und verlangt nach Eingabe der PIN-Nummer.
Und damit wir daraus eine praktische Sperre für Kinder oder Enkel, die dann nur die eine App, die Sie ausgewählt haben, benutzen können.

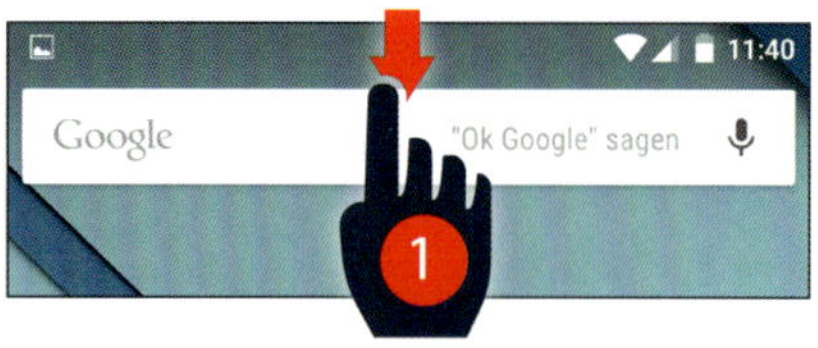

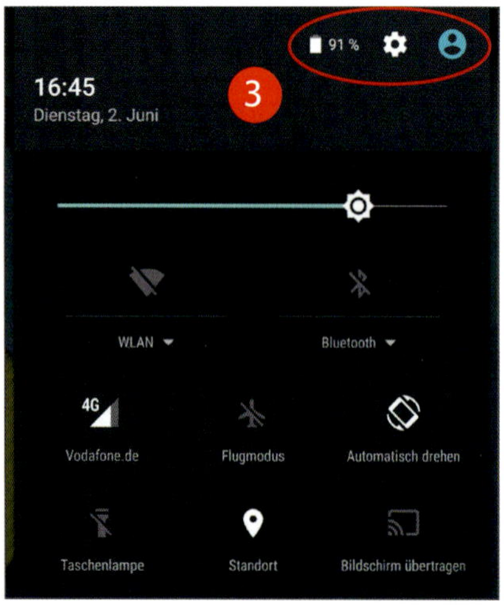

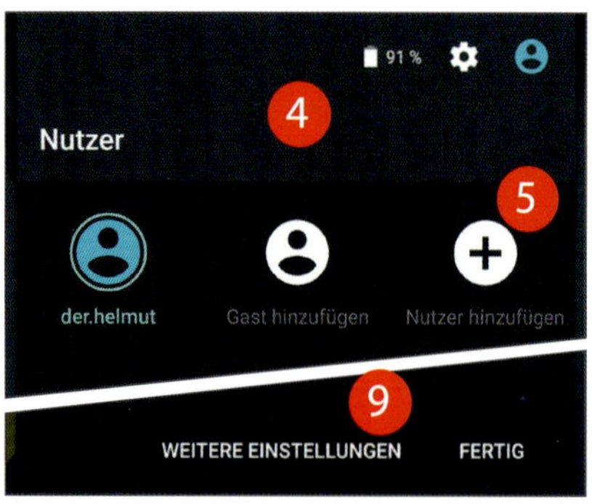

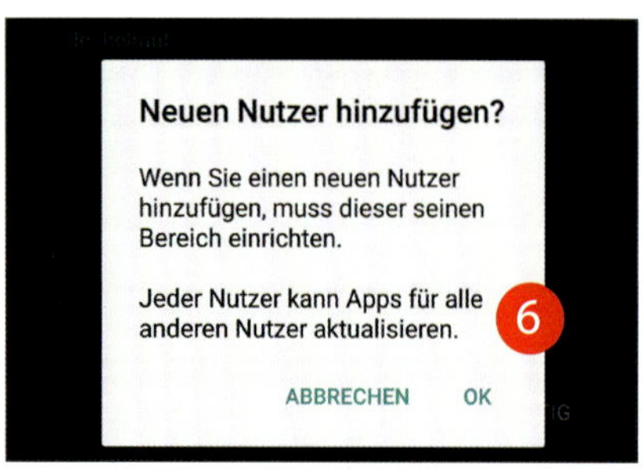

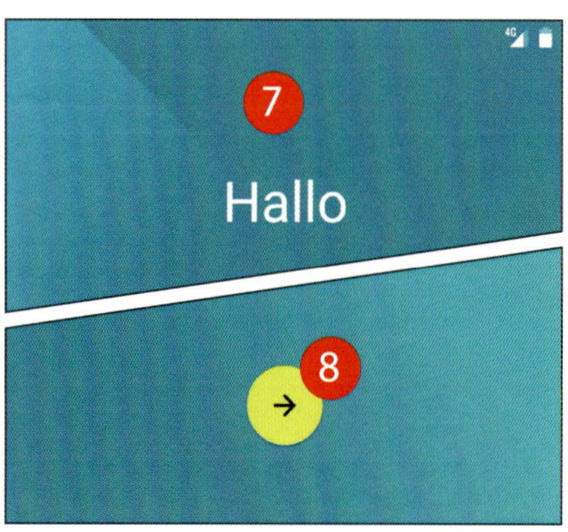

Mit Android 5 können Sie ganz einfach neue Benutzer für Ihr Smartphone anlegen. Jeder einzelne hat seinen eigenen, unabhängigen Bereich und Sie kommen sich nicht mehr in die Quere – das erspart Ihnen unter Umständen den Kauf eines zweiten Smartphones.

Neuen Benutzer anlegen

Wischen Sie vom oberen Bildschirmrand (Sperr- und Startbildschirm) nach unten (1) um das Fenster mit den Benachrichtigungen zu öffnen. Damit wird auch gleichzeitig die Infoleiste (2) mit Uhrzeit, Datum und zusätzlichen Symbolen eingeblendet. Tippen Sie darauf, öffnet sich das Fenster mit den Schnelleinstellungen (3) – und auch die 3 Symbole auf der rechten Seite sind jetzt aktiv:

- Batteriezustand
- Einstellungen
- Benutzer

Tippen Sie auf das Benutzer-Symbol, öffnet sich ein Fenster für die Nutzerverwaltung (4). Dort sehen Sie drei Symbole:

- Ihr eigenes Profil (hier: der.helmut)
- Gast hinzufügen > Nächste Seite
- Nutzer hinzufügen

Mit einem Tipp auf das Plus-Symbol (5) starten Sie den Vorgang und sehen eine Sicherheitsfrage, die Sie mit OK (6) bestätigen. Jetzt dauert es einen Moment, dann sehen Sie den normalen Einrichtungsbildschirm (7). Tippen Sie auf den gelben Kreis mit dem Pfeil (8), folgen die Fenster für Verbindung, Kontodaten bzw. neues Konto anlegen, Google-Dienste und Zahlungsinformationen.
Nach Eingabe aller Daten kommen Sie zu einem neuen Startbildschirm und können absolut unabhängig vom Eigentümer des Smartphones arbeiten.

WICHTIG:
Nehmen Sie für **jeden** Nutzer die entsprechenden Sicherheitseinstellungen vor.

(9) Weitere Einstellungen
bringt Sie zu einem extra Fenster für die Verwaltung von Gästen und Nutzern.
Mehr dazu auf der nächsten Seite.

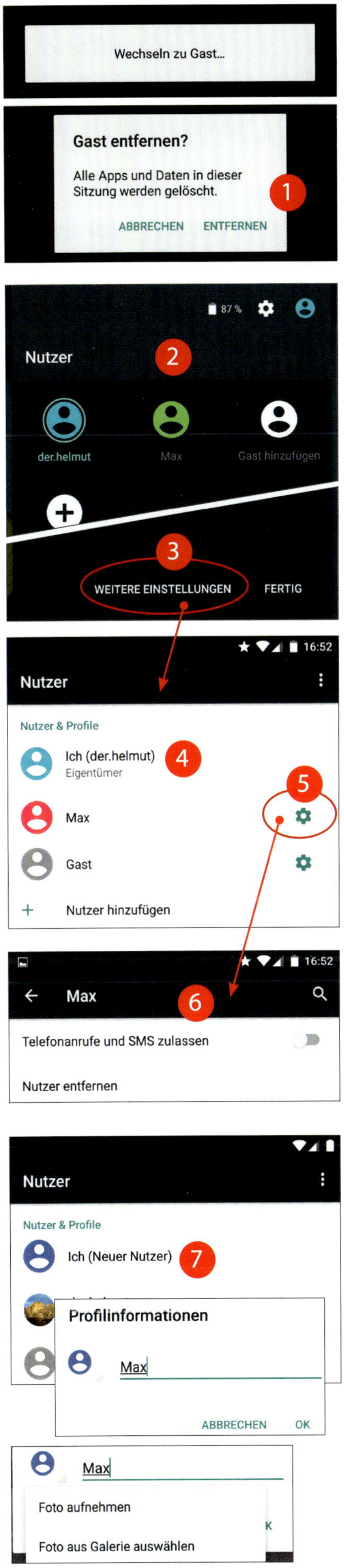

Haben Sie im Menü auf **Gast** getippt, öffnet sich nach kurzer Zeit ein neuer Startbildschirm mit einem zufälligen Hintergrund und der Gast kann sofort loslegen. Wechseln Sie zurück zu einem anderen Nutzer, erfolgt automatisch die Abfrage nach dem Entfernen des Gast-Profils (1).

Benutzer wechseln

Der Wechsel zwischen mehreren Benutzern erfolgt immer über die Schnelleinstellungen (2) – am Sperrbildschirm und genau so am Startbildschirm.

WICHTIG:
Sie können den Benutzer wechseln, ohne den Sperrbildschirm verlassen zu müssen.

(3) Weitere Einstellungen
Hier sehen Sie alle angemeldeten Nutzer und das Profil für den Gast. Je nachdem, als welcher Nutzer Sie angemeldet sind, haben Sie folgende Auswahl:

Als angemeldeter Eigentümer:

- Tippen Sie auf Ihr Symbol in der obersten Zeile (4), können Sie einen Namen und ein Bild vergeben.
- Mit einem Tipp auf das Zahnrad (5) öffnet sich ein Menü zur Freigabe von Telefonanrufen für diesen Nutzer und die Möglichkeit zum Löschen (6) (Gäste können nicht gelöscht werden).

Als angemeldeter Nutzer:

- Ihr eigenes Profil mit einem Tipp auf das Symbol bearbeiten (7).
- Über das Menü können Sie den gerade aktiven Nutzer löschen (8).

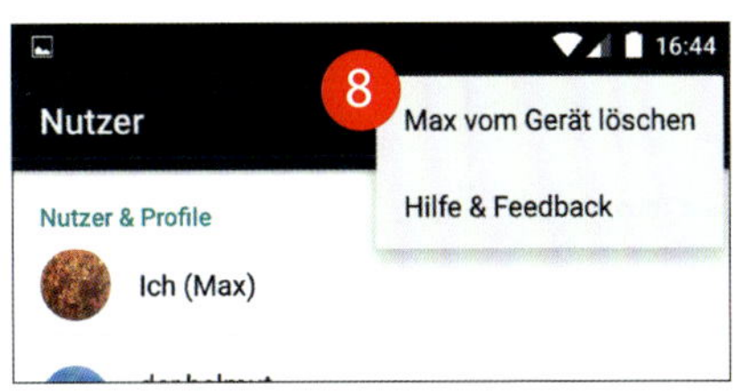

Unterschied Gast und Nutzer

Beide haben relativ ähnliche, umfangreiche Rechte und können ganz normal mit dem Smartphone arbeiten. Der wesentliche Unterschied: Beim Gast wird kein echtes Profil angelegt, die Daten werden nur temporär gespeichert und können beim Wechsel zu einem anderen Nutzer direkt gelöscht werden. Der Nutzer dagegen ist für regelmäßige Benutzung gedacht, es wird ein richtiges Profil angelegt.

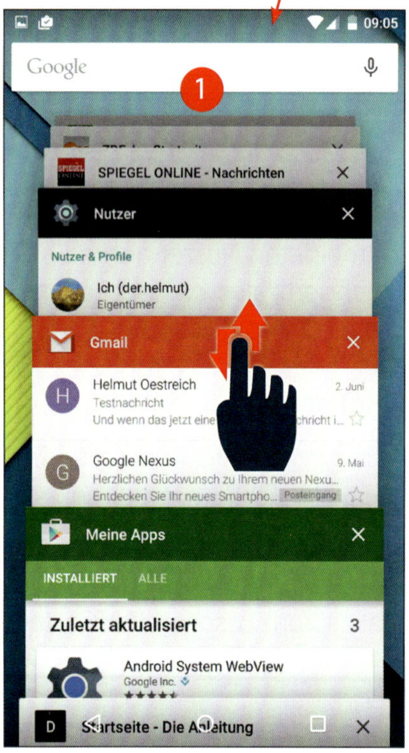

In der aktuellen Version des Browsers Chrome werden die Tabulatoren zusammen mit den geöffneten Apps in einer gemeinsamen Übersicht angezeigt. Der Unterschied zwischen Tabulator und App ist nicht auf Anhieb zu erkennen und so wirkt die Darstellung sehr unübersichtlich (1).

Es gibt aber die Möglichkeit, die getrennte Darstellung von Apps und Tabulatoren wieder zu aktivieren.

So geht's:
Tippen Sie rechts oben auf das Menü-Symbol(2), um das Fenster zu öffnen. Relativ weit unten finden Sie den Eintrag Einstellungen (3). – tippen Sie darauf. Mit dem ersten Eintrag können Sie einstellen, welche Suchmaschine Sie verwenden möchten und danach folgt der Eintrag Tabs und Apps anzeigen (4). Das ist der, den wir jetzt benötigen.
Mit einem Tipp darauf öffnet sich ein kleines Fenster in dem Sie die gemeinsame Anzeige von Apps und Tabulatoren abschalten (5) können.

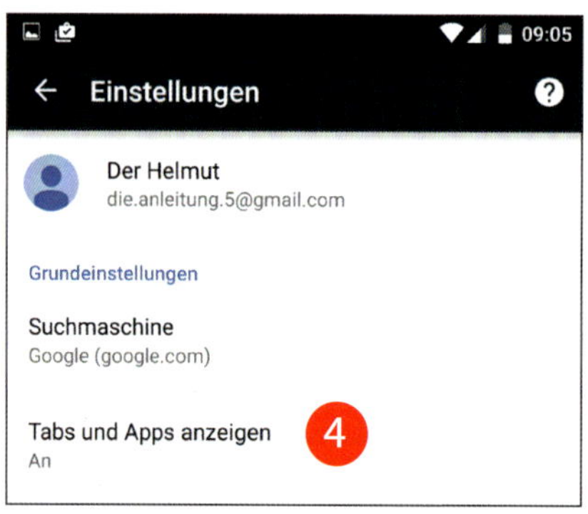

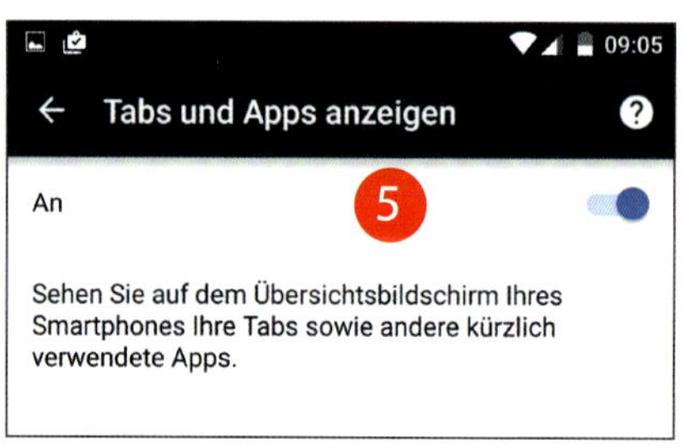

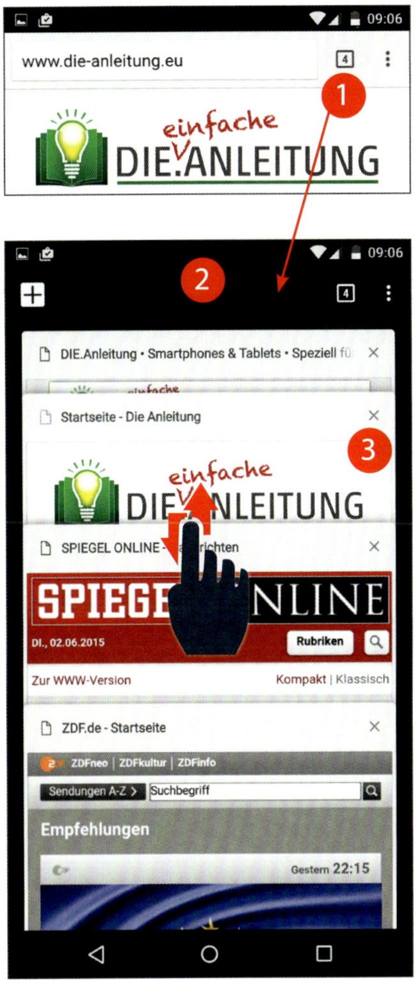

Nach der Umstellung finden Sie in der Kopfzeile von Chrome die gewohnt Anzeige mit der Anzahl der geöffneten Tabulatoren (1).
Mit einem Tipp darauf öffnet sich das Übersichtsfenster mit allen geöffneten Tabulatoren (2). Jetzt können Sie zu einem anderen Tabulator wechseln oder auch über das X (3) schließen.

Die App-Übersicht zeigt sich jetzt deutlich aufgeräumter und übersichtlicher. Es sind nur noch die geöffneten Apps zu sehen (4).

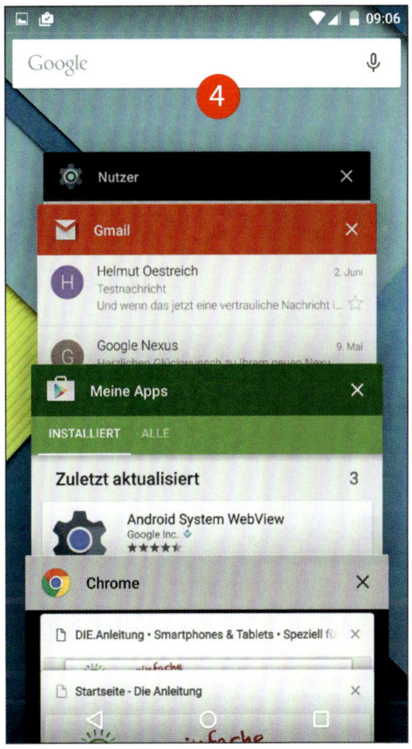

LOLLIPOP

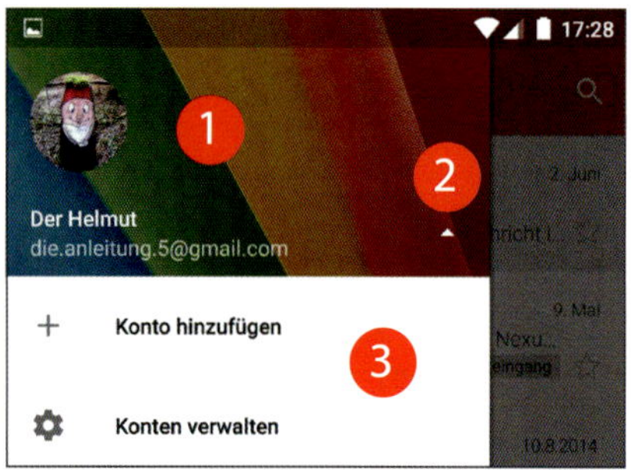

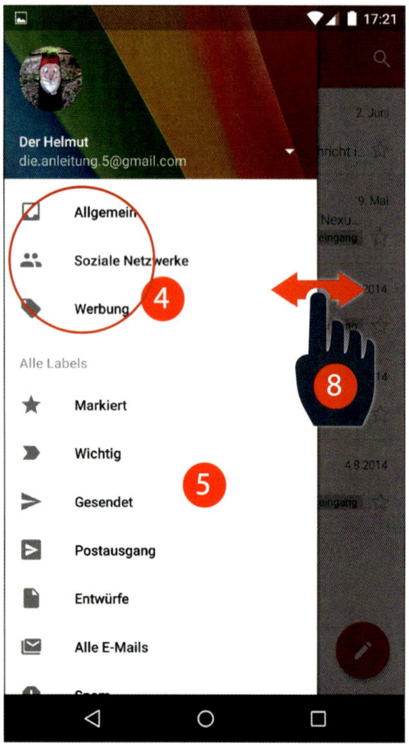

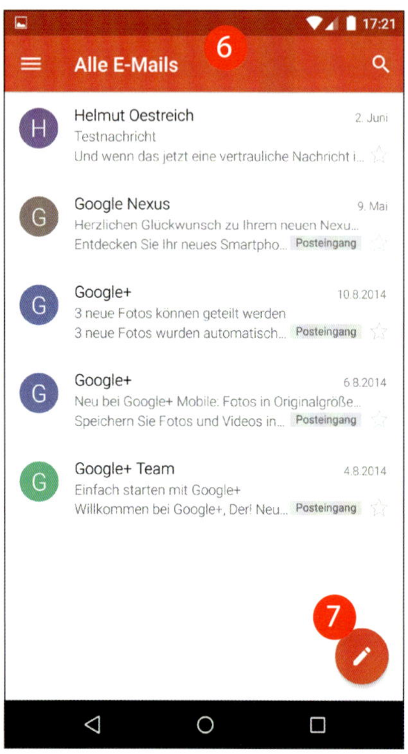

In der aktuellen Version 5.2 der Mail-App gibt es neben der angepassten Optik auch einige Neuerungen in der Bedienung.

Die Darstellung in der Übersicht:

(1) Kopfleiste
mit Profilbild, Kontonamen und E-Mail-Adresse.
NEU: Dieser Bereich kann über den kleinen Haken (2) auf- und zugeklappt werden und zeigt dann entweder ein kleines Untermenü (3) mit weiteren Konten und die Möglichkeit ein neues Konto (Postfach) anzulegen – oder das komplette Menü mit

(4) Posteingang
mit den drei Standard-Postfächern

(5) Labels
Weitere Postfächer mit Symbolen

(6) E-Mails
in der Übersicht

(7) Neue E-Mail schreiben
Unter Android 5 machen Sie das mit einem Tipp auf den Stift im roten Kreis.

(8) Postfächer/Menüleiste einklappen
Mit einem langsamen Wisch von rechts nach links kann die Leiste mit den Postfächern ausgeblendet werden. Das schafft Platz für die Übersicht der Nachrichten (6).
Ein Wisch von der linken Seite öffnet die Seitenleiste mit den Postfächern wieder.

Einstellungen (gegenüberliegende Seite)

Keine großen Überraschungen, lediglich bei den allgemeinen Einstellungen gibt eine neue Darstellung und etwas mehr Einstellmöglichkeiten.

Neues E-Mail-Konto einrichten

Die größte Neuigkeit in der aktuellen Version (5.2) der Gmail-App ist vermutlich die Möglichkeit, auch andere, freie Konten anzulegen und zu verwalten.
Auf der gegenüberliegenden Seite sehen Sie den Einstellprozess.

1. Persönlich oder Exchange wählen
2. E-Mail-Adresse eintragen
3. Kontotyp einstellen (empfohlen: IMAP)
4. Einstellungen für Eingangs- und Ausgangsserver eingeben.
5. Fertig

Neues E-Mail-Konto einrichten

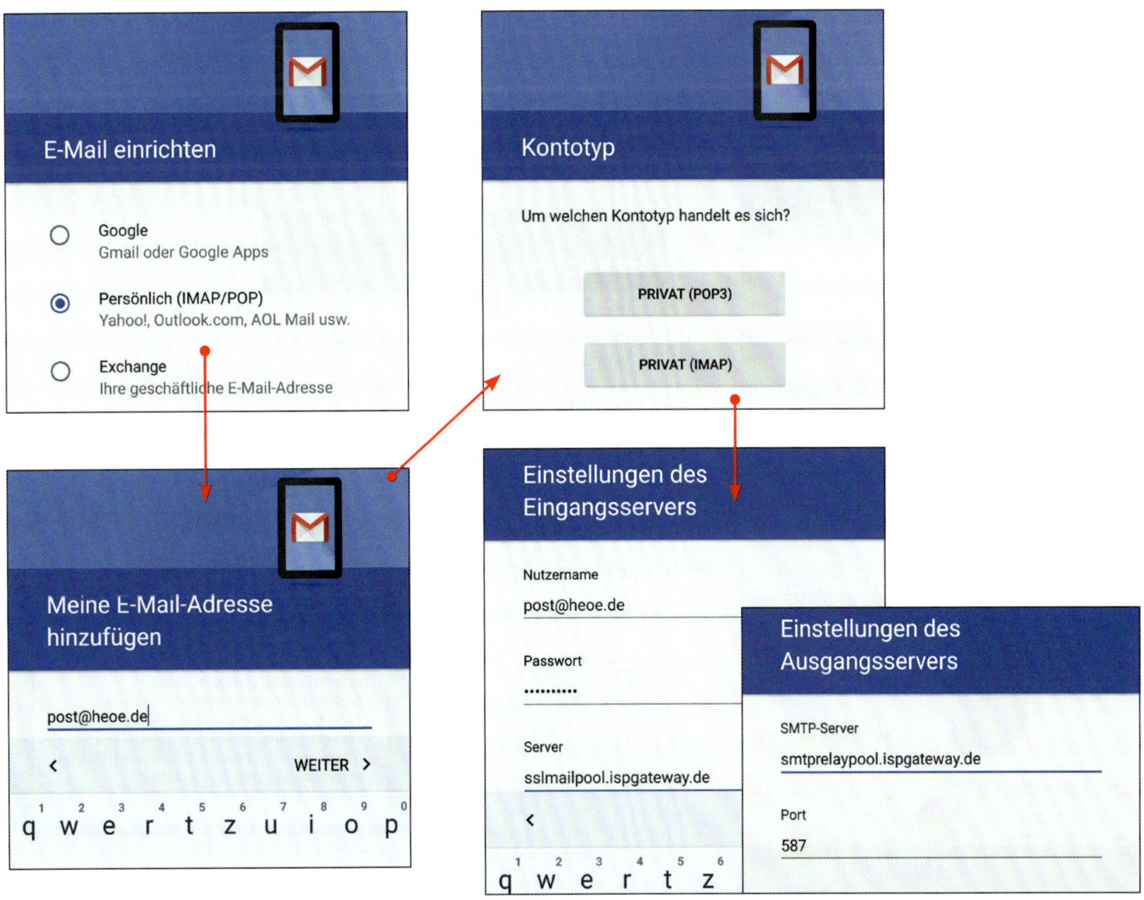

LOLLIPOP

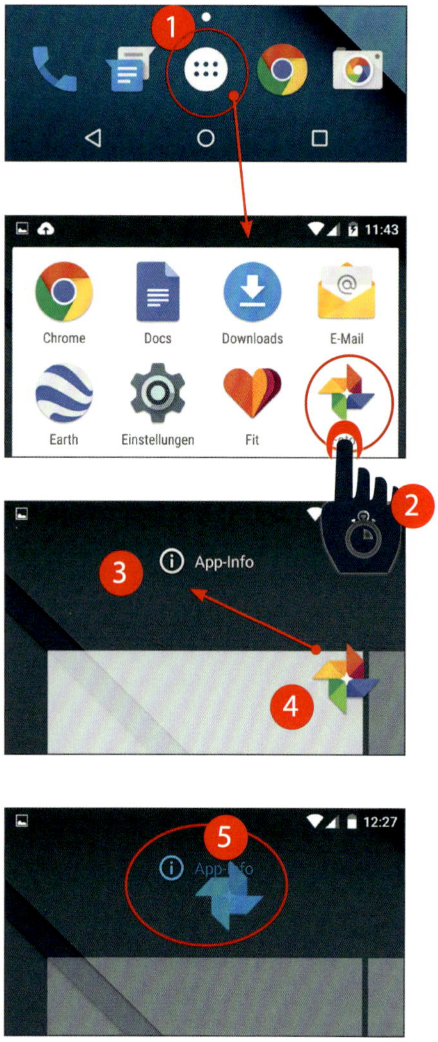

Mit der neuen Software können Sie jetzt ganz einfach detaillierte Informationen zu einzelnen Apps abrufen, die Berechtigungen prüfen und bei Bedarf auch gleich löschen - auch viele der „integrierten" Apps.

Tippen Sie im Startbildschirm auf das Symbol für die App-Übersicht (1). In der Übersicht selbst legen Sie den Finger auf eine App (2) und warten Sie einen Moment. So, als wollten Sie das Symbol auf den Startbildschirm ziehen. Am oberen Rand des Bildschirms ist jetzt ein neues Symbol zu sehen: App-Info (3). Und genau darauf ziehen Sie das Symbol der App (4). Haben Sie den richtigen Platz erreicht, wird das Symbol blau dargestellt und Sie können den Finger vom Bildschirm nehmen (5).

Jetzt öffnet sich eine lange Seite (6) mit allen möglichen Informationen zu dieser App:

(7) App beenden, deinstallieren, deaktivieren
Mehr dazu auf der nächsten Seite.

(8) Speicher
Wird der Speicherplatz knapp oder haben Sie eine App im Verdacht zu viel Speicher zu verbrauchen, sehen Sie das hier in der Aufstellung und können über Daten/Cache leeren wieder Speicherplatz freigeben.

(9) Standardmäßig starten

(10) Berechtigungen (Fenster nach oben schieben)
Mit einem Tipp auf einen Eintrag erhalten Sie eine kurze Erklärung dazu (11). Änderungen sind erst ab Version „M" im Herbst 2015 möglich.

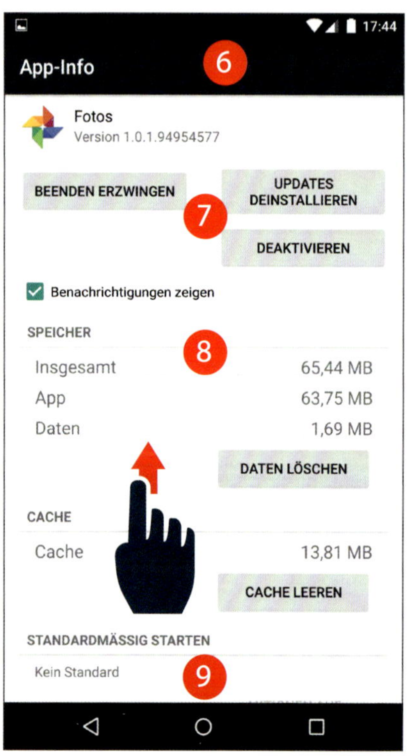

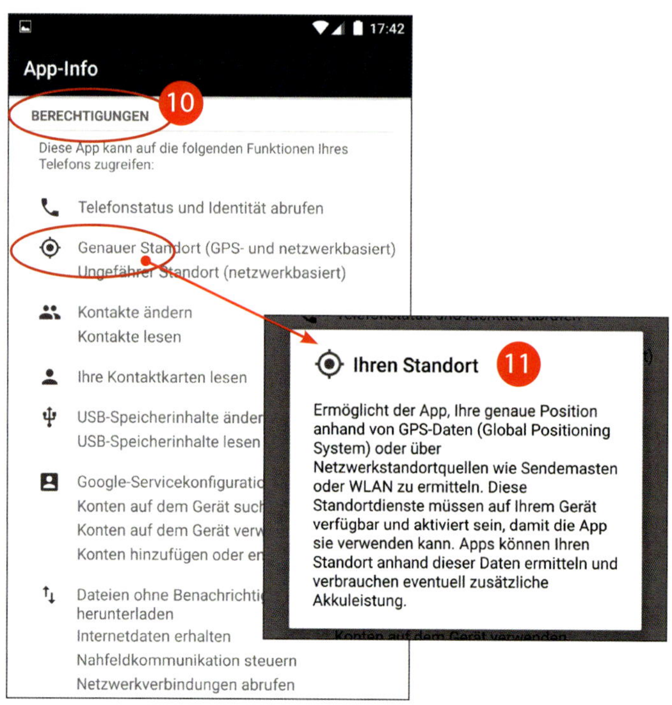

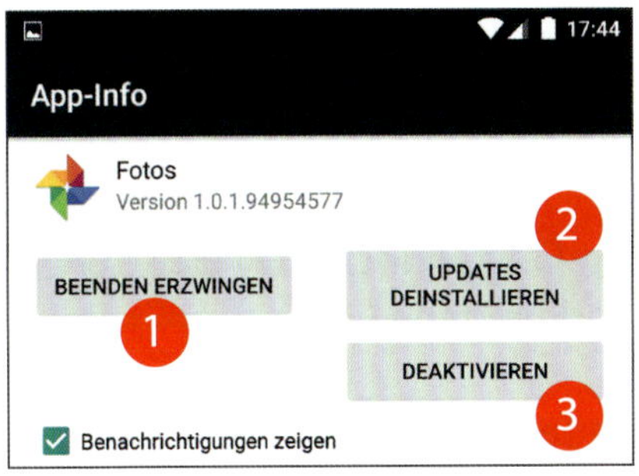

Im Fenster der App-Details sehen Sie am oberen Rand, unter dem Logo der App, drei Menüpunkte:

(1) Beenden erzwingen
Lässt sich eine App nicht über die normale Ansicht beenden, können Sie das hier mit „Nachdruck" erledigen.

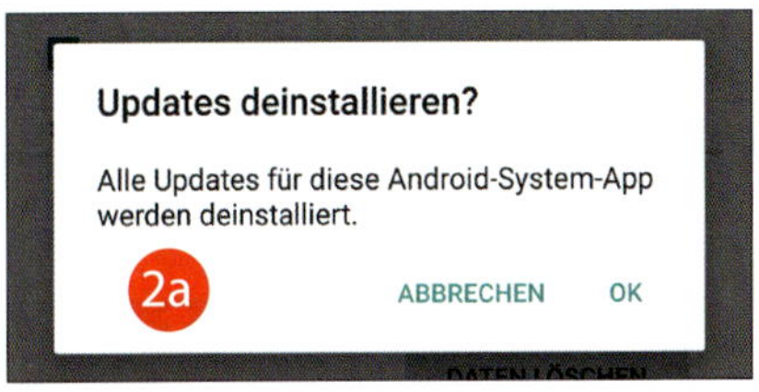

(2) Updates deinstallieren
Manchmal kommen mit einem Update auch neue Fehler. Das können Sie hiermit wieder entfernen.

(3) Deaktivieren / Deinstallieren
Um eine App dauerhaft von Ihrem Smartphone zu entfernen, nutzen Sie diesen Eintrag. Bei integrierten Apps wird der Vorgang als deaktivieren (3) bezeichnet und ist manchmal auch noch mit einer Sicherheitsabfrage verbunden.

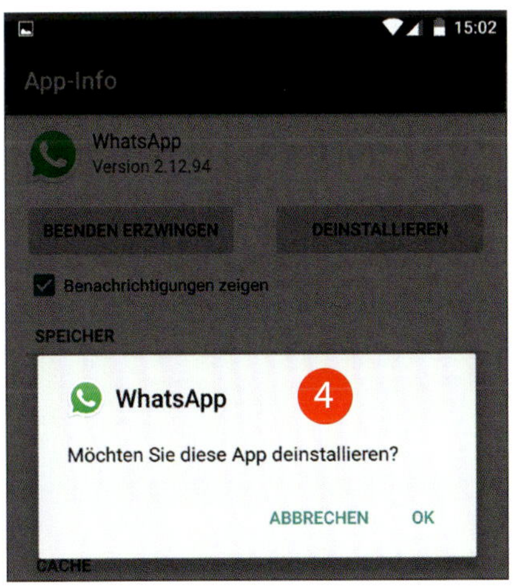

Für neu geladene Apps, z. B. WhatsApp, heißt es kurz und bündig deinstallieren (4).

LOLLIPOP

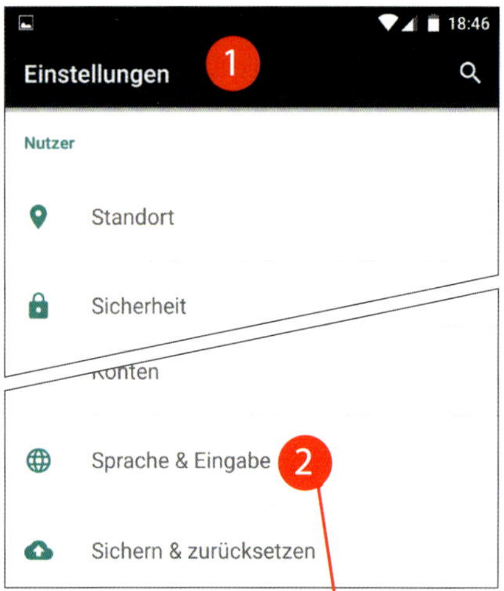

Ihnen gefällt das neue Design der Tastatur nicht? Sie möchten das alte Layout wieder zurück? Kein Problem, das ist möglich.

Öffnen Sie dazu die App Einstellungen (1) und dort den Eintrag Sprache und Eingabe (2).

Hier wählen Sie Google Tastatur (3) und dann Darstellung und Layouts (4).

Im Menüpunkt Design (5) können Sie jetzt unter verschiedenen Darstellungen wählen (6).

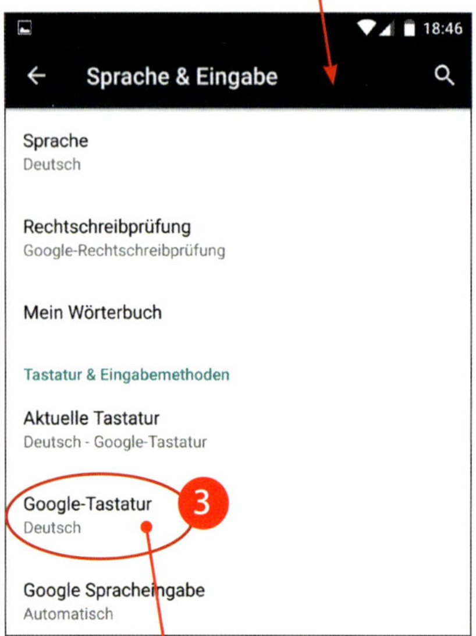

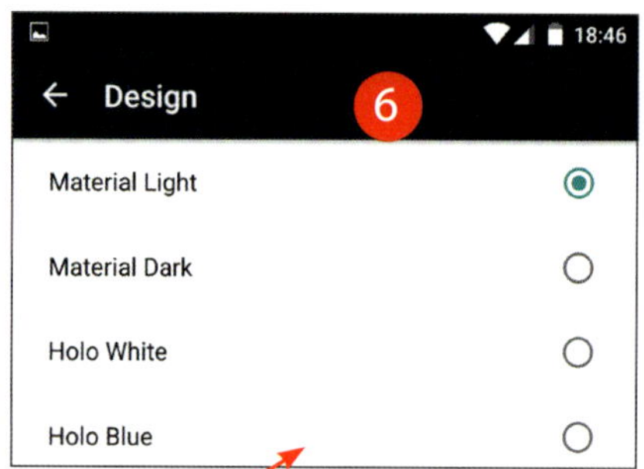

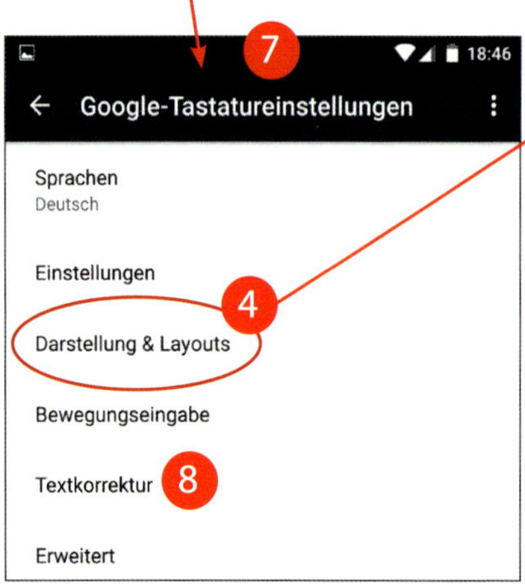

TIPP:
Neben dem Design finden Sie bei den Google-Tastatureinstellungen (7) auch die Textkorrektur (8) und weitere interessante Parameter zum Anpassen der Tastatur.

Die Tastatur-Designs im Vergleich

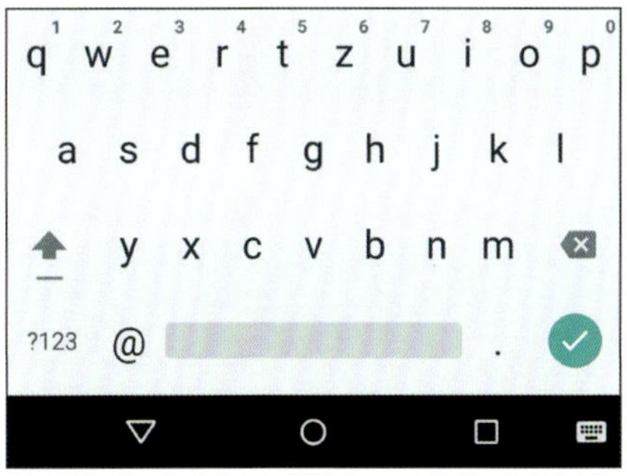

Material Light

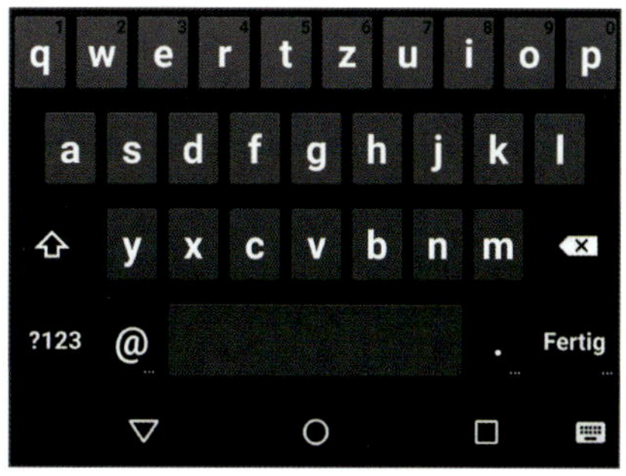

Holo White

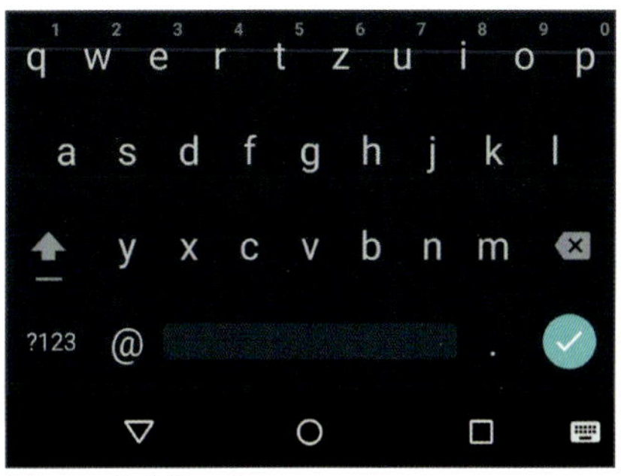

Material Dark

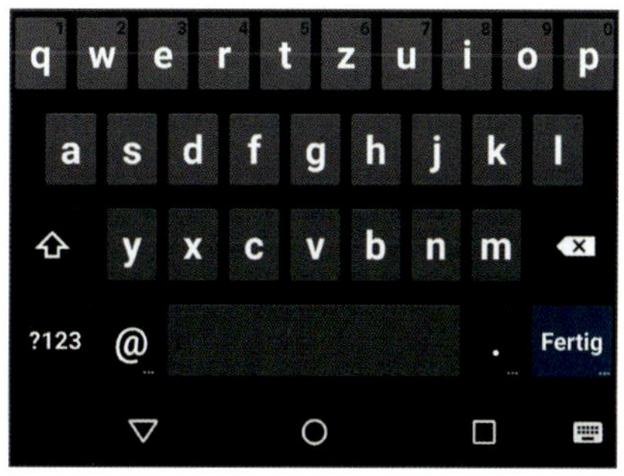

Holo Blue

@ [:äd] = Bestandteil der E-Mail Adresse zwischen Benutzername und Domain.
Übersetzung: zu, bei

Account [:akaunt] = Konto

APN[:a-pe-en] = Zugangsdaten für Ihren Mobilfunk-Anbieter.
Abkürzung für **A**ccess **P**oint **N**ame.

App [:äpp] = kleines Programm
Abkürzung für Application = Anwendung

Ausrichtungssperre = Kein automatisches Umschalten zwischen Hoch- und Querformat mehr.

Bandbreite = Bezeichnung für die Übertragungsgeschwindigkeit der Daten.

Betriebssystem/System = Das wichtigste Programm für Ihr Gerät, sozusagen der Motor.
Das Betriebssystem steuert im Hintergrund alle Funktionen und stellt die Bedienoberfläche zur Verfügung. Von Zeit zu Zeit gibt es eine neue Version des Betriebssystems, ein Update.
Englischer Begriff: Operating System (OS)
Unterschiedliche Hersteller haben unterschiedliche Bezeichnungen:
iOS = Apple
Android = Samsung, Google, HTC, Sony und viele andere
Windows 8 = Nokia, HTC und andere

Blog [:blog] = Internet-Tagebuch mit neuen Meldungen, die oftmals auch kommentiert werden können. Wird neuerdings auch für informative Meldungen verwendet.

Bookmark [:Bukmark] = Lesezeichen für oft besuchte Seiten im Internet.
Übersetzung: Lesezeichen

Bluetooth [:bluhtuhs] = Spezieller Standard für Datenübertragung per Funk.
Eignet sich nur für kurze Entfernungen bis ca. 10m.
Übersetzung: Blauzahn

Browser [:brauser] = Programm/App zum Navigieren im Internet.
Übersetzung to browse: schmökern, stöbern

Cache [:käsch]= Spezieller Speicher, in dem kurzfristig Daten „zwischengespeichert" werden.

CC & BCC = Beide kommen beim Versand von E-Mails zum Einsatz.
und haben dort jeweils eine eigene Zeile, in der Sie zusätzliche Empfänger eintragen können.
CC = Carbon Copy = Zusätzliche E-Mail-Adresse, die für alle Empfänger sichtbar ist.
BCC = Blind Carbon Copy = Diese Empfänger sind für andere nicht zu sehen.

Cloud [:klaud] = Entfernter Datenspeicher (z. B. Google Cloud).
Übersetzung: Wolke

Code [:cohd] = Zahlen-Buchstabenkombination zum Sichern/Entsichern von Geräten.

Cookies [:kuckies] = Kleine Dateien, die beim Besuch einer Website Ihre persönlichen Daten und Einstellungen speichern. Kehren Sie dann zu der Seite zurück, werden Sie so begrüßt, als wären Sie nie weg gewesen. Das ist oftmals praktisch, die Datensicherheit ist aber ein Problem.
Übersetzung: Kekse

Cursor [:körsa] = Einfügemarke
Übersetzung: Positionsanzeiger, Mauszeiger

Datenroaming> Roaming

Dock Connector [:dock konektor] = Steckverbinder von Apple
Wurde bis 2012 bei mobilen Geräten verwendet.

Domain [:domain] = Weltweit einmaliger und eindeutiger Name für eine Website.
Übersetzung: Bereich, Gebiet

Dropbox [:dropbox] = Kostenloser Dienst für das Speichern von Daten in der Cloud.

E-Mail [:imail] = elektronische Post (auch einfach Nachricht).
Wird oft auch nur als Mail bezeichnet .

Emoticons [:imotikons] = Das sind diese kleinen lustigen Symbole,
die gerne für SMS oder in E-Mails benutzt werden.

facebook [:faisbuk] = Soziales Netzwerk, das Menschen mit ihren Freunden, Arbeitskollegen, Kommilitonen und anderen Mitmenschen verbindet.

FaceTime [:faissteim] = Videoverbindung
Übersetzung: ≈ Auge in Auge / gegenüber

Flatrate [:flätrait] = Abrechnungsmodell für bestimmte Tarife und Datenmengen.
Übersetzung: Pauschaltarif

GB [:gigabeit] = Bezeichnung für Speicherplatz • Smartphones gibt es mit 16GB, 32GB, 64GB. Je mehr GB, desto mehr Daten können gespeichert werden.

Google + [:guhgl plus]= Das ist das soziale Netzwerk von Google
mit ähnlichen Funktionen wie Facebook.

Google Now [:guhgl nau]= Eine Erweiterung der Google Suchfunktion,
die Sie mit lokalen Daten versorgt.

Headset [:hedset] = Kombination aus Kopfhörer und Mikrofon.

HDR[:ha-de-er] = Spezielle Aufnahmetechnik für Fotos bei starkem Kontrast.
Abkürzung für High Dynamic Recording
Übersetzung: Aufnahme mit hoher Dynamik

Home-Screen [:hom-skrien] = Hauptbildschirm, Startbildschirm
Übersetzung: Zuhause-Bildschirm

Home-Button [:hom battn] = Schalter, Taster für die Anzeige der Startseite.
Übersetzung: Zuhause-Knopf

Homepage [:hompaitsch] ~ Website [:webseit] = Das komplette Angebot
einer Firma oder Privatperson mit mehreren Seiten im Internet.

Hotspot[:hotspot] = Öffentlich zugängliches WLAN (z.B. auf Bahnhöfen und Flughäfen).
Übersetzung: Heißer Punkt (Sie können auch Ihren ganz privaten Hotspot erzeugen)

http [:ha-te-te-pe] = Übertragungsprotokoll
Abkürzung für hyper text transfer protokoll.

Icon[:eikon] = Symbolische Darstellung eines Programms bzw. einer App.
Übersetzung: Symbol

ID [:ei-die] = Persönliche Kennung.
Abkürzung für Identity = Identität

IMAP [:eimäp] = Eine spezielle Art der Verwaltung von E-Mails.
Dabei werden alle Nachrichten auf einem Server gespeichert und nur zum Lesen auf das Smartphone übertragen. Diese Technik ist optimal, wenn Sie mit mehreren Geräten im Internet unterwegs sind. Alternative: POP

IMEI [:eimei] = 15-stellige Seriennummer eines mobilen Gerätes.
Abkürzung für International Mobile Station Equipment Identity

Internet [:internet] = Verbund aus weltweit vernetzten Rechnern.

iOS [:ei-oh-es] = Betriebssystem von mobilen Apple-Geräten (aktuell ist Version 8.2).

Link [:link] = Verbindung zu einer Webseite (tippen Sie darauf, öffnet sich eine neue Website).

Malware [:malwehr]= Schadprogramm

Mailbox [:meylbox]= Das Postfach Ihres E-Mail-Kontos

Multitasking [:multitasking] = Gleichzeitiges Ausführen von mehreren Programmen.

Newsletter[:njusletter] = E-Mail mit aktuellen Nachrichten/Meldungen.
Übersetzung: Informationsblatt, Rundschreiben

NFC [:en-ef-zeh] = Kommunikation zweier Geräte über kurze Distanzen.
Abkürzung für Near Field Communication.

Online [:onlein]= Mit dem Internet verbunden sein.

Phishing [:Fisching]= Gefälschte Webseite, Nachricht, E-Mail
oder SMS mit dem Hintergedanken Ihre Kontodaten auszuspionieren.

Play Store [:pley stoar] = Online-Shop von Google
zum Kaufen von Apps, Musik, Hörbüchern, Filmen, TV-Serien.

POP [:pop] = Eine spezielle Art der Verwaltung von E-Mails.
Dabei werden die E-Mails vom entfernten Server auf das Smartphone geladen. Dort können Sie dann auch ohne Internetverbindung gelesen werden. Diese Technik ist optimal, wenn Sie nur mit einem Gerät im Internet unterwegs sind. Alternative: IMAP

Pop Up [:pop ap] = Fenster, das sich über den ursprünglichen Inhalt legt, meistens Werbung.

Posten [:pohsten] = Eine Nachricht hinterlassen.

Power Supply [:pauer sapplei] = Stromversorgung, Netzteil

Provider [:proweida]= Anbieter für den Internet-Zugang

Push Mitteilungen [:pusch mitteilungen] = Automatische, nicht angeforderte Nachrichten. Die Anfrage für Push-Mitteilungen wird immer häufiger gestellt >> NEIN, immer ablehnen!

Roaming [:roming] = Vermittlungsgebühr
Übersetzung: Herumwandern
Verlassen Sie im Ausland mit Ihrem Smartphone den Empfangsbereich (=Netz) Ihres Mobilfunkanbieters, werden Sie automatisch in ein anderes Netz eingebucht. Diese Anbieter verlangen für die Vermittlung der Daten teilweise hohe Gebühren, die so genannten Roaming-Kosten.
Das automatische Roaming können Sie auch ausschalten > Seite 97 / 153

Router |:ruhta] = Zentrales Gerät, das mehrere Computer miteinander verbindet.
Übersetzung: Netzwerkknoten
Einen Router erhalten Sie von Ihrem Internet- bzw. Telefonanbieter. Er hat mehrere Netzwerkanschlüsse, einen Anschluss für ein Telefon, USB und ist manchmal auch WLAN-fähig.

Screenshot [:skrienschot] = Praktische Möglichkeit, vom dem gerade aktiven Bildschirm ein Foto zu machen. Drücken Sie dazu gleichzeitig auf den Einschaltknopf und den Home-Button oder den Einschaltknopf und die Leiser-Taste.
Übersetzung: Bildschirmfoto

Scrollen [:skrollen] = bewegen, schieben
Übersetzung: blättern, rollen

Server [:sörver] = Entfernter Rechner
Übersetzung: Diener

SIM-Card {:simkard] = Kleine Karte für Telefonie und Datenübertragung.
Jedes Handy/Smartphone benötigt eine SIM-Karte für den Betrieb.
Abkürzung für Subscriber Indentity Module = Kennkarte für Abonnenten.

Skype [:skeip] = Anwendung für Videotelefonie (kostenlos).

SMS [:es-em-es] = Kurznachricht (max. 160 Zeichen)
Abkürzung für Short Message Service.
Übersetzung: Kurznachrichtendienst

SMTP [:es-em-te-pe] = Spezielles Protokoll zum Versenden von Mails.
Abkürzung für Simple Mail Transfer Protocol.
Übersetzung: Einfaches Protokoll für die Mail-Übertragung

Spam [:Späm]= Unaufgeforderte, nervige Werbemails.

Startseite = Erste Seite einer Homepage = Index Page

Surfen [:sörfen] = Unterwegs sein im Internet.
Übersetzung: Wellenreiten

Sync [:sünk] = Abgleich von unterschiedlichen Daten.
Abkürzung für synchronise = synchronisieren

Tag [:täg]= Markierung einer Datei.

Tethering [:tesering]= Einen Computer / Laptop über das Smartphone mit dem Internet verbinden (persönlicher Hotspot).

Touch ID [:tatsch ei-die] = Spezielle Hardware zum Entsperren des Smartphones mit dem Fingerabdruck (nur neue Smartphones).

Twitter [:twitter] = Spezielles Angebot für Kurznachrichten (max. 140 Zeichen).
Tweet [:twiet] = Nachricht auf Twitter

Update [:apdeyt] = Eine Software/App auf den neuesten Stand bringen.
Übersetzung: aktualisieren

USB [:u.es.be] = Schnittstelle zur Datenübertragung (aktueller Standard: USB 3.0).
Wird u.a. für Tastatur, Maus und externe Festplatten verwendet.

vCard-Format [:wihkard]= Spezielles Format für Kontaktdaten.

Web [:web] = Das Internet im Allgemeinen.
Übersetzung: Netz

Webseite = eine einzelne Seite einer Website.

Website [:webseit] ~ Homepage [:hoampaitsch] = Das komplette Angebot einer Firma oder Privatperson mit mehreren Seiten im Internet.

Wi-Fi [:wei-fei] = Technik für kabellose Datenübertragung.
Abkürzung für Wireless Fidelity = Marketingbegriff für Funkübertragung
Wird im normalen Sprachgebrauch manchmal statt WLAN verwendet.

WLAN [:weh-lan] = Kleines, örtlich begrenztes Netzwerk für Datenübertragung.
Abkürzung für Wireless Local Area Network
Übersetzung: Drahtloses, örtlich begrenztes Netzwerk

Eigene Einträge / Notizen

T

U

V

W

Z

Mein Smartphone geht immer so schnell in den Ruhezustand.
Ändern Sie die Einstellung für die automatische Sperre.

Woher kommt die Abschlusszeile in jeder E-Mail?
Das ist die Signatur, die Sie in den Einstellungen auch anpassen können.

Mein Smartphone lässt sich nicht einschalten.
1. Drücken Sie 2-3 Sekunden lang auf den Standby-Schalter rechts oben
> warten Sie einige Minuten.
2. Verbinden Sie das Smartphone mit dem Netzteil und
laden Sie es mindestens 1 Stunde.

Muss ich unbedingt einen Cloud-Speicher nutzen?
Nein, das steht Ihnen frei. Sie müssen auch keine E-Mail-Adresse in der Cloud anlegen.
Es ist einfach nur praktisch, kostenlos und ein guter Einstieg.

Muss ich ein Google-Konto anlegen?
Ja, ohne dieses Konto macht es wenig Sinn.

Wie kann ich Strom sparen und die Batterielaufzeit verlängern?
Beenden Sie Apps, die Sie gerade nicht brauchen,
insbesondere Karten/Navigation, Ortungsdienste und Bluetooth.
Denken Sie auch an die automatische Sperre, der Bildschirm benötigt viel Leistung.

Kann ich auf dem Smartphone auch eBooks im Kindle-Format (Amazon) lesen?
Ja, laden sie sich dafür die Kindle-App aus dem Play Store herunter.

Kann ich mit dem Smartphone auch Videos aufnehmen?
Ja, der Video-Rekorder ist in der Kamera-App integriert.

Wie sicher sind meine Daten in der Cloud?
Nun ja, eine absolute Sicherheit gibt es im Internet nicht.
Die Absicherung in der Cloud ist aber sehr gut.

Ich kann unterwegs keine E-Mails empfangen.
Aktivieren Sie „Mobile Daten" bei den Einstellungen.

Der Sicherheitscode nervt mich.
Die Abfrage des Sicherheitscodes können Sie in den Einstellungen abschalten.
Hinweis: Bitte nur, wenn Sie sicher sind, dass keine andere Person Zugriff auf Ihr Smartphone hat!

Der Bildschirm dreht sich nicht mehr automatisch in Quer- bzw. Hochformat.
Ist eine Website für die Anzeige auf einem mobilen Gerät optimiert, wird oftmals nur
diese eine Darstellung angeboten. Oder Sie haben die Ausrichtungssperre aktiviert.

Kann ich für den Bildschirmhintergrund ein eigenes Bild verwenden?
Ja, die Einstellung dafür finden Sie bei Hintergründe & Helligkeit.

Ich habe schon eine E-Mail Adresse. Kann ich die am Smartphone verwenden?
Ja, bei den Einstellungen für E-Mail können Sie beliebig viele,
auch „externe" E-Mail Accounts hinzufügen.

Ist es möglich, einen alternativen Browser zu Chrome zu installieren?
Ja, im Play Store gibt es viele Alternativen (Opera, iCab ...).

Kann ich Einkäufe aus dem Play Store auf allen meinen Android-Geräten verwenden?
Ja, wenn Sie sich immer mit dem gleichen Google-Konto anmelden, werden die Einkäufe
automatisch übertragen. Sie müssen nicht für jedes Gerät die gleichen Sachen kaufen.

Bei der Bedienung passieren immer so „komische" Sachen.
Achten Sie darauf, dass Sie die Handballen nicht versehentlich am Display ablegen.

Ich möchte gerne mit weit entfernten Verwandten/Bekannten in Verbindung bleiben.
Haben beide ein Google+ -Konto, bietet sich Hangouts an. Die Alternative dazu ist Skype.

Kann ich am Smartphone auch externe Geräte anschließen?
Ja, dazu brauchen Sie „lediglich" den passenden Adapter.

Mit einer richtigen Tastatur könnte ich viel schneller schreiben.
Kein Problem, Sie benötigen eine Tastatur mit Bluetooth-Verbindung.

Wie kann ich einen Drucker anschließen.
Per Kabel ist das nicht möglich, Sie benötigen eine App für Ihren Drucker.

Die App regiert nicht mehr.
Beenden Sie diese App und *alle anderen, starten Sie Ihr Smartphone neu.*
Hilft das nicht, müssen Sie die App löschen und neu installieren.

Es ist kein Ton zu hören?
Kontrollieren Sie die Einstellungen.

Kann ich das Smartphone auch als externen Speicher verwenden, ähnlich einem USB-Stick?
Nein, nicht direkt. Dazu benötigen Sie eine extra App, die diese Daten verwaltet.

Gibt es eine Möglichkeit den Bildschirminhalt zu fotografieren?
Ja, mit einem sogenannten Screenshot können Sie die aktuelle Darstellung als Foto sichern. Drücken Sie dazu gleichzeitig den Einschaltknopf (Standby) und den Leiser-Taster. Beim Samsung Galaxy und vielen anderen ist es die Kombination aus Einschaltknopf und Home-Button.

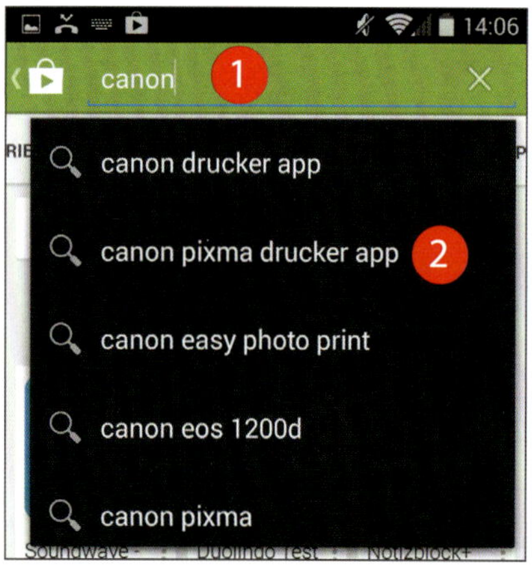

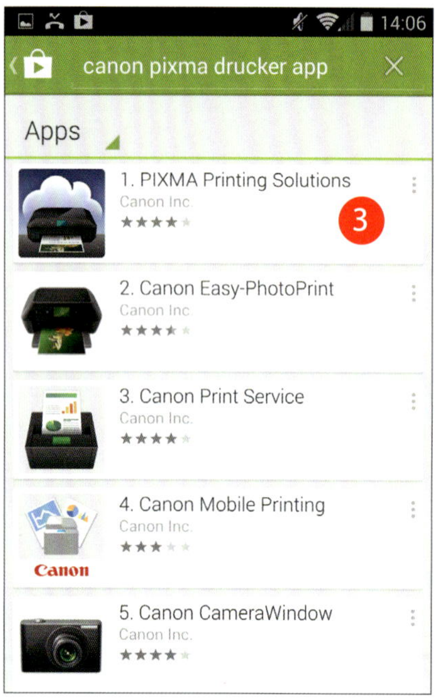

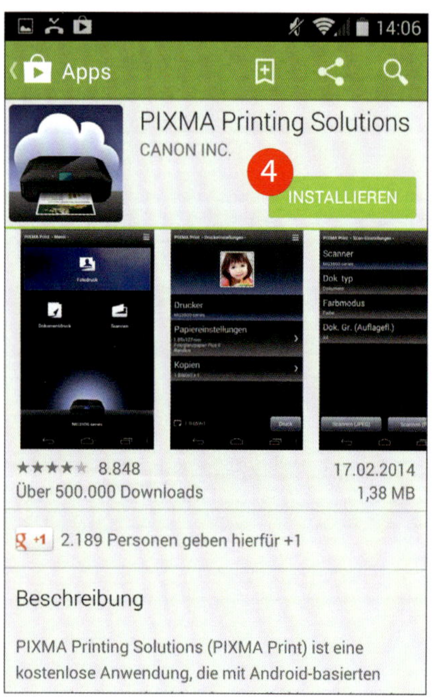

Machen Sie Druck

Android-Smartphones haben keine native Druckfunktion, Sie benötigen dazu eine Drucker-App. Und die gibt es nahezu von allen Herstellern.

Zudem muss der Drucker an das Netzwerk angeschlossen und freigegeben sein. In vielen Fällen ist der Drucker auch direkt an den Router angeschlossen, dann passiert das automatisch.

Öffnen Sie den Play-Store und geben Sie in der Suche den Hersteller Ihres Druckers ein (1). In der Vorschlagliste sehen Sie dann vermutlich schon die richtige App für Ihren Drucker (2). Tippen Sie auf die passende Zeile wird eine App-Liste mit Symbolen angezeigt. Achten Sie darauf, dass Sie die offizielle App (3) Ihres Herstellers wählen.

Installieren (4) und öffnen Sie die App (5). Beim ersten Start sucht die App normalerweise automatisch nach einem Drucker (6). Wenn nicht, müssen Sie den Vorgang manuell starten. Schon nach kurzer Zeit wird die App alle verfügbaren Drucker anzeigen. Bestätigen Sie die Auswahl mit einem Tipp auf die Zeile (7). Der Drucker wird dann direkt in der App angezeigt (8).

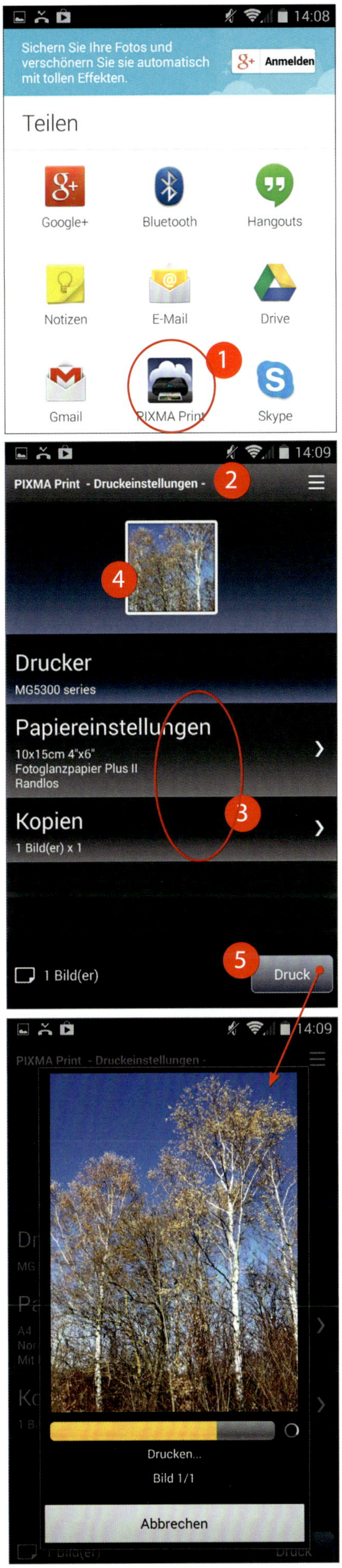

Alles erledigt? Dann probieren wir das gleich mal aus. Öffnen Sie die Fotos-App und wählen Sie ein schönes Bild aus. Dann tippen Sie auf das **Teilen**-Symbol oder wählen die Teilen-Funktion über das Menü.

Wenn Sie das Fenster jetzt etwas nach oben schieben, sehen Sie das Symbol des Druckers (1). Mit einem Tipp darauf startet die App (2). Hier können Sie noch weitere Einstellungen wie Papiergröße, Papierqualität und Kopien einstellen (3). Oftmals sehen Sie auch eine Vorschau des Bildes (4).

Ein Tipp auf **Druck** startet die Datenübertragung zum Drucker (5), der bald darauf das fertige Bild ausgibt.

Drucker Spezial

Um einen Drucker über die App ansprechen zu können, gibt es verschiedene Möglichkeiten:

1. Der Drucker ist an einem Rechner angeschlossen
Dann müssen Sie den Drucker für das Netzwerk freigeben und der Rechner muss zum Drucken eingeschaltet sein.

2. Der Drucker ist am Router angeschlossen
Sie erinnern sich, ein Router ist die Zentrale Ihres Netzwerkes. Er ist am Telefonnetz angeschlossen und verbindet Ihren Rechner mit dem Internet. Oftmals hat ein Router auch USB-Anschlüsse und verfügt über WLAN.
Den Drucker sollten Sie dann hier per USB anschließen, er wird dann automatisch von der App erkannt.

3. Der Drucker hat WLAN
und ist bereits in Ihrem WLAN angemeldet. Dann müssen Sie nichts weiter tun, die App wird ihn automatisch erkennen.

4. Drucken über das Internet
Android bzw. Google bieten Ihnen hier das Drucken über Google Drive an. Die Funktion nennt sich Cloud Print und ist eigentlich nur eine Notlösung, wenn gar nichts anderes funktioniert.

Extrablatt

Im Extrablatt finden Sie kleine Helfer, Tipps & Tricks, die Ihnen den Alltag erleichtern. Kompakte Infos auf 1-4 Seiten im PDF-Format – **kostenlos!**

www.die-anleitung.de > Tipps & Tricks

Sonderausgaben

widmen sich komplexeren Themen, die dann in bewährter Art und Weise erklärt werden. Hier finden nicht nur Einsteiger umfassende Informationen, auch erfahrene Anwender werden hier fündig. Der Umfang liegt zwischen 10 und 25 Seiten, der Preis zwischen 3 und 6 Euro.

www.die-anleitung.de > Angebote

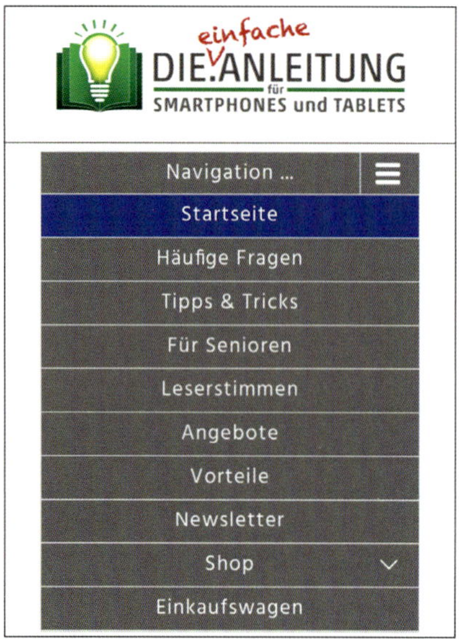

Kostenloser Update-Service

Haben Sie **eine gedruckte Ausgabe der Anleitung gekauft**, erhalten die Updates dazu kostenlos – bis zur nächsten gedruckten Ausgabe. So sind Sie immer bestens informiert und Ihre Anleitung bleibt länger aktuell.

www.die-anleitung.de > Vorteile

Der.Newsletter

informiert Sie rund um das Thema Smartphones und Tablets – natürlich kostenlos und ohne Werbung. Tagesaktuelle Nachrichten von uns finden Sie bei Facebook.

www.die-anleitung.de > Newsletter

Ihre Meinung ist gefragt

Hat Die.Anleitung Ihnen geholfen, die Technik zu zähmen? Neue Tipps zu finden?
Dann helfen Sie anderen dabei, Die.Anleitung zu entdecken und schreiben Sie ein paar persönliche Sätze über Ihre Erfahrungen. Ihre Meinung kommt dann ungefiltert auf die Homepage in die Rubrik Kundenstimmen. Ich freue mich schon auf Ihre Kommentare an >> post@die-anleitung.de.

www.die-anleitung.de > Leserstimmen

Sonderpreise & Aktionen

mit preisreduzierten Angeboten finden Sie unter

www.die-anleitung.de > Angebote

Aufpassen

• Daten in der Cloud
Praktisch, aber wirklich sicher?

• Öffentliche Hotspots (WLAN)
Keine Kennwörter eingeben
Keine Bestellungen
Keine Bankgeschäfte

• Bluetooth nur bei Bedarf
Keine fremden Einladungen annehmen.

• Ortungsdienste
Aber bitte nur bei Apps, die das wirklich benötigen.

• Kostenlose Apps
Von was leben diese Firmen, wenn nicht von Ihren Daten?

• Soziale Netze
Würden Sie das auch Ihrem Nachbarn und der Verkäuferin im Supermarkt erzählen?

• Updates
Nur zuhause

• Einstellungen
Regelmäßig überprüfen

• Kennwörter / Sperrcodes
Unbedingt nutzen, wenn Sie mit Ihrem Smartphone unterwegs sind.

• Vor der Weitergabe
das Smartphone komplett löschen = zurücksetzen

Datensicherheit

Ein heikles Thema, das alle Nutzer von Smartphones betrifft. Die Werbeindustrie ist ganz heiß auf die persönlichen Daten von Ihrem Smartphone. Diese Informationen sind die Währung der Zukunft und schon jetzt die Grundlage für die unvorstellbaren Reichtümer einiger Unternehmen.

Ab dem Moment, in dem Sie Ihr Smartphone einschalten, wird praktisch alles, was Sie tun, in irgendeiner Art und Weise gespeichert und sogar weiter gegeben – oftmals ohne Sie vorher zu fragen!

- Kontaktdaten (der gesamten Kontaktliste)
- Standort (Bewegungsprofil)
- Online-Banking-Aktivitäten
- Besuchte Websites
- Soziale Profile
- Nachrichten
- Fotos

und vieles mehr

Sollten Sie bei all den Risiken auf den Einsatz eines Smartphones verzichten? Nicht unbedingt. Allerdings sollten Sie sehr vorsichtig sein und genau hinsehen, welche Daten Sie bei Berechtigungsanfragen freigeben – und für wen.
Wenn Sie sich nicht sicher sind, dann verzichten Sie lieber auf die Installation einer bestimmten App.

Google Konto löschen

Sie können Ihr komplettes Konto löschen und damit auch alle dort **gespeicherten Daten**.
Starten Sie die App Einstellungen und wählen Sie dort den Eintrag Google > Konten aus. Dann tippen Sie auf das Konto, öffnen das Menü und dort den Eintrag Konto entfernen.

Google+ Konto löschen

Geht auch wieder über die App Einstellungen >> Google >> Konten >> Google+ >> bis zu einer speziellen Website auf der Sie Ihr Profil und alle Daten löschen können.

ACHTUNG:
Dabei werden auch Ihre gespeicherten Daten unwiederbringlich gelöscht!

TECHNIK